In the Variorum Collected Studies series:

STEPHAN KUTTNER
Medieval Councils, Decretals and Collections of Canon Law

STEPHAN KUTTNER
The History of Ideas and Doctrines of Canon Law in the Middle Ages

WALTER ULLMANN
Jurisprudence in the Middle Ages

WALTER ULLMANN
The Papacy and Political Ideas in the Middle Ages

JEAN GAUDEMET
La société ecclésiastique dans l'Occident médiéval

JEAN GAUDEMET
La formation du droit canonique médiéval

YVES CONGAR
Droit ancien et structures ecclésiales

YVES CONGAR
Etudes d'ecclésiologie médiévale

LEONARD E. BOYLE
Pastoral Care, Clerical Education and Canon Law, 1200-1400

C. R. CHENEY
The English Church and its Laws, 12th-14th Centuries

C. R. CHENEY
The Papacy and England, 12th-14th centuries

DOROTHY WHITELOCK
History, Law and Literature in 10th-11th century England

CHARLES DUGGAN
Canon Law in Medieval England

REINHARD ELZE
Päpste-Kaiser-Könige und die mittelalterliche Heerschaftssymbolik

RAYMONDE FOREVILLE
Gouvernement et vie de l'Eglise au Moyen Age

RAYMONDE FOREVILLE
Thomas Becket dans la tradition historique et hagiographique

La science du droit dans le Midi de la France au Moyen Age

Professeur André Gouron

André Gouron

La science du droit dans le Midi de la France au Moyen Age

VARIORUM REPRINTS
London 1984

British Library CIP data

Gouron, André
La science du droit dans le Midi de la France au Moyen Age. – (Collected studies series; CS196)
1. Law – Study and teaching – France – History
I. Title
340'07'1142

ISBN 0-86078-144-5

Published in Great Britain by Variorum Reprints
20 Pembridge Mews London W11 3EQ

Printed in Great Britain by Galliard (Printers) Ltd
Great Yarmouth Norfolk

VARIORUM REPRINT CS196

TABLE DES MATIÈRES

Ce volume est composé de 360 pages.

PRÉFACE

Ce volume réunit diverses contributions dont le caractère commun est d'être consacré à la science du droit et aux Universités du Moyen-Age. Se trouvent donc exclus les travaux de l'auteur traitant de coutumes ou de pratiques juridiques, à l'exception d'études qui lient ces dernières au droit savant.

A l'intérieur même du champ ainsi délimité, d'autres motifs ont amené à écarter un certain nombre de publications. On ne trouvera ici, ni d'études menées en collaboration avec d'autres historiens, ni les contributions de l'auteur au *Ius Romanum Medii Aevi*, dont l'insertion aurait exagérément grossi ce volume, ni bien entendu d'articles en cours d'impression, sauf à trouver mention, au fil des *addenda et corrigenda*, de recherches sur la *Summa Trecensis* et le traité *De natura actionum* dont les résultats entraînent diverses précisions complétant, voire modifiant nombre d'hypothèses antérieurement présentées. Ont été également exclues les notes les plus courtes, les recensions et les présentations de catalogues documentaires.

Ces principes ont cependant souffert trois exceptions. On ne cherchera pas ici l'étude intitulée *Une école juridique française dans la première moitié du douzième siècle* et parue au *Recueil . . . de droit écrit IX* (1974) (= *Mélanges Roger Aubenas*), p.363-384: les conclusions s'en sont en effet trouvées pour la plupart reprises en forme amplifiée dans la contribution ici reproduite sous le n° XII. A l'inverse, il a paru normal d'insérer dans ce volume un texte relatif à la législation médiévale en matière de droit privé, dans la mesure où la thèse soutenue lie l'essor de cette législation à l'évolution de la science juridique.

Pour une autre raison, celle-là purement matérielle – incompatibilité entre les formats de l'original et de ce volume –, a été écartée notre étude sur *Enseignement du droit, légistes et canonistes dans le Midi de la France au XIIIe et au début du XIVe siècle*, également parue au *Recueil . . . de droit écrit V* (1966), p.1-33.

Il nous reste l'agréable devoir de remercier celles et ceux dont la patience a été sans doute mise à rude épreuve lors de la rédaction des *addenda et corrigenda*. Que nos correspondants nous permettent de leur exprimer une gratitude d'ensemble; ils voudront bien nous autoriser à citer en particulier Mrs. Eileen Turner, l'infatigable éditeur de cette série, ainsi que Mme Madeleine Villard, directeur des services d'archives des Bouches-du-Rhône, et que MM. Gérard Giordanengo, professeur à l'Ecole des Chartes, Gero Dolezalek, du Max-Planck Institut für europäische Rechtsgeschichte, et Laurent Mayali, attaché de recherches au C.N.R.S., pour les envois les plus divers, et notamment pour les microfilms et reproductions de manuscrits, dont nous leur sommes redevables.

Pour terminer, un souhait: que le lecteur ne voie pas dans les pages qui suivent les résultats de travaux de pure érudition: des juristes qui ont su forger des formules aussi fortes qu'*aequitas nihil aliud est quam Deus*, qui ont su, pour prendre un exemple technique, franchir le pas décisif dans la marche qui va de la compensation romaine aux actuelles chambres de clearing, ces juristes ont fait preuve, tant sur le fond qu'en la forme, d'une originalité et d'une indépendance d'esprit dont hériteront, il faut l'espérer, les hommes et les femmes du siècle prochain.

ANDRÉ GOURON

Montpellier,
septembre 1983

I

DIFFUSION DES CONSULATS MÉRIDIONAUX

ET

EXPANSION DU DROIT ROMAIN

AUX XIIe ET XIIIe SIÈCLES

Depuis près d'un siècle et demi, la question de l'origine du régime consulaire des villes du Midi de la France a été l'objet d'une littérature considérable[1]. Peu de problèmes ont divisé les historiens du Moyen Age autant que celui-là, et la querelle, sans cesse renaissante, ne paraît toujours pas épuisée. Et pourtant les positions sont prises depuis longtemps : les auteurs du xxe siècle n'ont pu, sauf de rares exceptions, qu'adopter l'une ou l'autre des théories émises par leurs prédécesseurs.

Tout le monde connaît les deux hypothèses qui s'opposent traditionnellement ; elles ont été formulées depuis plus d'un siècle, et des essais plus récents n'en proposent que des variantes. Depuis Augustin Thierry, en premier lieu, beaucoup voient dans le consulat une importation d'institutions apparues plus précocement en Italie qu'en France : les consulats italiens auraient d'abord suscité des imitations en Provence[2], puis, à partir de ce relais, en Languedoc[3] et, d'une façon générale, dans l'ensemble du Midi de la France et même au delà[4]. Au contraire, une thèse également an-

1. L'importance de la bibliographie utilisée dans le cours de cet article nous a contraint de rejeter en appendice la liste des ouvrages cités : le lecteur voudra bien se reporter, p. 72-76, au nom des différents auteurs, pour compléter les titres abrégés figurant dans les notes qui suivent.

2. Fr. Kiener, *Verfassungsgeschichte der Provence*, p. 164-165, insiste sur la similitude de fonctionnement, indépendamment de l'identité de la terminologie. Voir aussi R. Collier, p. 211.

3. F. F. de la Farelle, *Études historiques*, p. 168 ; R. Michel, *Sénéchaussée*, p. 196-199.

4. H. Pirenne, p. 195-196. Valls-Taberner et Soldevila, p. 190, décrivent le

cienne considère, depuis Raynouard, que l'institution n'est que la résurgence, à partir du XIIe siècle, de l'administration des villes gallo-romaines, plus ou moins tombée en sommeil depuis les invasions, mais nullement oubliée [1] et tout au plus remise en activité par la bourgeoisie urbaine [2]. Plus récemment, une variante, que l'on pourrait qualifier d'extrême, a été proposée [3] : loin d'apparaître dans les zones en contact avec l'Italie, le consulat connaîtrait ses plus précoces manifestations dans des villes situées loin à l'intérieur des terres, et plutôt dans le Sud-Ouest aquitain que sur les bords de la Méditerranée. On tiendrait ici une preuve en quelque sorte géographique, sinon de la renaissance des magistratures locales du Bas-Empire, du moins de l'autonomie du phénomène consulaire en France vis-à-vis de régimes municipaux analogues, mais nullement antérieurs, des villes italiennes.

Les champions de ces divers systèmes n'ont pas manqué de se taxer réciproquement d'erreur, en termes parfois identiquement définitifs [4]. Que retenir de ces querelles? Tout d'abord, il n'a guère été difficile de montrer que l'hypothèse qui faisait naître le consulat dans le Sud-Ouest ne résistait pas à un examen attentif des textes [5]. D'une façon générale, supposer le maintien, même sous la forme de sou-

« consolat, institucio que provinent de l'Italia del Nord, s'havia extès durant el segle XII pel migdia de França... ».

1. L. Clos, p. 233 et s. ; p. 464 ; A. du Bourg, p. 301 ; Rivière, p. 248-250. Cf. aussi les auteurs cités par Soucaille, p. 220. Delzons allait même jusqu'à supposer une origine celtique au consulat d'Aurillac : cf. dans la *Bibliothèque de l'École des chartes*, t. XXXV (1874), p. 304-309, le compte rendu d'A. Bruel sur C. Rivain, *Notice sur le consulat et l'administration consulaire d'Aurillac*, Aurillac, 1874.

2. Rossignol, *Monographies communales... du département du Tarn*. Première partie : *Arrondissement de Gaillac*, Toulouse-Paris-Albi, 1864, p. 25 ; Limouzin-Lamothe, p. 109 et s.

3. Dognon, p. 57-58. P. Gachon, *Histoire de Languedoc*, Paris, 1921, p. 73, estime qu'il y a simultanéité. Excellent résumé de la thèse de Dognon et de celle, assez voisine, de Luchaire, dans Font-Rius, p. 449-450.

4. Régné, *Vie municipale*, 1934, p. 347, n. 2, déclare que la thèse des survivances du consulat romain est une « théorie presque universellement abandonnée » ; cf. l'opinion analogue de J. Flach, *Les origines de la France moderne*, t. II, p. 358. En sens inverse, H. Courteault, p. 135-136, affirme aventureusement que l'opinion d'Aug. Thierry, « qui ne repose sur aucun document certain, n'est plus soutenue aujourd'hui ».

5. R. Michel, *Sénéchaussée*, p. 202, n. 4 ; A. Dupont, *Cités*, p. 178 et s.

venirs, du régime gallo-romain d'administration des cités se heurte à la fois à l'absence de textes entre le ve et le xiie siècle et à une inexplicable transformation de la terminologie des magistratures, qui n'ont jamais été qualifiées de consulaires dans ces cités. Quant à l'origine italienne, elle se heurte, selon la doctrine la plus récente, à un obstacle de nature géographique : alors que les villes provençales devraient être les premières affectées par une pénétration venue d'Italie, force est de constater la simultanéité de cette pénétration des deux côtés de la basse vallée du Rhône [1]. Le nécessaire relais de cette expansion géographique est alors à rejeter si fort à l'ouest que l'on ne peut plus guère songer à une diffusion du régime consulaire le long des côtes [2]. En outre les concessions de libertés urbaines sont parfois indépendantes de toute création consulaire, au point que certains considèrent que l'influence des consulats italiens, si elle était prouvée, n'aurait pu jouer qu'un rôle mineur [3].

Les feux croisés de ces critiques déterminent un état de la question qui, aujourd'hui encore, reste essentiellement négatif. Certains ont tenté, afin de résoudre ces difficultés, de nier la possibilité même d'une diffusion géographique du consulat : l'absence, le plus souvent, d'acte de création de l'institution, l'exemple offert par les communes à une époque voisine, les raisons profondes — avant tout économiques — de l'émancipation urbaine constitueraient autant de facteurs qui rendraient vaine toute tentative de fixer sur la carte l'expansion du système, quelle qu'en soit l'origine [4]. Mais n'est-ce pas revenir par une voie détournée à la position de Dognon, pour qui l'institution « croissait sur place »?

1. A. Dupont, *Cités*, p. 723-724, considère que l'ensemble des régions méridionales a vu apparaître en même temps le consulat, et qu'on ne peut parler dans ces conditions d'une antériorité en la matière de la Provence sur le Languedoc.

2. Pour P.-C. Timbal, p. 346, le berceau du consulat méridional est constitué « des villes provençales d'Arles, Saint-Gilles, Avignon, Tarascon ».

3. L.-V. Bourilly, *Essai*, p. 4-5.

4. Pour A. Dupont, *Cités*, p. 724, « la pénétration des institutions italiennes n'a connu ni itinéraire rigide ni progression régulière ». Pour G. Sautel, p. 352, « il convient d'abord de faire état des théories qui se proposent de réduire le processus d'organisation urbaine dans le Midi à un développement en chaîne

En somme, le problème n'a pas avancé d'un pouce vers sa solution depuis qu'au siècle dernier les principales hypothèses ont été exposées. Il nous semble que beaucoup d'éléments en ont été défigurés dès le départ, à la suite d'une double erreur. D'un côté, trop d'affirmations incontrôlées d'érudits et d'historiens locaux du XIXe siècle ont été acceptées sans vérifications sérieuses, voire amplifiées dans les premiers essais de synthèse[1]. Il se trouve malheureusement que bon nombre de ces auteurs se sont livrés à des spéculations aventurées à seule fin de vieillir le plus possible les institutions municipales qu'ils décrivaient. Cette tendance fâcheuse a été dès longtemps dénoncée. D'un autre côté, une confusion était non moins fréquemment commise entre la concession de franchises plus ou moins étendues et la concession du consulat proprement dit[2] : il n'y a pourtant aucune corrélation nécessaire entre les deux phénomènes. Bien au contraire, rendre compte de la diffusion du consulat constitue une entreprise toute différente de ce que représenterait un relevé systématique des libertés accordées aux villes méridionales. Ces dernières ont été suscitées, comme ailleurs, par un ensemble de facteurs dont l'aspect local et contingent est évident, les influences extérieures n'ayant joué qu'un rôle limité, hormis le cas bien particulier des filiations de charte à charte ; au reste, ces filiations ne sont pas sensibles, en règle générale, avant le XIIIe siècle. Il apparaît en revanche que le consulat, entendu comme terme

topographique, la forme du consulat partant d'un point géographiquement donné, et gagnant de proche en proche de nouvelles zones... En réalité, pareilles explications sont insuffisantes dans leur principe même : de tels développements en chaîne topographique à contamination progressive ne s'expliqueraient qu'en réduisant les causes de l'organisation municipale à des causes purement superficielles et mécaniques, à des motifs de mode juridique ».

1. En rassemblant les données chronologiques fournies par L. Clos, p. 296, 327-328, 364, 389, 403, 408 et 418, il est possible de constater que, sur douze consulats antérieurs à 1215, sept sont antidatés. La proportion d'erreurs est plus forte encore dans l'étude de Dognon, pourtant plus récente et en apparence mieux informée ; sa liste de dix-sept consulats du XIIe siècle, publiée p. 56, n. 1, ne contient pas moins de treize erreurs chronologiques, dont douze constituent un vieillissement excessif, et dépourvu le plus souvent du moindre fondement, d'institutions consulaires méridionales.

2. Malgré les mises en garde d'A. Luchaire, *Manuel des institutions françaises*, Paris, 1892, p. 430.

juridique désignant un type d'administration locale dont le statut et les pouvoirs restent très changeants, a connu une diffusion géographique assez aisément reconnaissable et dont nous nous proposons de décrire ici les principales étapes.

Il reste donc bien évident qu'une telle étude ne peut rendre compte que de l'évolution du succès qu'a pu connaître la désignation des magistrats municipaux comme consuls. L'apparition de formes antérieures d'autonomie importe peu ici : le contenu même de l'institution varie considérablement d'une ville à l'autre, et ceux-là même qui ont souligné la parenté de certains régimes consulaires avec le type communal plus septentrional ont montré tout l'intérêt de la distinction entre le mot lui-même et les rapports juridiques qu'il recouvre[1]. C'est seulement à l'expansion du mot de consul, même s'il a servi de vêture à des types d'administration locale très différents et parfois contradictoires, que seront consacrées les remarques qui suivent.

* * *

Le consulat apparaît autour de 1100 dans les villes italiennes, et presque aussi précocement au Nord que dans les régions centrales[2]. Sans doute, ici comme ailleurs, l'apparition du phénomène a été parfois antidatée[3]. La rapide

1. Cf. R. Grand, p. xxvii. Du même, *La genèse du mouvement communal en France*, dans *Rev. hist. de dr. français et étr.*, 4e série, 21e année (1942), p. 149-173 : cf. p. 153.

2. La bibliographie des consulats italiens est considérable. On trouvera une liste des ouvrages les plus importants dans P. S. Leicht, *Storia del diritto italiano. Il diritto publico. Lezioni*, 2e éd., réimpr. Milan, 1944, p. 173, n. 1. Pour les contributions plus récentes, aj. Mor, p. 299, n. 1, et p. 307, n. 3. Nous nous bornerons à citer ici, à titre d'exemple, le consulat de Chiavenna (1097) : cf. O. Aureggi, *Il volto storico di Sondrio, Chiavenna, Tirano*, dans l'*Archivio Storico Lombardo*, t. LXXXVI (1960), p. 94 et s., et G. D. Oltrona Visconti, *Osservazioni sulla formazione dei comuni e delle frazioni*, *ibid.*, t. LXXXVII (1961), p. 89 et s., où une erreur d'impression fait dire à l'auteur, p. 102, que ce consulat est apparu au ixe siècle. Citons aussi le consulat d'Arezzo (1098) : cf. P. S. Leicht, *op. cit.*, p. 198. Pour Milan, cf. ci-dessous. Savigny, *Histoire du droit romain au Moyen Age*, trad. Guenoux, t. III, 1839, p. 87, considérait que les plus anciens consulats attestés avec certitude en Italie étaient apparus à Gênes en 1100 et à Brescia en 1104.

3. Cf. par exemple Kiener, p. 164. De même une opinion commune place en

extension du régime y est néanmoins attestée par une foule de témoignages[1]. Il ne paraît guère contestable que les cités de la région lombardo-ligure aient précédé en la matière le reste de l'Europe : ce n'est notamment que dans le dernier tiers du XIIe siècle et au début du siècle suivant que le consulat apparaît dans les pays non seulement westphaliens[2], mais aussi et surtout rhénans, en amont[3] aussi bien qu'à l'aval[4] des premiers. Le retard sur les villes italiennes atteint ici près d'un siècle et l'influence de ces dernières ne peut être discutée.

1093 l'apparition du consulat à Milan : cf. par exemple La Farelle, p. 170. Savigny avait pourtant montré, *loc. cit.*, que l'institution s'y est peut-être implantée en 1099, mais n'est expressément mentionnée qu'en 1107. Le régime consulaire de Milan a été étudié à plusieurs reprises par A. Colombo et, en dernier lieu, dans l'*Amministrazione civica di Milano comunale*, dans l'*Archivio Storico Lombardo*, t. LXXXVII (1961), p. 266 et s. En revanche, l'apparition du consulat de Pise doit être placée entre 1081 et 1085, grâce à un témoignage explicite : cf. R. Davidsohn, *Origine del consolato con speciale riguardo al contado di Firenze-Fiesole*, dans l'*Archivio Storico Italiano*, 5e série, t. IX (1892), p. 225 et s., et surtout les différents travaux d'Arrigo Solmi dont on trouvera un résumé dans l'*Enciclopedia giuridica italiana*, 1922, v[o] *Comune*. Savigny avait rejeté comme hypothétique une telle précocité : *op. cit.*, p. 87, n. *h* ; dans le même passage, il rappelait quelques erreurs, comme celles qui dotaient d'un consulat Ravenne en 963, Ferrare en 1015, Hadria en 1017. Si ces dates ne sont plus aujourd'hui soutenues, le texte pisan de 1081-1085 échappe à toute critique, comme l'a montré Solmi, *Sul piu antico documento consolare pisano*, dans l'*Archivio Storico Sardo* (1906).

1. Côme (1109) : E. Besta, *Per la storia del comune di Como*, dans l'*Archivio Storico Lombardo* (1931), p. 418 et s. Bergame (1109), Tortone (1122) : Savigny, *op. cit.*, p. 87. Lucques (1124) : Davidsohn, *op. cit.*, p. 241. Bologne (1124), Mantoue (1126) : P. S. Leicht, *op. cit.*, p. 182 et 187.

2. M. Dollinger rappelle, p. 458-459, que le consulat serait cité, pour la première fois en pays germanique, à Medebach (1165) si le statut de cette ville n'était vraisemblablement interpolé. Il faut donc reporter l'introduction du régime aux célèbres statuts de Soest (1178).

3. Dognon, p. 61, n. 2, y faisait naître l'institution dès 1120 et citait en exemple Fribourg-en-Brisgau et Strasbourg. La charte de Fribourg est en fait nettement postérieure. Au reste, les plus anciens administrateurs y ont été qualifiés de *conjuratores fori* : cf. Dollinger, p. 457. Quant à Strasbourg, nous devons à M. Ganghoffer, chargé de cours à la Faculté de Droit et des Sciences économiques de Strasbourg, la communication du plus ancien témoignage concernant les consuls, daté de 1202. Qu'il veuille bien trouver ici l'expression de notre gratitude d'autant plus vive qu'il a également relevé l'erreur ancienne qui prêtait des consuls à Bâle dès 1185-1190, alors qu'ils n'y sont mentionnés qu'au XIIIe siècle.

4. Utrecht connaît le régime consulaire dès le début du XIIIe siècle : R. Feenstra, *Les villes des Pays-Bas septentrionaux. Histoire des institutions administratives et judiciaires*, dans les *Recueils de la Société Jean Bodin*, t. VI, *La ville*, 1re partie, p. 605-633 : cf. p. 623.

La diffusion consulaire dans le midi de la France appartient à une étape chronologique intermédiaire entre les précédentes. Plus récente — et pour cause, comme nous le verrons — que la phase italienne, mais plus précoce que la phase germanique, la période d'expansion y débute dans le deuxième quart du XIIe siècle et ne s'achève, sauf cas exceptionnel, que vers les débuts de la guerre de Cent ans. Mais la zone de réception s'y est dessinée beaucoup plus tôt, prenant en moins d'un siècle les traits essentiels de sa configuration géographique : à partir de 1220 environ, le régime consulaire se développe beaucoup plus en densité, à l'intérieur d'un secteur déjà à peu près délimité, qu'en surface, à l'extérieur d'un domaine qui désormais ne variera plus que dans une faible mesure. Afin d'apprécier cette extension géographique si rapide, nous la découperons en trois périodes de temps, isolées de façon nécessairement arbitraire, puisqu'elles sont destinées plus à apprécier les progrès en surface du système consulaire qu'à en définir un rythme qui reste presque constamment soutenu. Ces trois périodes se termineront respectivement en 1150, en 1195 et avant 1220.

Les plus anciens consulats méridionaux apparaissent vers 1130. Sans doute, comme on l'a souvent remarqué, nous disposons plus souvent de témoignages qui constatent simplement leur présence que de concessions créatrices. Il serait toutefois aventuré d'en induire une apparition bien antérieure aux sources de ce temps : la concordance, à quelques années près, de ces documents, relatifs à des villes distinctes et parfois éloignées les unes des autres, ne laisse que peu de place à l'hypothèse d'une apparition très antérieure à ces textes, quelle que soit la ville intéressée. La localisation géographique de ces premiers consulats paraît beaucoup plus intéressante à établir : elle concerne la basse vallée du Rhône et se poursuit vers l'ouest le long des côtes des anciens pays de Septimanie, en gros donc entre Rhône et Aude. Aucune de ces villes consulaires n'est située en zone montagneuse ; toutes sont, au contraire, sinon des ports maritimes ou fluviaux, du moins des centres de communications situés à peu de distance de la mer ou du Rhône.

A en croire des sources que rien ne permet de suspecter, le plus ancien de ces établissements consulaires apparaîtrait à Avignon, au plus tard en 1129 [1] : à vrai dire, le seul document que l'on puisse citer à l'appui de cette date n'a été rédigé qu'en 1206, mais d'autres textes nous montrent les consuls entourant l'évêque à partir de 1146 [2]. Si l'on accepte donc cette date de 1129, le consulat d'Avignon n'a précédé que de deux années celui d'Arles : *primo anno consulatus*, signale, en effet, un texte arlésien de 1131 [3]. Sensiblement plus à l'ouest, la première mention des consuls de Béziers nous a été conservée pour la même année [4]. Presque en même temps, en 1132, l'activité de ces magistrats à Narbonne nous est attestée par un document génois [5]. Sans doute a-t-on proposé de ne voir dans ces personnages, jusqu'à la fin du siècle, que des consuls de mer [6]; nous objecterons à cela que nulle part en France les consuls de mer n'ont précédé les consuls « majeurs ». Du reste rien ne vient confirmer, dans les documents narbonnais, une telle restriction [7]. Au demeurant, l'examen terminologique que nous entreprenons ici se satisfait de l'emploi formel du consulat, quelle que soit la magistrature à laquelle il s'applique.

Entre le groupe rhodanien et celui que constituent Béziers et Narbonne, d'autres villes ont été marquées par l'institution consulaire dès ses premiers temps. A Montpellier,

1. Bourrilly, *Institutions*, p. 691. G. Lambert, t. IX, p. 191 et n. 2, n'utilise que la première partie du texte, selon laquelle le consulat est déjà établi depuis au moins soixante-dix ans, et se borne donc à fixer l'événement à l'année 1136 : il serait plus logique d'accepter ou de refuser en bloc l'ensemble de ce témoignage.

2. Le texte de 1206 et ceux qui l'ont précédé sont rassemblés et cités par G. de Manteyer, p. 180 et n. 2.

3. Bourrilly, *loc. cit.* Le texte a été publié plusieurs fois et notamment par Manteyer, p. 180 et n. 3.

4. Sabarthès, p. 7, place sans raison l'apparition du consulat dans cette ville entre 1121 et 1131. Le seul document à utiliser est pourtant publié par Devic et Vaissète, t. V, pr. nº CCCCXII, col. 976. Il a été commenté notamment par Soucaille, p. 222. Aj. H. Vidal, *Episcopatus et pouvoir épiscopal à Béziers à la veille de la croisade albigeoise*, ***1152-1209***. Th. droit, Montpellier, 1951, p. 44.

5. A. Dupont, *Cités*, p. 699 ; *Relations*, p. 71. Dognon, p. 56 et n. 1, repoussait ce consulat en 1148.

6. Régné, *Vie municipale*, 1934, p. 348, n. 1, interprète aussi un texte pisan de 1175 dans lequel il voit la plus précoce manifestation de ce consulat.

7. Outre le témoignage de 1132, on peut en citer un autre, de 1148, également

il est vrai, cette dernière y a été révolutionnaire et éphémère ; mais, dans le cadre de cette étude, seul importe le fait que, dès 1141, les bourgeois révoltés qualifiaient de consuls les chefs de la rébellion qui était parvenue à expulser le seigneur de la ville[1]. Par la suite, le mot devait être soigneusement évité, même dans la concession de la coutume de 1204, et ce n'est que postérieurement à une concession complémentaire de l'année suivante qu'il désignera définitivement les magistrats de la ville[2]. Entre Montpellier et le Rhône, le consulat de Saint-Gilles, que l'on a cru longtemps encore plus ancien, est attesté en 1143[3], tandis que celui de Nimes apparaît dès 1144[4]. Toujours plus à l'est, il faut citer également celui de Tarascon, dont les plus anciennes traces se placent entre 1144 et 1150[5]. Dans les environs immédiats

inconnu de Régné, publié par G. Mouynès, *Ville de Narbonne. Inventaire des Archives communales. Annexes de la série AA*, Narbonne, 1871, n° 1, p. 3, où figurent quatre *probi consules... ad decus et utilitatem Arnaldi, Narbonensis episcopi ejusdemque successorum, seu prudentis Ermeniardis, ejusdem civitatis domine.* M. Timbal, qui connaît ces documents, se montre (p. 348) moins affirmatif que Régné. Toutefois, si l'hypothèse de ce dernier nous paraît improbable, il est troublant que les consuls ne soient jamais cités jusqu'en 1225 que dans des accords passés dans des villes étrangères : outre ceux de 1132 (à Gênes), de 1148 (à Tortose) et de 1175 (à Pise), on peut signaler un autre accord passé avec Gênes en 1224, où figurent deux *consules universitatis et burgi Narbone* : Mouynès, n° XI, p. 13-15. L'équivoque ne cesse que l'année suivante, selon Mouynès, et, pour nous, le 20 février 1226 n. s., où un acte narbonnais (*ibid.*, n° XII, p. 15-16) présente trois consuls de la cité et six du bourg.

1. Lewis, *Seigneurial administration*, p. 56-58. Ces chefs *qui dicuntur consules* ne sont mentionnés pour la première fois que dans une bulle d'Innocent II du 1er janvier 1142, publiée par Germain, *Liber Instrumentorum Memorialium*, Montpellier, 1884, n° XIV, p. 44. Mais une autre bulle du même pape, du 5 octobre 1141, *ibid.*, n° XVII, p. 46, nous apprend que la sédition avait déjà commencé à cette date.

2. Lewis, *Development*, p. 62.

3. Cf. J. Flach, *Les origines de l'ancienne France*, t. II, Paris, 1893, p. 417, n. 1 ; R. A. Michel, *Sénéchaussée*, p. 219 et 220, n. 1 ; P.-C. Timbal, p. 348, qui rejettent tous trois, à juste titre, une copie du XIIIe siècle non datée d'une lettre d'un comte Raymond de Toulouse, jusque-là attribuée à Raymond IV et supposée sans motif écrite en 1096, datation reprise, quoique non sans réserves, par Limouzin-Lamothe, p. 110.

4. La Farelle, p. 168 ; R. A. Michel, *Sénéchaussée*, p. 211-212, et *Chevaliers*, p. 45 et s. Dognon, p. 56, n. 1, affirme sans le moindre fondement que ce consulat est né vers 1124.

5. Bourrilly, *Institutions*, p. 691. C. Delebecque, *Histoire de la ville de Tarascon depuis les origines jusqu'à l'avènement de la reine Jeanne (1343)*, dans les *Positions des thèses de l'École des chartes*, année 1929, p. 57-66, qui considère, p. 58, que ce consulat est apparu « avant 1150 ».

d'Avignon, il faudrait enfin ajouter à cette liste les institutions municipales du bourg du Pont-de-Sorgues, des environs de 1142 si l'on juge dignes de confiance les affirmations des habitants qui estiment en 1212 leur consulat vieux de soixante-dix ans environ [1].

Voici par conséquent un ensemble de villes consulaires dotées de leurs magistrats en 1150 au plus tard ; la cohérence géographique de ce premier groupe saute aux yeux. Il s'étend, en effet, de la basse vallée du Rhône, villes de la rive gauche comprises, jusqu'à Narbonne à l'ouest, en ne s'écartant guère du voisinage immédiat des côtes. On dirait volontiers d'une tête de pont limitée à l'est par la Provence marseillaise, au sud-ouest par les possessions de la maison de Barcelone dont les plus anciens établissements consulaires posent d'ailleurs, comme on le verra plus loin, un problème délicat. Il est cependant nécessaire d'ajouter à cette première liste un dernier consulat, tout à fait excentrique celui-là : la présence d'un consul de Nice nous est, en effet, attestée dès 1144 [2]. S'agissant ici encore d'un port maritime, la Provence se trouve en quelque sorte encadrée, vers 1150, par deux secteurs côtiers dont le plus dense est à l'ouest, mais dont l'autre peut être rattaché au groupe consulaire italien et notamment génois.

L'examen de la période 1150-1195 va nous montrer comment, à partir de ce point d'ancrage somme toute assez restreint en amplitude, la zone des villes consulaires se développera rapidement dans diverses directions couvrant un secteur à peu près concentrique au précédent. Bien loin, en effet, de se concentrer dans les régions côtières, d'y renforcer son implantation en s'introduisant dans des localités de moindre importance, le système consulaire témoigne alors de dynamisme par une extension continue en surface, gagnant des cités sans doute peu nombreuses, mais

1. Ce texte a été publié par A.-R. de Maulde, pièce annexe n° II, p. 222.

2. G. Lambert, t. IX, p. 178, suppose sans fondement que ce consulat apparaît dès 1108. En fait, la mention la plus ancienne d'un consul a été publiée d'abord par Cais de Pierlas, *Cartulaire de l'église cathédrale de Nice*, p. 61, n° 47, puis par Kiener, p. 224 et n. 315. Après 1144, les consuls sont de nouveau mentionnés en 1146 (Kiener, *ibid.*, n. 318) et en 1157 (Doublet, n° LXXVII, p. 94-95).

toujours plus éloignées de son domaine primitif. La poussée la plus remarquable s'est produite vers l'ouest, le long de l'axe qui, du seuil de Naurouze, atteint la vallée de la Garonne. Trois nouveaux consulats apparaissent sur cette route, sans d'ailleurs que leur chronologie d'ensemble s'établisse en fonction de leur éloignement respectif. A Toulouse, les *capitularii* que l'on rencontre dès 1152[1] ont été plus tard traduits en *capitouls*, ce qui a longtemps laissé croire à des traditions romaines dont un prétendu Capitole aurait hérité[2]. Un certain nombre de localités des régions environnantes adopteront d'ailleurs le même terme pour désigner leurs magistrats[3]. Pourtant, l'emploi du vocable de consuls apparaît à Toulouse même dès 1175[4]. A Carcassonne, le phénomène ne s'est accompli qu'un peu plus tard, en 1192, dans l'état actuel de la documentation[5]. L'expansion consulaire atteint enfin Montauban, limite momentanément extrême de la zone de diffusion, en 1195[6].

Cette poussée n'est pas limitée à ces conquêtes occidentales : sa manifestation septentrionale est tout aussi évi-

1. E. Roschach, *Sur la commune de Toulouse*, dans l'*Histoire de Languedoc*, éd. Privat, t. VII, p. 213-253 : cf. notamment p. 220 ; Limouzin-Lamothe, p. 124. Il n'y a aucune raison de suivre Dognon, p. 56 et n. 1, pour qui le consulat toulousain se fait jour vers 1115, ni même L. Clos, p. 408, selon lequel six capitulaires y sont désignés avant 1150.

2. Roschach, *op. cit.*, p. 213-214. A. du Bourg s'émerveillait encore de « cette dénomination fastueuse, qui vient prouver les traces profondes laissées dans nos contrées par la domination romaine ».

3. Dognon en donne une liste, p. 61-62. On y ajoutera Montauban, 1195 (cf. *infra*, n. 6) ; Muret, 1203 (Higounet, p. 382, n. 106) ; Saint-Sulpice, 1270 (E. Rossignol, *Monographies communales. Saint-Sulpice-la-Pointe*, *Revue... du Tarn*, t. I, 1877, p. 250).

4. Limouzin-Lamothe, p. 125.

5. Mahul, t. V, 1867, p. 322. Il n'y a pas lieu de retenir les dates que fournissent L. Clos, p. 364 (1083), Sabarthès, p. 7 (1107), ni même A. Dupont, *Cités*, p. 719 (1190).

6. Dognon, p. 56, n. 1, affirme que le consulat s'y est établi dès 1144, alors que la charte de cette date ne mentionne aucune organisation de ce type, comme le signalait déjà L. Clos, p. 389, pour qui la transformation s'est produite « moins de cinquante ans après ». Pour le texte roman de 1195, où figurent des *capitols*, cf. Devals, t. I, pièce justificative n° 20, p. 415 et s., et Le Bret, p. 382, qui signale d'autre part, p. 85, l'utilisation du terme de consul à partir de 1231. Il est possible de remonter à cet égard de quelques années en arrière : dès 1229, l'abbé de Saint-Théodard cherchait à obtenir la suppression de ce consulat que Raymond VII devait maintenir dans la transaction passée la même année avec celui-ci : Teulet, *Layettes*, t. II, n° 2159.

dente, encore que limitée à un exemple unique : sur la route d'accès du littoral vers les plateaux rouergats, le régime consulaire atteint Millau en 1187 [1]. Vers l'est enfin, l'expansion, venue sans doute de l'exemple niçois cette fois, atteint Grasse en 1155 [2]. Le consulat de Marseille, dont l'existence sera particulièrement mouvementée, apparaît de son côté en 1178 [3]; on a souvent invoqué un texte de 1128 qui, en fait, se borne à réserver la *consularis potestas* du vicomte dans son hommage à l'évêque [4]. Ce document, bien loin de fournir une trace de l'institution, doit être rangé, selon nous, parmi les textes, fréquents dans le Midi dès le XIe siècle, dans lesquels la titulature féodale s'enjolive du qualificatif de consul ou de proconsul [5]. Quoi qu'il en soit, à Marseille, à la différence de Grasse, il s'agit d'une extension orientale de la zone rhodanienne. Entre les deux groupes, en effet, subsistera pendant plusieurs décennies une solution de continuité : ce n'est qu'à partir de 1220 que la Provence centrale et septentrionale sera contaminée à son tour, comme l'attestent en premier les exemples de Seyne-les-Alpes et de Brignoles [6], tandis que les autres villes de la région attendront plus longtemps encore [7]. Nous tenons là un signe non équivoque de l'indépendance du groupe Nice-Grasse

1. L. Bernad, p. 25-29, où sont d'autre part réfutées diverses affirmations tendant à vieillir l'institution. Autre mention en 1189 : Cl. Brunel, t. II, p. 133, nº 497.

2. Bourrilly, *Institutions*, p. 691 ; Doublet, p. XCIX et nº LXXIII, p. 86. G. Gauthier-Ziegler, p. 7 et n. 6, établit que la bulle publiée par Moris et Blanc, *Cartulaire de Lérins*, t. II, p. 1, et commentée par G. Lambert, p. 253-254, comme première trace du consulat de la ville, date seulement de 1158 et non de 1154.

3. Bourrilly, *loc. cit.* Le document a été publié notamment par Delaville-Le Roulx : cf. *infra*, p. 64, n. 5.

4. L. Clos, p. 296. Le texte est étudié par Kiener, p. 215, ainsi que par Manteyer, p. 180 et n. 1, qui, avec plus de prudence, admet qu' « à la rigueur *consularem potestatem* pourrait désigner le pouvoir comtal ».

5. Cf. les sources utilisées par L. Clos, p. 275, 285 et 360, et par A. Dupont, *Cités*, p. 716, notes. Pour les régions pyrénéennes et notamment pour le comté d'Urgel, cf. Font-Rius, p. 414, n. 761 (textes de 1079, 1080, 1086 et 1139).

6. Bourrilly, *Institutions*, p. 701 : consulat confirmé à Seyne (1220), supprimé à Brignoles (1222). Rien ne permet d'apprécier depuis combien de temps fonctionnait ce dernier, malgré l'opinion de G. Lambert, p. 203, qui le fait remonter sans beaucoup de précision au XIIe siècle.

7. O. Teissier, p. 320 : l'institution reste encore inconnue à Toulon au milieu du XIIIe siècle. On pourrait y joindre les exemples de Digne, d'Aix, etc.

vis-à-vis de la zone proprement française et rhodanienne d'apparition et de diffusion des consulats. Il semble par conséquent très probable que ces deux premières cités se rattachent ici au domaine italien de l'institution, dont elles se trouvent si proches dans le temps et dans l'espace.

En résumé, la zone consulaire atteint en 1195 les limites suivantes : à l'ouest, débordant Toulouse, l'expansion de la fin du XIIe siècle a atteint Montauban. Au nord, les progrès sont plus limités et n'intéressent que Millau. A l'est, dépassant la vallée du Rhône, ils affectent Marseille, tandis qu'un îlot autonome recouvre Nice et Grasse. Acquisitions non négligeables, mais limitées en nombre : au total, cette deuxième période se limite à l'apparition de six nouveaux consulats seulement, au nord des Pyrénées du moins. A ce rythme curieusement ralenti s'oppose celui du quart de siècle qui suit : avant 1220 on comptera plus de vingt villes supplémentaires acquises, sinon à l'institution, du moins à sa terminologie.

Si nous poursuivons, en effet, notre enquête jusque vers 1220, l'importance numérique et la variété géographique des secteurs intéressés rendent nécessaire un examen plus fractionné que précédemment. Vers le sud, tout d'abord, et au delà des frontières du royaume, des consuls sont mentionnés à Perpignan en 1197[1], à Lérida à la même date, à Cervera dès 1182[2]. A Barcelone, d'autre part, deux textes

1. Cf. Brutails, p. 257. Le texte a été publié par Alart, p. 83-84. Font-Rius, p. 441-444 et n. 807, 810, 812, 813 et 815, observe après Alart, p. 282, que le mot ne réapparaît qu'en 1267 et cite, sans la reprendre, l'hypothèse d'A. d'Oriola, p. 30, pour qui les consuls ont longtemps renoncé à leur mission de gouvernement urbain.

2. Pour Lérida, cf. Font-Rius, p. 441-444 et n. 807, 808, 811. Le consulat de Cervera est apparu en 1182, selon un privilège concédé par Alphonse II en 1202 et publié *ibid.*, p. 558-559. La ville de Cervera s'était fait octroyer en outre *omnes illas franchitates, libertates et omnes bonas consuetudines quas donavi ac concessi confratribus Gerunde conjuratis sicut continetur in carta quam illis feci.* Cette charte de Gérone étant aujourd'hui perdue, M. Font-Rius, p. 437-438 et n. 795 à 799, estime qu'elle devait elle aussi accorder un régime consulaire qui serait ainsi apparu à Gérone au plus tard en 1182. Nous n'en sommes toutefois pas aussi assuré : la charte de Cervera distingue nettement la concession du consulat de la clause citée ci-dessus, et donc de l'organisation municipale déjà créée à Gérone. Cette dernière est d'autre part concédée à des *confratres conjurati*, et nous croirions volontiers que cette *confratria* est antérieure à l'apparition du consulat. Et l'argument tiré par M. Font-Rius, p. 440, de l'emploi

d'interprétation difficile, antérieurs à la concession bien connue de 1249, nous présentent des consuls : si le second, de 1219, concerne très probablement des magistrats municipaux, la chose est beaucoup moins sûre pour le premier, qui remonte à 1130[1]. Les témoins de la percée consulaire se font plus nombreux, si, passant du sud à l'ouest, le recensement en est tenté aussi bien dans les régions où l'on en trouve les exemples anciens ci-dessus mentionnés que dans d'autres zones, sensiblement plus vastes, qui vont se trouver atteintes à leur tour au cours de la période 1195-1220. A côté de Carcassonne, il convient, en effet, de citer le cas

comme synonymes, dans la charte de Cervera de 1202, des mots de consulat et de *conjuratio*, ne nous paraît pas décisif : il nous semble plus probable que le rédacteur a voulu éclairer le sens du terme relativement récent de consulat par un rapprochement avec un mot plus ancien ; ce texte ne vaudrait donc que pour sa date.

1. Font-Rius, p. 414, n. 761, qui remarque à juste titre que la sentence de 1219, rendue par le viguier et les consuls, permet de distinguer aisément ces derniers des *probi homines* (le texte en est publié *ibid.*, p. 561-562) ; l'expression *tunc temporis consules* paraît bien désigner des magistrats renouvelables. Nous nous permettrons d'ajouter que ces personnages sont au nombre de quatre, ce qui n'est pas sans imposer le rapprochement avec la concession de 1249. Quant au texte de 1130 (publié *ibid.*, p. 556), il s'agit d'une composition intervenue entre deux habitants de la ville *ante presenciam barchinonensium consulum et honestissimorum virorum...* Après avoir remarqué que n'importe lequel de ces deux groupes de personnages peut désigner les *probi homines* de la ville, M. Font-Rius observe avec pertinence qu'il ne s'agit pas forcément ici de magistrats municipaux et rappelle l'emploi du terme de *consul*, à la même époque, dans la titulature féodale. Tout en faisant nôtres ces réserves, nous inclinerions toutefois à considérer ces consuls comme des témoins d'une organisation municipale primitive et éphémère : l'emploi du pluriel, les noms des souscripteurs de l'acte, le rôle enfin que le document semble assigner à la présence de ces personnages, militent en faveur d'une telle hypothèse. Si cette dernière était vérifiée, il faudrait admettre d'une part qu'une influence italienne n'a pu s'exercer à une date aussi précoce que par des relations directes, exemptes de tout « relais » terrestre, et que, d'autre part, cette première influence est restée sans lendemain, puisque l'ensemble des villes de Catalogne ne connaîtra l'institution que plus de cinquante ans après, et cette fois très probablement par extension de la zone française. Une telle distinction entre deux phases du mouvement consulaire dans ces régions, phases bien distinctes dans leur chronologie et dans leur diffusion géographique, rendrait compte dans une certaine mesure du retard apparent et du rôle modeste — ou plutôt mal connu — d'une ville de l'importance de Barcelone dans l'évolution générale des consulats méridionaux. Du reste, la deuxième phase, à la fin du XIIe siècle, semble n'avoir été guère plus durable que la précédente : M. Font-Rius relève, p. 457 et n. 845, que le consulat ne sera définitivement établi à Gérone et à Cervera qu'en 1284 et en 1311 respectivement. La même observation peut être faite à Perpignan où l'on ne retrouve de consuls qu'en 1267, soit soixante-dix ans après la concession primitive ; cf. *supra*, p. 38, n. 1.

de Limoux, mais seulement en 1218[1]. Il faut en revanche écarter, pour cette période du moins, toute trace d'un consulat à Mirepoix, bien que le texte de la coutume de 1207 paraisse le mentionner; ce dernier ne nous est, en effet, connu que dans une copie non datée, mais dont les témoins figurent dans d'autres documents du milieu du siècle environ[2]. Quoi qu'on en ait dit, le consulat de l'Isle-Jourdain est lui aussi postérieur à la limite chronologique de cette période, puisque rien ne l'atteste avant la coutume de 1230[3]. Ainsi, par un phénomène remarquable, la densité des villes à consulat ne s'accroît pratiquement pas, Limoux mis à part, et avant 1220 du moins, dans des secteurs géographiques pourtant déjà gagnés à l'expansion depuis plusieurs décennies, tandis que des villes bien plus éloignées vont se trouver dès lors atteintes à leur tour. Si le consulat de Montauban avait été, comme on l'a vu, organisé dès 1195, celui d'Agen est attesté en 1197[4]. En revanche, et malgré un certain nombre d'érudits, il faut éliminer de la période qui nous intéresse tout système analogue à Moissac[5] aussi

1. Devic-Vaissète, t. VIII, col. 712. Cf. Sabarthès, p. 7. Buzairies, p. x, estime que le consulat s'est introduit à une date inconnue entre 1192 et 1218. En tout cas, seule cette dernière date doit être retenue avec certitude.

2. Cette copie est publiée dans Devic-Vaissète, t. VIII, col. 552, et dans Pasquier, *Cartulaire de Mirepoix*, t. II, 1921, p. 6, sous la date de 1207. Mais elle a été rédigée en présence du *bajulus Stephanus* ainsi que d'un *magister Paganus* que nous retrouvons en 1246 : cf. le *Cartulaire* précité, p. 7.

3. Si Dognon, p. 56, n. 1, affirme ce consulat déjà établi vers 1190, le texte allégué, publié par Cabié, dans la *Nouvelle revue historique de droit* (1881), p. 643, ne contient rien de tel. Seule la charte de 1230 en fournira témoignage : cf. Cabié, *Chartes de coutumes inédites de la Gascogne toulousaine*, Paris-Auch, 1884, p. 15-20.

4. Et non en 1189 où il ne s'agit que du *commune consilium* : Dognon, p. 56, n. 1 ; G. Sautel, p. 332. Les textes de 1189 et de 1197 sont publiés par Magen et Tholin, n° I, p. 1, et n° II, p. 2.

5. Dognon, *loc. cit.*, le croyait déjà constitué vers 1125 et faisait de son ancienneté l'un des fondements de sa thèse. Lagrèze-Fossat avait pourtant montré, p. 228 et n. 52, qu'il n'en était question ni dans la charte des environs de 1125 — datation traditionnelle et qui, selon nous, serait à revoir — ni dans celle de 1197, mais seulement dans un document de 1221 (et non de 1234, comme le déclare R.-A. Michel, *Sénéchaussée*, p. 202, n. 4, qui cite cependant l'ouvrage précédent). Vers la fin de 1229, l'abbé niait le droit de la ville à désigner des consuls, tandis que Raymond VII, par une exagération manifeste, affirmait que ce consulat était au moins centenaire : Teulet, *Layettes*, t. II, n° 2033.

bien qu'à Castelsarrasin[1] ou à Montech[2]. Agen ne marque pourtant qu'une étape vers des conquêtes plus lointaines encore : les limites définitives des pays à consulats, du moins vers l'ouest, sont pratiquement atteintes lorsque cette expansion atteint Condom en 1210[3]. Mieux, elles seront proprement dépassées lorsque la chancellerie anglaise adressera une lettre de 1219 aux « maire et consuls » de Bordeaux, erreur qui sera commise à son tour un peu plus tard par Louis VIII s'adressant aux habitants de la Réole[4]. De tels abus de termes laissent entendre à quel point des chancelleries éloignées devaient dès cette époque considérer le régime consulaire comme la norme des gouvernements urbains du midi, même en tenant compte des flatteries intéressées qui sont peut-être glissées dans l'emploi de qualificatifs plus glorieux que ceux de jurats. On ôtera en revanche du tableau des consulats du Sud-Ouest, pour ce temps du moins, les villes de Marmande, où l'institution n'apparaît que sensiblement plus tard, contrairement à ce

1. Selon Dognon, *loc. cit.*, ce consulat serait déjà mentionné en 1134. Il convient en fait non seulement d'écarter cette date, mais aussi celle de 1181 où une charte relative à la ville montre que l'institution y est encore inconnue : abbé F. Galabert, p. 254. On sait d'autre part que Raymond VII devait en 1245 mettre la main sur ce consulat, comme sur celui de Moissac : *Layettes du trésor des Chartes*, t. II, p. 567, nº 3350, et p. 568, nº 3351. Cf. aussi Boutaric, *Saint Louis et Alphonse de Poitiers*, Paris, 1870, p. 510 et n. 1. Depuis combien de temps celui de Castelsarrasin était-il apparu? En l'absence de texte formel, on peut avancer le texte de la coutume de Montastruc, concédée par Sicard Alaman en 1242 (Devic-Vaissète, t. VIII, col. 1082-1084), où figurent des consuls alors que la coutume de Castelsarrasin est en même temps accordée à titre subsidiaire (col. 1084).

2. Le consulat serait ici aussi apparu en 1134 selon Dognon, *loc. cit.*, pour qui la source est commune à Castelsarrasin et à Montech (Arch. départ. Haute-Garonne, E. 893). Ce document, qui n'est en fait qu'une copie lacunaire et très corrompue du XVIIᵉ siècle, n'atteste nullement de l'apparition de l'un ou de l'autre de ces consulats. Une courte analyse relative à Montech en a été donnée par F. Galabert et Bastoul, *Coutumes de Montech (1136 et 1437)*, dans le *Bulletin de la Soc. archéol. de Tarn-et-Garonne*, t. LXI (1933), p. 109-113 : le terme de *capitol* ne saurait être traduit comme le font les auteurs, p. 110, qui n'ont pas vu que l'art. 11 supprimait la mainmorte dans les successions *ab intestat*.

3. M. Gouron, p. XXI. Cf. les références au nº 765, p. 287.

4. C. Bémont, *La mairie et la jurade dans les villes de la Guyenne anglaise. La Réole*, dans les *Annales du Midi*, 1919, p. 1-34 ; cf., p. 18, l'erreur relative à La Réole (1224). Pour d'autres confusions de même nature, cf. M. Gouron, p. XXI.

qu'on a pu prétendre[1] et de Casteljaloux, où l'erreur chronologique de Dognon est encore plus nette[2].

Au sud de l'axe garonnais et en se rapprochant des Pyrénées, deux consulats se font jour en Comminges dans les premières années du XIIIe siècle : ils concernent Muret en 1203[3], puis Saint-Bertrand en 1207[4]. On ne saurait toutefois en dire autant ni de Saint-Gaudens, où la charte de 1202 ne concède ni ne mentionne de consulat[5], ni de Rieux, où un texte de la même année, dont seuls quelques fragments sont parvenus jusqu'à nous, fait seulement état de prudhommes[6], ni non plus de Fonsorbes où ce sont les coutumes

1. Dognon, *loc. cit.*, donne ici la date de 1182. Aucune charte de cette époque n'a été pourtant conservée pour Marmande ; seul le préambule des coutumes de 1340 se réfère à un texte de 1182, sans d'ailleurs y inclure le consulat. Au reste, de tels préambules, alléguant des privilèges concédés par Richard Cœur de Lion, sont particulièrement suspects : cf. M. Gouron, p. III, n. 2. En définitive, les plus anciens textes relatifs aux institutions municipales de la ville ont été publiés par Magen et Tholin, nº XVI, p. 21-22 (1224), où apparaît un *coselh* tandis que le consulat proprement dit est cité au nº XXXIV, p. 50 (1240). Les consuls sont à nouveau mentionnés dans un texte bien connu de 1270 : cf. Boutaric, *Saint Louis et Alphonse de Poitiers*, p. 511 et n. 1 ; aj. P.-F. Fournier et P. Guébin, *Enquêtes administratives d'Alphonse de Poitiers. Arrêts de son Parlement tenu à Toulouse et pièces annexes, **1249-1271***, Paris, 1959, p. 307 et 309.

2. Pour qui, *loc. cit.*, il en serait déjà ainsi au cours de la deuxième moitié du XIIe siècle. Les plus anciens privilèges y ont été concédés en 1261, mais leur texte est perdu : cf. M. Gouron, p. 255, n. 1.

3. Références dans Décap, Espinas, Faucher, nº 122.

4. *Ibid.*, nº 188. La charte est amputée du protocole final que vient remplacer celui d'une confirmation de 1505 et n'est pas datée : seul l'épiscopat d'Adhémar de Castillon, de 1207 à 1209, fournirait un repère valable, n'était une précision du XVIIIe siècle à qui nous devons cette date de 1207. Cf. F. Pasquier, *Inventaire des Archives départementales, série E. Supplément. Saint-Bertrand-de-Comminges*, Toulouse, 1913, p. IX, n. 1. C'est sans preuve à l'appui que J. Contrasty, *Les évêques de Comminges*, Toulouse, 1940, p. 144, propose « la fin de l'année 1207 ou le début de 1208 ».

5. Malgré L. Clos, p. 403 : cette charte, datée par Ch. Higounet, *La date de la charte de Saint-Gaudens en style pisan, **20** juin **1202**, Revue de Comminges*, t. LIX, 1946, p. 79, donne une compétence judiciaire à des jurats en qui M. Higounet, *Le comté de Comminges*, p. 382, n. 105, reprenant ici une observation de Dognon, p. 114, n. 3, veut voir les mêmes personnages que les consuls, sensiblement plus tardifs. En fait, l'évolution doit être semblable à celle qui s'est produite à Fonsorbes, cf. *infra*, p. **43**, n. 1.

6. Gleizes, p. 346, affirme sans preuve que « vers 1150 Rieux... se donna un consulat », alors que les extraits de la coutume de 1202 qu'il analyse n'en ont pas laissé la moindre trace. Une erreur identique est commise par Dognon, p. 102, à propos de ces derniers. De même J. Contrasty, *Rieux-Volvestre et ses évêques*, Toulouse, 1936, p. 36, en croit l'établissement antérieur au XIIIe siècle. Autres références, cf. Décap, Espinas, Faucher, nº 160.

de 1279, et non celles de 1205, qui témoignent de l'établissement du régime [1].

Plus au nord, l'Albigeois laisse subsister sur la carte consulaire, jusqu'en 1220, un assez vaste territoire à l'écart du mouvement. Cette lacune ne saurait être comblée ni par un prétendu consulat de Castres en 1160 [2] ni surtout par la charte d'Ambialet, dont la datation traditionnelle (1136) est plus que suspecte [3]. Notre catalogue ne s'enrichit ici que d'une seule localité : les consuls de Gaillac sont mentionnés dès 1203 [4]. Il faudra attendre 1220 pour en rencontrer ailleurs, en l'occurrence à Albi [5]. L'expansion, en un contraste digne d'être noté, est beaucoup plus sensible à la même époque dans des secteurs considérablement plus éloignés des côtes méditerranéennes. Tout se passe comme si le régime consulaire, dédaignant dans un premier temps de s'implanter dans des localités de faible étendue, volait

1. Les deux textes ont été publiés en dernier lieu par P. Ourliac, *Les sauvetés du Comminges*, Toulouse, 1947 (coutumes de 1205, p. 123 et s.; coutumes de 1279, p. 128 et s.). Le plus ancien mentionne des prudhommes, comme il est normal en un temps où seules les agglomérations de quelque importance connaissent le consulat. Dès avant 1279, en revanche, le consulat s'était étendu à quantité de villages du Comminges : on le trouve, par exemple, à Noé en 1224.

2. Comme l'affirme Sabarthès, p. 7, et le laisse entendre Dognon, p. 102, n. 5. La charte de 1160 ne mentionne pourtant nullement de consuls : L. de Lacger, p. 153. Ce dernier rappelle, en revanche, p. 162, n. 1, l'envoi d'une lettre des consuls à Louis VIII en 1226, lettre à laquelle est appendu un sceau de la ville (reproduit p. 160). Barral, p. 90, n. 2, renvoie à une charte de 1229 d'après L. Clos, p. 401-402 : la référence paraît erronée, ce dernier commentant ici les privilèges de Cordes de 1222.

3. Cette date, reprise par L. Clos, p. 327, et par Dognon, p. 56 et n. 1, avait été fournie en même temps qu'une première publication du texte par Compayré, p. 332 et s. Une meilleure édition en a été donnée, non sans quelques réserves précisément fondées sur la précocité d'un tel consulat, dans la *Revue historique du Tarn*, t. III (1880-1881), p. 115-120. Cabié, p. 248, émettait quelques doutes sur sa date, tandis que Jolibois, p. 134, qualifiait de suspect le vidimus grâce auquel nous connaissons le texte. Nous nous bornerons à mentionner ici quelques détails qui ne permette pas de retenir cette date de 1136 : l'enquête prévue par l'art. 4, l'utilisation de livres tournois à l'art. 9, l'autorisation donnée au « roi de la jeunesse » de nommer un « sénéchal » (art. 21), et surtout, au protocole final, l'intervention d'un *notarius publicus*.

4. Devic-Vaissète, t. VIII, vol. 496. On ne saurait en déduire avec Cabié, p. 245, que ce consulat remonte au XIIe siècle, ni non plus en 1175 comme le suppose Rossignol, *Étude sur l'histoire des institutions seigneuriales et communales de l'arrondissement de Gaillac (Tarn)*, Toulouse, 1866, p. 26. Comme à Montauban, l'abbé devait demander en 1229 la suppression du consulat, que maintenait au contraire Raymond VII : Teulet, *Layettes*, t. II, n° 2160.

5. Cabié, p. 246; Jolibois, p. 134.

de cité en cité le plus loin possible, atteignant rapidement des points de pénétration extrême que les siècles suivants ne repousseront guère en avant. Depuis l'axe garonnais, le consulat apparaît ainsi en Quercy assez vite : on l'y rencontre du moins à Cahors en 1207[1] alors que les autres villes de la région, Figeac par exemple, seront moins précoces[2]. Plus loin encore, les consuls de Périgueux (Puy-Saint-Front) semblent cités dès 1205[3], tandis que le reste du Périgord devra attendre plus longtemps : outre les bastides d'Alfonse de Poitiers, qui n'y ont été créées, comme en Agenais et en Quercy, qu'à partir de 1256[4], on peut citer la charte du consulat de Bergerac, qui n'a été concédée qu'en 1322[5]. Il faut notamment écarter l'hypothèse d'un consulat établi à Sarlat avant 1240-1245, encore que les bourgeois y aient peut-être utilisé le mot un peu auparavant[6]. Plus au nord, en revanche, on trouve trace des consuls de Brive dès 1207[7]. Il est vrai que l'institution est plus précoce encore à Limoges, où les consuls du Château, apparus dès 1202, voisinent avec ceux de la Cité, dont on a témoignage l'année suivante[8].

1. La plus ancienne mention publiée du consulat ne remonte qu'à 1212 ; cf. Dufour, p. 16, et Boutaric, t. I, p. CCCIX, n. 2. S. Dobelmann, *La langue de Cahors des origines à la fin du XVIe siècle*, Toulouse-Paris, 1944, p. 2, observe qu'aucune trace n'en apparaît avant le XIIIe siècle. Nous devons à l'amabilité de M. Louis d'Alauzier de pouvoir signaler ce consulat dès 1207 (Bibl. nat., coll. Doat, t. 118, fol. 3). Qu'il veuille bien trouver ici l'expression de notre vive reconnaissance.

2. N. Valois, p. 398, a fait justice de l'opinion qui voulait faire remonter le consulat de Figeac jusqu'en 1001. On n'en a pas trace avant 1224, comme le remarquait déjà Marvaud, *Collection de documents inédits...*, t. III, p. 56. En 1232 encore, le Quercy ne semble compter que ces deux villes de consulat : un traité d'alliance passé à cette date entre de nombreuses localités de la région ne qualifie de consuls que les représentants de Cahors et de Figeac (Arch. mun. Cahors, AA 2 ; renseignement communiqué par M. d'Alauzier).

3. Si l'on en croit des textes perdus, mais produits en 1775 : Villepelet, p. 114.

4. M. Vigié, *Les bastides du Périgord*, Montpellier, 1907, p. 98.

5. Une ancienne édition en a été donnée dans les *Coutumes générales et particulières de la France et des Gaules*, t. I, Paris, 1635, p. 1169 et s.

6. J.-M. Maubourguet, *Le Périgord méridional des origines à l'an 1370. Étude d'histoire politique et religieuse.* Th. lettres, Bordeaux-Cahors, 1926, p. 167 et 169, n. 1.

7. Marvaud, *loc. cit.*, ne les signalait qu'à partir de 1224. Le texte de 1207 est fourni par Delsol, pièce justificative n° 1, p. 591. Il n'y a aucune raison de supposer comme le fait ce dernier, d'ailleurs avec prudence (p. 69), que ce consulat est apparu vers 1180.

8. Pour Coissac, p. 16, le consulat du château aurait été créé en 1116. En

En Limousin aussi, les autres consulats n'apparaîtront qu'après la période à laquelle est limitée cette étude[1].

Une extension aussi considérable de la zone consulaire ne saurait faire perdre de vue des gains sans doute plus modestes en surface, mais prometteurs de conquêtes ultérieures. C'est qu'en effet, à la première série de villes côtières, ou presque, qui avait marqué les premiers pas de l'institution, vient s'ajouter au début du XIIIe siècle une ligne plus avancée de cités voisines des premiers contreforts du Massif Central, qu'il s'agisse des Cévennes ou des Causses. La première coutume d'Alès, de 1200, a ainsi introduit le consulat dans la ville[2], tandis qu'un peu plus à l'est ce régime est installé à Uzès en 1206[3]. Malgré les résistances de l'évêque, il surgit de même à Lodève en 1202[4]. On écartera, en revanche, pour cette période et des contrées voisines, le cas d'Aigues-Mortes, qui a été depuis longtemps avancé par erreur[5], et l'on n'accordera pas plus de confiance à celui de Clermont-l'Hérault[6]. C'est probablement dans les régions nimoise et rhodanienne que l'institution gagnera pour la première fois les communautés de moindre importance, comme à Vallabrègues en 1219 et à Calvisson en 1221[7].

fait, L. Guibert, *Limoges*, signale ceux-ci à partir de 1202 (nº CXXVIII, p. 117-118) et ceux de la Cité en 1203 (nº II, p. 4-5). Au *Cartulaire* publié par Chabaneau, on trouve mention du « cossolat » à partir de 1208. *Mémorial du consulat*, p. 77, nº 174.

1. Guibert, *Saint-Léonard*, a montré l'inanité des opinions selon lesquelles le consulat de Saint-Léonard remonterait soit au XIe siècle (p. 56, n. 1), soit à 1103 (p. 60) : la première trace de ce consulat n'apparaît qu'en 1224 (p. 62).

2. La meilleure édition en est celle de M. d'Hombres (texte roman : p. 49 et s. ; texte latin, p. 66 et s.) ; on peut utiliser aussi celle de Marette, p. 420-463. Sur ce consulat, cf. Duclaux-Monteil, p. 509, et R.-A. Michel, *Sénéchaussée*, p. 217.

3. Si Charvet, p. 46, considérait que l'origine en remontait au XIIe siècle, E. de Rozière, p. 181, n'en trouvait de trace qu'en 1256. R.-A. Michel, *Sénéchaussée*, p. 218 et n. 8, a relevé deux consuls de la ville dès 1206.

4. Martin, nº XXXIV, pièces 1 et 2.

5. L'erreur de Laferrière, qui datait la charte d'Aigues-Mortes de 1069 et en faisait le modèle de celle d'Alès de 1200, a été déjà corrigée par Béchard, p. 586, qui en rétablit exactement l'ancienneté (1246) : c'est donc au contraire de la coutume d'Alès, 1200, que s'inspire le texte d'Aigues-Mortes, comme l'ont souligné M. d'Hombres, p. 33-36, et Marette, p. 404-409. Sur le consulat d'Aigues-Mortes, voir R.-A. Michel, *Sénéchaussée*, p. 274-277.

6. Dont Barral montre, p. 23 et n. 4, qu'il n'est apparu qu'en 1242, malgré différents avis.

7. R.-A. Michel, *Sénéchaussée*, p. 219 et n. 5 et 6.

Si nous avons pu relever l'établissement du consulat à Millau dès 1187, le reste du Rouergue ne fournit que peu d'exemples analogues, même au début du XIIIe siècle. A son extrémité occidentale, on trouve des consuls à Saint-Antonin, non pas vers 1140-1144 comme l'a longtemps laissé croire une mauvaise datation d'une partie de la coutume[1], mais seulement en 1198[2]. S'agit-il d'une excroissance de la zone garonnaise? En tout cas, la partie centrale du Rouergue ne sera atteinte que plus tard : à Rodez, les consuls du Bourg sont mentionnés à partir de 1214[3]. Les consulats de Conques, signalé au plus tard en 1231[4], et d'Aubin, dont un témoignage du XIIe siècle reste très suspect[5], n'appartiennent probablement pas à la période étudiée.

Si le Rouergue ne nous fournit guère de témoignages suffisamment anciens, le Gévaudan se montre encore plus pauvre : aucun consulat n'y apparaît avant le milieu du XIIIe siècle. Encore, le plus ancien ne mérite-t-il guère sa désignation, puisqu'il s'agit de celui de la Garde-Guérin, dont la charte de 1258 organise en réalité une représenta-

1. Cf. par exemple, Cabié, p. 248 ; Dognon, p. 56 et n. 1 ; Dupont, *Cités*, p. 718. Le texte latin publié par Teulet sous la date 1140-1144 reprend en premier lieu dix-sept articles d'une charte primitive de cette époque, dépourvue de concession consulaire, dont la version romane a été publiée plusieurs fois : M. A. F. de Gaujal, *Études historiques sur le Rouergue*, t. I, Paris, 1858, p. 275-280 ; R. Latouche, *La coutume originale de Saint-Antonin*, dans le *Bulletin philologique et historique du Comité des travaux historiques*, 1920, p. 257 et s. ; Brunel, t. I, n° 41, p. 47-51. Y ont été ajoutées de beaucoup plus nombreuses dispositions imitées des coutumes de Montpellier de 1204 et 1205. Cette reprise du XIIIe siècle a été signalée en premier lieu par Cabié, *La date et les origines de la coutume de Saint-Antonin*, dans la *Revue historique du Tarn*, t. II (1878-1879), p. 217-222 et 234-238.

2. Le texte est publié par Cl. Brunel, t. I, p. 313, n° 315.

3. Baillaut et Verlaguet, t. I, p. 102 (art. 7). Il faut écarter la charte de la cité, antérieure à 1201, où il n'est pas question de consuls : Sautel, p. 332.

4. J. Bousquet, *passim*, et notamment n. 31. La date de ce témoignage doit être comprise entre 1218 et 1231.

5. H. Descrozaille, *Étude historique sur les hôpitaux, aumônes, charités, œuvres de bienfaisance de la ville d'Aubin*, Rodez, 1911, p. 112 et s., publie une transaction dont il corrige lui-même la date apparente de 1102 en 1152. Différents passages semblent bien cependant porter la trace d'une rédaction plus tardive, s'il ne s'agit pas d'un faux : *compositio et ourdonnance*, adressée *als presents et als endevenedous*, par exemple. Que M. J. Bousquet trouve ici l'expression de nos remerciements pour l'aimable communication de ce texte à laquelle il a bien voulu se prêter.

tion élective des seigneurs « pariers »[1]. On sait, d'autre part, combien les bourgeois de Mende ont eu de difficultés à obtenir des concessions politiques de leur évêque : après un essai éphémère, de 1261 à 1263, où ils se donnent, à l'occasion d'une révolte, des chefs qu'ils qualifient successivement de syndics et de consuls[2], l'institution ne réapparaîtra qu'au XVe siècle et seulement de 1469 à 1494[3]. On la retrouve en revanche à Florac en 1291[4], ce qui semble avoir échappé aux auteurs qui, désireux de montrer la rareté du régime en Gévaudan jusqu'à une époque beaucoup plus tardive, ont dressé la courte liste des villes intéressées dans la région et sur ses confins[5].

Le régime consulaire, qui marque ainsi le pas en Gévaudan, a connu en revanche de plus lointaines extensions vers le nord : l'exemple le plus précoce — qui est aussi l'un des plus septentrionaux — concerne Montferrand, entre 1196 et 1199[6]. En Auvergne également, les consuls d'Aurillac nous sont attestés en 1202[7]. N'appartiennent en revanche à cette enquête, malgré diverses affirmations, ni le consulat de Saint-Flour[8] ni celui de Billom[9]. En tirant vers le nord-

1. F. André, p. 69 : article 5 des statuts ; cf. aussi Porée, *La Garde-Guérin*, p. 82 et s.

2. Porée, *Mende*, p. 24-25, 28-29.

3. Porée, *ibid.*, p. 129-130 (1469) et 188-189 (1494). Aj. Sée, *Louis XI et les villes*, Paris, 1892, p. 60-61.

4. Cf. G. Pastré, *Les seigneurs de Florac du début du XIIIe siècle à la fin du XIVe siècle*, dans les *Positions des thèses de l'École des chartes*, 1929, p. 187-192 : cf. p. 189.

5. Dognon, p. 60, suivi par G. Dumas, *Les coutumes et le consulat de Meyrueis du XIIIe au XVIIe siècle d'après le registre dit « Thalamus »*, dans *Fédération historique du Languedoc méditerranéen et du Roussillon, XXIXe Congrès*, Mende, 1955, p. 52, compte seulement dix consulats au XVIe siècle. Encore convient-il d'en soustraire celui de Meyrueis, qui n'est pas en Gévaudan, et celui de la Terre-de-Peyre, dont toute trace disparaît en 1403, comme le remarque J. Roucaute, *Le pays de Gévaudan au temps de la Ligue*, Paris, 1900, p. 14, n. 2.

6. M. Boudet, *Collection*, p. XVI, après le premier éditeur de la plus ancienne charte de Montferrand, Teilhard de Chardin, donne comme dates extrêmes 1188 et 1198. R. Sève, p. 522 et n. 1, démontre qu'il convient de leur préférer respectivement 1196 et 1199.

7. Rivière, p. 269 et n. 7 ; Grand, *Les paix d'Aurillac*, p. 3-4, et *La genèse...*, *op. cit.*, p. 154 et n. 1.

8. M. Boudet, *Saint-Flour*, p. CCXXVI et n. 6, montre que la plus ancienne trace des consuls n'est pas antérieure à 1250, contrairement à divers auteurs pour qui il en serait ainsi dès 1200.

9. Boudet, *Collection*, p. 75, fait de la charte d'Ambert (1239) une filiale

est, on constate en revanche que l'hostilité au régime consulaire devient plus vive : non seulement une région comme le Velay n'a connu qu'un seul consulat jusqu'au XVIe siècle[1], mais surtout trois cités relativement groupées, au regard de l'ensemble des pays de consulat, se sont vues interdire expressément un tel régime dès les premières années du XIIIe siècle ; il en a été ainsi au Puy, où les bourgeois, dressés en 1214 contre l'évêque, ont peut-être commis l'erreur, comme plus tôt à Montpellier et plus tard à Mende, de qualifier de consuls les meneurs de la révolte. Ceci expliquerait la teneur de la charte de 1219 qui exclut formellement un consulat qu'elle associe visiblement à une conspiration[2]. En fait, ce régime est réintroduit en 1248, mais disparaîtra à nouveau[3]. Lyon se trouve à peu près dans le même cas : les bourgeois y prêtent serment en 1208 de ne pas créer de consulat. Or, le passage de la charte qui contient cette renonciation mentionne formellement le sens de cette dernière : il s'agit d'éviter que reprennent des troubles qui se sont récemment produits et qui ont commencé par un *juramentum*[4]. Enfin, l'abbé de Saint-Barnard de Romans interdisait aux habitants, vers le même temps — entre 1208 et 1212 — d'introduire dans la ville un régime analogue[5].

Ces trois exemples nous révèlent une crainte marquée vis-à-vis d'un terme dont le contenu a dû apparaître plein de risques aux puissances féodales intéressées : l'expansion de celui-ci se trouve ainsi curieusement limitée dans le

d'un texte perdu de Billom dont il trouve mention entre 1170 et 1189. En fait, les coutumes de Billom — comprenant concession du consulat — accordées en 1281 (publiées par Rivière, t. II, p. 326 et s.), attestent seulement d'une « augmentation » des anciens privilèges. C'est pourquoi nous croyons beaucoup plus vraisemblable que le consulat d'Ambert ne doive rien à celui de Billom, apparu plus tard que le premier selon toute probabilité et, en tout cas, bien après 1220.

1. E. Delcambre, *Contribution à l'histoire des États provinciaux. Les États du Velay des origines à **1642***, Saint-Étienne, 1938, p. 55 : en 1518 encore, le Velay ne connaît que le consulat du Puy.

2. E. Delcambre, *Le consulat*, p. 7. Toujours en Velay, le seigneur de Roche-en-Régnier interdira lui aussi, en 1265, la création d'un consulat : cf. Dognon, p. 123 et n. 1.

3. R.-A. Michel, *Sénéchaussée*, p. 219, n. 9.

4. Guigue, *Appendice*, n° 2, p. 378.

5. Vaillant, n° 412.

« coin » nord-est de la zone consulaire telle qu'elle se figera définitivement au XIVe siècle. Le Dauphiné lui-même, auquel appartient Romans, ne s'enrichit de consuls, avant 1220 du moins, que dans des localités sensiblement méridionales, dans la vallée de la Durance ou dans ses alentours : les plus anciens sont attestés à Embrun dès 1204[1], tandis que le petit bourg de Lachau s'en voit concéder en 1209, dans un texte qui se réfère, non sans quelque obscurité d'ailleurs, aux consulats de Gap et de Sisteron, que l'on peut donc supposer déjà créés à cette date[2]. Au delà du Dauphiné, mais non loin de Sisteron, le consulat de Manosque est sensiblement contemporain, puisque les sources locales témoignent de sa création au plus tard en 1207[3]. De telles initiatives ont sans doute entraîné l'apparition des consulats plus tardifs — situés aussi plus profondément dans les vallées alpines — de Seyne vers 1220[4], de Barcelonnette et d'Allos quelques années plus tard[5].

Passant du Dauphiné au Comtat Venaissin, on peut observer dès 1200 les traces d'un consulat de l'Isle-sur-Sorgue qui n'est pas sans analogies avec celui que l'on a déjà remarqué à la Garde-Guérin : il ne s'agit point de l'accession au pouvoir politique d'une partie des bourgeois, mais seulement d'un procédé de représentation des coseigneurs[6]. Les consulats d'Apt et de Saignon n'appartiennent pas, en revanche, à la même période[7].

1. Kiener, p. 164, n. 5, a montré l'erreur de ceux qui faisaient naître ce consulat en 1127, tel Lambert, p. 203, n. 1. Pour le texte de 1204, cf. Vaillant, n° 150.

2. Ce passage de la charte de Lachau a été publié par Vaillant, n° 265, et, de façon plus complète, par Manteyer, p. 186, n. 2. Le consulat de Sisteron est, en effet, confirmé en 1213 n. s. : Clos, p. 418 — qui date le texte de 1212 — et surtout Laplane, p. 149-152.

3. Manteyer, *loc. cit.* ; Bourrilly, *Institutions*, p. 694. Les principaux textes relatifs aux débuts du consulat de Manosque ont été publiés par M.-Z. Isnard, *Livre des privilèges de Manosque. Cartulaire municipal latino-provençal (1169-1315). Introduction*, Digne-Paris, 1894.

4. Cf. *supra*, p. 37, n. 6.

5. R. Collier, p. 212.

6. Chobaut-Laval, p. 5. Toute trace de cette institution disparaît après 1236.

7. G. Lambert, p. 203, les donne pour établis vers 1157. Mais le texte auquel il renvoie pour Apt (*Gallia christiana*, t. I, *Instr. eccl. Aptensis*, n° XIX, p. 81) est en réalité daté de 1257. Quant à Saignon, Lambert publie p. 205 un document où on chercherait en vain la moindre allusion à un consulat.

Sur la rive droite du Rhône, enfin, et retrouvant ici le voisinage des plus anciennes villes consulaires, il reste à signaler deux nouvelles cités gagnées au régime dans les premières années du XIIIe siècle. C'est, en effet, à Largentière que s'établit en 1208 le premier consulat du Vivarais, dont les autres cités seront lentes à se mettre à l'unisson[1]. De 1217 date le premier témoignage du consulat de Beaucaire, qui connaîtra plus tard de graves difficultés[2].

La monotonie d'un tel catalogue, alourdi d'indispensables rectifications chronologiques qu'appelaient un certain nombre d'erreurs, ne doit pas faire oublier les traits remarquables de cette période d'expansion consulaire qui s'étend ainsi sur près d'un siècle, des environs de 1130 aux alentours de 1220. En premier lieu, seules les principales villes en sont les étapes, aussi bien vers l'ouest que vers le nord ou l'est. Les villages ou même les bourgs de médiocre importance restent exclus du phénomène pendant cette époque, et certaines petites villes marquent du retard : la pénétration du système consulaire vers le Massif Central au départ des côtes, par exemple, s'est bornée à marquer Millau en 1187, puis Montferrand à la fin du siècle. Les cités intermédiaires de Lodève ou de Saint-Flour ne se joindront au mouvement qu'au XIIIe siècle, celle de Marjevols bien plus tard encore. Il est bon sans doute de rappeler l'attitude hostile que la plupart des évêques seigneurs temporels du chef-lieu du diocèse ont opposée à l'introduction du consulat. La cohérence remarquable des dates que nous avons pu relever indique néanmoins que ce facteur a joué un rôle relativement faible, sauf au nord-est, où la précaution a été prise de prohiber formellement le régime consulaire pour l'avenir. Au reste, il est tout aussi utile, s'agissant de repérer les progrès du terme et non de son contenu, de relever une interdiction expresse qu'un témoignage positif qui, de plus, n'abrite parfois qu'un reflet de l'organisation coseigneuriale.

Le cheminement de ces progrès, en second lieu, peut être aisément retracé. Non pas que les routes en soient toujours

1. Régné, *Vie municipale*, 1934, p. 346 ; *Communautés*, 1936, p. 188 : après Largentière, on passe à 1237 (Joyeuse) et 1242 (Saint-Marcel-d'Ardèche).
2. R.-A. Michel, *Sénéchaussée*, p. 215.

discernables ; trop de facteurs locaux ont joué pour permettre un exact parallélisme entre dates d'apparition et éloignement respectif des villes intéressées. La taille de ces dernières, la forme du pouvoir féodal qui pèse sur elles, la richesse des bourgeois interviennent ici parmi bien d'autres contingences. Comment expliquer par exemple l'antériorité du consulat de Toulouse sur celui de Carcassonne, le retard de Brive par rapport à Limoges? Toutefois, ces réserves exprimées, on retiendra le rôle des grandes voies naturelles : le régime consulaire s'étend très tôt le long de l'axe garonnais, il tarde au contraire de part et d'autre de ce dernier. Le passage des côtes méditerranéennes vers l'Auvergne s'est effectué sans doute par Millau. La vallée du Rhône, celles d'affluents comme la Durance ou l'Isère, ont servi probablement de support à la progression. Surtout, l'expansion rayonne à partir des cités des anciens pays de Septimanie et du bas pays rhodanien : fixer sur une carte les limites provisoires de ces progrès vers 1150, 1195 et 1220 revient presque à tracer des zones concentriques au secteur primitif adopté comme centre. Seul le groupe formé par Nice et Grasse reste à l'écart et appartient visiblement à la zone proprement italienne.

On remarquera, en troisième lieu, que dès les environs de 1220 les pays de consulats ont presque atteint, en France du moins, les limites définitives entre lesquelles ils resteront circonscrits des siècles durant. Il n'y manque qu'un court secteur au sud-ouest, vers la Bigorre, où le régime municipal tentera d'ailleurs de combiner tant bien que mal consuls et jurats[1] et surtout, à l'opposé, une région inscrite en gros dans le demi-cercle que l'on pourrait tracer autour de Lyon à une distance d'une centaine de kilomètres de cette ville. Ici, la progression sera plus tardive, freinée qu'elle s'est trouvée par les prohibitions du début du XIIIe siècle[2].

1. C'est ainsi qu'à Bagnères-de-Bigorre des consuls apparaissent en 1328, bien qu'il s'agisse en fait d'une ville à jurade depuis une charte de 1260, sans compter la concession en 1171 de privilèges pris sur le modèle de ceux de Morlaas : Sicamois, p. 120. On trouvera une liste de localités à régime municipal « hésitant » dans M. Gouron, p. XXI.

2. On trouve des consuls à Sion en Valais en 1269 : cf. P. Vaillant, *Les franchises des communautés savoyardes non émancipées par les comtes de Savoie (1195-1401)*, *Bull. philol. hist.*, 1960, vol. I, p. 398.

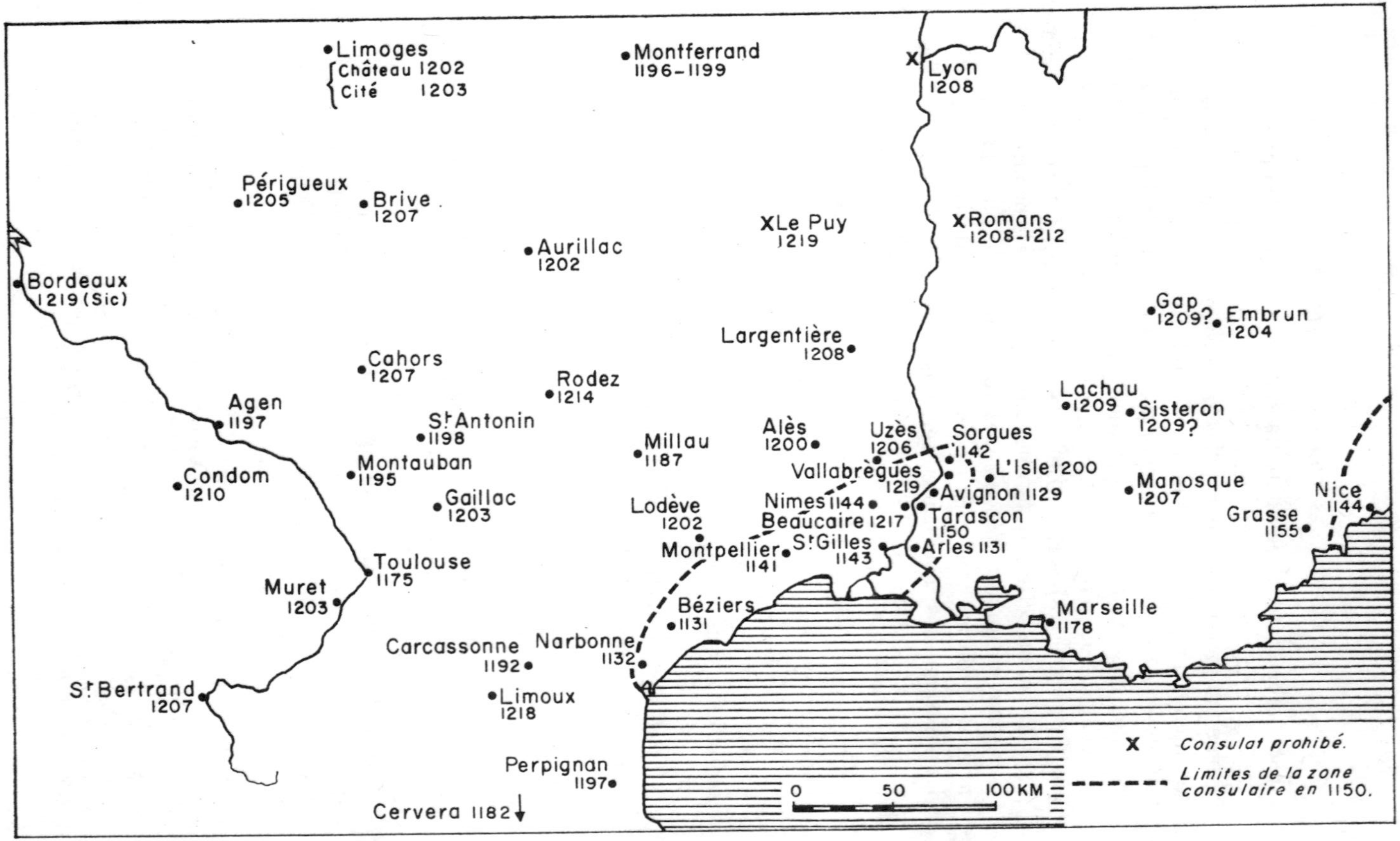

I. — L'expansion consulaire avant 1220

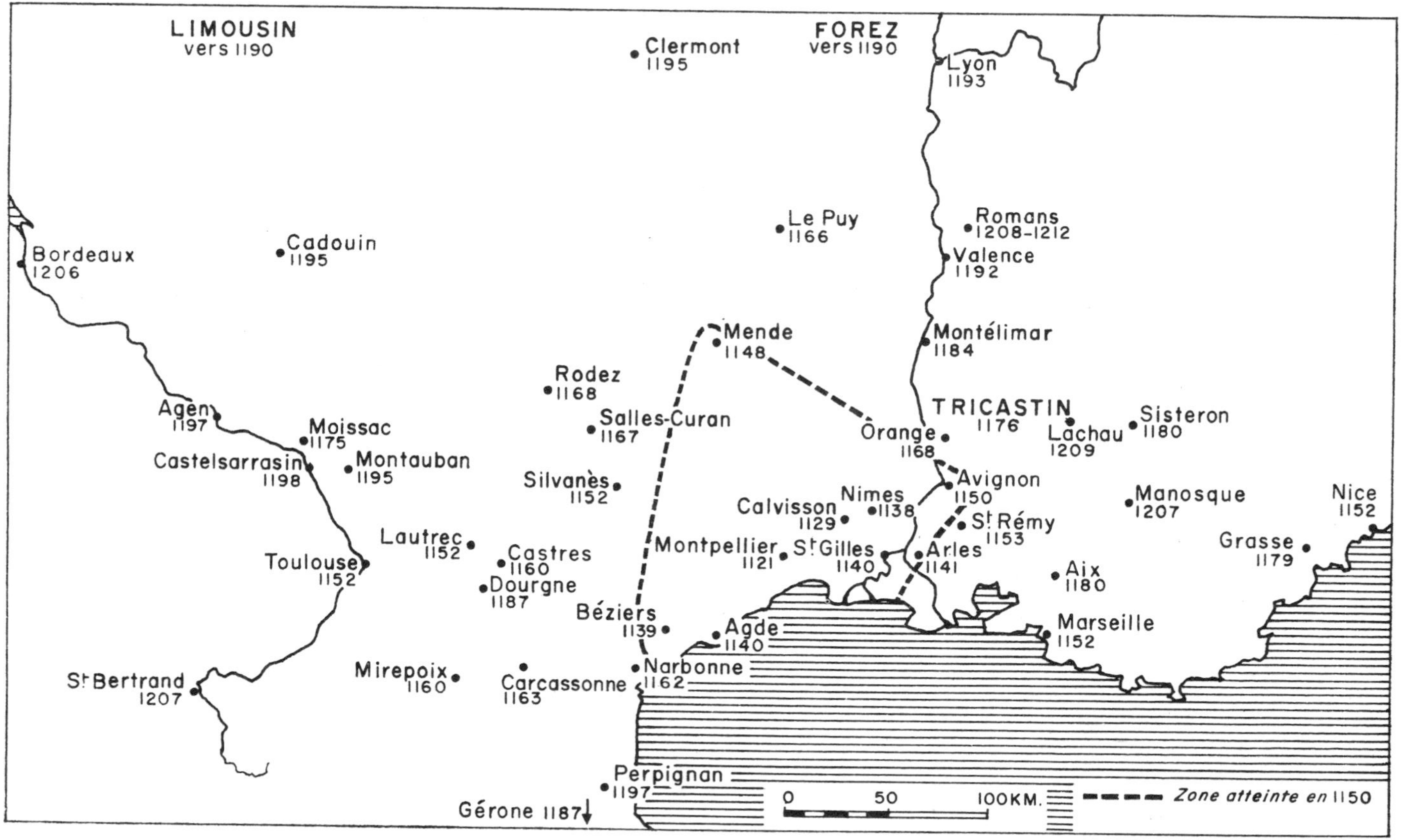

II. — Les premiers signes de la pénétration du droit romain

I

Ailleurs, les progrès seront limités et tardifs, comme en Bourbonnais où les consulats n'apparaissent qu'à la fin du XIVe siècle. Ainsi, en gros, les limites de la zone sont tracées dès 1220 environ. Cette zone, on le sait, n'est pas sans analogie avec le bloc formé par les pays de droit écrit, le cas de la bordure atlantique étant mis à part. Ce droit écrit s'étant formé, du moins dans sa forme officielle, à la suite de la diffusion du droit romain dont les premiers progrès sont contemporains des plus anciens consulats méridionaux, ne serait-il pas fructueux de tenter le parallèle entre l'expansion du régime consulaire et cette diffusion?

* * *

On ne peut guère contester cette fois le rôle créateur des villes italiennes dans une renaissance juridique qui est volontiers qualifiée de « bolonaise », même si ses premières manifestations semblent surgir dans d'autres villes que Bologne, à Pavie notamment, voire à Pise. Il ne faut donc point négliger les points de repère que peuvent fournir, parallèlement au vocabulaire juridique repris au droit de Justinien, différentes pratiques diffusées en même temps depuis l'Italie : le notariat public en est l'exemple qui vient d'abord à l'esprit, mais nous retiendrons ici, comme signe d'importance égale en ce domaine, l'utilisation du serment « à la bolonaise » prêté *corporaliter* ou *tactis sacrosanctis evangeliis*. Le choix est plus difficile à opérer dans l'immense terminologie juridique romaine qui va connaître un si vif succès à partir du XIIe siècle. Il convient de n'adopter, comme critères sûrs de son adoption, que des pratiques et expressions propres aux textes du *Corpus juris civilis*, telles que la *donatio propter nuptias*, la présence de sept témoins à la confection du testament, et les mentions de constitutions apparues dans ce dernier, ou bien des termes connus du droit antéjustinien et donc utilisés en Gaule avant les grandes invasions des Ve et VIe siècles, mais totalement oubliés entre temps, comme les références à la lésion[1], à

1. Réintroduites à la fin du XIIe siècle : cf. notamment Germain, *Liber instrumentorum...*, n° 400, p. 578-580 (1158) ; aj. la donation de Raymond V

la tutelle, à l'institution d'héritier ou à la procédure savante, telle la formule *lis mota est.* Nous y adjoindrons naturellement les renonciations ainsi que la présence, dans les documents utilisés, d'un *jurisperitus* ou d'un porteur de titre analogue, de portée encore mal définie : *legista, legisperitus, magister (de legibus).* Ici aussi ce seront les mots plus que leur contenu qui nous guideront : on sait, en effet, combien cette renaissance du droit romain a été pendant longtemps — parfois jusqu'au XVIe siècle — plus apparente que profonde. Certaines institutions s'en trouveront cependant bouleversées précocement : c'est ainsi que la procédure d'enquête par témoins, surtout lorsqu'il est possible d'y noter la mise de la preuve à la charge du demandeur, fournit un repère précieux dans la chronologie de la romanisation juridique, comme tout ce qui formera la procédure romano-canonique.

Que nous réserve une telle méthode, appliquée à la masse considérable que représentent les seuls documents publiés des régions méridionales au XIIe siècle et dans les premières années du siècle suivant[1]? La diffusion du notariat, tout d'abord, s'est produite dans des conditions qui rappellent étrangement les étapes de l'expansion consulaire[2] : on peut distinguer deux secteurs bien séparés, dont le premier est le plus restreint puisqu'il ne s'étend qu'à la région de

publiée par J. Delaville-Le Roulx, *Cartulaire général des hospitaliers de Saint-Jean-de-Jérusalem (1130 1310)*, t. I, Paris, 1894, nº 818, p. 510 (1186).

1. Les limites chronologiques adoptées ici seront les mêmes que celles qui ont été définies plus haut à l'égard des consulats, sauf à les repousser quelques dizaines d'années plus tard dans les régions restées tant soit peu à l'écart des innovations.

2. Sur la diffusion du notariat public, voir : G. Letonnelier, *Notice sur le notariat en Dauphiné. Arch. départ. de l'Isère, série III E. Répertoire des minutes de notaires*, Grenoble, 1930 ; Émile-G. Léonard, *Chanceliers, notaires comtaux et notaires publics dans les actes des comtes de Toulouse*, dans la *Bibliothèque de l'École des chartes*, t. CXIII (1955), p. 37-74 ; R. Latouche, *Étude sur le notariat dans le Bas-Quercy et le Bas-Rouergue*, dans la *Revue historique de droit*, 1923, p. 5-46 ; du même, *Étude sur le notariat dans le comté de Nice pendant le Moyen Age. Le Moyen Age*, 2e série, t. XXVIII, 1927, p. 129-169 ; *Le notariat dans le comté de Vintimille au XIe et au XIIe siècle*, dans *Le Moyen Age*, 2e série, t. XXIX (1928), p. 171-189. Nous nous permettons de signaler en outre, notamment pour les références aux premiers notaires apparus dans le comté de Toulouse, non reproduites ici, A. Gouron et J. Hilaire, *Les « sceaux » rigoureux du Midi de la France*, dans le *Recueil de mémoires et travaux publiés par la Société d'histoire... des anciens pays de droit écrit*, fasc. IV, 1 (1958), p. 41-77.

Nice et de Grasse et s'affirme comme défini à la fin du XIIe siècle, tandis que le second, plus ancien, apparaît vers 1140 le long des côtes des pays de Septimanie, sous une forme d'abord assez modeste, mais qui prendra par la suite une gigantesque extension. Ici aussi l'antériorité italienne est évidente. Pour se borner à en citer quelques exemples, pris d'ailleurs dans une région nullement en avance sur les villes de la plaine du Pô, les cités piémontaises abritent des notaires dès 1058 pour Turin, 1042 pour Carmagnole, 1073 pour Suse[1]. La côte méditerranéenne proche des confins provençaux n'est pas moins précoce à cet égard : on a pu relever un notaire établi à Vintimille dès 1063[2]. Si l'on n'en peut dire autant à Grasse et à Nice que beaucoup plus tard, puisque les plus anciens notaires n'y seront attestés respectivement qu'en 1179[3] et en 1197[4], l'influence italienne s'y manifeste dès le milieu du XIIe siècle par l'apparition d'autres personnages aux titres, sans doute vagues, de *legisperitus* ou de *legiferus*, mais qui sont autant de signes d'un essor juridique nouveau[5]. La région niçoise se rattache donc, sans solution de continuité, et de même qu'à l'égard des consulats, à la zone d'influence génoise[6].

On ne saurait en dire autant des autres régions méridionales. Si l'on a cru voir le notariat dauphinois se répandre à partir d'Italie par l'intermédiaire des hautes vallées du Briançonnais[7], cela n'a pas été sans forcer quelque peu la documentation locale. En fait, l'influence italienne est évidente dans les régions situées au delà de la chaîne qui est suivie par la frontière actuelle ; du côté occidental, au

1. Pour ne reprendre que les témoignages rassemblés par Letonnelier, p. VII, col. 2.

2. R. Latouche, *Vintimille*, p. 173.

3. R. Aubenas, *Étude sur le notariat provençal au Moyen Age et sous l'Ancien Régime*, Aix-en-Provence, 1931, p. 56, n. 74.

4. R. Latouche, *Nice*, p. 132.

5. Doublet, n° LXVIII, p. 79 : *Gaufridus de Sancto Cesario, legisperitus* (acte passé au Loubet, 1152) ; n° LXIX, p. 80 : *Rembaldus, legiferus de Niciam* [*sic*] (acte passé à Cagnes, 1152).

6. Cf. en outre une enquête par témoins et différentes expressions romanisées (*lis mota fuit, amicabile pactum*, etc.), dans H. Moris et E. Blanc, *Cartulaire de l'abbaye de Lérins, Première partie*, Paris, 1883, n° CCCXII, p. 319-320.

7. Telle était l'opinion de Letonnelier, p. VII-VIII.

contraire, l'expansion s'est visiblement produite à partir de la vallée du Rhône.

Pour comprendre comment et par quelles voies s'est produite la diffusion simultanée du notariat et du droit de Justinien, il convient de tenter d'abord de localiser dans le temps et dans l'espace les plus précoces manifestations de l'un comme de l'autre. Un coup d'œil sur une carte permet de constater que ces premiers témoignages se trouvent groupés dans une zone bien réduite et parfaitement limitée : la mince plaine côtière comprise entre Rhône et Aude, soit en gros le littoral des anciens pays de Septimanie. On citera notamment un contrat de mariage passé à Montpellier en 1129 où l'on trouve une *donatio propter nuptias* ; GuilhemV n'y supposait-il pas déjà, dans son testament de 1121, la fixation de la majorité à vingt-cinq ans[1]? Toujours aux environs de 1129, un serment à « la bolonaise » est prêté à Calvisson, près de Nîmes[2]. Le testament de Bernard de Roujan (Agde, 1147) est passé devant sept témoins et comporte institution d'héritier ; le legs fait son apparition quelques années plus tard dans la même région. La preuve par témoins est attestée à Arles vers 1140[3]. La pratique des renonciations, partout postérieure de plusieurs années aux traces de romanisation — comme si les conséquences de cette dernière, si hésitante et lacunaire, n'étaient comprises des praticiens qu'avec un certain retard — commence à Béziers vers 1160. Les vecteurs d'une si précoce diffusion ne nous sont pas non plus inconnus : *notarius publicus* à Montpellier et à Béziers en 1139, à Saint-Gilles et à Agde en 1140, *magistri* (*de legibus*) à Montpellier en 1134, à Saint-Gilles ou Béziers vers le milieu du siècle, à Arles en

1. On nous autorisera, à propos de ces textes comme des suivants, à renvoyer une fois pour toutes, et sauf mention contraire, étant donnée l'abondance des sources utilisées, à nos études : *Les étapes de la pénétration du droit romain au XII*e *siècle dans l'ancienne Septimanie*, dans les *Annales du Midi*, t. 69 (1957), p. 103-120 ; *L'évolution de la pratique juridique en Rouergue aux XII*e *et XIII*e *siècles : usages autochtones et influences extérieures*, dans *Fédération historique du Languedoc méditerranéen, Fédération des Sociétés... Languedoc-Pyrénées-Gascogne, Congrès de Rodez*, 1958, p. 153-179. Le testament de Guilhem V est au *Liber Instrumentorum Memorialium*, n° XCIV, p. 175.

2. Teulet, *Layettes du trésor des Chartes*, t. I, p. 46, n° 62 : *tactis... Evangeliis.*

3. Kiener, *op. cit.*, *Instrumenta*, n° IX, p. 285-286 (1131-1142).

1154[1], *jurisperitus* à Nimes dès 1138, *causidici* vite répandus dans les mêmes villes vers 1160. D'où sont originaires ces personnages, et où ont-ils acquis une formation juridique que leur qualification, si imprécise soit-elle, suppose malgré tout? Leurs noms, *Dulcianus*, *Guido*, *Maurinus*, *Raymundus*, n'en laissent rien deviner, sauf pour cet *Aubertus lombardus*, *magister de legibus* dont l'activité itinérante laisse de nombreuses traces d'Agde à Béziers et Narbonne.

De ce domaine primitif limité au littoral méditerranéen compris entre Arles et Narbonne, la diffusion, sinon du droit romain, du moins de son vocabulaire et des pratiques italiennes, va s'étendre aux régions voisines, dans les directions les plus diverses. Vers le sud, plus profondément imprégné de la législation wisigothique que la coutume de Lérida préférera en 1228 au droit de Justinien, les progrès seront lents : seule la charte consulaire de Perpignan, de 1197, marquera l'apparition du serment bolonais dans la région ; du moins l'expansion du notariat a-t-elle dès cette époque largement franchi les Pyrénées vers le sud[2]. Dans la direction du bassin garonnais, en revanche, l'avance sera plus rapide. Le même serment, décidément excellent témoin de la progression, est employé autour de Mirepoix dès 1160[3]. Les *magistri Maurinus* et *Marchisius* sont choisis comme arbitres à Carcassonne en 1163. A Toulouse, il convient de nuancer l'importance respective des premières traces de cette pénétration : si le *magister Ricardus* s'y est rendu dès 1138, son influence paraît avoir été bien réduite. Il faut, en effet, attendre 1152 pour relever dans les sources locales un terme indubitablement introduit de l'extérieur et d'ailleurs employé en un sens curieux : les membres du

1. Albanès, *Gallia christiana novissima*, t. III, n° 574, col. 226 : *magister Milo*.

2. A Perpignan, ce serment se manifeste sous ses deux formes, *corporaliter et tactis... Evangeliis* : Alart, p. 84. Il est difficile d'utiliser ici le texte de la coutume, qui a sans doute subi des altérations dont certaines ne sont pas antérieures à 1242, selon Alart, p. 18, n. 2. Pour le notariat catalan, cf. M. Alonso y Lambán, *Notas para el estudio del notariado en la alta Edad Media de Aragon*, *Anuario de derecho aragonès*, t. V, 1949-1950, p. 149, n. 274 : Gérone (1187) ; Tarragone (1190) ; Cervera (1192).

3. Pasquier, t. I, p. 22. Dans le voisinage, les chartes de franchises du Lauragais ne subiront l'influence du droit romain qu'au début du XIIIe siècle : cf. le *Catalogue*, éd. Ramière de Fortanier, n° 105 : charte de Fendeilles (1202).

« chapitre » comtal sont alors qualifiés d'*advocati*. En 1173 un nouveau *magister* figure dans un document où apparaît le serment bolonais[1]. Le notariat y apparaît enfin en 1179 sous la forme d'un *publicus tabellio*. Témoignages donc bien précoces, mais aussi fort parcimonieux : nous croirions volontiers à une certaine lenteur de l'évolution du droit toulousain, et cela non par simple ignorance, mais par refus délibéré d'une pratique qui, au siècle suivant encore, formera comme un môle protecteur d'usages antérieurs assez bien préservés de la contamination romanisante.

Au delà de Toulouse, le notariat gagne Moissac en 1175[2], Castelsarrasin en 1198. Plus généralement, la charte consulaire de Montauban (1195) est déjà, sinon imprégnée du droit romain, du moins marquée par le nouveau vocabulaire juridique, tandis que celle d'Agen, en 1197, distingue déjà coutume et droit[3]. Il paraît enfin logique de mettre au compte de la romanisation le privilège accordé à Bordeaux par Jean sans Terre en 1206, dans lequel l'exclusion des filles dotées, en présence d'autres héritiers à l'égard de la succession paternelle, se trouve combinée en un langage techniquement assez correct, à la prohibition d'un douaire coutumier que le texte décrit comme traditionnel[4]. Au pied des Pyrénées, d'autre part, la minceur des sources du XIIe siècle, leur archaïsme aussi, comme dans le cartulaire de Montsaunès, ne laisse guère entrevoir de traces analogues avant l'époque des plus anciennes chartes de franchises concédées en Comminges : ainsi la coutume de Saint-Bertrand invite en 1207 les plaideurs à préférer au duel judiciaire des modes de preuves inspirés du droit romain[5].

De la côte « septimanienne », l'infiltration s'est aussi effectuée directement à l'intérieur des terres. Dans la direction nord-ouest, on retrouve en Albigeois le serment

1. Douais, *Cartulaire de Saint-Sernin*, n° 58, p. 41.
2. Cl. Brunel, t. I, n° 147, p. 138.
3. Magen et Tholin, n° II, p. 2 : *si om d'esta vila volia far tort l'us a l'autre, e no l'en volia far dreit per las costumas de la vila e pel dreit...* Cf. aussi Cl. Brunel, t. I, n° 306, p. 303 et s.
4. Ed. H. Barckhausen, *Livre des coutumes. Archives municipales de Bordeaux*, t. V, p. 156.
5. *Coutumes* précitées, art. 28.

« bolonais », par exemple à Lautrec dès 1152[1], à Castres en 1160[2]; il gagne Dourgne en 1187 et Lavaur en 1197[3]. En Rouergue, les traces de la pénétration du droit romain sont, comme il est normal, d'autant plus précoces qu'elles concernent des régions plus méridionales. Rappelons seulement que les manifestations de ce phénomène se présentent dans l'ordre chronologique suivant : abbaye de Silvanès, 1152; de Nonenque, 1153; de Bonneval, 1163. A Rodez, il faut attendre 1168, à Conques 1179. On y joindra l'emploi du serment sur les Évangiles *tocatz* à Sainte-Eulalie et à Salles-Curan en 1167[4]. Plus à l'est, un témoignage isolé et remarquablement précoce relate la présence à Mende, vers 1148, du *magister Aldefres.* Le serment « bolonais », employé à Lodève en 1184, fait son apparition au Pont-de-Montvert, en Gévaudan, vers 1190[5]. Plus loin, le *causidicus* Arnaud pratique au Puy dès 1166. En Auvergne enfin, un testament passé à Clermont en 1195 débute par une institution d'héritier et se termine par un serment analogue aux précédents, par lequel, il est vrai, la testatrice vient renforcer une clause d'immutabilité[6].

La rédaction de la coutume de Montferrand, entre 1196 et 1199, manifeste d'autre part une connaissance du problème de la lésion qui suppose un certain degré de pénétration du droit romain, de même que dans les coutumes de Limoges de 1212[7]. Le rôle de point de départ qu'a pu jouer dans cette pénétration le littoral des anciens pays de Septimanie ne paraît guère contestable : il convient de souligner le renvoi du législateur de Montferrand aux bons usages de Montpellier, renvoi que reprendront différentes chartes auvergnates, voire berrichonnes. Le fait que les coutumes de Montpellier n'aient fait l'objet d'aucune rédaction offi-

1. Delaville-Le Roulx, *Cartulaire... de Saint-Jean-de-Jérusalem*, t. I, nº 211, p. 162.
2. Devic-Vaissète, t. V, col. 1237.
3. Cl. Brunel, t. I, nº 232, p. 226, et nº 310, p. 308.
4. *Ibid.*, t. I, nº 112, p. 108 (Salles-Curan) ; t. II, nº 375, p. 23 (Sainte-Eulalie).
5. *Ibid.*, t. I, nº 211, p. 199, et nº 254, p. 248.
6. *Ibid.*, t. I, nº 282, p. 274-278 : testament de Peironelle de Bulhon, 1195 n. s.
7. Fr. Garrisson, *Lésion et vente de meubles. Études... Noël Didier*, 1960, p. 141.

cielle au XIIe siècle ne fait que souligner la spontanéité de courants d'idées dont la transmission, grâce aux pèlerins ou aux marchands, se fait sans doute de bouche à oreille, confondant en fin de compte prospérité urbaine et privilèges politiques ou fiscaux [1].

Plus à l'ouest, les cartulaires du Limousin attestent l'emploi du serment bolonais à la fin du XIIe siècle : il en est ainsi à l'Artige vers 1190 [2], et peut-être même un peu plus tôt à Beaulieu, où le vocabulaire s'enrichit au même moment de termes nouveaux et romanisés, comme *transactio* ou *mutua stipulatio* [3]. Faute d'un ensemble d'importance analogue de textes publiés pour le Quercy et même pour le Périgord, dans le cadre étroit de la fin du XIIe siècle, il est difficile de préciser ici le cheminement de cette pénétration romanisante. Tout au plus observe-t-on à Cadouin, en Périgord, l'introduction dans le vocabulaire juridique, à partir de 1195, de l'*heres* mais non d'une véritable institution d'héritier [4]. Il n'y aurait rien d'étonnant toutefois à ce que les villes garonnaises aient servi de relais à une diffusion en éventail dont la branche limousine serait la plus septentrionale.

Revenons aux sources même de cette expansion, et donc aux anciens pays de Septimanie, et tentons de relever des traces analogues dans la direction du nord-est. Les hésitations ne semblent guère permises : la vallée du Rhône et très probablement ses affluents principaux ont toute chance d'être les couloirs de pénétration, vers l'amont, de cette tendance romanisante, au moins en surface, de la pratique

1. Sans doute les coutumes de Souvigny et du Puy sont-elles associées à celles de Montpellier dans le texte de Montferrand et de ses filiales. Mais, indépendamment de la minceur des libertés concédées à ces deux premières localités, seule la coutume de Montpellier gardera sa puissance de rayonnement après sa rédaction : une part plus ou moins étendue de ses dispositions sera adoptée à Carcassonne, à Saint-Antonin, à Cahors, à Luzech, à Alès (coutumes de 1217), etc.

2. *Cartulaire des prieurés d'Aureil et de l'Artige en Limousin*, éd. G. de Senneville, Limoges, 1900 : l'Artige, p. 294, nº IV (1191) ; p. 328, nº LXXIV (1174-1196).

3. M. Deloche, *Cartulaire de l'abbaye de Beaulieu en Limousin*, Paris, 1859, nº CXCVI, p. 276 (1164-1190).

4. J.-M. Maubourguet, *Le cartulaire de l'abbaye de Cadouin...*, Cahors, 1926, p. 35, nº XLIV : *heredem... constituit.*

juridique. Si Avignon, par l'ancienneté des témoignages locaux de cette tendance — ils y remontent au moins aux concessions épiscopales des environs de 1154 — appartient à la zone littorale d'où l'expansion a rayonné, ou tout au plus a subi l'influence de la pratique toute voisine et si tôt romanisée d'Arles [1], les villes situées en amont vont, l'une après l'autre, fournir trace de cette dernière : Orange d'abord, où l'on peut signaler la présence d'un jurispérit dès 1168, le Tricastin ensuite, que parcourt dès 1176 un *legista* qui n'est peut-être pas étranger à l'utilisation, quelques années plus tard, du serment bolonais [2]. Montélimar encore, où ce dernier apparaît en 1184 [3], précédant d'un quart de siècle le plus ancien notaire [4]. Ici la rareté des documents locaux publiés explique peut-être l'antériorité des documents que Valence propose à notre enquête : tel ce notaire qu'y cite un texte de 1192 où, détail intéressant, nous sont présentés des « Lombards » naviguant et trafiquant sur le Rhône à la remontée comme à la descente du fleuve [5]. Saint-Vallier d'autre part, où la coutume de 1204, si elle reproduit les privilèges de Montferrand amputés du consulat, s'inscrit parfaitement dans cette évolution. Lyon enfin, où la charte de 1208 mentionnée plus haut n'est pas moins intéressante pour son vocabulaire romanisé que pour ses dispositions en matière de consulat, mais surtout où le serment « bolonais » est mentionné dès 1193 [6].

1. La reprise des dispositions arlésiennes (vers 1150) dans la *Carta de l'evesque d'Avignon de las filhas dotatas* (vers 1154) a été relevée par N. Didier, *Les dispositions du statut de Guillaume II de Forcalquier sur les filles dotées (1162)*, dans *Le Moyen Age*, 1950, p. 267 et n. 89.

2. Pour Orange, cf. Albanès-Chevalier, *Gallia christiana novissima*, t. VI, Orange, n° 92 ; *Imbertus jurisperitus*. En ce qui concerne le Tricastin, cf. Ripert-Monclar, *Cartulaire de la commanderie de Richerenches de l'ordre du Temple (1136-1214)*, Avignon-Paris, 1907, n° 224, p. 200 : *Pautoner, legista* ; n° 235, p. 210 : serment *tactis... Evangeliis* (1181 n. s.).

3. U. Chevalier, *Cartulaire de l'abbaye de Saint-Chaffre-du-Monastier...*, Le Puy-Paris, 1888, *Appendix Chartarum*, n° CCCCXLIII, p. 184. Autre mention en 1198, cf. U. Chevalier, *Cartulaire municipal de la ville de Montélimar*, 1871, p. 20.

4. *Cartulaire... de Saint-Chaffre*, n° CCCCXLIV, p. 185 : ce texte, comme celui cité à la note précédente, intéresse la région de Montélimar et a été probablement passé dans la ville ou dans ses environs immédiats.

5. U. Chevalier, *Chartularium Ecclesiae Sancti Petri de Burgo Valentiae*, Valence, s. d., n° XIV, p. 29-31. Relevons aussi un *magister Ugo* chargé d'un arbitrage en 1207, *ibid.*, n° XV, p. 32-33.

6. Guigue, *Appendice*, n° I, p. 375.

De ce courant rhodanien, des branches secondaires se détachent : l'une intéresse peut-être le Forez, où le même serment apparaît au plus tard vers 1190[1]. Les autres ont permis une intrusion dans les vallées dauphinoises[2]. Les signes en sont parfois relativement précoces, comme les mentions de la tutelle, connue dès 1190[3], mais, pour la plupart, ils ne sont pas antérieurs au XIIIe siècle. A Romans, le texte déjà cité, qui prohibe tout régime consulaire, porte trace d'un certain degré de romanisation. Le notariat sera plus long à remonter le Graisivaudan, puisqu'il ne s'établit à Grenoble qu'à partir de 1255[4]. Plus au sud et en tirant vers la Haute-Provence, les chartes de Manosque (1207) et de Lachau (1209) exposent des règles testamentaires inspirées du droit nouveau[5], tandis qu'un notaire apparaît à Briançon en 1223[6]. Les sources dauphinoises sont à la vérité trop peu nombreuses à cette époque pour déterminer avec certitude une chronologie précise. Se contenter par exemple du seul critère que représentent les notaires pourrait entraîner une appréciation erronée des directions suivies par le mouvement ; c'est pour s'être ainsi limité que Letonnelier a cru pouvoir affirmer que l'extension du notariat dauphinois prenait directement son point de départ en Italie. A la lumière des textes ci-dessus mentionnés, il nous semble qu'une telle observation ne conserve

1. *Chartes du Forez antérieures au XIVe siècle*, publiées sous la direction de G. Guichard, comte de Neufbourg, Ed. Perroy, J.-E. Dufour, t. I, Mâcon, 1933, n° 303 (après 1173 — probablement avant 1190) ; aj. n° 14 (fin du XIIe siècle).

2. L'importance du rôle de la vallée du Rhône dans la romanisation du droit dauphinois a été déjà notée par N. Didier dans sa recension de l'ouvrage cité de P. Vaillant, *Revue historique de droit*, 1954, p. 279-283. Sans doute en va-t-il de même pour le droit genevois, où l'influence du droit romain se fait sentir à partir de 1225 : G. Partsch, *Un aspect général de la première apparition du droit romain en Valais et à Genève au XIIIe et au début du XIVe siècle*, dans les *Mémoires de la Société pour l'histoire du droit et des institutions des anciens pays bourguignons, comtois et romands*, 19e fasc., 1957, p. 71.

3. G. Chevrier, *Les transformations du don in extremis dans le droit dauphinois du XIIe siècle*, *Études... Noël Didier*, p. 45, n. 30.

4. Letonnelier, p. VIII, col. 1.

5. Pour Lachau, cf. G. Chevrier, *op. cit.*, p. 45, n. 29. L'influence du droit romain sur la charte de Manosque, qui se traduit notamment par l'apparition de la légitime, a été relevée par N. Didier, *op. cit.*, p. 262, n. 68, et p. 270, n. 102 et 103.

6. Letonnelier, *loc. cit.*

sa valeur qu'au delà de la crête alpine, dans les vallées piémontaises. Il faudrait pousser jusqu'en Savoie et après 1230 seulement, pour relever des influences transalpines directes ; encore s'agit-il ici non d'un notariat, mais d'une politique concertée de concessions de la charte d'Aoste [1].

En Provence également il paraît nécessaire de préciser du mieux possible les directions générales du mouvement. Les confins niçois mis à part, comme on l'a noté, le courant romanisant paraît se porter vers l'est à partir de la basse vallée du Rhône et de ses abords immédiats. Si l'on relève, en effet, un jurispérit à Saint-Rémy dès 1153 [2], les côtes provençales accusent un certain retard sur le littoral des anciens pays de Septimanie : le vocabulaire ne se romanise que lentement à Marseille, où un texte isolé de 1152 témoigne sans doute d'une adaptation maladroite de l'*actio familiae erciscundae* [3], mais où on ne rencontre de notaire épiscopal qu'à partir de 1179, de 1189 même pour un notaire public [4]. Dans le texte même de 1178, où l'on trouve le plus ancien témoignage du consulat, la distinction est nettement faite entre *jus et consuetudo* [5]. A l'intérieur des terres, il faut attendre 1180 pour trouver un *causidicus* à Aix ; encore semble-t-il résider à Avignon [6]. La Haute-Provence se trouve dans une situation analogue, qu'il s'agisse de Sisteron où l'on relève un *legista* en 1180 [7], aussi bien que de Forcalquier, doté d'un notaire comtal en 1206 [8]. Peut-être convient-il, en effet, de ne pas tenir compte du serment

1. P. Vaillant, *La politique d'affranchissement des comtes de Savoie (1195-1401)*, *Études... Noël Didier*, p. 315-323 : cf. pour Chambéry, p. 319. Dans les Grisons, toutefois, on retrouverait une opposition marquée entre le val Bregaglia, l'Engadine et la vallée de Müstair, d'une part, et, au nord des Alpes, la région de Coire, moins vite et beaucoup moins intensément romanisée : cf. O. P. Clavadetscher, *L'influence du droit romain en Rhétie au XIIIe et au commencement du XIVe siècle*, dans les *Mémoires de la Société pour l'histoire du droit... des anciens pays bourguignons, comtois et romands*, fasc. 18 (1956), p. 45-63.

2. E. Leroy, *Les archives communales de Saint-Rémy-de-Provence*, t. I, Saint-Rémy, 1949, n° 24, p. 29-30 : *Guillelmus Laugerii, jurisperitus*.

3. *Cart. de Saint-Victor*, t. II, n° 786, p. 136-137.

4. R. Aubenas, *op. cit.*, p. 54, n. 65, et p. 55, n. 70.

5. Delaville-Le Roulx, t. I, n° 542, p. 369.

6. *Ibid.*, n° 578, p. 392 : *Eliesarius, Avinionensis causidicus*.

7. *Cart. de Saint-Victor*, t. II, n° 870, p. 260-261.

8. R. Aubenas, *op. cit.*, p. 57, n. 77.

tactis... prêté à Saint-Gilles par le comte de Forcalquier en 1168[1]. Une solution de continuité semble subsister en tout cas entre ces régions et le groupe niçois jusqu'au milieu du XIIIe siècle : sans doute faut-il l'imputer à l'indépendance des deux courants de pénétration, l'influence italienne directe ne gagnant guère à l'ouest[2], tandis que l'expansion partie du littoral « septimanien » et de la basse vallée du Rhône suit beaucoup plus la direction générale de la vallée de la Durance qui, à la remontée, s'infléchit ici vers le nord. On regrettera d'ailleurs la rareté des documents concernant la région toulonnaise au XIIe siècle et au début du siècle suivant : il devient, dès lors, difficile de préciser à partir de quand les deux zones se sont rejointes, regroupant ainsi l'ensemble de la Provence comme pays de droit écrit. L'expression de ce dernier y sera d'ailleurs aux XIVe et XVe siècles plus fidèle au modèle romain qu'en Languedoc, comme si la précocité de la romanisation était inversement proportionnelle au volume de son contenu. L'inégalité d'ampleur des sources dont nous disposons ne permet pas d'aller plus avant.

On aura pu s'étonner, d'une façon plus générale, de voir cette enquête s'appuyer sur des critères multiples. N'y a-t-il pas danger, en effet, à recourir à des pratiques diverses, empruntées les unes aux compilations de Justinien, les autres à des usages en vigueur, depuis le XIe siècle tout au plus, dans certaines villes italiennes ? Il serait vain de se leurrer, en effet, sur l'apparente précision chronologique des sources utilisées : la romanisation a été trop lente, trop fragmentaire pour que tous ses éléments en soient apparus en même temps dans une même région. Tel terme, tel texte accusent un retard que l'on ne s'explique pas toujours : si, par exemple, la *donatio propter nuptias* du droit de Justinien

1. Delaville-Le Roulx, n° 385, p. 263 : le texte de cette donation n'est peut-être, en effet, que le reflet de la pratique saint-gilloise, certainement déjà romanisée. Si toutefois l'on admet l'hypothèse, à notre avis tout à fait fondée, de N. Didier, *op. cit.*, p. 263-266, pour qui l'exclusion des filles dotées a été introduite depuis l'Italie au XIIe siècle, il faut admettre que l'influence du droit romain a pu se faire sentir à Forcalquier dès 1162.

2. Malgré A. de Boüard, *Manuel de diplomatique française et pontificale*, t. II, *L'acte privé*, Paris, 1948, p. 185, qui croit pouvoir observer une « progression d'Est en Ouest ».

est bien vite venue en aide à une pratique au vocabulaire jusque-là hésitant, entraînant le rétablissement de la *dos* à sa place romaine et non plus barbare, on reste frappé devant la lenteur mise par les renonciations à englober le sénatus-consulte Velléien ou l'authentique *Si qua mulier.* Dans le même ordre d'idées, pourquoi l'institution d'héritier précède-t-elle presque toujours d'une, voire de plusieurs dizaines d'années, la mention expresse des legs dans le testament ? Comment expliquer que, d'une région à l'autre, les renonciations du XIIe siècle concernent des actions ou des exceptions très différentes? Autant de problèmes qui resteront sans solution tant que nous ne connaîtrons pas les formulaires qu'utilisaient les si médiocres praticiens du XIIe siècle, tant que leur formation juridique restera obscure dans son origine comme dans son étendue.

Il ne peut être question, malgré ces obstacles, de se fier à l'un seulement des critères que nous avons retenus. Le testament, le contrat de mariage surtout, sont des actes trop peu fréquents dans les archives de certaines régions pour permettre une chronologie comparée de leur romanisation dans les diverses contrées qui formeront les pays de droit écrit. Sans doute avons-nous souvent relevé mention du serment prêté *corporaliter* ou *tactis... Evangeliis* : son emploi grandissant est peut-être le plus suggestif des symboles. Il convient toutefois de ne pas perdre de vue l'élément contingent que représente ici la préférence marquée à l'endroit de ce serment par les ordres religieux et hospitaliers. Comparer dès lors les documents que nous ont laissés les cartulaires établis par ces derniers à des sources d'origine différente exposerait au risque de vieillir abusivement l'introduction des pratiques nouvelles au bénéfice des premiers et au détriment des pays où ne se sont pas installés ces ordres. En un mot, à des sources variées il fallait adapter des critères multiples.

Cette méthode expliquée, sinon justifiée, il reste à en assembler les résultats. La diffusion de la terminologie juridique nouvelle n'est sans doute pas terminée au début du XIIIe siècle. Les pays de droit écrit couvriront à la fin du Moyen Age une aire géographique dont les bornes sont parfois sensiblement éloignées des points extrêmes atteints par le mouvement dont nous avons tenté de montrer l'état provisoire vers 1200 ; le sud-ouest pyrénéen, notamment, ne semble avoir été gagné qu'un demi-siècle plus tard, de même qu'à l'autre extrémité de la carte, la Savoie et le Beaujolais. Il n'en reste pas moins que les progrès ont été rapides : en moins d'un siècle, ils intéressent près de la moitié du territoire du royaume. Alors que, vers 1130-1140, l'emploi malhabile de quelques formules nouvelles ne témoigne que d'un début de romanisation d'une pratique juridique limitée aux villes égrenées le long du littoral compris entre Rhône et Aude, ces mêmes témoignages, sans doute tout autant lacunaires d'ailleurs, ont gagné, vers 1210 et parfois avant, des villes aussi éloignées que Lyon, Montferrand, Limoges ou Bordeaux. Le cheminement de cette progression n'est guère facile, ici non plus, à retracer. Du moins quelques grands axes se distinguent : seuil de Naurouze et Garonne, Rhône et affluents principaux. Les obstacles naturels, Cévennes ou Alpes, ont joué en revanche un rôle de barrière plus ou moins efficace de même qu'ils ont dû gêner les déplacements humains et les routes d'un commerce alors renaissant. Moins encore que les hommes, la diffusion du droit romain n'aime pas franchir les cols : l'actuelle Suisse alémanique n'a-t-elle pas, elle aussi, été gagnée aux influences bolonaises à la suite de cheminements complexes tournant les massifs alpins [1]? Plaines et vallées sont ici comme ailleurs de plus facile pénétration que les reliefs marqués.

* * *

Le parallélisme, en fin de compte, saute aux yeux : tant dates que lieux forcent la comparaison entre l'extension galopante du régime consulaire et la diffusion en tache d'huile du droit romain, de son expression superficielle du moins. L'un comme l'autre sont manifestement « exportés » à partir de 1130 environ depuis les cités transalpines, où ils émergent à la fin du XIe siècle [2]. L'un comme l'autre ne se

1. Cf. S. Stelling-Michaud, *L'Université de Bologne et la pénétration des droits romain et canonique en Suisse aux XIIIe et XIVe siècles*, Genève, 1955, p. 195.
2. Comme l'avait excellemment noté N. Didier, *op. cit.*, p. 263 et n. 75 à 78.

sont pas répandus, comme on eût été en droit de l'attendre, au fil de l'antique voie Domitienne, gagnant de proche en proche le long des côtes. Dans les deux cas, la Provence sépare pour quelque temps deux zones bien distinctes : un premier secteur d'influence italienne immédiate, qui s'étend jusqu'à Nice et Grasse, à l'intérieur duquel les voies terrestres ont dû jouer le rôle principal, s'oppose à une région sans contact initial direct, qui finira par intéresser à peu près toute la France méridionale, mais dont les limites ont été fort restreintes jusqu'au milieu du XIIe siècle. D'Avignon et d'Arles jusqu'à Narbonne, en passant par Nimes et Saint-Gilles, Montpellier et Béziers, elles affectent la forme d'un triangle borné par le Rhône, la côte et les contreforts des Cévennes et des Causses. Terre d'accueil, jalonnée de cités dont la prospérité sera célébrée à l'envi jusqu'à la croisade albigeoise et parfois même plus tard encore, elle est en contact permanent, par voie maritime, avec les ports italiens : les traités de commerce ou d'assistance passés entre Arles, Saint-Gilles, Montpellier ou Narbonne et Pisans ou Génois abondent au cours du XIIe siècle. La Provence, au contraire, peu peuplée alors sur ses côtes, enjeu politique perpétuel de la lutte entre maisons rivales, ne constitue pas le terrain de choix d'une surrexion juridique ou politique qui suppose de fréquentes relations commerciales et intellectuelles.

Consulat et droit romain vont donc de pair. Leurs progressions respectives restent identiques aux XIIe et XIIIe siècles, tant dans ses manifestations précoces (Toulouse, Clermont-Montferrand) que dans ses lacunes (Savoie, Bigorre). Mais la liaison n'est-elle pas plus manifeste encore avec le notariat? Il est remarquable qu'en certains lieux le notaire des consuls précède le tabellion public[1]. Notaires et consuls sont des phénomènes urbains avant que de devenir aussi

1. Le lien parfois étroit entre consulat et notariat a été observé par F. Benoit, *Recueil des actes des comtes de Provence appartenant à la maison de Barcelone*, t. I, Monaco-Paris, 1925, *Introduction*, p. XLIII. On trouvera des conclusions analogues, quoique partant d'un point de vue différent, dans A. de Boüard, *loc. cit.* L'antériorité du notariat consulaire peut être relevée, nous semble-t-il, à Arles par exemple. Cf. Albanès, *Gallia christiana novissima*, t. III, n° 654, col. 254 (1185) : *Vincentius consulum scriptor*.

ruraux : de même que, ainsi qu'on a pu le constater, l'expansion consulaire vole de ville en ville un siècle avant de s'éparpiller dans les communautés rurales [1], de même le notariat du XIIe siècle, qui a si vite pris son aspect courant d'institution au service du public, répugne dans les premiers temps à s'écarter des localités de quelque importance. La ville constitue ainsi le relais naturel de leur double et progressive implantation. Pour ne citer qu'un exemple, on remarquera que dans une ville comme Cervera apparaissent, presque en même temps, le plus ancien consulat et un des premiers notaires de Catalogne. Rien d'anormal par conséquent à ce que le droit romain progresse plus vite en agglomération qu'en milieu rural [2], plus vite aussi, semble-t-il, dans le cadre des villes nouvelles et des ports que dans les cités closes de murs et d'origine gallo-romaine. Marchands et praticiens, d'un pas égal, font le succès d'une transformation que l'intérêt des uns retrouve dans le vocabulaire des autres.

Vocabulaire sans doute, et parfois rien de plus : ni consulat ni droit romain ne viennent remplir un vide de l'histoire des institutions. Bien des villes ont obtenu de leur seigneur des concessions souvent simplement fiscales, mais en certains cas politiques aussi, avant d'être dirigées par un corps consulaire, avant, dirait-on presque, de connaître le terme lui-même. C'est précisément l'antériorité même de ces privilèges, la préexistence d'une situation politique locale où les bourgeois partagent déjà peu ou prou l'exercice du pouvoir avec leur seigneur, qui explique comment le placage de l'institution consulaire a laissé subsister de profondes différences, sous une terminologie désormais identique, dans l'administration des villes méridionales [3]. Le mot est ambigu qui sert à désigner tout à la fois des magis-

1. Cette évolution a été relevée pour le Comminges par B. Faucher, p. XV, n. 2 du *Catalogue* précité consacré aux chartes de franchises de cette région.

2. Nous adoptons volontiers les conclusions analogues d'A. Viala, *Le retrait du tenancier en Provence*, *Études... Pierre Petot*, Paris, 1959, p. 600.

3. J.-M. Font-Rius observe de façon voisine, p. 455, à propos des influences étrangères sur l'apparition des consulats en Catalogne, que « tal influencia actuó sobre una institución ya preexistente, que tenía su raíz y fundamento en hechos y fenómenos completamente autóctonos... ».

trats élus par les corps de métiers, des représentants de la bourgeoisie et de la noblesse ou simplement certains coseigneurs. Comment ne pas évoquer ici la comparaison qu'amène irrésistiblement le rôle du droit romain dans ces mêmes pays? Avant le XIIIe siècle [1] comme après [2], la diversité coutumière n'a-t-elle pas survécu, dans la France méridionale, à l'apparente uniformité imposée par le droit romain? Ici aussi, le placage officiel laisse subsister un fond antérieur auquel restera longtemps fidèle une pratique plus habile à résoudre des problèmes concrets grâce à des remèdes éprouvés qu'à adopter les méthodes complexes du droit savant. Ici aussi les innovations du XIIe siècle ont porté sur la forme plus que sur la substance.

S'agit-il donc d'une simple querelle de mots? Certes non. Au jeu du renouvellement du vocabulaire, tous ont fini par se prendre. Quand au Puy, à Lyon, à Romans, les bourgeois se voient interdire l'érection d'un consulat, la formule n'est point vaine ; elle représente pour eux l'abandon d'une large autonomie municipale. Si le régime consulaire n'est pas parvenu, au Moyen Age, à définir un contenu uniforme, son introduction, au XVe siècle encore, est presque partout l'objet de minutieuses négociations qui prouvent l'importance que chacun attache à la chose. Juridictions et officiers royaux n'en sont pas moins convaincus à l'heure même où, par une lutte patiente et obstinée, ils réduisent chaque jour un peu plus les compétences des magistrats municipaux. Le sort du droit romain sera sans doute plus brillant puisque,

1. P. Tisset, *Placentin et son enseignement à Montpellier. Droit romain et coutume dans l'ancien pays de Septimanie*, dans le *Recueil de mémoires et travaux publiés par la Société d'histoire du droit et des institutions des anciens pays de droit écrit*, fasc. III, 1951, p. 91-92 : « Les coutumes de l'ancien pays de Septimanie connaissent, certes, le droit romain, en sont, de façon plus ou moins profonde, pénétrées, mais n'ont à son égard aucune crainte révérentielle et n'hésitent pas à l'écarter très consciemment pour suivre, lorsqu'elles le jugent bon — et c'est fréquent — un droit privé qui leur est propre..., un droit qui annonce les développements postérieurs du « droit coutumier » et qui est en avance sur lui. »

2. P. Ourliac, *Droit romain et pratique méridionale au XVe siècle. Étienne Bertrand*, Paris, 1937, p. 27 : « Pour avoir revêtu l'habit romain, les idées coutumières n'en subsistent pas moins ; elles peuvent abuser par leur apparence, elles ont consenti à toutes les transactions, elles ont reculé ; elles ont toujours persisté. »

après des siècles d'obscurs progrès, voire de piétinement, la Renaissance humaniste l'imposera définitivement, rendant enfin effective la séparation des pays de coutume de ceux que régit un droit écrit savamment élaboré. D'aussi lointaines vicissitudes n'enlèvent rien à une origine commune : avant de trouver leur contenu substantiel, droit romain et consulats ont bénéficié d'une sorte de mode grâce à laquelle leur introduction originelle sur le littoral méditerranéen à l'ouest du Rhône et le long de celui-ci a été suivie d'une expansion étonnamment rapide dans la moitié méridionale du royaume et parfois dans les pays voisins. Cette expansion intéresse une succession de zones parfaitement cohérentes : à peu de chose près, les secteurs atteints par un début de romanisation comme ceux que ponctuent les villes de consulat connaissent des limites identiques aussi bien au moment où les deux phénomènes n'ont encore acquis qu'une ampleur restreinte, vers 1150 par exemple, qu'aux temps de l'expansion généralisée, autour de 1220. Si bien que subsiste un même et grave problème, qui concerne aussi bien la diffusion du droit romain que la progression des consulats : pourquoi la première comme la seconde sont-elles comme freinées et cessent-elles même pratiquement avant le milieu du XIIIe siècle ? Pourquoi surtout cet effondrement à la latitude approximative de Lyon, Clermont et Limoges ? Si, en effet, le régime consulaire va gagner plus tard certaines villes du Bourbonnais, si, d'autre part, les pays de droit écrit doivent englober, au moment de la rédaction des coutumes, le Mâconnais et le Beaujolais, il s'agit de conquêtes tardives et somme toute limitées : le gros de l'affaire a déjà été enlevé, d'un seul élan, en moins d'un siècle. Il est bien difficile de fournir motif valable de la ligne de démarcation sur laquelle vient se briser la ligne consulaire, et qui reste peu distante de la limite entre pays de droit écrit et pays de droit coutumier telle qu'elle se cristallisera au XVIe siècle. Les frontières linguistiques ont-elles joué ici un rôle prépondérant ? Ce n'est pas impossible, encore que, dans l'état actuel des connaissances, elles semblent diverger et parfois assez notablement d'avec les précédentes. La solution du problème exigerait une connaissance précise tout à la fois

I

de la géographie linguistique du XIIIe siècle et des pointes extrêmes que le vocabulaire et les pratiques italiennes ou romanisantes ont atteint au même moment.

Il n'en reste pas moins que l'étroite parenté de ces questions encore obscures montre, aussi bien que les données positives que nous avons pu rassembler, l'intérêt que présente le rapprochement entre expansion consulaire et pénétration du vocabulaire juridique importé d'Italie. La première n'est en quelque sorte qu'un aspect, relatif au droit public urbain, de l'autre, dont on a peut-être jusqu'ici limité trop exclusivement l'étude aux seuls rapports de droit privé. L'attitude est la même, des bourgeois qui baptisent leur organisation municipale d'un titre au contenu imprécis, mais aux précédents illustres, ou des praticiens qui colorent leur langage professionnel et celui des marchands grâce à des termes dont le sens exact doit souvent leur échapper. Leur mince bagage juridique a sans doute inclus la connaissance de magistratures que certains ont pu voir fonctionner avec éclat dans les villes même où apparaissait un enseignement juridique nouveau, magistratures dont la désignation leur a paru apte à qualifier les organes d'administration urbaine dont ils constataient en même temps le développement autour d'eux. Que l'on adopte ou non cette explication, la simultanéité des diffusions, tant du droit romain que des consulats, nous paraît démontrer à l'évidence que l'une ne saurait se comprendre sans l'autre. N'est-ce pas là l'un des meilleurs exemples de l'unité et de la mobilité des influences qui ont puissamment contribué à la formation de la pratique juridique et des institutions médiévales?

Liste des ouvrages cités

Dans le cours de cet article, nous avons utilisé principalement les travaux suivants, qui, sauf indication contraire, ont été cités sous le nom de leur auteur : B. Alart, *Privilèges et titres relatifs aux franchises, institutions et propriétés communales de Roussillon et de Cerdagne*, 1re partie, Perpignan, 1878. F. André, *La Garde-Guérin et ses consuls*, dans le *Bulletin de la Société d'agriculture de la Lozère*, t. XXI (1870),

p. 55-97. E. Baillaut et P.-A. Verlaguet, *Coutumes et privilèges du Rouergue*, 2 t., Paris, 1910. P. Barral, *Considérations sur le régime municipal de Clermont en Lodévois aux XIIIe et XIVe siècles*. Th. droit, Montpellier, 1918. F. Béchard, *Droit municipal au Moyen Age*, Paris, 1861. L. Bernad, *Une ville de consulat : Millau en Rouergue*. Th. droit, Montpellier-Millau, 1938. M. Boudet, *Cartulaire du prieuré de Saint-Flour*, Monaco, 1910 [cité Boudet, *Saint-Flour*]. M. Boudet, *Collection inédite de chartes de franchises de Basse-Auvergne*, Clermont-Ferrand, 1914 (Mémoires de l'Académie des Sciences, Belles-Lettres et Arts de Clermont-Ferrand, 2e série, fasc. 24) [cité Boudet, *Collection*]. L.-V. Bourrilly, *Essai sur l'histoire de la commune de Marseille*, dans les *Annales de la Faculté des Lettres d'Aix*, t. XII (1919-1920), p. 4 et s. [cité Bourrilly, *Essai*]. L.-V. Bourrilly, *Les institutions municipales*, dans *Encyclopédie des Bouches-du-Rhône*, t. II, Paris-Marseille, 1924, p. 689-713 [cité Bourrilly, *Institutions*]. A. du Bourg, *Organisation communale des petites villes dans le sud-ouest de la France*, dans *Mém. Soc. archéol. du midi de la France*, 1874-1879, p. 295-306. J. Bousquet, *Les plus anciens privilèges communaux de Conques et les débuts de l'organisation municipale (XIIe siècle-1289). Congrès national des sociétés savantes*, Montpellier, 1961. E. Boutaric, *Actes du Parlement de Paris*, t. I, Paris, 1867. Cl. Brunel, *Les plus anciennes chartes en langue provençale*, 2 vol., Paris, 1926-1952. J.-A. Brutails, *Étude sur la condition des populations rurales du Roussillon au Moyen Age*, Paris, 1891. L.-A. Buzairies, *Libertés et coutumes de la ville de Limoux*, Limoux, 1851. E. Cabié, *Documents sur les origines du régime consulaire dans le département du Tarn*, dans la *Revue historique, scientifique et littéraire du département du Tarn*, t. I (1877), p. 245-248. Chabaneau, *Cartulaire du consulat de Limoges*, dans la *Revue des langues romanes*, t. XXXVIII (1895). Charvet, *Étude sur la maison d'Uzès*, dans le *Bulletin de la Société littéraire d'Alès*, 1876, p. 46 et s. H. Chobaut et V. Laval, *Le consulat seigneurial de l'Isle-en-Venaissin (XIIe et XIIIe siècles)*, dans les *Mémoires de l'Académie de Vaucluse*, 1913. L. Clos, *Recherches sur le régime municipal dans le midi de la France au Moyen Age*, dans les Mémoires présentés par divers savants à l'Académie des Inscriptions et Belles-Lettres, 2e série, *Antiquités de la France*, t. III, 1854, p. 229-473. Coissac, *Le consulat de Limoges au XVIe siècle*. Th. droit, Poitiers, 1937. R. Collier, *Le consulat de Reillane au début du XIIIe siècle*, dans la *Provence historique*, t. VIII (1958), p. 210-220. Cl. Compayré, *Études historiques et documents inédits sur l'Albigeois, le Castrais et l'ancien diocèse de Lavaur*, Albi, 1841. H. Courteault, *Le bourg Saint-Andéol*, Paris, 1909. J. Décap, G. Espinas, B. Faucher, *Chartes de coutumes du Comminges*, Paris, 1957. E. Delcambre, *Le consulat du Puy-en-Velay des origines à 1610*, Le Puy, 1933. H. Delsol,

Le consulat de Brive-la-Gaillarde. Essai sur l'histoire politique et administrative de la ville avant 1789. Th. droit, Bordeaux, 1936. Devals aîné, *Histoire de Montauban*, t. I, Montauban, 1855. (Doms) Devic et Vaissète, *Histoire générale de Languedoc*, Toulouse-Paris, éd. Privat, 1892 et s. P. Dognon, *Les institutions politiques et administratives du pays de Languedoc du XIIIe siècle aux guerres de religion*, Toulouse-Paris, s. d. [1895]. Ph. Dollinger, *Les villes allemandes au Moyen Age. Leur statut juridique, politique et administratif*, dans les *Recueils de la Société Jean Bodin*, t. VI, *La ville*, Première partie : *Institutions administratives et judiciaires*, Bruxelles, 1954, p. 445-516. G. Doublet, *Recueil des actes concernant les évêques d'Antibes*, Monaco-Paris, 1915 (*Collection de textes pour servir à l'histoire de la Provence*). E. Dufour, *La commune de Cahors au Moyen Age*, Cahors, 1846. A. Dupont, *Les cités de la Narbonnaise Première depuis les invasions germaniques jusqu'à l'apparition du consulat*. Th. lettres, Montpellier-Nimes, 1942 [cité Dupont, *Cités*]. A. Dupont, *Les relations commerciales entre les cités maritimes de Languedoc et les cités méditerranéennes d'Espagne et d'Italie du Xe au XIIIe siècle*, Nimes, 1942 [cité Dupont, *Relations*]. J.-M. Font-Rius, *Origenes del regimen municipal de Cataluña*, V : *La aparicion definida del municipio catalan. Anuario de Historia del Derecho Español*, t. XVII, 1946, p. 410-565. Galabert (abbé), *Les chartes de libertés de Castelsarrasin*, dans *Bull. Soc. archéol. du midi de la France*, 2e série, n°s 25-28 (1899-1901), p. 254-255. G. Gauthier-Ziegler, *Histoire de Grasse au Moyen Age, 1155-1482*, Paris, 1935. Gleizes, *Notice sur la ville de Rieux et sur ses archives*, dans *Mémoires de la Soc. archéologique du midi de la France*, t. VII (1860), p. 346 et s. M. Gouron, *Les chartes de franchises de Guienne et Gascogne*, Paris, 1935. R. Grand, *Les « paix » d'Aurillac, études et documents sur l'histoire des institutions municipales d'une ville à consulat (XIIe-XIVe siècles)*, Paris, 1945. L. Guibert, *Documents, analyses de pièces, extraits et notes relatifs à l'histoire municipale des deux villes de Limoges*, t. I, Limoges, 1897 [cité Guibert, *Limoges*]. L. Guibert, *La commune de Saint-Léonard-de-Noblat au XIIIe siècle*, dans *Bull. de la Soc. archéol. et histor. du Limousin*, t. XXXVII (1890), p. 1-115 [cité Guibert, *Saint-Léonard*]. M.-C. Guigue, *Cartulaire municipal de la ville de Lyon*, Lyon, 1876. Ch. Higounet, *Le comté de Comminges de ses origines à son annexion à la couronne*. Th. lettres, Bordeaux, 1946, Toulouse-Paris, 1949. M. d'Hombres, *Alais, ses origines, sa langue, ses chartes, sa commune et son consulat*, Alès, 1871. E. Jolibois, *L'administration communale de l'Albigeois avant la Révolution*, dans *Revue du Tarn*, t. VIII (1890-1891), p. 97 s., 134 s., 266 s. Fr. Kiener, *Verfassungsgeschichte der Provence seit der Zeit der Ostgothenherrschaft bis zur Errichtung der Konsulate (510-1200)*, Leipzig, 1900. Labande,

Avignon au XIIIe siècle, Paris, 1908. L. de Lacger, *Histoire de Castres et de son abbaye de Charlemagne à la guerre des Albigeois*, Castres, 1937. F.-F. de La Farelle, *Études historiques sur le consulat et les institutions de la ville de Nismes*, Nimes, 1841. A. Lagrèze-Fossat, *Études historiques sur Moissac*, t. I, Paris, 1870. G. Lambert, *Essai sur le régime municipal et l'affranchissement des communes en Provence au Moyen Age*, dans *Bull. de la Soc. acad. du Var*, n. s., t. VIII (1877-1878), p. 149-380 ; t. IX (1879-1880), p. 155-290 ; t. X, p. 17-120. Ed. de Laplane, *Essai sur l'histoire municipale de la ville de Sisteron*, Paris, 1840. Le Bret, *Histoire de Montauban*, 2e éd., t. I, 1841. A. R. Lewis, *The development of town government in twelth century Montpellier*, dans *Speculum*, t. XXII (1947), p. 51-67 [cité Lewis, *Development*]. *Seigneurial administration in twelth century Montpellier*, *ibid.*, p. 562-577 [cité Lewis, *Administration*]. R. Limouzin-Lamothe, *La commune de Toulouse et les sources de son histoire (1120-1249)*, Paris-Toulouse, 1931. A. Magen et G. Tholin, *Archives municipales d'Agen. Chartes, première série (1189-1328)*, Villeneuve-sur-Lot, 1876. Mahul, *Cartulaire et archives des communes de l'ancien diocèse et de l'arrondissement administratif de Carcassonne*, 6 t. en 7 vol., Paris, 1857-1882. G. de Manteyer, *Les fouilles de Faudon*, dans *Bull. de la Soc. d'études des Hautes-Alpes*, 27e année (2e semestre 1908), p. 129-200. E. Martin, *Cartulaire de la ville de Lodève*, Montpellier, 1900. A. R. de Maulde, *Coutumes et règlements de la République d'Avignon au XIIIe siècle*, Paris, 1879. R. A. Michel, *L'administration royale de la sénéchaussée de Beaucaire au temps de saint Louis*, Paris, 1910 [cité Michel, *Sénéchaussée*]. R.-A. Michel, *Les chevaliers du château des Arènes de Nimes aux XIIe et XIIIe siècles*, *Rev. hist.*, septembre-décembre 1909, p. 45-61 [cité Michel, *Chevaliers*]. C. G. Mor, *La politique de la maison de Souabe à l'égard des villes italiennes*, dans les *Recueils de la Soc. Jean Bodin*, t. VI, Bruxelles, 1954, p. 297-317. A. d'Oriola, *Les consuls de Perpignan*. Th. droit, Montpellier, Perpignan, 1912. F. Pasquier, *Cartulaire de Mirepoix*, t. II, Toulouse, 1921. H. Pirenne, *Les villes du Moyen Age. Essai d'histoire économique et sociale*, Bruxelles, 1927. Ch. Porée, *Le consulat et l'administration municipale de Mende*, Paris, 1901 [cité Porée, *Mende*]. *Les statuts de la communauté des seigneurs pariers de la Garde-Guérin en Gévaudan*, dans *Bibl. Éc. des chartes*, t. LXVIII (1907), p. 81-129 [cité Porée, *La Garde-Guérin*]. *Recherches historiques sur la ville d'Alais*, Alès, 1864 : J.-M. Marette, *Chartes d'Alais*, p. 401-508 ; J. Duclaux-Monteil, *Ancienne administration de la ville*, p. 509-524. J. Régné, *La vie municipale et la bourgeoisie d'Ancien Régime en Vivarais*, dans *Annales du Midi*, t. XLVI (1934), p. 337-359 ; t. XLVII (1935), p. 16-45 [cité Régné, *Vie municipale*]. *Les communautés à chartes du Vivarais et ses autres plus vieilles communautés d'habitants d'Ancien Régime*, dans *Annales du Midi*, t. XLVII (1935), p. 374-405 ; t. XLVIII (1936), p. 180-199, 293-307, 383-408 ; t. XLIX, p. 70-94, 178-186 [cité Régné, *Communautés*]. H.-F. Rivière, *Histoire des institutions de l'Auvergne*, t. I, Paris, 1874. E. de Rozière, *Charte d'Uzès de 1346*, dans la *Revue de législation ancienne et moderne, française et étrangère*, 1870, p. 180 et s. Sabarthès, *Les manuscrits consulaires de Limoux (Aude). Étude historique et philologique*, Paris, 1930. G. Sautel, *Les villes du Midi méditerranéen au Moyen Age*, dans les *Recueils de la Société Jean Bodin*, t. VII, *La ville*, Bruxelles, 1955, p. 313-356. R. Sève, *Les franchises de Clermont à la fin du XII*e *siècle*, dans le *Recueil de travaux offert à M. Clovis Brunel*, t. II, Paris, 1955, p. 521 et s. H. Sicamois, *L'administration municipale de Bagnères-de-Bigorre sous l'Ancien Régime*. Th. droit, Toulouse, 1931. A. Soucaille, *Institutions municipales. Le consulat de Béziers*, dans *Bull. de la Soc. archéol., scient. et litt. de Béziers*, t. XXIV (1896), p. 217-504. O. Teissier, *Les élections municipales en Provence depuis le Moyen Age jusqu'à la Révolution de 1789*, *Bull. de la Soc. d'études scient. et archéol. de Draguignan*, t. VII (1869), p. 317-338. P.-C. Timbal, *Les villes de consulat dans le midi de la France. Histoire de leurs institutions administratives et judiciaires*, dans les *Recueils de la Société Jean Bodin*, t. VI, Bruxelles, 1954, p. 343-369. R. Vaillant, *Les libertés des communautés dauphinoises (des origines au 5 janvier 1355)*. Th. lettres, Paris, 1949, Grenoble, 1951. F. Valls-Taberner et F. Soldevila, *Historia de Catalunya*, t. I, Barcelone, 1922. N. Valois, *Établissement et organisation du régime municipal à Figeac*, *Bibl. Éc. des chartes*, t. XL, 1879, p. 397-423. R. Villepelet, *Histoire de la ville de Périgueux et de ses institutions municipales*. Th. lettres, Bordeaux, 1908, Périgueux, 1908.

II

NOTE SUR LES ORIGINES DE L'UNIVERSITÉ D'AVIGNON

Malgré le vif éclat dont elle a rapidement brillé, malgré l'édition de bon nombre de ses titres, l'Université d'Avignon attend encore l'historien de ses premiers temps([1]) ; classée, à quelques réserves près, parmi les créations pontificales si nombreuses au XIVe siècle, elle n'a droit qu'à quelques lignes dans les travaux d'ensemble([2]). Ses origines méritent mieux et permettent de la mettre au rang des Universités apparues *ex consuetudine,* au même titre qu'Orléans ou Montpellier.

La chronologie des concessions pontificales a trop souvent caché aux yeux des modernes les tentatives municipales ou individuelles, parfois modestes et pas toujours durables, d'enseignement de la théologie, et surtout des droits, qui jalonnent la seconde moitié du XIIIe siècle dans les pays méridionaux([3]). A l'inverse les plus retentissants des encouragements, voire d'impératives mais trop précoces dispositions ont pu rester sans conséquence immédiate, comme le traité de 1229 qui ne paraît pas avoir attiré un seul canoniste à Toulouse pendant vingt ans au moins.

La série des témoignages avignonnais s'ouvre précisément par une mesure de combat contre l'hérésie qui impose la comparaison toulousaine : le cardinal légat Roman décide en 1227 l'installation dans la ville d'un maître *qui legat in theologica facultate*([4]). On peut toutefois se demander si cette décision fut suivie d'effet : non seulement le nom de ce premier professeur nous manque, mais il s'en faudra de longtemps que la matière fasse l'objet d'un enseignement régulier dans la cité. Il paraît en aller de la théologie à Avignon comme à Toulouse, où ses débuts et même le premier siècle ont été difficiles([5]). On accordera moins de confiance encore à cette consultation de 1235 par laquelle quatre *jurisperiti* locaux, Geoffroy Jancelin, Bertrand Cavaille, Bertrand Guillaume et Guillaume Isnard, opinent sur des faits d'hérésie : que ces personnages enseignent, comme il a été proposé([6]), reste pour le moins hasardeux, puisque les jurispérits abondent alors dans toutes les villes méridionales, même là où aucun étudiant n'a certainement été formé. D'un autre côté les statuts d'Avignon([7]), par une des dispositions promulguées en 1246([8]), affi-

([1]) La thèse de R. Caillet, *L'Université d'Avignon et sa Faculté des Droits au Moyen Age (1303-1503).* Paris, 1907, n'apporte, sauf exception, d'éléments nouveaux que pour la fin du XIVe et le XVe siècle. Les lacunes sont fréquentes dans les plus anciennes des listes établies par E. de Teule, *Chronologie des docteurs en droit civil de l'Université d'Avignon (1303-1791).* Paris, 1887.

([2]) Ainsi St. d'Irsay, *Histoire des Universités françaises et étrangères des origines à nos jours,* t. I. Paris, 1933, p. 209.

([3]) Sur ce point comme sur les conséquences du traité de 1229, nous nous permettons de renvoyer à notre étude intitulée *Enseignement du droit, légistes et canonistes dans le Midi de la France à la fin du XIIIe et au début du XIVe siècle,* parue dans le *Recueil de mémoires et travaux publié par la Société d'histoire du droit et des institutions des anciens pays de droit écrit,* fasc. V (1966), p. 1-29.

([4]) M. Fournier, *Les statuts et privilèges des Universités françaises depuis leur fondation jusqu'en 1789,* t. II Paris, 1891, n° 1236.

([5]) Cf. E. Delaruelle, *Les papes, les dominicains et la Faculté de théologie de Toulouse aux XIIIe et XIVe siècles. Hommage... Joseph Calmette.* Toulouse, 1954, p. 115-134.

([6]) M. Fournier, *Histoire de la science du droit en France,* t. III (seul paru). Paris, 1892, p. 687.

([7]) Publiés par R. de Maulde, *Coutumes et règlements de la République d'Avignon au XIIIe siècle. Nouv. Revue historique de droit...,* 1878, p. 367.

([8]) Comme l'a établi L.H. Labande, *Avignon au XIIIe siècle. L'évêque Zoen Tencanari et les Avignonais.* Paris, 1908.

chent un souci de liberté dans l'organisation des écoles qui n'est pas sans rappeler le libéralisme d'un Guilhem VIII de Montpellier autorisant en 1181 l'enseignement médical dans les conditions les plus larges ; à Avignon toutefois, où les magistrats municipaux permettent *quod quilibet possit libere in hac civitate regere et tenere scolas artis grammatice,* le choix d'une telle matière comme le silence des sources pendant plus d'un demi-siècle portent à soupçonner qu'un tel texte reste entièrement étranger aux origines de l'Université(9).

C'est sans aucun doute du côté du droit –ou plus exactement des droits civil et canonique– qu'il convient de se tourner pour trouver les signes les plus précoces d'un enseignement destiné à prospérer. Autour du milieu du XIIIe siècle, l'illustre canoniste Pierre de Sampson s'installe dans la cité, au témoignage de Bernard de Montmirat, le fameux *Abbas antiquus* qui est alors son étudiant en ces lieux(10). Préciser la date de ce séjour reste difficile : du moins est-il probable qu'il se situe peu avant le voyage de ce maître à la curie romaine, donc antérieurement à 1258(11). Ne seraient-ce point les plus turbulents de ses disciples dont l'activité amène l'évêque à obtenir d'Alexandre IV le pouvoir d'absoudre, dans la ville et le diocèse, les clercs et laïques excommuniés pour violences, avec expresse référence à ceux qui sont venus étudier à Avignon(12) ? Qu'il s'agisse de juristes est probable : en 1263, soit peu après, le roi Jacques d'Aragon accorde un droit de marque sur les biens des ressortissants de la cité rhodanienne à Humbert *de Lauro,* chanoine de Barcelone à qui des condisciples ont dérobé un exemplaire des Décrétales, alors qu'il se trouvait à Avignon, non sans doute comme professeur, malgré certains(13), mais plus vraisemblablement comme étudiant(14). De ces coûteux manuscrits, la ville est déjà un centre d'échanges : un Bourguignon en envoie de Bologne dès 1269(15).

Le cas de Pierre de Sampson est loin d'être isolé : d'autres canonistes ont enseigné dans la ville, tel François de Verceil ou plutôt d'Albano en 1276(16) et le *decretorum doctor* Rostaing de Mézoargues en 1289-1290(17). Mais leur présence se juxtapose alors à

---

(9) Malgré M. Fournier, *Histoire...*, p. 573, qui interprète ce texte comme le reflet d'un esprit municipal opposé à l'autoritarisme épiscopal.

(10) St. Kuttner, *Wer war der Dekretalist Abbas Antiquus ? Zeitschrift der Savigny-Stiftung,* t. 57, *Kanon. Abt.*, t. 26 (1937), p. 471, n. 4 : *Hanc glossam habuerunt plures a libro magistri mei P. de Sampsone, set ipse in questione facti que fuit facta Avinione inter predicatores et parochiales ecclesias, dixit...* – E.M. Meijers, *Etudes d'histoire du droit,* t. III. Leyde, 1959, p. 172, n. 21 : *Et magister meus ita determinavit... sicut audivi ab eo Avinione* (cf. aussi M. Sarti et M. Fattorini, *De claris archigymnasii Bononiensis professoribus...*, t. I. Bologne, 1888, p. 445, n. 6). Jean d'André rappellera ces observations : *Abbas refert quod sic et consuluit ipse Pe. magister suus in quaestione que fuit Avinioni inter predicatores et parochiales ecclesias* (éd. Schulte, *Die Geschichte der Quellen und Literatur des canonischen Rechts von Gratian bis auf Papst Gregor IX.*, t. II. Suttgart, 1875, p. 108). On peut encore relever une référence à cet enseignement dans Bibl. Nat., lat. 4499, f° 166 v° : *Petrus de Sansona pronunciavit apud Avinionem...* Sur l'œuvre de Pierre de Sampson, cf. A. Van Hove, *Commentarium Lovaniense in codicem juris canonici...*, vol. I, t. I : *Prolegomena,* 2e éd. Malines-Rome, 1945, p. 473, n. 3.

(11) Meijers, *op. cit.*, p. 172, n. 22. Il faut cependant observer que l'un des manuscrits de ses *distinctiones* porte mention de l'année 1267 : V. Le Clerc, *Pierre de Sampson et autres canonistes. Hist. litt. de la France,* t. XXI (1847), p. 236.

(12) Labande, *op. cit.*, p. 215.

(13) M. Fournier, *Histoire...*, p. 573 ; cf. L. Duhamel, *De l'origine de l'Université d'Avignon. Mémoires de l'Académie de Vaucluse,* t. XV (1896), p. 6. On ne voit pas ce qui a amené Caillet, *op. cit.*, à placer l'événement en 1235.

(14) Le texte indique simplement qu'il se trouve *in eadem civitate causa studii commorans,* et que les délinquants sont *quidam scolares in eadem civitate causa studii commorantes :* cf. l'édition qui en a été donnée sous un titre discutable par M. Fournier, *Les statuts...*, t. II, n° 1239, et qui reproduit du reste la publication de Denifle, *Urkunden zur Geschichte der mittelalterlichen Universitäten,* II : *Zum Rechtsstudium in Avignon im 13. Jahrhundert. Archiv für Literatur– und Kirchengeschichte des Mittelalters,* t. IV (1888), p. 246.

(15) Sv. Stelling-Michaud, *Le transport international des manuscrits bolonais entre 1265 et 1320. Mélanges... Antony Babel,* t. I. Genève, 1963, p. 111.

(16) Il y termine à ce moment un commentaire sur les constitutions de Grégoire IX. Cf. St. Kuttner, *Decretalistica,* 2 : *Die Literatur zu den Novellen Innozenz' IV.*, 3. *Zeitschr. der Savigny-Stift.*, t. cit., p. 468-469 ; E. Fournier, *Questions d'histoire du droit canonique,* I, *Gloses... de François de Verceil.* Paris, 1936, p. 9 et s. ; R. Naz, *Dictionnaire de droit canonique,* v° *François d'Albano.*

(17) *Cartulaire de l'Université de Montpellier,* t. I (1181-1400). Montpellier, 1890, n° 21, p. 214 ; M. Fournier, *Les statuts...*, t. II, n°s 902 et 904. Alors chanoine d'Avignon, il devait être promu à l'évêché d'Orange en 1319.

celle de civilistes, dont le plus ancien pourrait être ce Girard de Verdeilles déjà établi dans la cité en 1263 et dont un *consilium* qu'il donne trois ans après dans une procédure entamée contre un chanoine de Brioude le qualifie de *legum doctor et regens in civitate Avenionensi*(18). Un peu plus tard, un autre *regens in legibus* dans la cité, Raymond Soquier, est attiré par les consuls de la ville d'Alès pour y enseigner(19) : le contrat, passé à Avignon en 1290(20) pour quatre ans en présence de trois *jurisperiti,* peut-être des étudiants(21), devait être très vite dénoncé, puisque dès le mois de novembre de l'année suivante Soquier, en procès avec les consuls, a quitté Alès(22) : il n'est pas certain qu'il ait repris son enseignement, du moins à Avignon même(23). Son contemporain Alquier Chamole, juge comtal de Tarascon en 1293, se donne pour *juris civilis professor*(24) : mais rien ne précise où il a exercé ces fonctions, ni même s'il a enseigné puisque, dès cette époque, un tel titre n'en offre plus la garantie.

A la jonction des XIIIe et XIVe siècles, le *studium* d'Avignon semble bien constitué, en fait sinon en droit. Il s'étend, en principe du moins, à la médecine : Charles II, par des lettres du 16 juin 1297, tente visiblement d'éviter un conflit entre les magistrats municipaux et les médecins, réservant aux premiers le contrôle des examens(25). Tout indique cependant que les juristes y prédominent. Par exemple des statuts urbains de 1298 reprennent les dispositions contemporaines du même monarque, qui s'adressent aux *tam in decretis quam in legibus studentes et legentes*(26) : ceux-ci pourront désormais, *ad exaltationem et gloriam studii civitatis,* recevoir leurs grades du chancelier, s'il est en Provence, et en son absence, des mains du prévôt de la cité et de l'*utriusque juris professor* Jacques Duèse. Le futur Jean XXII, ancien étudiant, docteur et professeur à Orléans(27) nous paraît enseigner alors à Avignon c'est du moins la plus simple explication au rôle qui lui est conféré, encore qu'elle ait été vivement controversée(28).

Nous connaissons également certains de ses collègues, tel le professeur en l'un et l'autre droit Jean *de Consolino* qui, donnant un *consilium* en 1300, précise qu'il *legit decretales de presenti*(29) ; tel, quelques années plus tard, le canoniste Bernard de Valbonne,

(18) C'est en effet à peu près sûrement le même personnage dont le nom a été lu *Guiraudus de Verdello* par l'éditeur du texte de 1263, R. de Maulde, *op. cit.*, p. 702. Sur celui de 1266, cf. l'analyse de R. Caillemer, *Les débuts de la science du droit en Provence. Johannes Blancus Massiliensis. Congrès des Sociétés Savantes de Provence,* 1906, p. 792, n. 2. La forme latine *Verdellis,* sans doute meilleure, est fournie par un compromis passé à Alès en 1281 où Girard est qualifié de chevalier : A. Philippe, *La baronie du Tournel et ses seigneurs.* Mende, 1905, nos LV et LVI, p. 233 et 236.

(19) Cf. E. de Rozière, *L'école de droit d'Alais au XIIIe siècle. Bibliothèque de l'Ecole des Chartes,* t. XXXI (1870), p. 64-67.

(20) Comme l'a établi Ach. Bardon, *Les écoles à Alais sous l'Ancien Régime, 1289-1789. Mémoires et comptes-rendus de la Société scientifique et littéraire d'Alais,* t. XX (1888), p. 102, n. 2.

(21) Il se nomment Pierre Durand, Bertrand de Cavaillon et Bertrand Marquès.

(22) Ach. Bardon, *Histoire de la ville d'Alais de 1250 à 1340.* Nimes, 1894, p. 197.

(23) Ex. Caillemer, *L'enseignement du droit civil en France vers la fin du XIIIe siècle.* N.R.H.D., t. III (1879), p. 607 et n. 1, estime qu'il s'agit du même personnage qui, habitant Carcassonne au début du XIVe siècle, y manifeste une vive hostilité à l'Inquisition (cf. Hauréau, *Bernard Délicieux et l'Inquisition albigeoise, 1300-1320.* Paris, 1877, p. 105). On peut en effet relever un Raymond Soquier domicilié dans cette ville en 1302, n.s. (C. Douais, *Guillaume Garric, de Carcassonne, professeur de droit, et le tribunal de l'Inquisition. Annales du Midi,* t. X (1898), p. 19, p. justif. III) et consul en 1304, n.s. (C. Douais, *Documents pour servir à l'histoire de l'Inquisition dans le Languedoc,* t. II. Paris, 1900, p. 314). Il est difficile de déterminer s'il s'agit du même qui est viguier du Pont-Saint-Esprit en 1311 (L. Bruguier-Roure, *Cartulaire de l'œuvre des église, maison, pont et hôpitaux du Saint-Esprit (1265-1791).* Nimes, 1892, n° XXVI, p. 71) et lieutenant du viguier de Nimes (R. Fawtier et Fr. Maillard, *Comptes royaux* (*1285-1314*). Paris, 1956, n° 13949).

(24) Edg. Leroy, *Les archives communales de Saint-Rémy de Provence,* t. I. Saint-Rémy, 1949, n° 62, p. 81.

(25) R. de Maulde, *op. cit.*, p. 705 ; M. Fournier, *Les statuts . . .*, t. II, n° 1240.

(26) M. Fournier, *ibid.*, n° 1242 ; cf. Caillet, *op. cit.*, p. 79.

(27) Meijers, *op. cit.*, p. 174 et n. 41.

(28) Il nous paraît que, sur ce point, l'opinion de M. Fournier, *Histoire*... p. 687 est plus juste que celle de N. Valois, *Jacques Duèse, pape sous le nom de Jean XXII. Hist. litt. de la France,* t. XXXIV, p. 395. C'est en tout cas à tort que ce dernier lui donne pour maître montpelliérain Bertrand de Montfavet, qui n'a jamais enseigné dans cette ville, mais à Orléans.

(29) R. Caillemer, *op. cit.*, p. 792.

formé à Bologne vers 1290([30]) et qui figure comme représentant des *doctores* et *scolares* dans l'un des textes constitutifs du *studium*([31]).

La consécration de cette tradition enseignante d'un demi-siècle se produit rapidement. Croissant d'abord à bas bruit, le *studium* commençait à jouir d'une certaine réputation : ainsi les statuts du chapitre général de Cluny promulgués en 1301 autorisent les membres de l'ordre à étudier le droit à Avignon aussi bien qu'à Orléans, Toulouse et Montpellier([32]). Seule une Université canoniquement érigée pouvait espérer s'attacher des étudiants des plus lointaines régions de la chrétienté, les abriter d'autre part dans des collèges avantageux à ces goussets déjà si dégarnis au temps de la fondation que Charles II autorise, par des lettres du 21 octobre 1302, les *doctores* et *scolares* à emprunter auprès d'un *mercator*([33]) : comme précisément à Orléans, en même temps ou peu s'en faut qu'à Montpellier où la bulle d'érection n'est donnée qu'en 1289, le *studium* rhodanien est transformé en Université par Boniface VIII le 1er juillet 1303([34]). Des privilèges du roi de Naples que l'on a cru souvent antérieurs([35]) complètent dès le 5 mai 1304 les effets de la bulle pontificale([36]). Désormais l'enseignement de la médecine et des arts libéraux prend un aspect officiel, au moins en théorie. En effet si l'évêque déclare dès 1303 prendre diverses mesures avec l'accord des maîtres de ces disciplines en même temps que des juristes([37]), il semble avoir voulu par là tenir compte des termes de la bulle plus que du personnel effectivement présent : il s'en faudra de longtemps que s'installent des professeurs de médecine. Ce sont surtout les deux droits qui vont attirer très vite un grand nombre d'étudiants– à l'échelle universitaire de l'époque– et regrouper quelques-uns des plus célèbres juristes du temps parmi les *doctores studii venerabilis,* comme l'écrivait Charles II. Déjà dans ses lettres du 5 mai, celui-ci se préoccupait avant tout de faire assurer la *lectura utriusque juris ordinaria.* D'autre part à ce moment enseigne peut-être Philippe de Cabassole([38]), plus sûrement Pierre Bertrand l'aîné([39]). Ils sont suivis vers 1310 par François Maynier([40]), Droet de Riquelmes([41]), et moins certainement par l'illustre padouan *Oldradus de Ponte*([42]). Au long du XIVe siècle, *rotuli* et titres universitaires ont permis d'établir les listes de pro-

---

([30]) Sarti-Fattorini, *op. cit.*, t. II, p. 328. Déjà moine de Saint Guilhem, il en devint abbé en 1303 et mourut en 1317 : *Gallia Christiana,* t. VI, *Eccl. Lutev.*, col. 595-596.

([31]) H. Denifle, *Die Universitäten des Mittelalters bis 1400,* t. I (seul paru) : *Die Entstehung der Universitäten des Mittelalters bis 1400.* Berlin, 1885, p. 358.

([32]) Duhamel, *op. cit.*, p. 7.

([33]) M. Fournier, *Les statuts . . .*, t. II, n° 1242.

([34]) Laval, *op. cit.*, n° I, p. 3 et s.

([35]) Denifle, *Die Universitäten . . .*, p. 358 a commenté cette lettre en la faisant remonter à l'année précédente, mais Caillet, *op. cit.*, p. 24-27 a prouvé qu'il ne pouvait s'agir que de 1304.

([36]) Duhamel, *op. cit.*, p. 10.

([37]) Denifle, *Die Universitäten . . .*, p. 361 et n° 584.

([38]) Si ce *miles* et *legum professor* a enseigné à Avignon, comme tend à le croire M. Fournier, *Histoire . . .*, p. 687, ce ne fut que peu de temps ou bien encore à des périodes variées : il était juge mage de Provence en 1304 (Ch. Giraud, *Essai sur l'histoire du droit français au Moyen Age,* t. II. Paris, 1846, p. 53 et 61), en 1306 (Eug. Martin-Chabot. *Les archives de la cour des comptes, aides et finances de Montpellier, avec un essai de restitution des premiers registres de sénéchaussée.* Paris, 1907, n° 291) et en conservera encore le titre et les fonctions en 1314 (Edg. Leroy, *op. cit.*, t. I, n° 90, p. 137). Entre temps, on le trouve à Die en 1310 (Ex. Caillemer, *op. cit.*, p. 607). Un arbitrage de 1315 nous permet de constater en revanche qu'il habite alors Avignon (Arch. Dép. Vaucluse, G 5, f° 20). L'ami de Pétrarque n'était certainement pas son oncle, malgré M. Fournier, *loc. cit.*, mais un autre parent qui enseignait à Orléans en 1332 comme licencié ès-lois : ce dernier s'identifie avec le Philippe qui devint évêque de Cavaillon en 1334, patriarche de Jérusalem en 1361, recteur du Comtat Venaissin l'année suivante et cardinal en 1368.

([39]) Doctorisé *in utroque jure* à Montpellier en 1301 et professeur à la même Université en 1307, il ne peut avoir enseigné à Avignon qu'entre ces deux années : cf. M. Deruelle, *Dictionnaire de droit canonique,* v° *Pierre Bertrand.*

([40]) Primicier de l'Université en 1306, il harangua Clément V lors de la venue de ce pontife dans la ville : M. Fournier, *loc. cit.*

([41]) Ex. Caillemer, *op. cit.*, p. 607.

([42]) Il est en tout cas devenu auditeur de Rote bien peu de temps après son arrivée de Padoue en 1310 : cf. Ed. Will, *Die Gutachten des Oldradus de Ponte zum Prozess Heinrichs VII. gegen Robert von Neapel.* Berlin-Leipzig, 1917, p. 7.

fesseurs dont certaines mériteraient d'ailleurs d'être revues([43]). Quoi qu'il en soit, l'Université à pris un essor notable, puissamment aidé, sinon conditionné, par la présence pontificale ; ses élèves seront nombreux à recueillir bénéfices et offices royaux, et l'élan sera assez vigoureux pour que l'importance du *studium* reste considérable en plein XVe siècle, alors que son voisin montpelliérain traverse une longue crise([44]).

L'histoire du demi-siècle qui a précédé la bulle de Boniface VIII, dans la mesure où on peut la reconstituer, présente en fin de compte un double intérêt. Elle illustre en premier lieu les conditions dans lesquelles ont émergé de l'obscurité la plupart des Universités françaises, méridionales en particulier. L'enseignement y apparaît tout d'abord sous les formes modestes d'un séjour, plus ou moins long, d'un glossateur ou d'un canoniste volontiers itinérant au gré de sa fantaisie, ou plus sûrement des possibilités de trouver réunis en un même lieu un auditoire, des manuscrits et parfois aussi une rémunération offerte par les pouvoirs municipaux : sans remonter à un Placentin –et peut-être même avant lui à un Rogerius– s'installant à Montpellier à la fin du XIIe siècle, le parallèle est frappant entre le passage de Pierre de Sampson à Avignon, celui de Bernard de Montmirat à Béziers, ceux aussi un peu plus tard, de Pierre Jame d'Aurillac à Narbonne et de Raymond de Salgues à Lyon. Mieux encore, le même Pierre de Sampson a enseigné aussi à Orange : *Abbas antiquus* en témoigne, de même que pour son successeur, le civiliste *Bazianus* qui s'y trouve en 1268 où un document le nomme *Baxianus de Boldone de Vaude* ([45]). Ce dernier parti pour Grenoble moins de trois ans après([46]), le relais est pris par d'autres : peut-être par ce Guillaume du Réal, *dominus legum* qui se trouve dans la région vers 1270([47]), plus sûrement par le chanoine de Vaison et docteur en décret Armand *de Jeco*

([43]) Il convient d'y ajouter probablement des noms comme ceux de Pierre Gascon, *legum doctor* à Avignon en 1339 (*Cartulaire de l'Université de Montpellier,* n° 65) ou d'Audibert de Sade, canoniste que M. Fournier, *Histoire . . .*, p. 558 range sans raison parmi les professeurs montpelliérains alors qu'il n'y enseigna jamais. Il était doyen du chapitre d'Avignon dès 1367 (L. H. Labande, *L'Eglise Notre-Dame des Doms d'Avignon des origines au XIIIe siècle. Bulletin archéologique,* 1906, p. 69, n. 2) et il "lit" très certainement dans la cité en 1381 (M. Fournier, *Les statuts . . .*, t. II, n° 1232). Manquent également, dans les listes jusqu'ici publiées, les noms de ce *magister Gaubertus, utriusque juris doctor*, et de son collègue *Comes,* docteur ès-lois, sollicités, l'un en septembre 1373, l'autre en mai de l'année suivante, par les consuls de Nimes désireux d'établir un *studium* dans leur ville (L. Ménard, *Histoire . . . de Nismes,* t. II, Pr. n° CLXXVI, p. 326 ; M. Fournier, *Les statuts . . .*, t. II, n° 1576). Quant à Pierre *Muris,* il y était professeur vers 1380 (Ex. Caillemer, *op. cit.*, p. 607) et non pas seulement en 1350. En revanche la tradition rapportée par Laval, *op. cit.*, p. 3, n. 1, qui inclut Pierre de Belleperche dans cette liste, ne paraît pas pouvoir être acceptée en l'absence de preuves formelles.

([44]) Par exemple, beaucoup d'officiers de la sénéchaussée de Beaucaire et Nimes, où la concurrence entre les Universités de Montpellier et d'Avignon peut s'exercer, sont à la fin du XIVe et surtout au XVe siècles d'anciens professeurs ou étudiants de la seconde. Tel ce Pierre de Sainte-Croix, *legum professor* à Avignon à partir de 1393 (cf. M. Fournier, *Histoire . . .*, p. 690), que l'on rencontre plusieurs fois parmi les membres de la Cour du sénéchal (L. Ménard, *op. cit.*, t. III, n° XLIV, p. 197, col. 2). Tel le *legum doctor* Louis Astoaud, lieutenant du sénéchal en 1459 (Ménard, *op. cit.*, t. III, Pr. n° CI, p. 288, col. 1) : c'est un juriste avignonnais (Fr. Baron, *Le cardinal Pierre de Foix le Vieux (1381-1464) et ses légations.* Amiens, 1920-1922, p. 14, n. 1) qui appartient sans doute à la famille bien connue depuis Pons Astoaud, juge consulaire en 1227 (Labande, *Avignon au XIIIe siècle . . .*, p. 33, n. 1). Tel encore Philippe Gervais, *utriusque juris professor,* lieutenant du sénéchal de 1467 à 1476 (Dupont-Ferrier, *Gallia Regia . . .*, t. I, Paris, 1942, n° 3050 ; Ménard, *op. cit.*, t. III, Pr. n[os] CXII et CXVI, p. 322, col. 1 et p. 328, col. 1), qui avait été auditeur du cardinal Pierre de Foix (Baron, *op. cit.*, p. 171, n. 3), puis primicier en 1462 (M. Fournier, *Histoire . . .*, p. 697 ; E. de Teule, *op. cit.* p. 22).

([45]) Meijers, *op. cit.*, p. 171-172, qui relève, à propos de Pierre de Sampson, ce passage : *ita dicebat magister meus qui de hoc contulit semel Aurasice.* Sur le sens exact de l'indication donnée par le même Bernard, selon laquelle *dominus Baz . . . postmodum dum in Provincia regeret,* cf. St. Kuttner, *Wer war . . .*, p. 486-487. Qu'il s'agisse bien ici du disciple d'Accurse et non de ses homonymes, la chose a été démontrée par E. Besta, *Di un opera sconosciuta di Bertrandus de Deucio, Studi . . . Pepere,* Naples, 1900, p. 349. Bernard de Montmirat n'aurait-il pu lui-même enseigner à Orange ? Cela n'aurait rien d'étonnant de la part d'un juriste aussi vagabond.

([46]) On y relève sa présence encore en 1309 : Ex. Caillemer, *op. cit.*, p. 606.

([47]) Il porte ce titre non dans un document avignonnais de 1263 où figure son témoignage avec celui de Girard de Verdeilles (cf. *supra,* n° 18), mais dans un texte publié par Ul. Chevalier, *Cartulaire municipal de la ville de Montélimar . . .* Montélimar, 1871 (*Collection de cartulaires dauphinois.* t. V, 1ère livraison), n° XXI, p. 39. Ses études avaient eu lieu à Bologne, où il représentait en 1265 la nation provençale : Sarti-Fattorini, *op. cit.*, t. II, p. 18. On l'y trouve encore en 1268 : *Chartularium Studii Bononiensis,* t. VII, n° CCCCXLII, p. 221. Il n'y a guère à douter de son appartenance à la famille de Raymond du Réal, podestat d'Avignon en 1226, puis syndic en 1234, consul deux ans plus tard, clavaire de 1240 à 1242 (Labande, *Avignon au XIIIe siècle . . .*, p. 264 et 268-270). Un autre Guillaume, *miles,* sera lui-même syndic en 1358 et, vers le même temps, syndic de la commission des *taxatores domorum* (B. Guillemain, *La Cour d'Avignon (1309-1376). Etude d'une société.* Th. Lettres. Paris, 1962, p. 537, n. 135 et p. 628).

que les consuls d'Alès attirent en 1290 auprès d'eux([48]). A Orange comme à Avignon, l'Université a été créée plus ou moins longtemps après la venue de ces pionniers. Ceux-ci n'ont pas toujours laissé de trace durable : beaucoup plus que par cet enseignement quasi-éphémère, la naissance des Universités françaises –le phénomène est en effet aisément vérifiable à Orléans ou à Angers– est conditionnée par l'afflux de légistes et de canonistes souvent peu connus mais bien plus nombreux, dans la seconde moitié du XIIIe siècle. A cet égard, les juristes avignonnais se sont manifestés à l'époque la meilleure, celle où la Papauté et les souverains laïques commencent à dispenser bulles et lettres d'érection ou de privilèges pour encourager cet essor.

En second lieu cette période d'organisation témoigne parfaitement de la double étape traversée par ce *studium generale* comme par ces voisins : fondé d'abord *ex consuetudine*, ce n'est que plus tard qu'il pourra se considérer comme Université *ex privilegio*. L'opposition de ces deux formules n'est donc souvent qu'apparente. Dans la seconde moitié du XIIIe siècle, les juristes méridionaux se forment un peu partout, et pas seulement là où des privilèges ont été accordés, ni seulement là où d'illustres glossateurs ont autrefois pu réunir un cercle sans doute restreint de disciples. Ni Toulouse ni Montpellier ne peuvent à ces égards arguer d'une véritable antériorité : pour la première, le traité de 1229 semble être resté pratiquement lettre morte pendant plus de vingt ans, tandis que pour la seconde, le bulle d'érection de 1289 s'explique, bien mieux qu'à travers le souvenir de Placentin, par la présence continue d'une deuxième série de juristes depuis une vingtaine d'années, de médecins depuis plus longtemps. L'afflux brutal de ces *legum* et *decretorum doctores* résulte certainement du succès que rencontre alors Bologne chez les méridionaux : rentrés dans leur patrie, ceux-ci n'ont rien de plus pressé que d'enseigner à leur tour, et ainsi se créent simultanément un ensemble de *studia*. Mais, l'inconstance de ces maîtres et l'absence de moyens financiers aidant, beaucoup n'ont pas dépassé le début du XIVe siècle. Très vite l'avantage est allé aux plus réputés, à ceux aussi –mais ce sont les mêmes– où les clercs obtenaient des bénéfices accompagnés d'une dispense de résidence([49]). S'insérant dans cette tendance générale à la concentration, l'Université d'Avignon, érigée en un temps où croissent en nombre, mais aussi en fortune et en influence([50]) les gradués originaires de la région, favorisée ensuite par les pontificats non seulement de Français, mais surtout de juristes méridionaux, est à même désormais de jouer un rôle aussi important que ses voisines de Toulouse et de Montpellier.

([48]) E. de Rozière, *op. cit.*, p. 62-64. Il reçut paiement des consuls en juin de la même année : Ach. Bardon, *Les écoles à Alais . . .*, p. 106.

([49]) Ce critère du choix effectué par les étudiants est de grande importance, comme l'a souligné E. Genzmer, *Kleriker als Berufsjuristen im späten Mittelalter. Etudes d'histoire du droit canonique dédiées à Gabriel Le Bras*, t. II, Paris, 1965, p. 1222.

([50]) Si le recrutement de la noblesse avignonnaise se modifie nettement dès la fin du XIIIe siècle, comme l'a si bien montré B. Guillemain, *op. cit.*, p. 633 et s., c'est bien souvent au profit de *legum* ou de *decretorum doctores*, ou bien encore, de leurs parents : on a noté plus haut les familles du Réal et de Sade, qui sont de beaux exemples d'ascension dans la vie de la cité, on peut citer encore ce Bernard Rascas, gradué qui parvient au sommet de la hiérarchie sociale urbaine.

III

LE ROLE SOCIAL DES JURISTES DANS LES VILLES MÉRIDIONALES AU MOYEN AGE

De la longue et complexe histoire du type social que représente le juriste médiéval, notre connaissance, si souvent imparfaite, ne permet guère de présenter autre chose qu'une problématique limitée. Il sera question ici seulement de quelques villes en pays de droit écrit, et de la place qu'y tiennent aux derniers siècles du Moyen Age les gradués dans les deux droits : ceci exclut notamment les notaires, dont certains ont pourtant été des « rassembleurs de terres », suivant l'expression de Marc Bloch[1], une bonne part de ces avocats et procureurs qui forment le gros des gens de robe, et à plus forte raison les huissiers, sergents et autres auxiliaires. Quant au cadre chronologique, il est inséparable, d'une part de l'afflux des étudiants « provençaux » à Bologne et plus encore de l'essor des universités méridionales, voire de diverses écoles plus ou moins stables à la fin du XIIIe siècle[2], d'autre part du déclin généralisé des premiers environ deux siècles plus tard. Ce laps de temps de deux cents ans a permis aux juristes de se tailler une place enviable dans la hiérarchie sociale de leur époque : il leur a fallu en gros un siècle pour acquérir les moyens de leur puissance, tandis qu'à partir de 1380 ou de 1400 — sauf exceptions individuelles ou régionales — ils en recueillent, pour eux ou pour leurs descendants, les fruits ardemment recherchés en s'intégrant aux ordres privilégiés.

***

Les facteurs d'ascension dans le monde médiéval sont de nature fort diverse, mais leur efficacité est particulièrement sensible dans les villes méridionales, où la démarcation n'est pas toujours nette entre une bour-

1. *Les Caractères originaux de l'histoire rurale française*, I, 2e éd., Paris, 1952, p. 142. Mais R. Aubenas *(Étude sur le notariat provençal au Moyen Age et sous l'Ancien Régime*, Aix-en-Provence, 1931, p. 104-105) oppose avec raison à ce notaire marseillais qui possédait en 1368 une galère armée en guerre, « la vie infiniment plus effacée du modeste notaire villageois ou campagnard ».

2. Nous nous permettons de renvoyer sur ce point à notre étude « Enseignement du droit, légistes et canonistes dans le Midi de la France à la fin du XIIIe et au début du XIVe siècle », *Recueil de mémoires et travaux publié par la Société d'histoire du droit et des institutions des anciens pays de droit écrit*, V (1966), p. 1-33.

geoisie volontiers fastueuse et une noblesse rarement très ancienne et en tout cas légère de revenus. De ces facteurs, les juristes jouent habilement, qu'ils en aient l'usage exclusif ou qu'ils en partagent l'emploi avec d'autres.

Juge ou avocat, le juriste, dira-t-on, bénéficie en premier lieu d'un monopole des professions judiciaires, et d'un monopole profitable même aux magistrats de rang inférieur, car à leurs gages s'ajoutent divers avantages[3]. Pourtant, en dépouillant par exemple les listes de la *Gallia Regia*, il est facile de constater que nous sommes loin du compte : à de rares exceptions près, comme par exemple les avocats du roi dans les sénéchaussées[4], les gradués n'y constituent qu'une minorité, de plus en plus forte, il est vrai, vers la fin du Moyen Age. De même bien des avocats n'ont pas acquis de licence, et leur culture juridique était bien mince au XIVe siècle[5]. Le vrai monopole, ou peu s'en faut, réside dans les fonctions d'arbitre et de conseiller des particuliers ou des communautés. Arbitres, arbitrateurs, amiables compositeurs, c'est à chaque pas que nous retrouvons licenciés et docteurs : leur tâche est immense au service de leurs contemporains dont les préférences vont, comme on le sait[6], au compromis même en cours d'instance, bien plus qu'à une justice lente et chère. Les corps municipaux, d'autre part, recourent volontiers aux *consilia* des docteurs et s'ils consultent parfois des Italiens, comme Gourdon vers 1300 ou Millau en 1369[7], leur choix se porte en général sur les docteurs d'un *studium*

---

3. Tels les profits qu'ils tirent des droits de sceau : A. BOSSUAT, *Le Bailliage royal de Montferrand (1425-1556)*, Paris, 1957, p. 118 sq.

4. Dans celle de Beaucaire-Nimes, ils viennent presque tous de l'université de Montpellier, et parmi eux certains sont bien connus, comme Thomas de Sauteyrargues (*cf. infra*, n. 36), Jacques Rebuffi (C. DUPONT-FERRIER, *Gallia Regia ou État des officiers royaux des bailliages des sénéchaussées de 1328 à 1515*, I, Paris, 1942, n° 3098), Jean de Terrevermeille (MÉNARD, *Histoire civile, ecclésiastique et littéraire de la ville de Nismes...*, III, Paris, 1752, p. 172-173).

5. Voir pour la France du Nord les remarques parallèles et si documentées de B. GUENÉE, *Tribunaux et gens de justice dans le bailliage de Senlis à la fin du Moyen Age (vers 1380-vers 1550)*, Th. Lettres, Paris, 1963 (Publications de la faculté des lettres de l'université de Strasbourg, 144), p. 383-388. Et Jacques de Révigny n'a pas une très haute idée des connaissances des juges laïques : voir le texte publié par J. ACHER, *Six « Disputationes » et un fragment d'une « repetitio » orléanaise*, *Mélange Fitting*, II, Montpellier, 1908, p. 303, n. 34.

On observera du reste qu'au XIIIe siècle les statuts de Marseille admettaient qu'un avocat puisse être illettré : R. PERNOUD, *Histoire du commerce de Marseille*, I, Paris, 1949, p. 319-320.

6. Voir sur le sujet K.S. BADER, « Arbiter, arbitrator seu amicabilis compositor », *Zeitschrift der Savigny Stiftung*, Kan. Abt. 77 (1960), p. 239 sq. et la toute récente mise au point parue *ibid.* Rom. Abt. 84 (1967), p. 376 sq.

7. Il est vrai que dans le premier cas il s'agit de Guillaume Accurse qui séjourne souvent non loin de là. H. GILLES, « Accurse et les universités du Midi de la France », *Atti del Convegno internazionale di studi Accursiani, Bologna, 21-26 Ottobre 1963*, III, Milan, 1968, p. 1042. Sur la consultation millavoise, voir ROUQUETTE, *Le Rouergue sous les Anglais*, Millau, 1887, p. 217.

voisin : parmi cent autres exemples, les cités de Lunel[8], Alès[9], Agde[10], Nîmes[11], Florac[12] ont successivement requis l'avis de docteurs montpelliérains, et leurs collègues des universités voisines d'Avignon[13] et de Toulouse[14] ont été mis aussi souvent à contribution par les consulats, les chapitres, les seigneurs grands ou petits. Le profit n'est pas mince pour les consultants : outre la réputation qu'ils y gagnent, leur rémunération est généralement élevée, même si, comme à Lyon en 1469, les consuls en « modèrent » parfois le montant[15].

Plutôt qu'une consultation isolée, princes et communautés d'habitants découvrent l'intérêt permanent de conseillers experts à débrouiller l'écheveau du droit féodal[16]. Les rois d'Aragon et de Majorque se sont entourés de docteurs, d'abord italiens[17], puis montpelliérains, tels Pierre de Tournemire, Brémond de Montferrier[18], Jacques de Bernis, et bien d'autres; dès la fin du XIIIe siècle, les vicomtes de Narbonne agissaient de même, se faisant assister par un Guiraud Ermengaud ou par un Clément

---

8. Sur le compromis intervenu en 1303 grâce à Guillaume de Plaisians, voir Louis-J. THOMAS, « La Vie privée de Guillaume de Nogaret », *Annales du Midi*, XVI (1904), p. 179.

9. Ach. BARDON, *Histoire de la ville d'Alais de 1250 à 1340*, Nimes, 1894, p. 78.

10. M. FOURNIER, *Les Statuts et Privilèges des universités françaises depuis leur fondation jusqu'en 1789*, II, Paris, 1891, p. 168-169.

11. MÉNARD, *op. cit.*, III, *Preuves*, n° XXIV, p. 110-120.

12. Fr. DELMAS, « Les Franchises de Florac et l'université des Droits de Montpellier », *Recueil... de droit écrit*, VI (1967), p. 65-67.

13. Dès avant l'érection canonique pour les professeurs Girard de Verdeils en 1266 et Jean de Consolin en 1300 : R. CAILLEMER, *Les Débuts de la science du droit en Provence, Johannes Blanchus Massiliensis*, Valence, 1907, *(Congrès des Sociétés savantes de Provence*, 1906), p. 792 et n. 2.

14. Comme en témoignent la consultation publiée par A. MAGEN et G. THOLIN, *Archives municipales d'Agen, Chartes, 1re série (1189-1328)*, Villeneuve sur Lot, 1876, n° CXXIV, p. 211-215, et surtout les *Responsa doctorum tholosanorum*, éd. E. M. MEIJERS, Haarlem, 1938.

15. R. FÉDOU, *Les Hommes de loi lyonnais à la fin du Moyen Age. Étude sur les origines de la classe de robe*, Th. Lettres, Paris, 1964 *(Annales de l'Université de Lyon*, 3e s., Lettres 37), p. 181.

16. Ainsi que l'a justement souligné H. COING, « Römisches Recht in Deutschland » *Ius Romanum Medii Aevi*, V, 6, Milan, 1967, p. 86-89. La quête de conseillers juristes commence dès le XIIIe siècle, comme le montrent les exemples célèbres de Jean de Blanot auprès de Hugues IV, duc de Bourgogne (R. CAILLEMER, « Jean de Blanot », *Mélanges Ch. Appleton*, Lyon-Paris, 1903, p. 51 sq.) et de Jacques de Belvisio, recruté par Charles II de Naples (J.F. VON SCHULTE, *Geschichte der Quellen und Literatur des canonischen Rechts*, II, Stuttgart, 1877, p. 233).

17. Par exemple Albert de Lavagna : Ch. de TOURTOULON, *Jaime 1er le Conquérant, roi d'Aragon*, II, Montpellier, 1867, p. 606 et 608.

18. Sur le premier, Em. BONNET, « Les Séjours à Montpellier de Jacques le Conquérant, roi d'Aragon », *Mémoires de la Société archéologique de Montpellier*, 2e s., IX (1927), p. 163. Sur le second voir BALUZE, *Vitae paparum Avenoniensium...*, éd. G. MOLLAT, III, Paris, 1928, p. 23. Sur le troisième, L. GUIRAUD, « Le Palais des rois d'Aragon et de Majorque à Montpellier », *Mémoires de la Société archéologique de Montpellier*, 2e s., III (1907), p. 186.

de Fraisse[19]. Il n'en va pas différemment sur la rive gauche du Rhône : nous nous bornerons à citer l'activité de Raymond-Bernard Flamenc auprès des ducs d'Anjou[20], car il y aurait de longues listes à dresser des gradués conseillers de cette illustre famille, ainsi que des Dauphins ou des comtes de Savoie. Quant aux villes, aucune ne pourrait pratiquement se passer des services des civilistes : ainsi les assesseurs des consuls de Montpellier, presque tous suppôts de l'université comme le montre le catalogue qui en a été dressé[21], ainsi ces juristes dont s'entourent tant de consulats à la fin du Moyen Age au plus tard, comme à Nice[22]. Mieux encore, le conseil de ville d'Avignon doit consulter les délégués du *collegium doctorum* avant toute décision de quelque importance[23]. Des cités de moindre taille, comme au Puy, engagent un juriste à titre de « procureur de la ville » de caractère permanent[24]. Et partout des communautés utilisent — et rémunèrent confortablement — des gradués comme ambassadeurs auprès du pape[25], des monarques[26], des États[27]. Point n'est besoin d'insister enfin sur les carrières parfois fulgurantes de plusieurs légistes méridionaux au service des rois de France à partir de Philippe le Bel[28].

Deuxième source de fortune et de puissance, les bénéfices ecclésiastiques ne sont certes nullement réservés aux juristes; mais de combien de collations n'ont-ils pas bénéficié ! La manne s'en répand d'abord sur les *scolares* dont les longues suppliques universitaires nous ont conservé les listes, incomparables témoins du rayonnement propre à chaque *studium generale*. Et d'innombrables prébendes leur sont affectées : la composition de certains chapitres, tel celui de Narbonne, constituerait un véritable livre

19. Tous deux *legum doctores* : voir respectivement Arch. Mun. Agde, AA4, n° IX et J. Régné, *Amauri II, vicomte de Narbonne*, Narbonne, 1910, p. 353, n. 3.

20. A. Coville, *Raymond Bernard Flamenc, dit « Sac de Lois », conseiller des ducs d'Anjou, rois de Sicile, et juge mage de Provence*, Bibliothèque de l'École des Chartes, XCIX (1938), p. 313-342.

21. Al. Germain, *Histoire de la commune de Montpellier*, I, Montpellier, 1851, p. 390-444.

22. R. Latouche, *Histoire de Nice*, I, Nice, 1951, p. 46.

23. V. Laval, *Cartulaire de l'Université d'Avignon (1303-1791)*, I, Avignon, 1884, p. xix.

24. Ét. Delcambre, *Le Consulat du Puy en Velay*, Le Puy, 1933, p. 93.

25. H. Denifle « Spesen der Stadt Montpellier bei einer Gesandschaft zur Curie », *Archiv für Literatur-und Kirchengeschichte*, IV (1888), p. 356-360.

26. Voir notamment Ch.-V. Langlois, « Instructions remises aux députés de la commune de Montpellier qui furent envoyés au roi Jean, pendant sa captivité en Angleterre (1358-1359), *Mémoires de la Soc. archéologique de Montpellier*, 1re s., VIII (1893), p. 440, ou pour Avignon l'ambassade de Louis Astoaud : Fr. Baron, *Le Cardinal Pierre de Foix le vieux (1386-1464) et ses légations*, Amiens, 1920-1922, p. 14, n. 1.

27. Par exemple cette série de licenciés et de docteurs qui représentent en 1435 aussi bien Toulouse et Montpellier que Carcassonne, Béziers ou Lodève : *Histoire... de Languedoc*, X, éd. Privat, Toulouse, 1885, n° 862.

28. Mais guère avant lui : Ch.-V. Langlois, *Le Règne de Philippe III le Hardi*, Th. Lettres, Paris, 1887, p. 46.

d'or de l'enseignement dans les écoles méridionales[29]. Du reste la tendance, à peine amorcée, se nourrit d'elle-même : tel évêque, lui-même souvent canoniste, qui désire favoriser un protégé, l'envoie d'abord étudier le droit[30]. Comme Montpellier, Toulouse a ainsi formé une impressionnante série d'hommes d'Église dont plusieurs ont obtenu la pourpre[31]. Surtout la parenté joue ici comme ailleurs un rôle déterminant : rien que dans la région de Nîmes, les familles de Gaujac, de Deaux, de Blauzac et de Mandagout, alliées du reste les unes avec les autres, ont fourni une foule d'évêques et d'abbés en même temps qu'un grand nombre de décrétalistes, dont certains se sont rendus célèbres par leur science juridique[32]. De toute évidence le séjour avignonnais des papes a accéléré le mouvement dans des proportions considérables grâce aux cardinaux originaires du Midi dont les lignages ont été amplement pourvus[33]. Là encore, droit et honneurs vont de pair.

Reste à fixer la formation et la composition des patrimoines amassés par les hommes de loi dans l'échelle des fortunes privées. Malheureusement les études relatives aux compoix, aux estimes et aux documents fiscaux des villes méridionales sont encore trop peu nombreuses pour qu'il soit permis d'extrapoler sans danger. Si nous disposons d'abondants renseignements sur les cités d'inégale importance que sont Lyon, Toulouse, Montbrison, Nîmes ou Avignon, bien d'autres n'ont fait l'objet que d'enquêtes ou de sondages très partiels. Sous ces réserves, le profil du juriste du XIVe et plus encore du XVe siècle paraît homogène. Originaire d'une famille fréquemment rurale, assez souvent de petite noblesse mais de ressources presque toujours limitées — de brillantes exceptions ne sont pourtant pas exclues, comme le montre l'origine de Gui Pape, fils d'un riche changeur[34] — le docteur médiéval, tout au moins le premier en date s'il engendre

29. I.A. Heide-Bloech (*Untersuchungen zu den Quaestiones doctorum tholosanorum*, Inaug. Diss., Frankfurt am Main, 1968, p. 24) relève les docteurs toulousains qui en ont fait partie, mais il faudrait y joindre une série de Montpelliérains, et aussi plusieurs Bolonais comme *Stephanus Provincialis*.

30. Nous donnerions volontiers une portée très générale à la remarque exprimée en ce sens pour la Hongrie par G. Bonis, « La Pénétration du droit romain dans les pays slaves et hongrois », *Recueil... de droit écrit*, VI (1967), p. 77, col. 1.

31. G. Boyer, « La Faculté de Droit » dans *L'Université de Toulouse. Son passé, son présent*, Toulouse, 1929, p. 108.

32. Le *legum doctor* Jean de Blauzac, évêque de Nimes puis cardinal, était neveu de Bertrand de Deaux, dont le lien de parenté était d'ailleurs identique avec le cardinal Raymond de Canillac et ses frères Pierre, évêque de Maguelone, et Pons, abbé d'Aniane. A son tour le célèbre Guillaume de Mandagout, *doctor decretorum* de Bologne dès 1275 et auteur du *Tractatus de electionibus*, avait été l'oncle et le protecteur de Bertrand (G. Mollat, *Jean XXII, Lettres communes*, Paris, 1909-1946, nos 2625, 7464). On pourrait aisément multiplier les exemples.

33. On retiendra en dernier lieu les excellentes pages consacrées à ce sujet par R. Guillemain, *La Cour pontificale d'Avignon (1309-1376), Étude d'une société*, Th. Lettres, Paris, 1962, p. 266 sq.

34. L. Chabrand, *Étude sur Gui Pape (1404-1477)*, Th. Droit, Paris, 1912, p. 13.

une dynastie, veille de près à ses intérêts dès le temps de ses études[35]. Qu'il en sorte le plus souvent désargenté ne fait qu'accroître son appétit : devenu professeur, magistrat ou avocat, il débute avec un bien mince capital, témoin ce Thomas de Sauteyrargues qui s'installait à Nîmes *causa patrocinandi* en n'y apportant *nihil aliud quam libros suos*[36]. Bien vite cependant il améliore sa situation au moyen d'un riche mariage : tel le précédent, tel Etienne Bertrand à Carpentras[37] et bien de leurs contemporains. Ou encore il épouse fille ou nièce d'un autre docteur, de préférence bien dotée[38]. D'où que proviennent ses revenus, il les place presque toujours habilement. En biens fonds d'abord : les fortunes de Nogaret et de Plaisians sont bien connues[39], mais beaucoup d'hommes de loi à la carrière moins éclatante en ont fait autant à leur échelle : ainsi le toulousain Sicard Faure de Lavaur[40], le narbonnais Clément de Fraisse[41], le montpelliérain Jean Mayssend, dont les lauzimes encombrent un registre notarial[42], divers docteurs de Lyon et d'ailleurs. Beaucoup d'entre eux se sont fait du reste adjuger les immeubles saisis aux Juifs sous Philippe le Bel[43].

Les créances trouvent également leur place dans le patrimoine de ces juristes, qui ne manquent pas de moyens pour en obtenir paiement[44] Leurs opérations ne sont d'ailleurs pas toujours d'une parfaite honnêteté, et certains, et non des moindres, ont été mêlés de très près à des opérations douteuses : c'est ainsi que le professeur montpelliérain Bernard Lauret,

---

35. Voir par exemple Ch.-V. LANGLOIS, *Pons d'Aumelas*, Bibliothèque de l'École des Chartes, LII (1891), p. 260. Notons aussi ces subventions, demandées aux consuls de leur cité d'origine par les candidats à la licence et au doctorat, dont une série est signalée par A. Viala (*Le Parlement de Toulouse et l'administration royale laïque, 1420-1525 environ*, I, Th. Droit [Toulouse], Albi, 1953, p. 156-157). Les rois de Majorque ont accordé des libéralités analogues.

36. MÉNARD, *op. cit.*, III, *Preuves*, n° XXIV, p. 110-120.

37. P. OURLIAC, *Droit romain et pratique méridionale au* XVe *siècle, Étienne Bertrand*, Th. Droit, Paris, 1937, p. 9.

38. Par exemple Déodat Vernhas prend pour femme Florette Agulhon de Montpellier (J. ROUQUETTE, *Cartulaire de Maguelone*, V, Montpellier, 1926, Suppl. n° 123, p. 44), Guillaume de Bourgjuif de Nimes s'unit à Isabelle de Deaux (Arch. Dép. Gard, E 666) etc.

39. Fr. J. PEGUES, *The Lawyers of the last Capetians*, Princeton, 1962, p. 98-103. Pour plus de détails sur le premier, voir L.-J. THOMAS, « L'Héritage de Guillaume de Nogaret », *Mémoires de la Société archéologique de Montpellier*, 2e s., IX (1924), p. 63 sq.; sur le second, A. HENRY, « Guillaume de Plaisians ministre de Philippe le Bel », *Le Moyen Age*, 1892, p. 32-38.

40. Pour la carrière de ce personnage, voir E. M. MEIJERS, *Études d'Histoire du Droit*, III, Leyde, 1959, p. 181-182.

41. Il paraît avoir acquis des biens fonds considérables : voir par exemple *Registres du Trésor des Chartes*, I, Paris, 1958, n° 2287.

42. Arch. Dép. Hérault, II, E 95, Arnaud Vitalis notaire, reg. 1419-1425.

43. Tel Hugues de Laporte, originaire de Roussillon au diocèse de Vienne : *Registres du Trésor des Chartes*, I, n° 485. On ne compte pas les hommes de loi employés par Philippe le Bel à ces confiscations.

44. Voir parmi tant d'autres la saisie opérée à Marseille par Raymond Bernard Flamenc pour obtenir paiement d'une créance de 2000 écus d'or : Éd. BARATIER et F. REYNAUD, *Histoire du commerce de Marseille*, II *De 1291 à 1423*, Paris, 1951, p. 250, n. 1.

qui deviendra président au parlement de Toulouse, trempe dans une fâcheuse affaire de reconnaissances de dettes perdues ou falsifiées[45] et que l'illustre Gui Pape lui-même n'est pas à l'abri de toute critique[46]. Les tentations ne manquaient pas, et bien d'autres, comme Jacques d'Ableiges[47] y succombaient ailleurs.

Qu'il s'agisse de pratique, de magistrature ou d'enseignement, plus encore de représentation en cour ou en justice, nos gradués sont appelés à voyager fréquemment, comme il est de règle en ces temps où les périls des routes n'arrêtent guère; ils sont pourtant réels, comme le montrent et la prudence du maître avignonnais Gaubert, qui refuse pendant deux mois d'aller à Nîmes par peur de la soldatesque, et la témérité d'un Henri de Bouvens, attaqué avec son fils près de Lyon par des bandits qui, après diverses mésaventures, les renvoient *in puris et nudis*[48].

Au cours de leurs déplacements, les hommes de loi ne manquent pas d'enrichir à l'occasion leur bibliothèque, qu'ils ont commencé à constituer dès leurs années de passage à l'Université[49]. Certains laisseront à leurs héritiers des ensembles remarquables, qui nous montrent combien on a volontiers exagéré, au moins pour les licenciés et docteurs, les lacunes d'une culture juridique qui, pour l'immense majorité des diplômés méridionaux — et pour bien de leurs contemporains plus septentrionaux[50] — était dans l'ensemble fort respectable et allait en s'améliorant à la fin du Moyen Age[51]; il est vrai qu'au prix des manuscrits il y fallait consacrer des sommes rondelettes dont les inventaires après décès et leurs estimations nous confirment l'importance[52].

---

45. VIALA, *op. cit.*, I, p. 181.
46. CHABRAND, *op. cit.*, p. 20-21.
47. Voir le peu scrupuleux trafic d'influence que décrivent P. Petot et P.-Cl. Timbal (« Jacques d'Ableiges », *Histoire littéraire de la France*, XL [1968], p. 7-8 du t. à p.). Sur diverses poursuites entamées un peu plus tôt contre des magistrats faussaires, voir Y. LANHERS, «Crimes et criminels au XIVe siècle», *Revue historique*, CCXL (juillet-décembre 1968), p. 327-328.
48. FÉDOU, *op. cit.*, p. 157 et n. 35.
49. Sv. STELLING-MICHAUD, « Le Transport international des manuscrits bolonais entre 1265 et 1320 », *Mélanges... Antony Babel*, I, Genève, 1963, p. 111 sq.
50. Voir les belles séries de bibliothèques recensées par R.C. VAN CAENEGEM et R. FEENSTRA, « Ouvrages de droit romain dans les Catalogues des anciens Pays-Bas... (XIIIe-XVIe siècles)», *Tijdschrift voor Rechtsgeschiedenis*, XXVIII (1960), p. 297-347, 403-438, 439-513; aj. R.C. VAN CAENEGEM, « Notes on Canon law books in Medieval Belgian book-lists », *Studia Gratiana*, XII (1967), p. 265-292.
51. On souscrira ici aux observations judicieuses présentées par E. Genzmer « Influence de l'École de droit en Allemagne », *Actes du Congrès sur l'ancienne université d'Orléans* (XIIIe-XVIIIe *siècles)*, Orléans, 1962, p. 69-70).
52. Aucun travail comparable à celui de MM. Feenstra et Van Caenegem n'a été malheureusement entrepris dans le Midi de la France : nous comptons apporter prochainement quelques éléments nouveaux au dossier, d'importance si l'on en juge par les seuls inventaires publiés par P. Pansier *(Histoire du livre et de l'imprimerie à Avignon*, 3 vol., Avignon, 1922). A titre d'exemple des bibliothèques des juristes catalans, voir J.M. MADURELL y MARIMON, « Micer Jaime Callis y su biblioteca juridica », *Anuario de historia del derecho espanol*, XXXIII (1963), p. 539-603. Précisément la fortune acquise par ce juge de la Real Audiencia de Barcelone, ancien étudiant de Toulouse, n'était nullement négligeable, tant en immeubles qu'en rentes. Voir J. RIUS SERRA, *Jaime Callis, Notas bio-bibliograficas (1364?-1434)*, Vich, 1944, p. 22-23.

Certes le tableau de cet homme issu de peu, précautionneux et attaché à la sauvegarde de ses biens, autant que possible attentif à les faire fructifier, à caser fils et filles, voire neveux et cousins grâce à de profitables unions[53], souffre-t-il des exceptions : il appartient parfois à un illustre lignage[54] dont la trop nombreuse progéniture, comme chez les La Marck[55] doit être placée un peu partout et surtout dans l'Église, grâce à ses diplômes, ou bien ses parents appartiennent déjà à la bourgeoisie aisée[56], mais l'ensemble, à travers ses ombres comme ses lumières, reflète un exceptionnel esprit d'adaptation et un tempérament dynamique dont les conséquences sociales vont se faire sentir avec force au XVe siècle, plus tôt même pour quelques-uns.

*
* *

Le dernier siècle médiéval, et tout particulièrement le règne de Louis XI, consacre en effet les patients efforts du groupe social formé par les juristes, et par l'élément de formation universitaire au premier chef. Tant les responsabilités politiques que les honneurs nobiliaires ne peuvent manquer d'attirer des hommes qui, par leurs acquisitions foncières comme par les relations qu'ils se sont faites, participent et à la plus riche des bourgeoisies urbaines, et à des corps d'officiers que l'administration royale multiplie avant de laisser leurs charges devenir vénales. Que manquait-il en effet aux gens de robe? L'accès aux gouvernements urbains d'une part, l'accès à la noblesse de l'autre.

---

53. Citons l'auvergnat Pierre Julian, un ancien maître toulousain devenu juge mage dans la sénéchaussée de Beaucaire-Nimes, qui marie son fils à Jeannette Roch, fille d'un riche bourgeois de Montpellier; Guillaume de Plaisians qui demande pour l'une de ses filles le fils aîné de Raymond Pelet d'Alès; Anglic Grimoard qui fait épouser à sa nièce Amphélise le seigneur de La Roque Sainte-Marguerite; Bernard Lauret aux agissements duquel son frère doit son union avec la fille de Jean de Laudun, seigneur d'Aramon. Tel riche praticien de Nimes donne sa fille au seigneur d'Aubais (P. IMBART DE LA TOUR, *Les Origines de la Réforme*, I, 2e éd., Melun, 1948, p. 412, n. 3) etc.

54. On sait que dans beaucoup de *rotuli* les *nobili studentes* sont portés à part : à Avignon par exemple, les suppliques de 1393 et de 1394 en comptent respectivement 21 et 40 (M. FOURNIER, *op, cit.*, II, nº 1269 et 1270). On retrouve une affluence équivalente de jeunes gens de noble origine à l'université d'Erfurt (H. DENIFLE, *Die Entstehung der Universitäten des Mittelalters bis 1400*, Berlin, 1885, p. 412). Il est d'autre part à noter que Jean d'Aragon, fils du roi Jacques II, a étudié le droit à Toulouse (G. BOYER, *op. cit.*, p. 111).

55. Dont les fils ou neveux sont allés d'abord à Orléans (E. SECKEL, *Beiträge zur Geschichte beider Rechte im Mittelalter*, I, Tübingen, 1898, p. 152) puis à Montpellier (H.V. SAUERLAND, *Urkunden und Regesten zur Geschichte der Rheinlande aus dem vatikanischen Archiv*, IV, Bonn, 1907, nº 108).

56. Tels Pons de Codols, bachelier en décret d'Avignon, issu d'une vieille famille nimoise (signalé par H. DENIFLE, *La Guerre de Cent ans et la désolation des églises, monastères et hôpitaux en France*, I, Paris, 1899, App. II, p. 779-780) ou Jean Ogier, *legum professor*, fils d'un bourgeois très fortuné de Montbrison (Ét. FOURNIAL, *Les Villes et l'économie d'échange en Forez aux* XIIIe *et* XIVe *siècles*, Th. Lettres, Paris, 1967, p. 239).

Quant aux premiers, l'une des plus vieilles traditions des consulats méridionaux, aussi ancienne que leurs origines, en réservait les chaperons aux représentants du commerce et de l'artisanat, le premier l'emportant d'ailleurs presque partout sur le second et entraînant la domination d'une oligarchie, mais d'une oligarchie de négociants. Bien souvent, les juristes vont se heurter en outre, malgré leur richesse et leurs alliances, à la méfiance fortement enracinée chez les hommes d'affaires à l'égard des avocats et des gens de robe en général, méfiance déjà sensible dans les statuts urbains du XIIIe siècle[57], et vraisemblablement contemporaine des premières phases de la diffusion romanisante. Revenir sur ce préjugé, fondé ou non, reste la condition de l'entrée des civilistes, voire des canonistes, sur la scène politique de la ville : selon les lieux il y faudra plus ou moins de temps. Les réticences demeurent parfois vivaces, surtout quand elles sont soutenues par un conservatisme institutionnel étayé sur une réglementation consulaire vivante, comme à Barcelone où une ordonnance consulaire de 1456 rappelle l'exclusion des hommes de loi mis à l'écart de la juridiction des consuls[58]. A l'opposé, certaines cités ont permis aux juristes de former corps de métier, à l'imitation de l' « art » florentin des notaires et des juristes, mais même sur les bords de l'Arno, ce n'est qu'au XIVe siècle que ceux-ci gagneront une réelle prééminence[59]. On en dirait volontiers autant de Cahors[60] et surtout de Toulouse, où les Capitouls diplômés ne manquent pas à la même époque[61], mais où il faudra attendre 1380 et au-delà pour que leurs effectifs s'élèvent notablement[62]. Intermédiaires entre ces extrêmes, les gouvernements de la plupart des cités méridionales ont été insidieusement investis ou pris d'assaut par les juristes plus ou moins tard entre 1400 et 1500. Cela n'a pas été sans faux-pas ni chicanes. En Arles par exemple une tentative de modification du régime municipal appelant les hommes de loi à disposer en 1425 de l'un des trois postes de syndics n'a pas réussi[63];

---

57. Ainsi dans ceux de Montpellier de 1223 (éd. TEULET, *Layettes du Trésor des Chartes*, II, Paris, 1866, nº 1593, *de advocatis)*, ou dans la « Coutume des Bourgeois de Narbonne de 1232 », art. 1 (éd. G. MOUYNES, *Inventaire des Archives communales de Narbonne*, Série AA, annexes, Narbonne, 1871, p. 22). Une ordonnance de Jacques Ier d'Aragon rendue en 1251 trahit le même esprit : *Constitucions y altres drets de Catalunya*, I, p. 8.

58. Cl. CARRÈRES, *Barcelone centre économique à l'époque des difficultés, 1380-1462*, Th. Lettres (Toulouse), Paris-La Haye, 1967, p. 41-42.

59. S. CALLERI, *L'arte dei giudici e notai di Firenze nell'età comunale e nel suo statuto del 1244*, Milan, 1966, p. 13 sq.

60. Où Géraud de Sabanac, *legum professor*, était consul dès 1292 (Éd. ALBE, « Inventaire raisonné et analytique des archives municipales, 1re partie : XIIIe siècle », *Bull. de la Soc. des études littéraires, scientif. et artist. du Lot* XXXIX [1914], nº 181).

61. Le professeur Guillaume Arnaud *de Ponte* fut déjà capitoul en 1318, 1319 et 1322 (MEIJERS, *Études...*, p. 200). Une cinquantaine de juristes accèdent au même honneur entre 1300 et 1400 (G. BOYER, *op. cit.*, p. 108).

62. D'après le tableau publié par Ph. WOLFF, *Commerces et marchands de Toulouse (vers 1350-vers 1450)*, Th. Lettres, Paris, 1954, p. 541, un cinquième environ des capitouls de 1380 à 1420 appartient au groupe des « juristes et notaires ».

63. F. BENOIT, *Histoire municipale d'Arles*, Marseille, 1935 *(Encyclopédie des Bouches du Rhône* XIV), p. 37.

et les marchands de Montpellier ne maintiennent qu'avec peine leur consulat hors des mains des notaires et des avocats, qui entament procès sur procès pour s'y insinuer après 1450, mais qui font craindre aux premiers les « hocquez, brailleries et plaideries en quoy ils sont habituez et nourriz et dont ils usent »[64]. Que ceux-ci échouent provisoirement ne crée que l'une des rares exceptions à la règle; à l'avènement de François Ier, la plupart des villes de Languedoc sont administrées, ou sur le point de l'être, par des gens de robe; à Grenoble, ceux-ci ont obtenu en 1467 d'être représentés à l'assemblée municipale[65]. L'on comprend dès lors comment les juridictions et les administrations royales peuplées par eux-mêmes ou par leurs frères, ont si aisément dévoré ce qui restait des libertés et des coutumes locales.

Comme tout acquéreur de biens fonciers, le docteur ou le licencié médiéval est invinciblement attiré par la noblesse, avec le cortège de marques de considération et aussi d'avantages pécuniaires qu'elle entraîne. Tout l'y conduit : d'abord d'illustres précédents, puisque divers professeurs du XIVe siècle, serviteurs zélés des princes, ont obtenu récompense sous la forme d'un anoblissement[66], ensuite un mode de vie qui, fondé sur les arts de la plume et du discours, n'est pas tout à fait comparable à une existence *more nobilium* mais, somme toute, n'a guère à lui envier, et enfin une même tendance à l'hérédité qui, sans parler de ces charges dont la patrimonialité est, à notre avis, issue pour une grande part des menées des juristes[67], amène tel testateur à léguer ses manuscrits au fils ou au neveu dont on espère tirer un diplômé, voire à contraindre son fils aîné à embrasser la carrière des lois comme d'autres celle des armes[68].

La société méridionale se prête du reste admirablement à une telle intégration : les races antérieures à la croisade albigeoise tombent en quenouille l'une après l'autre, et le vide que l'on constate presque partout après 1360 sera vite rempli par les nouveaux riches, parmi lesquels les juristes font bonne figure : la noblesse nimoise se renouvelle ainsi à peu près entièrement à la fin du XIVe siècle[69]. Tribus de juristes, ces familles du Réal et de Sade qui émergent au même moment de la bourgeoisie avignonnaise,

---

64. L.J. THOMAS, *Montpellier ville marchande. Histoire économique de Montpellier des origines à 1870*, Montpellier, 1936, p. 124.

65. J.-J.-A. PILOT, « Recherches sur l'histoire municipale de Grenoble », *Bulletin de la Société de statistique... de l'Isère*, 2e s., III (1859), p. 343.

66. Tels Jean Marc, Bernard Sabors, Bertrand Plantier. Par une originalité assez remarquable, un certain nombre de professeurs de Montpellier, du XIVe siècle et parfois plus tard, étaient membres de la noblesse par la naissance : sur l'opposition entre ceux-ci et, par exemple, le personnel du *studium* d'Orléans, voir E. GENZMER, « Kleriker als Berufsjuristen im späten Mittelalter », *Études d'histoire du droit canonique dédiées à Gabriel Le Bras*, II, Paris, 1965, p. 1225-1226.

67. En ce sens, Viala (*op. cit.* I, p. 134) en présente des symptômes fort précoces, dont cette défense de Jean d'Acy, accusé en 1457 d'avoir décidé à céder sa charge au profit de son fils et contre rémunération le juge ordinaire de Nimes, où il est notamment allégué que « chacun désire le bien de ses enfants ».

68. FÉDOU, *op. cit.*, p. 164.

69. M. GOURON, « Estimation des meubles des nobles nimois en 1369-1370 », *Recueil... de droit écrit*, II (1951), p. 29-35.

dominée au surplus par la forte stature de l'un des leurs, Bernard Rascas[70]. De génération en génération, leurs descendants crèveront les barrières sociales, tels les Montcalm et, à un moindre degré, les d'Albenas en Languedoc[71] ou mieux encore ces dynasties lyonnaises promises aux plus éclatantes réussites, comme les Bellièvre ou ces Le Viste partis d'assez bas mais dont l'ascension se reflètera dans la *Dame à la Licorne*[72]. Même à l'écart des villes principales, les docteurs s'insèrent fréquemment dans la hiérarchie féodale, comme en Gévaudan[73]. Sur ce point le contraste est sensible avec les hommes de loi du Nord du royaume, où la robe ne parvient pas à supplanter l'épée[74].

Plus encore qu'aux docteurs eux-mêmes, la noblesse s'attache à leurs fils : à travers de multiples témoignages, extrayons au hasard les cas du professeur au *studium* de Montpellier Raymond de Mujolan, dont le fils devient damoiseau de Montarnaud[75], celui de Bernard Lauret dont les descendants se fondent parmi les gentilshommes languedociens[76], celui de la famille nimoise Brasfort[77], celui encore de la parenté de Gui Pape, dont les membres seront d'ailleurs inquiétés sur leurs titres[78]. Il y aurait d'ailleurs toute une étude à faire sur les protestations, celles des communautés d'habitants tout spécialement, qu'engendrent les prétentions de cette noblesse plus ou moins fondée, en tout cas de fraîche date. Les privilèges fiscaux qu'elle revendique sont hautement contestés par les corps municipaux, et, pour un heureux docteur d'Avignon où les universitaires sont totalement exemptés dès 1413[79], combien sont contraints ailleurs à fournir leur contribution ! Un Célestin Séguier n'en est-il pas réduit à invoquer l'argument ultime des quarante années d'enseignement qui auraient fait de son père un *comes legum*, et un Thomas de Sauteyrargues, plus tard

---

70. GUILLEMAIN, *op. cit.*, p. 633, n. 27.

71. H. DUBLED, « Seigneurs et paysans en Languedoc au Moyen Age et sous l'Ancien Régime. Le cas particulier du village de Gajan (Gard) », *Recueil... de droit écrit*, IV, 1 (1958), p. 10; DUPONT-FERRIER, *op. cit.*, I, n°s 3010, 3011, 3012.

72. FÉDOU, *op. cit.*, p. 347. La célèbre tapisserie paraît devoir être attribuée en définitive à Jean Le Viste (vers 1480-1490) : S. SCHNEEBAL-G. PERELMAN, « La *Dame à la licorne*, a été tissée à Bruxelles », *Gazette des Beaux-Arts*, année 1967, II, p. 253-278.

73. Où Pierre Jame devient vassal d'Armand de Randon, vicomte de Polignac (R. GRAND, *Un jurisconsulte du XIVe siècle, Pierre Jacobi, auteur de la Practica Aurea*, Bibliothèque de l'École des Chartes, LXXIX (1918), p. 68-101), Raymond Puel celui de Guigon Guérin, seigneur du Tournel (A. PHILIPPE, *La Baronnie du Tournel et ses seigneurs*, Mende, 1905, n° XXXVI, p. 132-136).

74. GUENÉE, *op. cit.*, p. 413. On rapprochera au contraire les juristes méridionaux de ces gradués de Valence à qui la noblesse est accordée — avantages fiscaux en moins — par Alphonse V en 1420 (R. GIBERT, *Historia general del derecho español*, Grenade, 1968, p. 128).

75. ROUQUETTE, *Cartulaire de Maguelone*, V, n° 1614, p. 90.

76. VIALA, *op. cit.*, I, p. 180.

77. Arch. mun. Nimes, DD 1; MÉNARD, *op. cit.*, III, *Preuves*, n° VII, p. 21, col, 2.

78. CHABRAND, *op. cit.*, p. 14.

79. M. FOURNIER, *Histoire de la science du droit en France*, III, Paris, 1892, p. 651.

un Antoine Retronchin ne sont-ils pas sommés par les consuls, mémoires à l'appui, de participer aux charges communes[80]? Mais la possession d'état, voire la complicité d'officiers intéressés à créer un précédent, finissent par avoir raison de bien des plaintes, et le petit-fils du magistrat, le neveu du professeur participera en toute quiétude au mouvement ultérieur de conventration des terres, sauf à se chercher des ancêtres aussi reluisants qu'imaginaires.

***

« *Juristen sind böse Christen* » dit le proverbe allemand[81] parfois repris en France : le juriste méridional du Moyen âge mérite-t-il d'être traité de méchant chrétien? A en croire les apparences, il ne vaut guère mieux. A la jacquerie qui secoue les campagnes lyonnaises en 1423 fait écho, un siècle plus tard, la déclaration de Miltenberg, puisque toutes deux dénoncent la cupidité des « gens de conseil ». Et sans doute rencontrons-nous déjà une trace de cette hostilité dans cette anecdote que raconte en 1383 le catalan François Eiximenis, mettant en scène un paysan « qui passava per les escoles dels juristes de Montpellier » et qui s'épouvante du nombre d'étudiants qu'il y trouve assemblées, « car un seul juriste qui était entre nous a tout défait, et vous autres qui êtes tant, vous détruirez le monde »[82].

De ce genre traditionnel dans la littérature médiévale, où il fleurit sous la forme de divers adages comme dans des fabliaux et ballades, il convient de se défier dans une certaine mesure. A la vérité, tout juriste est un reflet de son temps, et la moyenne n'y est probablement ni meilleure ni pire que celle des autres types d'humanité. L'époque, elle, n'est point toujours aussi favorable aux hommes de loi : la fin du Moyen âge est pour eux, comme la IIIe République, un moment de choix. Dans un cas comme dans l'autre, ils ont mis à profit la disparition plus ou moins complète de couches sociales dont les privilèges ou les effectifs s'étaient effondrés. Leurs descendants figureront en revanche parmi les notables à leur tour mis en cause par l'évolution politique ou économique. Que les gradués du XIVe et surtout du XVe siècle se soient comportés comme des hommes d'argent n'est pourtant pas niable; mais l'argent ne joue-t-il pas précisément dans cette société un rôle grandissant? En même temps qu'il contribue puissamment aux

80. Voir respectivement L. GUIRAUD, *Le Collège Saint-Benoît*, Montpellier, 1890 *(Les Fondations du pape Urbain V à Montpellier*, II), p. XIV, n. 1; MÉNARD, *loc. cit.*, *(supra*, n. 36); M. FOURNIER, *Les Statuts des universités...*, II, p. 194.

81. Dont la portée a été étudiée récemment par H. THIEME « Le Rôle des *doctores legum* dans la société de l'Allemagne du XVIe siècle », *Recueil... de droit écrit*, VI [1967] p. 45-49. Il est vrai que la fortune de ce dicton repose sur une faute de copiste : E. GENZMER, « Hugo von Trimberg und die Juristen », *L'Europa e il diritto romano. Studi in mémoria di Paolo Koschaker*, I, Milan, 1953, p. 307-308.

82. L'anecdote est rapportée par J.-M. Font Rius (« La reception del derecho romano en la peninsula ibérica durante la Edad Media », *Recueil... de droit écrit*, VI [1967], p. 93 et n. 65), qui souligne en outre la sévérité du jugement porté par Vincent Ferrier : *ecce aves de rapina, domini de curia.*

maux dont souffre alors le monde chrétien, n'a-t-il pas creusé une brèche dans la vieille conception d'une hiérarchie sociale fondée sur les droits acquis qu'illustrait plus tôt un autre juriste, Beaumanoir, dans son œuvre célèbre? Pour s'être engouffrés dans cette brèche, pour avoir tiré un large parti des bouleversement sociaux, pour avoir supplanté bien des anciens lignages tombés sous les coups des guerres et des épidémies, les gradués en droit n'ont fait que participer à l'évolution commune à leurs contemporains, dont l'esprit procédurier était du reste la principale cause de la multiplication des juges, avocats et procureurs. Si les post-glossateurs et leurs émules paraissent souvent âprement occupés à tirer argent de leurs connaissances, ce sont aussi des travailleurs acharnés, qui ont hardiment assoupli le legs romano-canonique en l'interprétant avec aussi peu de scrupules qu'ils n'en manifestaient dans la conduite de leurs affaires.

Les juristes méridionaux ne sont en définitive que les témoins de leur temps : des témoins d'ailleurs lucides, tout à la fois empreints de cette prudence qu'exige l'interprétation du droit, et sensibles aux abus qui rongent de plus en plus la société médiévale. Il est précisément tout à l'honneur des écoles où ils ont été formés d'avoir produit des œuvres où sont dénoncées avec vigueur les imperfections et les injustices que leur époque laissait subsister. Pierre Jame d'Aurillac ne blâme-t-il pas l'avarice des magistrats et des avocats, le relâchement du clergé et les conflits à travers lesquels s'efface l'unité de la Chrétienté[83]? Et qui, sinon son contemporain Pierre Antiboul, ce provençal formé lui aussi à Montpellier, a protesté avec plus d'énergie contre le poids excessif que supportent les censitaires[84]? A la fin du XVe siècle, n'est-ce point l'auteur du *Viatorium juris*, Jean Barbier, qui se préoccupe avant tout, en rédigeant son ouvrage, de porter aide aux *pauperes et rurales*[85]? Et quelques années plus tard, Jacques Bonaud, l'annotateur des traités publiés par Jean de Terrevermeille, se fera à son tour le défenseur des *pauperes rustici et cultores*, auxquels sont extorquées par la violence les dîmes inféodées[86]. Pour ce dernier, l'exemple à imiter reste Clément IV, bon administrateur et ennemi du népotisme : à l'orée des temps modernes, le modèle proposé au lecteur était donc encore celui d'un autre et illustre juriste méridional.

---

83. *Aurea Practica libellorum*, éd. Lugd., 1492, f° 96 sq.

84. Sur le *Tractatus de muneribus* d'Antiboul, voir en dernier lieu D. MAFFEI, « Qualche postilla alle ricerche di E. M. Meijers sulle scuole di Orléans, Tolosa e Montpellier », *Tijdschrift voor Rechtsgeschiedenis*, XXXVI (1968), p. 389, n. 4.

85. R. VON STINTZING, *Geschichte der populären Literatur des römischkanonischen Rechts in Deutschland am Ende des 15. und im Anfange des 16. Jahrhunderts*, Leipzig, 1867, p. 234-239.

86. Glose sur le second traité *Contra rebelles suorum regum*, éd. Lugd., 1526, f° 58

IV

THE TRAINING OF SOUTHERN FRENCH LAWYERS DURING THE THIRTEENTH AND FOURTEENTH CENTURIES*

The problem of the training of medieval lawyers is still not well resolved. The data is very complex concern, those individuals who were the obscure but numerous agents of the first renaissance of Justinian's law in Mediterranean Europe (1). Information is lacking in two areas. First of all only in exceptional circumstances is one able to follow with any certitude the paths traversed by those Italian masters who reached more welcome shores after leaving their country for reasons that were very often political: among the most famous let us cite Placentinus who came to Montpellier around 1165 and perhaps was preceded to that area by Rogerius (2). But even in that instance we know nothing about the audiences attracted by those professors, nothing about the number of their students, which was probably limited, nor about the origin of those students. On the other hand many documents furnish us with proof of the juridical activity of a series of attorneys under varied titles, *magistri* (*de legibus*) or *causidici*, who acted either as drafters of acts or as arbitrators or counsellors in cities of the Midi, as early as the end of the twelfth century and sometimes even a little earlier, in such cities as those of ancient Septimania or even Arles (3). Indeed the sources are lacking in nearly every case to determine if those attorneys, who were so frequently itinerants (4), had been in Italy and even to know if they were themselves of French origin.

(*) Translated from French by Donald E. Queller and Gary Blumenshine.

(1) R. Aubenas, *De quelques problèmes concernant la renaissance du droit romain au Moyen âge* in *Recueil de mémoires et travaux publié par la Société d'histoire du droit et des institutions des anciens pays de droit écrit* VI (1967), 53.

(2) H. Kantorowicz-W.W. Buckland, *Studies in the Glossators of the Roman Law*, Cambridge, 1938, 125 s., 180; C.G. Mor, *A l'origine de l'Ecole de Montpellier: Roger ou Placentin?* in *Recueil... de droit écrit* VI, 17-21 = *Album J. Balon*, Namur, 1968, 147-155.

(3) On Arles, cf. M.L. Carlin, *La pénétration du droit romain dans les actes de la pratique provençale* (*XIe-XIIe siècles*), Paris, 1967, 299. On Saint-Gilles, Montpellier, Béziers, Narbonne, cf. A. Gouron, *Les étapes de la pénétration du droit romain au XIIe siècle dans l'ancienne Septimanie* in *Annales du Midi* LXIX (1957), 103-120.

(4) P. de Tourtoulon, *Placentin, sa vie, ses oeuvres. Etudes sur l'enseignement du droit romain au Moyen Age dans le Midi de la France*, Paris, 1896, 97.

Beginning with the thirteenth century information becomes a little more precise: we judge that until about 1270 the jurists of the Midi were trained in Northern Italy but that a very different development took shape after that and attained its full force in the fourteenth century, the age in which students from these areas stopped attending Bologna and came together in greater and greater numbers in the *studia*, whose fame, modest at the beginning, increased from then on west of the Alps.

* * *

Before 1270/1280 Bologna, along with other cities in the North of the peninsula, kept, in effect, the monopoly of the legal training of young *provinciales*. This fact should not astonish us at all and has been observed for other areas, for example, in the case of students who came from present-day Switzerland, from Burgundian lands or from Catalonia (5). However, it is not without profit to emphasize how much the ascendancy of Bologna met an increasing success. The foreign students, still relatively few in number in the first half of the century, became a real crowd to which the records of Bologna bear witness, especially from 1260 to 1295. All through the documents published either by Sarti and Fattorini (6) or in the *Chartularium Studii Bononiensis* (7) it seems that the dioceses of Nimes, Montpellier, Narbonne and Carcassonne are represented in force; the representation from the basin of the Garonne and from the mountainous sections of Central France is a little less imposing.

Credit, then, should undoubtedly go to Bologna for the extraordinary development of a body of attorneys and graduates,

---

(5) On the first two areas, cf. Sv. Stelling-Michaud, *Les juristes suisses à Bologne (1255-1330). Notices biographiques et regestes des actes bolonais*, Genève, 1960 and *La « Nation » de Bourgogne à l'Université de Bologne du XIIIe au XVIe siècle* in *Mémoires de la société pour l'histoire du droit et des institutions des anciens pays bourguignons, comtois et romands* XVIII (1956), 7-43. On the last area J. Miret i Sans, *Escolars catalans al estude de Bolonia en la XIII^a^ centuria* in *Boletin de la Academia de Buenas Letras de Barcelona* VIII (1915), 137-155.

(6) *De claris Archigymnasii bononiensis professoribus...*, 2 vol., Bologne, 1888-1896.

(7) Especially in tomes V, VII, VIII, X, XI. One finds some supplementary information in Ant. Thomas, *Les méridionaux et l'Université de Bologne au Moyen âge* in *Annales du Midi* I (1889), 65-66 and in Rossi, *« Universitas scholarium » e comune (sec. XII-XIV)*, Bologna, 1955, 66.

who then spread out over Southern France and supplied to litigants their arbitrators, to princes their advisors, and to municipalities their assessors. In addition some of these lawyers remained in Italy either to enter the service of the Papacy, or to teach in the Universities which had trained them. Those who returned to their countries of origin did not fail to provide themselves with manuscripts of the Digest or the Code of Justinian, which they had had copied, preferably provided with Accursius' gloss, and then had sent home (8).

The preference thus accorded by contemporaries to the old and famous center of learning in Italy explains why there was no equivalent at all nor even offshoot in the French Midi. It is a significant fact that the foundation of the University of Toulouse in 1229 apparently remained a failure for about forty years. Only one document of 1251 (9) provides a trace of a few doctors of law and yet nothing permits us to affirm that they taught in the city. One must wait until the last third of the century to find in local sources individuals whose teaching activity can be validated from that time on. Even in canon law which was in fact the only one provided for in the act of 1229, the absence of decretists is quite as evident as that of legists (10).

The situation is no different at Montpellier. Without doubt the University there was not yet officially created and the so-called privilege, which supposedly was given by St. Louis in 1230, is only a forgery fabricated nearly a century later (11); but one should be entitled to expect to run across some masters there, carrying on the works of Placentinus (12). In fact before 1260

---

(8) Sv. STELLING-MICHAUD, *Le transport international des manuscrits bolonais entre 1265 et 1320. Mélanges... Antony Babel* I, Genève, 1963, 111 and sqq.

(9) *Histoire générale de Languedoc*, éd. PRIVAT, vol. VIII, par. 424, col. 1293.

(10) Despite the opinion of H. DENIFLE, *Die Entstehung der Universitäten des Mittelalters bis 1400*, Berlin, 1885, 326, and that of M. FOURNIER, *Histoire de la science du droit en France* III, Paris, 1892, 292.

(11) As A. BABUT has shown in *Une pièce fausse dans un registre royal du XIII*e *siècle* in *Mélanges... Charles Bémont*, Paris, 1913, 263.

(12) Various authors believed it: SAVIGNY, *Geschichte des römischen Rechts im Mittelalter*, 2nd., Heidelberg, 1834-1851, vol. III, 377 and vol. VII, 79; G. DIGARD, *La papauté et l'étude du droit romain au XIII*e *siècle, à propos de la fausse bulle d'Innocent IV 'Dolentes'* in *Bibliothèque de l'Ecole des Chartes* LI (1890), 403.

only the extended stay of the glossator Bernard Dorna could lend itself to discussion; but no document specifies that this Bolognese professor was occupied in teaching at Montpellier (13). Even in 1268 Pope Clement IV remarked that the bishop of Maguelone had not had the occasion until then to grant any licenses to lawyers, *ubi nec studentium vel docentium numerus exigebat* (14).

On the whole the almost total absence of local teaching confirms the testimony about the journies of students of the Midi to Italy up till 1270: Southern France played practically no role in the training of its lawyers (15). Even if the famous canonists and the various civilians of renown were natives, the course of their studies, in conformity with the general mobility of students of their time, took place almost entirely on the other side of the Alps. At the very most we can conjecture that someone like Guillaume Durand could have received an elementary and very modest juridical education at Béziers near his place of birth (16) or that Neveu de Montauban learned his ABC's at the school at Montpellier (17).

* * *

A completely different phase opened at the end of the thirteenth century. If the flow of students of the Midi to Bologna underwent a very clear change of direction about 1295, the causes for it were evident and have their origin in innovations that were slightly earlier. As a matter of fact the last third of the century marked the almost simultaneous appearance of several *studia*, some of which succeeded in establishing themselves while others disappeared after a short time. The movement appears to have

---

(13) Cf. for the latest on that autor J.J. Hemardinquer, *Documents nouveaux sur le glossateur Bernard Dorne* in *Revue historique de droit français et étranger* XXXIX (1961), 129-132.

(14) On the exact date of the text, see P. Tisset, *Placentin et son enseignement à Montpellier. Droit romain et coutume dans l'ancien pays de Septimanie* in *Recueil... de droit écrit* III (1951), 94, col. 1, n. 1.

(15) In an analogous sense, cf. Fr. J. Pegues, *The lawyers of the last Capetians*, Princeton, 1962, 107.

(16) L. Falletti, *Dictionnaire de droit canonique...* moderante R. Naz, v° *Guillaume Durand.*

(17) He speaks in his *Liber fugitivus* of the *magni domini legum* which he saw at Montpellier.

been initiated by roving lawyers who voluntarily moved about from one town to another, sometimes being paid by municipal authorities and at other times being satisfied with whatever their listeners would give them. Such is the case with the civilian Baxianus (18), the famous canonists Pierre de Sampson (19) and Bernard de Montmirat (20), or those Bolognese who were banished from their city, like Franciscus Accursius, who went to Toulouse (21), or Albertinus Carrarius who sojourned for awhile at Montpellier (22). Either by their lectures or the lectures of the graduates who returned from Italy several *studia* were thus formed at the end of the century (23), in particular at Alès, Lyon, Orange, Béziers, Narbonne, and perhaps also Carcassonne. Success, however, did not always follow: if the *studium* of Lyon (24) or that of Béziers (25) perhaps remained active for about forty years, others lacked the financial means. For example the consuls of Alès rather quickly stopped their payments to the doctors of law they had engaged and all their further attempts to find successors failed (26).

It is precisely during the same period that other more fortunate cities succeeded in reviving the vestiges and the earlier legislatives provisions, or else even succeeded in creating from the beginning a center of studies which would benefit from pontifical protection. Thus the University of Toulouse revived around

---

(18) W.M. d'ABLAING, *Zur « Bibliothek der Glossatoren »* in *Zeitschrift der Savigny Stiftung*, Rom. Abt. IX (1888), 39.

(19) SCHULTE, *Geschichte der Quellen und Literatur des canonischen Rechts...* II, Stuttgart, 1877, 108-109.

(20) ST. KUTTNER, *Wer war der Dekretalist Abbas Antiquus?* in *Zeitschrift der Savigny Stiftung, Kan. Abt.*, XXVI (1937), 471-489.

(21) H. GILLES, *Accurse et les Universités du Midi de la France* in *Atti del Convegno internazionale di studi Accursiani* III (*Bologna, 21-26 ottobre 1963*), Milan, 1968, 1029-1052.

(22) ZACCAGNINI, *La vita dei maestri e degli scolari nello studio di Bologna nei secoli XIII e XIV*, Genève, 1926, 21.

(23) Thus EX. CAILLEMER, has noted it previously, *L'enseignement du droit civil en France vers la fin du XIIIe siècle* in *Nouvelle revue historique de droit...* III (1879), 599-618.

(24) R. FEDOU, *Les hommes de loi lyonnais à la fin du Moyen-Age. Etude sur les origines de la classe de robe*, Paris, 1964, 23-25.

(25) A. GOURON, *Enseignement du droit, légistes et canonistes dans le Midi de la France à la fin du XIIIe et au début du XIVe siècle* in *Recueil... de droit écrit* V (1966), 2-6.

(26) EUG. de ROZIERE, *L'école de droit d'Alais au XIIIe siècle* in *Bibliothèque de l'Ecole des Chartes* XXXI (1870), 5-20.

1270 (27) and at the same time a number of doctors gathered together at Montpellier and set out to form the first nucleus for the teaching of law (28). Though the *studium* of Avignon was only canonically established at the beginning of the fourteenth century, the city for some time before that had sheltered a number of masters, who had taught there officially and generally temporarily (29). All things considered from 1270 to 1300 one witnesses the appearance of a real school of lawyers in the Midi.

That the first generation of its professors was trained in Italy is not doubtful. In certain cases one could even believe that their appointment resulted from bonds of friendship among old schoolmates. Moreover there existed various singular features in the statutes and organization of those *studia*: their regulations were very often close to the regulations which applied at Bologna (30) and, contrary to the situation at Paris or Orléans, the masters in these *studia* were not necessarily clerics (31).

These new institutions, whose teaching body was, in origin, largely dependent on the on the famous establishment of Bologna, were going to show as early as the beginning of the fourteenth century, a remarkable dynamism which led them to recruit their students from many and varied countries and thereby to compete with " the mother house ". For example Petrarch went to Montpellier, Jaume Callis to Toulouse (32), Gerard Michel

---

(27) Slightly earlier than E.M. Meijers thought, *Etudes d'histoire du droit* III: *L'Université de Toulouse au XIIIe siècle*, Leiden, 1959, 174;. This observation of detail takes nothing away from the wisdom of the analysis presented by the famous master to whom we owes the present revival of studies relative to the schools of the Midi.

(28) *Cartulaire de l'Université de Montpellier* I (*1181-1400*), Montpellier, 1890, nos 12-13, 199-202.

(29) Cf. R. Caillemer, *Les débuts de la science du droit en Provence. Johannes Blancus Massiliensis* in *Congrès des sociétés savantes de Provence*, Valence, 1907, 792; H. Denifle, *Urkunden zur Geschichte der mittelalterlichen Universitäten* II: *Zum Rechtsstudium in Avignon in 13. Jahrhundert* in *Archiv für Literatur — und Kirchengeschichte des Mittelalters* IV (1888), 246.

(30) B. Kurtscheid, *De utriusque iuris studio saec. XIII* in *Acta Congressus iuridici internationalis... Romae... 1934* II, Roma, 1935, 314-339.

(31) E. Genzmer, *Kleriker als Berufsjuristen im späten Mittelalter* in *Etudes d'histoire du droit canonique dédiées à Gabriel Le Bras* II, Paris, 1965, 1225-1226.

(32) J.M. Madurell y Marimon, *Micer Jaume Callis y su biblioteca jurídica* in *Anuario de historia del derecho espanol* XXXIII (1963), 539 s.

of Liége to Avignon (33); some representatives of famous families followed them, such as the three La Marck brothers in Montpellier (34) or Juan of Aragon, son of King Jaime II in Toulouse (35). But especially beginning in 1340 students from distant regions of Europe began to attend the Universities of the Midi in considerable proportion. Throughout the petitions of Montpellier, Portuguese (36), Scotch and Czech (37) surnames are found together. Innumerable *scolares* of Castillian or Aragonese origin came to learn law at Toulouse or Montpellier. Even Germans and Dutch, who preferred the University of Orléans, now and then reached Avignon or even Montpellier (38). Naturally the young people who were natives of near-by regions joined with the aforementioned and made up the bulk of the contingent. The sphere of influence of Toulouse prevailed from Limousin to the Pyrénées, while Montpellier chiefly attracted representatives of Cévennes and Mediterranean Languedoc and the clientele of Avignon was concentrated essentially in Provence and the regions situated on either side of the Rhone.

From that moment, however, there was no longer any question of maintaining the less durable institutions which had been established in other cities. Canonical establishment was henceforth indispensable, as well as a set of privileges, of which the permission for holders of benefices to be non-resident was not the least. Rarely did later attempts succeed, as the bitter failure suffered by the consuls of Nimes, to obtain the creation of a *studium* in 1373 demonstrates (39). Even a number of Universities of the fourteenth century had the greatest difficulties in extending

---

(33) K. Hanquet, *Documents relatifs au Grand Schisme* I: *Suppliques de Clément VII (1378-1379)*, *Analecta Vaticano-Belgica* VIII, Rome-Bruxelles-Paris, 1924, n° 1094.

(34) E. Seckel, *Beiträge zur Geschichte beider Rechte im Mittelalter* I, Tübingen, 1898, 152.

(35) G. Boyer, *La Faculté de Droit* in *L'Université de Toulouse. Son passé, son présent*, Toulouse, 1929, 111.

(36) Cf. thus *Chartularium Universitatis Portugalensis* I (1288-1377), Lisboa, 1966, n° 118, p. 138.

(37) *Adde* G. Bonis, *La pénétration du droit romain dans les pays slaves et hongrois* in *Recueil... de droit écrit* VI (1967), 77.

(38) A. Gouron, *Deutsche Juristen an der Universität Montpellier im Mittelalter*, *Ruperto-Carola* (Heidelberg) XX (1968), 43-46.

(39) Menard, *Histoire civile, ecclésiastique et littéraire de la ville de Nismes...* II, Paris 1750, 311-326.

their influence and finding professors, as the University of Lerida, where for several years instruction almost failed for want of professors (40). Toulouse and Cahors, Avignon and Montpellier shared from that time on a clientele that was sometimes considerable. It is only in exceptional cases that the mobility of the students of the Midi led them to Bologna anymore (41).

* * *

If the universities of the Midi had succeeded in putting an end to the Italian monopoly, and also had succeeded in training a large number of students, some of whom had access to the highest lay and ecclesiastical offices, from the end of the fourteenth century these universities began to suffer the effects of rivalry that become widespread after that — due first of all to the development of a certain provincialism and, at the same time even more so to the establishment of *studia* in areas which had lacked them entirely. Such is the case in particular with the founding of Heidelberg and Cologne in Germany and, further east, with the almost contemporaneous establishments from which Prague, Vienna and Cracow profited. From then on Central European students lost the habit of coming to France. Finally another phenomenon contributed to the perceptible decline which all the universities of the lands of the *langue d'oc* underwent after 1380: with the Great Schism and the decided withdrawal of obedience from the Pope of Avignon, Southern France lost one of the essential factors of its prosperity, namely, the presence of the Pontifical Court nearby, the buyer of varied products at the highest price and the generous dispenser of innumerable privileges which profitted the graduates (42). From that period the make-up of the universities of Toulouse and Montpellier and Avignon was, with some remarkable exceptions, limited little by little to the natives of the surrounding provinces. This

(40) F. Valls-Taberner, *Obras selectas* II: *Notes sobre les relacions d'alguns jurisconsults famosos amb Catalunya*, Barcelona, 1954, 204.

(41) Cf. for example *Chartularium studii Bononiensis* II, Bologna, 1913, nº CCCX, 345.

(42) On the advantages accorded to lawyers who were relatives or intimate acquaintances of the cardinales, see B. Guillemain. *La cour pontificale d'Avignon* (*1309-1376*). *Etude d'une société*, Paris, 1962, 266 s.

observation has value at least for lawyers: medical training, an appanage of a small number of towns in Europe — a fact still true at the beginning of the nineteenth century — remained very concentrated as a result of less intense competition, while the attraction of Paris for theologians and artists remained considerable.

Finally the example of lawyers of the Midi illustrates the rapid decline of the internationalism of universities which had marked the teaching of law up to the fourteenth century. The *legum doctores* or *licenciati* of the end of the Middle Ages, more numerous than ever but victims of their own success (43), became so indispensable to a legalistic society that princes and cities everywhere sought to train them on the spot. As a consequence, this development put an end to the cosmopolitan and productive mixture of students (44) which the wide recruitment had permitted before at Bologna and Orléans, as to a less degree, at the universities of Southern France. One might believe, then, that there was in this situation one of the causes of the rise of national politics and of the disappearance, over extended centuries, of the unitary ideal of Medieval Christendom.

---

(43) Especially with regard to the canonists: Ch. LEFEBVRE, *Juges et savants en Europe du 13e au 16e siècle. L'apport des juristes savants au développement de l'organisation judiciaire* in *Ephemerides juris canonici* XXI (1965), 65.

(44) For exampie the reciprocal influences of the French and Italian schools substantially enriched the notion of common law, as D. MAFFEI, *Qualche postilla alle ricerche di E.M. Meijers sulle scuole di Orléans, Tolosa e Montpellier* in *Tijdschrift voor Rechtsgeschiedenis* XXXVI (1968), 390-391.

V

Un juriste montpélliérain chef d'école : Brémond, seigneur de Montferrier

Parmi les juristes qui enseignent à Montpellier dans les dernières années du XIIIe siècle, le groupe formé par Guillaume de Nogaret, Guillaume de Plaisians, Pons d'Aumelas et quelques autres fournit le modèle le plus fréquemment cité d'une brillante période dans l'histoire de cette Université. La carrière ultérieure de ces illustres serviteurs de la monarchie française a longtemps masqué le rôle de juristes docteurs contemporains, de tendances bien différentes, et dont la production intellectuelle est sans doute supérieure ; au groupe en question, il est notamment permis d'opposer, à notre avis, une équipe aussi homogène, dont l'inspirateur fut de toute évidence Brémond de Montferrier.

La vie et la carrière de ce personnage sont relativement bien connues, encore qu'on l'ait parfois confondu avec Bertrand de Montfavet [1], ou qu'il ait été pris à tort pour le fondateur de l'enseignement du droit civil à Montpellier [2].

S'il est en effet certain que ce *studium* assurait régulièrement un tel enseignement depuis 1267 au moins, Brémond était alors trop jeune pour y participer. Il apparaît pour la première fois dans un document du 15 juin 1277, qui le qualifie de jurispérit et le désigne sous le nom de

---

1. Cf. A. Bethmann-Hollweg, *Der Civilprozess des gemeinen Rechtes in geschichtlichter Entwicklung,* t. VI (1874), p. 228, n. 4. Quant aux Bénédictins, ils le confondent avec son parent Raymond (*Hist. de Languedoc,* éd. Privat, t. IV, p. 128 et 168.)

2. E.-M. Meijers. *Responsa doctorum tholosanorum,* Haarlem, 1938, p. XXXIX = *Etudes d'histoire du droit,* t. III, Leyde, 1959, p. 205.

Brémond d'Assas, *alias* de Montferrier ; il venait sans doute d'hériter de sa part en qualité de coseigneur de cette localité située aux environs immédiats de Montpellier [3]. Tous les textes ultérieurs le donneront pour *miles* : à ce titre, et comme Bernard Augier, Barthélemy de Clusels et d'autres, il appartient à cette petite noblesse méridionale qui a fourni une part non négligeable des effectifs de professeurs de l'Université à la même époque.

Le doctorat lui a été concédé peu après, car il s'en donne déjà le titre en mai 1279 [4] ; sans doute l'a-t-il acquis, comme tant de méridionaux du temps et notamment comme presque tous ses futurs collègues, à Bologne. On doit toutefois observer qu'il se trouve à Albi au début d'octobre 1281 et à Béziers en mai de l'année suivante [5]. En tout cas il reviendra très vite à Montpellier où il se trouve le 1er juillet 1282 [6], et dont il paraît ne plus avoir quitté désormais la région que pour de courts voyages.

S'intitulant volontiers *juris civilis professor,* il partage sa carrière entre l'enseignement, les consultations [7] et les charges administratives. Tout particulièrement, il se met au service de Jacques de Majorque, dont il est procureur ou lieutenant presque sans interruption depuis 1285 au

3. Contrairement à ce que pense J. Rogozinski, *The counsellors of the seneschal of Beaucaire and Nimes, 1250-1350, Speculum,* t. XLIV (1969) p. 430, n. 42. En effet, si Brémond n'est que simple témoin dans l'acte en question, par lequel Bernard Gaillard, *domicellus* de Montferrier, prête hommage et fidélité (éd. J. Berthelé, *Le Cartulaire montpelliérain des rois d'Aragon et des rois de Majorque. Archives de la ville de Montpellier. Inventaires et documents,* t. III, Montpellier, 1904, n. 25, p. 413), le document précédent, au même *Cartulaire* (éd. *ibid.*, n. 24, p. 412) rapporte, à la date du 19 février de la même année une prestation d'hommage pour le même fief, de quatre coseigneurs, dont un Guilhem d'Assas, sans doute proche parent de Brémond.

4. Arch. Mun. Montpellier, *Grand Thalamus,* f° 79 v°.

5. Il n'est pas exclu qu'il ait enseigné d'abord, soit à Béziers, soit à Narbonne ; il paraît en tout cas avoir obtenu la confiance de la famille de Lautrec, dont divers membres confient l'arbitrage de leurs différends à Aimeri de Narbonne, tout en s'accordant pour que le compromis soit rédigé *ad noticiam domini Bermundi... et cujuslibet alterius sapientis.* Sur toute cette affaire, *cf.* Cabié et Mazens. *Un cartulaire et divers actes des Alaman, des de Lautrec et des Lévis,* Toulouse, 1883, p. 38 et s.

6 Arch. Dép. Hérault, E Supplément, Montpellier.

7. Comme l'a remarqué J.-R. Strayer. *Les gens de justice du Languedoc sous Philippe le Bel,* Toulouse, 1970, p. 55.

moins [8] jusqu'en 1305, sinon jusqu'à sa mort, comme l'attestent de très nombreuses sources. Ce monarque lui confiera les responsabilités les plus diverses, jusqu'en en faire en 1298 l'un de ses ambassadeurs auprès de Jacques d'Aragon [9]. Il a néanmoins accepté les fonctions de juge mage de la sénéchaussée de Beaucaire, pour Philippe le Bel, peut-être en 1287, certainement en 1290 et au début de l'année suivante [10] ; mais nous croirions volontiers que son rôle à ce titre est resté intermittent. Même si le roi de France, le qualifiant de *miles regis*, a essayé par la suite de faire appel à lui [11], Brémond, à partir de 1291, donne au majorquin, seigneur de Montpellier, l'exclusivité de sa compétence dans les affaires publiques ; une telle attitude est du reste visiblement conforme, comme on le verra, à ce que l'on sait de sa doctrine juridique.

Sa mort peut être fixée avec certitude au cours de l'année 1307, et nous savons aussi que sa sépulture se trouvait dans l'église des Frères Mineurs de Montpellier [12]. Il laissa au moins un fils, lui aussi prénommé

---

8. On le voit alors faire construire un bâtiment sur la tour du palais des rois de Majorque. Arch. Mun. Montpellier, EE6 (1er juin) et 18 (2 juin).

9. Cf. Et. BALUZE, *Vitae paparum Avenionensium...*, éd. MOLLAT, t. III, Paris 1928, p. 27 et s. - Les textes échelonnés au cours de ces vingt ans ont été rassemblés par STRAYER, *Les gens de justice..., loc. cit.* On y joindra notamment les documents publiés par J. ROUQUETTE, *Cartulaire de Maguelone,* t. III, Vic-la-Gardiole, 1920-1921, p. 830, 844, 1007 et par L. GUIRAUD, *Le palais des rois d'Aragon et de Majorque à Montpellier, Mémoires de la Société archéologique de Montpellier,* 2e s., t. III, fasc. 1 (1907) p. 186.

10. Outre les sources fournies par STRAYER, *ibid.*, cf. *Registres du Trésor des Chartes,* t. I, publiés par J. GLENISSON sous la direction de R. FAWTIER, Paris, 1958, n° 1510 et *Ord.*, t. XII, p. 394 et s. Ce n'est du reste certainement pas sans malice qu'à l'occasion d'un litige avec les gens du roi de Majorque, le procureur du roi de France Pierre de Béziers rappellera en juin 1299 les conseils donnés quelques années plus tôt au sénéchal par Brémond en qualité de juge mage : cf. le texte publié par GERMAIN, *Histoire du commerce de Montpellier,* t. I. Montpellier, 1861, pièce just. LXIV, p. 369.

11. Cf. Arch. Mun. Montpellier, BB2, n° 439 ; ROGOZINSKI, *The counsellors..., loc. cit.*, et Eug. MARTIN-CHABOT, *Les archives de la Cour des comptes, aides et finances de Montpellier, avec un essai de restitution des premiers registres de sénéchaussée,* Paris, 1907 (*Université de Paris. Bibl. de la Faculté des Lettres,* t. XXII), n° 110, p. 147.

12. Ainsi que le précise une mention en marge du ms. Bibl. Nat. lat. 4446 : cf. Paul FOURNIER, Pierre JAME (Petrus Jacobi) *d'Aurillac, jurisconsulte, Histoire littéraire de la France,* t. XXXVI (1927), p. 483, n° 2. Ses liens avec les Frères Mineurs ressortent également de mentions figurant aux mss Bibl. Vat., Vat. lat. 794, fol. 341 v°, et 798, fol. 374 v°, d'où il ressort que Bermond, en compagnie de son collègue Jean Marc et du prêtre Benoît Julien, agissant en qualité d'exécuteurs testamentaires d'un *magister* R. de Montferrier, assignèrent ces deux mss. — des copies de commentaires de St-Thomas d'Aquin sur Mathieu et sur Jean — au couvent de cet ordre à Montpellier (cf. Ang. Pelzer, t. II, p. 123 et 126). — Nous remercions M. Gérard Giordanengo, conservateur aux Arch. Dép. des Bouches-du-Rhône, d'avoir bien voulu attirer notre attention sur ces mss.

Brémond, qui eut à soutenir en 1343 un procès relatif aux locaux où avait enseigné son père, et le gagna probablement [13]. Un autre membre de la famille, le *jurisperitus* Bérenger de Montferrier est, en 1327, lieutenant du juge royal de Beaucaire [14]. Peut-être enfin est-ce un parent des précédents, prénommé Thomas, que désigne en 1334 le Parlement pour enquêter sur l'emprisonnement de pirates par l'évêque d'Agde [15].

Encore que les titres de *doctor* ou de *professor* qu'il porte n'aient, à cette époque, pas grande signification dans ce domaine, Brémond a certainement enseigné, et sans doute longtemps. Il figure dans la liste, si souvent citée, des civilistes et des canonistes qui professaient au *studium* en 1292 [16], et il possédait des écoles près du portail Saint-Firmin [17], dans ce quartier du Puy Arquinel, voisin du Peyrou actuel, où se sont formés si longtemps les juristes montpelliérains, naturellement dépourvus alors de locaux publics. De son activité intellectuelle, il est toutefois malaisé de rendre compte avec précision, car il n'a laissé que des gloses [18], indépendamment des opinions que lui prêtent ses élèves.

A travers les conflits auxquels il a été mêlé, Brémond de Montferrier laisse apparaître une personnalité formant un violent contraste avec celle de ses collègues Nogaret, Plaisians et Aumelas. Son action en qualité de conseiller du roi de Majorque ne pouvait manquer de l'opposer à ces derniers, voire à d'anciens élèves devenus officiers du roi de France. Déjà

---

13. L. Guiraud. *Les fondations du pape Urbain V à Montpellier,* t. II : *Le collège Saint-Benoît,* Montpellier, 1890, p. XXVI-XXVII.
14. G. Dupont-Ferrier, *Gallia Regia ou état des officiers royaux des bailliages et des sénéchaussées...,* t. I, Paris. 1942, n° 3543.
15. Cf. Fr. L. Cheyette. *The sovereign and the pirates, 1332, Speculum,* t. XLV (1970), p. 42, n. 5.
16. *Cartulaire de l'Université de Montpellier,* t. I, (publié par Vigié, Grand et autres) Montpellier, 1890, n° XXII, p. 216.
17. L. Guiraud, *Recherches topographiques sur Montpellier au Moyen âge, Mémoires de la Société archéologique de Montpellier,* 2ᵉ s., t. I, fasc. 2 (1899), p. 296, n° 4.
18. Qui ont été relevées avec soin par Meijers, *Responsa..., op. cit.,* p. XXXIX = *Etudes..., op. cit.,* p. 205 ; P. Legendre, dans *Chronique. Revue historique de droit français et étranger,* t. 42 (1964), p. 138 ; D. Maffei, *Qualche postilla alle ricerche di E.-M. Meijers sulle scuole di Orléans, Tolosa et Montpellier, Tijdschrift voor Rechtsgeschiedenis,* t. XXXVI (1968), p. 397 ; K.-W Nörr, *Münchner Kodexhandschriften, Zeitschrift der Savigny Stiftung. Röm. Abt.,* t. LXXXII (1965) p. 326-327.

en 1293, il n'avait accepté que sous réserve leur installation à Montpelliéret [19]. Deux ans plus tard, il s'attaquait aux exigences, si souvent réitérées par ces personnages, visant à contraindre les marchands trafiquant par voie de mer à faire transiter leurs marchandises par Aigues-Mortes avant de gagner Montpellier [20]. Mais son attitude devait être plus explicite encore en 1303, lorsque les commissaires de Philippe le Bel, dirigés par cet autre professeur qu'était Barthélemy de Clusels, tentèrent d'obtenir des adhésions au projet de convocation d'un concile hostile à Boniface VIII. Non content d'exprimer une opposition personnelle, Brémond semble avoir été l'âme du groupe de professeurs qui milita contre cet appel et soutint les consuls de la ville dans leur refus [21].

Sur plusieurs points, l'enseignement de Brémond nous est connu, ou peut être déduit, grâce aux œuvres de ses élèves. Deux de ces derniers au moins nous ont laissé des traités, certes inégalement réputés : Pierre Jame d'Aurillac et Pierre Antiboul. Du premier l'*Aurea practica libellorum*, si souvent utilisée par des auteurs postérieurs, cite à plusieurs reprises le maître [22]. Le second a laissé un *Diversorium* ou *Tractatus de muneribus* assez singulier [23], où l'auteur se réclame à plusieurs reprises de Brémond.

---

19. Cf. le texte publié par Al. GERMAIN, *Histoire de la commune de Montpellier*, t. II, Montpellier, 1851, pièce just. VIII, p. 361-363.

20. STRAYER, *Les gens de justice...*, *loc. cit.*

21. Les textes relatifs à l'attitude des docteurs montpelliérains dans cette affaire ont été publiés par G. PICOT, *Documents relatifs aux Etats Généraux*, Paris, 1901, p. 481 ; M. FOURNIER, *Les statuts et privilèges des Universités françaises depuis leur fondation jusqu'en 1789*, t. II, Paris, 1891, n° 1214 ; L. GUIRAUD, *Les fondations...*, *op. cit.*, t. II, p. XXI-XXII. Cf. aussi Edg. BOUTARIC, *La France sous Philippe le Bel*, Paris, 1861, p. 108, et A. HENRY, *Guillaume de Plaisians, ministre de Philippe le Bel*, *Le Moyen Age*, t. V (1892), p. 34 et s. - Sur l'emploi du terme de commissaires à cette occasion, cf. G. DUPONT-FERRIER. *Le rôle des commissaires royaux dans le gouvernement de la France, spécialement du XIVe au XVIe siècle*, *Mélanges Paul Fournier*, Paris, 1929, p. 173.

22. MEIJERS, *Responsa...*, *loc. cit.*, R. GRAND, *Un jurisconsulte du XIV siècle, Pierre Jacobi, auteur de la Practica adrea*, *Bibliothèque de l'Ecole des Chartes*, t. C, LXXIX (1918), p. 75 et s. ; ESQUIROU DE PARIEU, *Etude sur la Pratique Dorée de Pierre Jacobi, jurisconsulte du quatorzième siècle*, *Revue de législation et de jurisprudence*, n. s., t. IV (1884), p. 422-423.

23. Edité notamment dans le *Tractatus universi juris*, Venetiis, 1584, t. XII, f°s 19-51 v°. Nous nous proposons de revenir prochainement sur cet ouvrage.

Des citations contenues dans ces deux ouvrages, il ressort que Brémond était de toute évidence favorable aux immunités du clergé, aussi bien financières que judiciaires [24]. Antiboul souligne à plusieurs reprises une position analogue qu'il tire d'une glose de son maître sur la loi *placet* [25] ; il ira même plus loin en affirmant que l'immunité fiscale, si des réparations sont à faire aux murs de la ville, s'applique même en cas de nécessité, que Brémond mettait à part [26]. Ceci n'a rien pour étonner dans la mesure où le seigneur de Montferrier paraît avoir été fort lié à son collègue Hugues Roger, lui aussi cité plusieurs fois par Jame et Antiboul, et incontestable tenant des privilèges ecclésiastiques [27]. Il ne faut pas oublier d'autre part que Brémond avait sans doute un parent chanoine de Maguelone [28].

L'activité de notre professeur face aux agissements des envoyés de Philippe le Bel est à mettre d'autre part en parallèle avec l'enseignement de ses élèves en matière de prééminence impériale. Pour Jame, qui laisse du reste une large place à la théorie des deux glaives, le roi de France doit être placé au-dessous de l'empereur, tandis qu'Antiboul n'accepte que *de facto* la doctrine de l'absence de supérieur au temporel, et ajoute *de jure tamen subest imperio* [29] : il y a là une doctrine exactement reprise à la glose de Johannes Teutonicus sur la décrétale *Per venerabilem* [30] et à de multipes auteurs postérieurs. C'est peut-être aussi au compte de Brémond que l'on doit mettre les sévères critiques que l'*Aurea practica,* et surtout le *Tractatus de muneribus,* adressent à la féodalité méridionale : avarice, avidité, fraudes caractérisent celle-ci pour nos auteurs. Et ils ne trouvent

---

24. Comme l'a observé Paul FOURNIER, *Pierre Jame..., op. cit.*, p 487.
25. Edition précitée. f° 40 v°, c. 2 ; f° 41, c. 1.
26. *Ibid.*, f° 41 v°, c. 2.
27. Diverses gloses de ce professeur sont signalées par MEIJERS, *Responsa., loc. cit.*
28. Raymond, qui fait partie du chapitre dès 1273 et devient prieur de Frontignan en 1290, de Lunel en 1296, puis sacriste en 1301. Cf. Al GERMAIN, *Arnaud de Verdale, Mémoires de la Société archéologique de Montpellier,* t. VII (1880), p. 734, 750 et 766 ; ROUQUETTE, *Cartulaire..., op. cit.*, t. III, n. 821, p. 454. Ce même Raymond était en 1293 créancier des fils du *jurisperitus* montpelliérain P. Catalan (Arch. Mun. Montpellier, EE 1, J. Grimaud, notaire, f° 14) et s'identifie probablement au testateur signalé *supra,* n. 12.
29 Edition précitée, f° 45, c. 2.
30. Cf. en dernier lieu G. POST, *Studies in medieval legal thought.* Princeton, 1964, p. 458.

pas de mots assez durs pour fustiger les officiers seigneuriaux, et tout particulièrement les fermiers de ces offices, faciles à corrompre et multiplicateurs de procès. Chez l'un comme chez l'autre sont enfin dénoncés les avocats malhonnêtes, les procureurs et les sergents qui exploitent les plaideurs.

On ne manquera pas, pour terminer, de noter la très grande importance que prend la coutume dans l'un et l'autre de ces traités : générale ou locale, écrite ou non écrite, elle bénéficie d'une attention de tous les instants chez Jame, d'un respect marqué chez Antiboul. Mais est-ce là un trait propre à l'école de Brémond de Monferrier ? Des signes divers [31] nous amènent à présumer qu'il y a là, plus généralement, une constante de l'école de Montpellier, constante nullement paradoxale lorsque l'on connaît les ambiguïtés qui, au XIVe siècle, se cachent sous l'expression de pays de droit écrit. De telles constantes, n'exagérons point la portée : à preuve la coexistence, dans la même Université, d'une tendance dont sont issus d'illustres légistes [32], et d'une école d'esprit tout opposé que Brémond de Montferrier a marquée de son enseignement. L'une et l'autre laisseront du reste des traces durables : environ un siècle plus tard, Jacques Rebuffi retiendra les leçons de la deuxième, tandis que Jean de Terrevermeille, héritier de la première, se fera le théoricien des lois fondamentales du royaume.

---

31. Comme la formation présumée de Jean Faure, dont les études à Montpellier ne sont guère éloignées dans le temps de celles de Pierre Jame ; comme la présence de manuscrits des coutumes de cette ville dans l'inventaire après décès de divers juristes locaux ; comme aussi la place qu'accordera Jean de Terrevermeille à la *consuetudo* face à la *lex*.

32. Non sans que certains n'aient pu assurer la liaison, tel peut-être Bérenger Frédol. dont l'appui n'a pas manqué à Pons d'Aumelas : cf J. PEGUES, *The lawyers of the last Capetians*, Princeton, 1962, p. 104-105. On peut même imaginer que Guillaume de Nogaret a suivi l'enseignement de Bermond. En effet, si, comme on l'a souvent observé, la vie du premier n'est guère connue avant 1287, nous croyons avoir retrouvé Guillaume, témoignant à Labruguière en qualité de *jurisperitus* le 4 octobre 1281, au bas de l'un de ces actes cités *supra*, n. 5, et relatifs à ce litige entre les membres de la famille de Lautrec à la solution duquel Brémond a participé ; cf. CABIÉ et MAZENS, *Un cartulaire...*, *op. cit.*, p. 41.

A ce dualisme doctrinal, il faut chercher l'explication dans la situation politique originale de la seigneurie de Montpellier au temps de Brémond : d'étendue assez médiocre, celle-ci est pratiquement cernée par le domaine royal et constitue une proie de choix pour des officiers entreprenants. En outre, si le fâcheux démembrement du royaume d'Aragon l'a attribuée à la faible maison de Majorque, Montpellier atteint alors l'apogée de sa puissance économique, malgré tous les efforts des officiers de la sénéchaussée de Beaucaire-Nîmes pour en détourner les marchands étrangers. La patiente poussée française est donc faite d'interventions répétées dans la vie administrative de la cité, interventions dont l'acquisition de Montpelliéret n'est qu'un épisode, et qui suscitent souvent les protestations, et toujours l'inquiétude du souverain majorquin et des consuls.

Dans une société où le juriste est l'auxiliaire indispensable à toute initiative politique, chaque parti, à l'image de Frédéric Barberousse aussi bien que des villes de la Ligue un siècle plus tôt en Italie, s'entoure de docteurs, de praticiens et d'administrateurs : d'où l'intérêt présenté par des hommes comme Brémond de Montferrier, au surplus issu d'une petite noblesse riche d'ambition, sinon de moyens. Que l'on se soit disputé ses services, et qu'à un bref intermède près, il ait consacré ses talents à son seigneur et à sa cité, tout cela témoigne en faveur d'un juriste qui ne méritait peut-être pas de tomber dans l'oubli.

VI

Canonistes et civilistes des écoles de Narbonne et de Béziers

En raison de leurs habitudes vagabondes, les juristes — et d'une manière générale les lettrés qui font profession d'enseigner — rendent, dès le milieu du XIIe siècle et pendant tout le siècle suivant, la carte universitaire singulièrement mouvante. On enseigne là où l'on trouve une clientèle d'auditeurs, des locaux appropriés, et sans doute aussi des copistes de manuscrits; pour peu que l'autorité ecclésiastique ou laïque s'y montre favorable, qu'il s'agisse de l'évêque, du prince ou, particulièrement dans le Midi de la France, des consuls, se forme dans la ville un groupe plus ou moins nombreux, plus ou moins stable, de juristes, certes d'inégale réputation, mais pour qui l'absence de *studium* canoniquement érigé ne constitue nullement un obstacle à la vocation professorale.

C'est dire combien l'histoire de la science juridique ne saurait être limitée aux sources "statutaires", aux actes pontificaux, royaux ou seigneuriaux dont se réclameront aux siècles suivants des Universités en mal de titre d'ancienneté. Pas plus qu'elles ne font la preuve d'une activité effective et continue à leur suite, ces sources ne rendent un compte exhaustif d'un enseignement qui, du moins pour la France du milieu et de la fin du XIIIe siècle, a été assuré simultanément, sans doute dans des conditions très variables et souvent aléatoires, dans diverses cités, attestant aussi un dynamisme que canaliseront plus tard Orléans, Toulouse, Montpellier et Avignon pour les deux droits, Paris pour le droit canonique.

L'enquête se heurte pourtant à une série d'obstacles. Le premier, très général et bien connu, tient à l'insécurité créée par les grades et les qualificatifs: *legum professor* et *legum doctor* sont-ils interchangeables, et garantissent-ils, à la fin du XIIIe siècle du moins, que l'intéressé est occupé, au moins pour partie, à former des disciples? Dans bien des cas, il apparaît qu'une réponse affirmative n'est pas possible: un docteur n'est souvent connu qu'à travers ses fonctions d'official, de juge royal, voire de consultant. Et se qualifier de *professor*, c'est à notre avis rappeler qu'à une époque donnée, et peut-être très courte, on a enseigné, par exemple immédiatement après la collation du doctorat. Avec les canonistes, qui ne prennent à peu près jamais le titre de professeur, nous sommes plus mal partagés encore.

D'autres difficultés, inhérentes au "vagabondage" des juristes, sont communes aux Universités qui se développeront *ex consuetudine* et aux groupes de professeurs dont l'enseignement n'a pas donné naissance à un *studium generale*, la distinction entre les unes et les autres étant par hypothèse exclue à leur origine; à cet égard les premiers professeurs de Toulouse, de Montpellier ou d'Avignon se trouvent dans une situation analogue à ceux d'autres villes de moindre éclat. Le problème tient, dans ces dernières à la rareté des témoignages, que nous devons non seulement à l'absence d'institutions universitaires, mais aussi à la discrétion, à notre avis assez générale, de juristes qui n'aimaient pas rappeler une période d'enseignement point trop flatteuse, beaucoup moins en tout cas qu'un professorat à Bologne ou dans d'autres villes italiennes.[1] Il fallait sans doute bénéficier d'une réputation bien assise, ou encore avoir été éloigné en raison d'une position politique, pour écrire en localisant son œuvre dans quelque ville plus ou moins obscure; et nous croirions volontiers que l'on peut expliquer par là, au moins en partie, la rareté des références géographiques étrangères à l'Italie dans la littérature juridique des XIIe et XIIIe siècles.

En dépit du caractère lacunaire de notre documentation, et compte tenu de la part d'hypothèse nécessairement élevée que suppose l'interprétation de celle-ci, il semble que certaines villes, notamment dans le Midi de la France, aient hébergé plus ou moins durablement un certain nombre de juristes à des fins d'enseignement. De ces *studia* restés souvent ignorés des historiens, Narbonne et Béziers sont de bons exemples, à peu près contemporains l'un de l'autre, puisque leur courte histoire n'est guère antérieure au milieu du XIIIe siècle et s'achève au plus tard à la fin de celui-ci.

Le problème des juristes narbonnais est posé, plus qu'il n'est résolu, par une bulle d'Innocent IV, du 15 mai 1247, signalée par Denifle puis transcrite par Marcel Fournier et Elie Berger qui en donnent d'ailleurs des leçons différentes.[2] Une lecture plus exacte permet de constater qu'elle est adressée *doctoribus et scolaribus universis Narbonensi in studio commorantibus*;[3] à ceux-ci se trouvent octroyés, selon une formule traditionnelle, les mêmes privilèges et immunités — il s'agit bien entendu de percevoir les revenus de leurs bénéfices — dont jouissent les *scholares in studiis generalibus commorantes*. L'isolement de ce texte en fait toutefois l'unique témoignage d'activité du *studium*. Tout au plus relève-t-on, dans la chronique de Saint-Just, l'obit de l'archevêque Guillaume de la Broue, dont le décès en 1257 est l'occasion d'octroyer quatre deniers de

[1] Ainsi Pons d'Aumelas, candidat à Montpellier en 1292, se contente-t-il d'une formulation très vague, en se gardant de préciser qu'il a fait ses premières armes au *studium* d'Alès: *Cartulaire de l'Université de Montpellier* I (*1181-1400*) (Montpellier 1890) n° XXII, pp. 216-17.

[2] H. Denifle, *Die Entstehung der Universitäten des Mittelalters bis 1400* (Berlin 1885) 3 n. 11. — M. Fournier, *Les statuts et privilèges des Universités françaises...* (Paris, 1891) II n° 1565. — E. Berger, *Registres d'Innocent IV* (Paris 1884-1921) I n° 2717.

[3] Nous devons cette lecture à l'amabilité de M. Jacques Verger, ancien élève de l'École française de Rome, qui a bien voulu vérifier le texte aux *Reg. Vat.* n° 21, fol. 393v.

Narbonne à des *scholares*.[4] De même, une bulle d'Urbain IV datée du 17 novembre 1262, prie l'évêque de Carcassonne de lever une excommunication portée par le chapitre de Narbonne à la demande de clercs et de *scholares diversarum partium*.[5] Rien ne dit cependant que ces étudiants se trouvaient sur place. D'une autre source, il est permis d'inférer d'autre part que le *studium* n'était plus en vie au début du XIVe siècle: à travers les plaintes formulées le 6 décembre 1308 par les habitants du Bourg contre la nomination d'étrangers à la régence du consulat, on relève des arguments tirés de l'importance numérique et qualitative du groupe social formé par les lettrés et les prudents dans l'agglomération.[6] Que l'assertion soit fondée ou qu'elle soit à porter au compte d'une exagération de plaideurs, et peut-être à plus forte raison dans le second cas, ses auteurs n'auraient probablement pas manqué de tirer parti de cette illustration de leur thèse qu'aurait constitué un foyer d'enseignement, et surtout d'enseignement juridique.

D'origine obscure, due sans doute plus à l'initiative de quelque docteur en mal d'auditoire qu'aux effets supposés d'un acte de création que la bulle de 1247 ne suppose pas nécessairement,[7] et qui serait du reste un document d'un type tout à fait exceptionnel en France à une époque aussi ancienne, le *studium* narbonnais n'a pas survécu, selon toute vraisemblance, à la fin du treizième siècle; son histoire ne couvre peut-être que quelques années, continues ou encore coupées de temps morts, au gré des séjours plus ou moins longs de personnages dont les ambitions ne devaient pas s'en trouver satisfaites. Un fil si ténu n'interdit pas de chercher l'identité des hommes, professeurs ou élèves, qui ont pu y fournir ou y trouver quelque ressource intellectuelle.

L'intérêt grandit précisément à observer la présence d'un nombre relativement élevé de juristes, et de juristes qualifiés, dans les sources narbonnaises du temps. Une étude récente a montré qu'ils forment un groupe important à la cour du vicomte à partir des années 1270,[8] et R. W. Emery avait déjà noté que, dès la même époque, les juges des deux juridictions seigneuriales, celle des archevêques et celle des vicomtes, sont recrutés parmi des professionnels:[9]

---

[4] *Histoire générale de Languedoc* éd. Privat (Toulouse 1872-1904) VIII, Pr. nº 5, col. 219.

[5] Bibl. Nat., Doat, t. 56, fol. 75.

[6] G. Mouynès, *Ville de Narbonne, Inventaire des Archives Communales antérieures à 1790, Annexes de la série BB* (Narbonne 1879) nº 5, p. 10: "Villa Narbone . . . in qua est et semper esse consuevit copia hominum peritorum, litteratorum . . . Villa tam inclita, tam insignis, tam habundans et copiosa in viris prudentibus et etiam litteratis . . .".

[7] Contrairement à ce qu'écrit J. Caille, 'Le studium de Narbonne', *Cahiers de Fanjeaux* 5 (1970) 247, qui "place la date de fondation du studium narbonnais entre 1238 et 1247".

[8] M. Gramain, 'La composition de la cour vicomtale de Narbonne aux XIIe et XIIIe siècles', *Annales du Midi* 81 (1969) 121-39.

[9] *Heresy and Inquisition in Narbonne* (New-York 1941) p. 47.

tels les *legum doctores* Jacme Fébrier et Raymond Cavallier en 1288.[10] Ce titre est porté par des contemporains comme Guilhem du Peuple[11] ou par des juristes de la génération suivante, comme Raymond d'Auxey.[12] En revanche, un célèbre docteur ès-lois de la deuxième moitié du siècle, Bernard de Languissel, le futur archevêque d'Arles et cardinal, s'il se trouve à Narbonne dès novembre 1261, ne se donne alors que pour jurispérit; il sera qualifié de *dominus legum* lorsqu'il résignera plus tard ses revenus sur l'église de Pépieux.[13] Il était issu, il est vrai, d'une famille nîmoise, mais on ne sait ni où il a fait ses études, ni s'il a professé et où; en tout cas, son doctorat n'est pas postérieur à 1266.[14]

Il va de soi que la plus extrême prudence s'impose avant d'affecter ces docteurs, même pour une courte durée, au *studium* de Narbonne. Le fait qu'ils aient séjourné dans la ville n'est pas suffisant pour cela, comme semble l'indiquer la vie mieux connue d'autres juristes du temps, dont la présence, et même parfois la carrière sur place, n'empêche pas que toutes nos informations les affectent à une Université déterminée: ainsi les fonctions de juge royal de Narbonne, tenues de 1311 à 1315 par Arnal Escarbot, ou l'origine locale de Clément de Fraisse, ne sauraient faire oublier qu'ils ont enseigné, le premier à Toulouse,[15] le second à Montpellier,[16] sans que les sources permettent d'en faire aussi des professeurs de notre *studium*. Il en va de même pour le célèbre auteur de l'*Aurea practica libellorum*, Pierre Jamme, qui y signale son passage à Narbonne aux environs de 1290 sans en révéler les motifs:[17] on ne sait

---

[10] Mouynès, *Inventaire* . . . précité, *Annexes de la série AA*, n° 98, pp. 170-71. Le premier sera juge de l'archevêque de 1291 à 1294: Emery, *op. cit.* n. 108.

[11] Il semble s'être assez souvent déplacé: s'il est donné pour *legum professor* dans un arbitrage narbonnais de 1270 (J. Tissier, 'Les corporations d'arts et métiers à Narbonne', *Revue des Pyrénées* 3 [1891, 1er trimestre] 10-17), on le rencontre à Béziers en 1271 (*Hist. Languedoc* VIII Pr. n° 545, col. 1741). Il sera avocat fiscal de Provence en 1284-1285: R. Busquet, 'Le règne de Charles 1er (1246-1285)', *Encyclopédie des Bouches-du-Rhône* II (Paris-Marseille 1924) 574 et n. 3.

[12] Sur sa carrière, cf. Mouynès, *Inventaire* . . . *Annexes de la série AA*, pp. 226 et 231, et surtout J. R. Strayer, *Les gens de justice du Languedoc sous Philippe de Bel* (Cahiers de l'Association Marc Bloch de Toulouse, Études d'histoire méridionale 5; Toulouse 1970) 124-25. Au total, son séjour à Narbonne, peut-être coupé d'interruptions, s'étend de 1307 à 1319.

[13] Bibl. Nat., Doat, t. 56, fols. 69v et 87.

[14] E. Jordan, *Registres de Clément IV*, I (Paris 1893) n° 202.

[15] E. M. Meijers, *Responsa doctorum tholosanorum* (Haarlem 1938) xxix.

[16] Strayer, *op. cit.* p. 59. Sur les biens fonciers qu'il possédait dans la région de Narbonne, cf. *Registres du Trésor des Chartes*, publiés sous la direction de R. Fawtier I (Paris 1958) n° 2287; Mouynès, *Inventaire* . . . *Annexes de la série AA*, p. 230. Sur sa carrière administrative, v. en dernier lieu J. Rogozinski, 'Ordinary and Major Judges', *Post Scripta* (Studia Gratiana 15; 1972) 603 et n. 43-44.

[17] Éd. Lugd. 1511, fol. 80v.

rien de ses années de jeunesse, sinon qu'il a étudié à Montpellier et à Toulouse. A plus forte raison, les civilistes dont les sources narbonnaises du début du XIVe siècle nous fournissent l'identité[18] suscitent-ils des réserves à l'endroit d'une éventuelle activité enseignante.

Si nous passons du droit civil au droit canonique, nous évoluons sur un terrain tout aussi mouvant. Du moins les hypothèses concernent-elles ici les noms les plus illustres. S'il faut remonter au temps de la bulle d'Innocent IV, un seul nom vient à l'esprit, celui de Pierre de Sampson, et notre conjecture rejoindrait ici volontiers celle que présentait récemment H. Gilles[19] à la suite de Meijers. Outre sa présence probable dans la région lorsqu'il a rédigé le fameux *Liber synodalis* de Nîmes en 1252,[20] il faut observer son caractère volontiers itinérant, qui l'a amené à enseigner à Avignon et à Orange, comme l'ont montré E. M. Meijers et St. Kuttner.[21] S'il en a fait de même à Narbonne dont il était chanoine, son passage doit sans doute être placé avant le séjour de Pierre à la curie romaine en 1258.

Que l'on admette ou non l'hypothèse, un autre canoniste, plus célèbre encore, n'est pas sans lien avec la ville, et peut-être avec son *studium*: il s'agit de Guillaume Durand. L'illustre Spéculateur, chanoine de Narbonne, et cela sans doute avant son passage en Italie, a pu recevoir une première formation juridique en France, comme l'a suggéré M. Falletti.[22] Il serait tentant de mettre celle-ci à l'actif de Pierre de Sampson, que le *Speculum* appelle *quondam noster canonicus Narbonensis*,[23] soit que le maître et l'élève supposés se soient rencontrés à Narbonne, soit que l'hypothèse soit à placer à Béziers, ce qui, on le verra plus loin, n'est pas exclu. En tout cas le Spéculateur est venu — ou revenu — à Narbonne. M. Falletti avait déjà supposé qu'il avait résidé en France de 1274 à 1276, avec toute la prudence qu'exige la rareté des témoignages.

---

[18] Ainsi Bernard *de Ruppefixa*, relevé en qualité d'official de Narbonne par J. Caille, *op. cit.* n° 36, est un professeur montpelliérain de longue date. Bernard Barbel, qui apparaît en 1305 (J. Régné, *Amauri II, vicomte de Narbonne* [Narbonne, 1910] p. justif. XII, p. 379) est peut-être originaire de la région.

[19] 'Accurse et les Universités du Midi de la France', *Atti del Convegno internazionale di studi Accursiani, Bologna, 21-26 Ottobre 1963* (Milan 1968) p. 1043.

[20] E. M. Meijers, *Études d'histoire du droit* III (Leyde 1959) 172 et n. 22; A. Artonne, L. Guizard et O. Pontal, *Répertoire des statuts synodaux des diocèses de l'ancienne France du XIIIe à la fin du XVIIIe siècle* (Paris 1963) 335.

[21] Meijers, *loc. cit.*; St. Kuttner, 'Wer war der Dekretalist Abbas Antiquus?', ZRG Kan. Abt. 26 (1937) 471-89; cf. aussi SDHI 6 (1940) 426.

[22] DDC 5, v° 'Guillaume Durand'. — En revanche, l'hypothèse présentée comme "assez vraisemblable" par L. Séry, 'Guillaume Duranti, Capitaine, Moine et Évêque', *Bull. trimestriel de la Soc. des Lettres . . . de la Lozère*, 1949, p. 503, n. 32, selon laquelle le Spéculateur se confondrait avec un chanoine de Maguelone vivant en 1251-52, nous paraît improbable.

[23] *Speculum* I, part. I, *De dispens.* § 5, n. 28; éd. 1612, p. 74.

Nous avons eu la bonne fortune d'en trouver confirmation, sous la forme d'une mention, en qualité de témoin, du *magister Guillelmus Durandi* dans un acte passé à Narbonne le 12 février 1275 (n. s.).[24] Il est bien difficile de savoir cependant si la durée du séjour de Guillaume couvre la période écoulée entre les deux conciles auxquels il a participé, à savoir celui de Lyon, tenu par Grégoire X de mai à juillet 1274, et celui de Bourges, tenu en septembre 1276 par le légat Simon, cardinal de Sainte Cécile. Le document de 1275 le qualifiant de chanoine de Narbonne, il est peu vraisemblable qu'il s'agisse d'un simple homonymie, bien que son nom soit précédé du terme de *magister* et non de docteur: lui-même ne se donne pas toujours ce dernier grade dans les *formae* qu'il met à son nom.[25] Les motifs de sa venue nous échappent en revanche, et il est aussi aléatoire que séduisant de supposer qu'il a alors réuni un certain nombre de disciples.

Un troisième canoniste pourrait être relié à Narbonne si sa vie et sa carrière ne nous étaient pas aussi mal connues: Étienne Bonnier, *Stephanus Provincialis* selon le surnom qui lui est souvent donné, et sous lequel il ne faut le confondre, ni avec Étienne Hugonnet, ni avec le professeur montpelliérain Étienne Trocha, comme l'ont montré MM. Zacour et van Balberghe.[26] Ce chanoine de Narbonne était originaire de Sérignan: Schulte, et bien d'autres après lui,[27] entendaient par là un village aux environs d'Orange, mais il paraît plus justifié de préférer une localité de ce nom voisine de Béziers, qui a joué un rôle portuaire non négligeable aux XIIIe et XIVe siècles; la qualification de *provincialis* est du reste usuelle à l'époque pour tous les Languedociens. On sait d'ailleurs de ce canoniste qu'il a enseigné à Bologne de 1290 à 1297 et qu'il est mort en 1298. Nous ajouterons qu'il s'identifie assurément avec cet Étienne de Sérignan qui donne en 1292 une consultation à l'abbé de Saint Maurice d'Agaune.[28] Auteur de *quaestiones* dont Schulte a publié quelques extraits[29] et dont nous avons étudié

---

[24] Bibl. Nat., Doat, t. 56, fol. 107v.

[25] Nous remercions vivement notre éminent collègue, L. Falletti, d'avoir bien voulu confronter notre hypothèse à la vie du Spéculateur, dont on sait qu'il lui a consacré des travaux inspirés de la science la plus étendue et d'un sens critique aigu.

[26] N. Zacour, 'Stephanus Hugoneti and his "Apparatus" on the Clementines', *Traditio* 17 (1961), 527-30. — E. van Balberghe, 'Le Commentaire sur les Clémentines d'Étienne Troches et Pierre d'Estaing', RHE 66 (1971) 502-6. — Aj. les intéressantes précisions fournies par D. Maffei, 'La biblioteca di Gimignano Inghirami e la "Lectura Clementinarum" di Simone da Borsano', *Proceedings of the Third International Congress of Medieval Canon Law* (MIC series C 4; Cité du Vatican 1971) 231 n. 46.

[27] Schulte, *Geschichte der Quellen und Literatur* II 164-5. — M. Fournier, *Histoire de la science du droit en France* III (Paris 1892) 714. — P. Fournier, 'Notes complémentaires pour l'histoire des canonistes du XIVe siècle I', *Nouv.* RHD 43 (1919) 637.

[28] S. Stelling-Michaud, *L'Université de Bologne et la pénétration des droits romain et canonique en Suisse aux XIIIe et XIVe siècles* (Genève 1955) 54 n. 3.

[29] *Op. cit.* 165 n. 4 et 5.

deux manuscrits,[30] il emprunte plusieurs exemples à la vie narbonnaise du temps, et plus particulièrement à celle de son chapître, qu'il connaît bien.[31] Ce détail laisse à penser qu'il a habité la ville un certain temps; n'y aurait-il pu y faire les premiers pas de sa carrière de juriste, soit comme étudiant, soit comme professeur?

D'une manière plus générale, on peut constater que le chapitre de Narbonne a rassemblé, dans la seconde moitié du XIIIe siècle, voire quelques années au-delà, un nombre tout à fait exceptionnel de civilistes et de canonistes de grande envergure. Peut-être la liste s'en ouvre-t-elle déjà avec cet Étienne de Béziers, *Stephanus de Biderri* qui est consulté à Toulouse le 28 mai 1251, parmi d'autres *sapientes*, sur la validité du testament de Raymond VII?[32] Chanoines de Narbonne également, comme on l'a remarqué,[33] ces grands juristes toulousains que sont Sicard Faure de Lavaur, Guillaume de Durfort, Bertrand de Deaux, Hugues Barrot. Et l'observation va bien au-delà de ce groupe, comme le montraient les cas de Pierre de Sampson, de Guillaume Durand, d'Étienne Bonnier, comme le montre la prébende de Bernard de Castanet: de cet autre chanoine, la vie est du reste bien mal connue, mais nous verrions volontiers en lui un de ces très rares civilistes doctorisés à Montpellier avant 1268,[34] et qui a pu enseigner les années suivantes. Chanoines encore, l'illustre Bérenger Frédol, dont on se bornera à rappeler que, chargé de mission par l'archevêque Pierre de Montbrun, il prenait à cœur les intérêts narbonnais[35] et le professeur montpelliérain *in utroque* Hugues Augier.[36]

D'aussi éclatants témoignages peuvent difficilement, quelque distendus que soient alors les liens des chanoines avec leur église, être mis au compte du

---

[30] Bamberg, Staatsbibliothek, MS Can. 48; Darmstadt, Hessische Landes- und Hochschulbibliothek, MS 853. — Nous remercions MM. les Directeurs de ces bibliothèques pour les facilités qu'ils ont bien voulu nous consentir.

[31] Ainsi, au MS Darmstadt, fol. 187v (perception des fruits pendant l'année suivant la vacance du bénéfice au profit de l'église de Narbonne), fol. 194v (décès de l'un des coexécuteurs après une concession de prébende dans cette même église); au MS Bamberg, fol. 274v, 280v, etc. — Toutes ces questions ont été disputées à Bologne.

[32] *Hist. Languedoc* VIII, Pr. 424, col. 1293.

[33] I. A. Heide-Bloech, *Untersuchungen zu den Quaestiones doctorum tholosanorum* (*Inaugural-Dissertation* . . . Frankfurt am Main, 1968) 24.

[34] Clément IV affirme la même année avoir conféré exceptionnellement la licence à Montpellier sous le pontificat d'Urbain IV (cf. E.-Ch. Babut, 'Une pièce fausse dans un registre royal du XIIIe siècle', *Mélanges Ch. Bémont* [Paris 1913] 257). Cela pourrait s'appliquer à Bernard, qui fera partie de l'entourage du premier de ces pontifes: B. Guillemain, *La cour pontificale d'Avignon* (*1309-1376*)*: Étude d'une société* (Paris 1962) 210 n. 160. Mais nous ne sommes bien renseignés sur sa carrière qu'à partir de 1276: cf. A. de Lacger, 'Statuts synodaux inédits du diocèse d'Albi au XIIIe siècle', RHD[4] 6 (1927) 457.

[35] Emery, *op. cit.* 112.

[36] G. Mollat, *Jean XXII: Lettres communes* (Paris 1909-1946) VIII-IX n° 4717.

hasard, voire de l'ancienneté ou de la réputation de la communauté narbonnaise. On pourrait se demander si une politique n'a pas été délibérément poursuivie, qui aurait réservé bon nombre de prébendes à des *scholares* d'avenir ou déjà renommés; et cette politique serait à relier sans doute avec l'attitude de Clément IV, lui-même languedocien, encore que sa formation juridique soit entourée d'obscurité, mais à qui plusieurs de ces chanoines étaient bien connus, et dont il a favorisé la carrière. Tout ceci ne peut être avancé qu'avec une extrême prudence, faute de texte explicite, et il est plus hasardeux encore de rapprocher cette politique et les facilités qu'offrait l'enseignement local. Du moins peut-on supposer que quelques-uns de ces personnages ont fait bénéficier de leurs lumières un petit groupe de méridionaux dont l'attrait pour les disciplines juridiques, ou pour les débouchés qu'elles assurent, est assez fort pour les lancer par troupes entières vers Bologne, où les attendent du reste parfois des difficultés financières ou sentimentales dont Étienne Bonnier se fait l'écho.[37]

* * *

Le problème posé par l'enseignement du droit à Béziers ne saurait être isolé sans artifice du précédent: non seulement parce que les deux cités sont voisines et que les juristes qu'elles abritèrent sont presque contemporains, mais aussi parce que les obscurités qui entourent la vie de ces derniers ne permettent pas toujours de les affecter à l'une ou à l'autre de ces villes, si même ils n'ont pas enseigné parfois dans les deux.

La certitude est cette fois permise: Béziers a connu un enseignement juridique qui, s'il n'a pas duré longtemps, a été assuré par des juristes dont l'un au moins est de première taille. Certes les origines de ce que, faute de mieux, on appellera ce *studium*, sont-elles obscures. Nous y verrions volontiers la marque de Bernard Dorna: le fameux auteur de la *Summa libellorum*, peut-être d'origine biterroise[38] et en tout cas au fait des usages de la *provincia* auxquels il se réfère dans son œuvre,[39] à son retour de Bologne où il avait enseigné aux environs de 1215-1220[40] et où il avait gagné l'amitié d'Azon,[41] s'est installé,

---

[37] Cf. MS Darmstadt, fol. 190v, fol. 202, etc. — D'une manière générale, ces *quaestiones* jettent un jour certain sur la vie d'un étudiant méridional à Bologne à la fin du XIIIe siècle.

[38] R. Caillemer, 'Les débuts de la science du droit en Provence: Johannes Blancus Massiliensis', *Congrès des Sociétés savantes de Provence*, 1906 (Valence 1907) 767 et s. — Wahrmund, *Quellen* I 1 (Innsbruck 1905) p. xx et 1 n. 1, a confondu Béziers avec Bourges.

[39] Cf. A. Padoa Schioppa, *Ricerche sull'appello nel diritto intermedio* II (Milan 1970) 176 et n. 196.

[40] R. Caillemer, compte-rendu sur Wahrmund, *Annales du Midi* 18 (1906) 509-13.

[41] E. Landsberg, *Die Quaestiones des Azo* (Freiburg-i-B. 1888) 71 et 74. — H. Kantorowicz, RHD 16 (1938) 14; aj. du même, 'The poetical sermon of a mediaeval jurist: Placentinus and his Sermo de legibus', *Journal of the Warburg Institute* 2.1 (1938) 30.

sinon immédiatement, en tout cas à partir de 1224, à Montpellier où il paraît être resté dix ans.[42] Le point de savoir s'il y a enseigné a été débattu, et le seul argument en faveur de cette hypothèse tient dans le titre de *legum professor* qu'il se donne alors. Au contraire le seul grade de docteur lui est attribué pendant la dernière partie de sa vie, qui couvre les années 1239 à 1257, au long desquelles il n'a sans doute pas quitté Béziers:[43] d'abord vicaire épiscopal, il y devint archidiacre de Cabrières.

Qu'à ce moment, lui-même ou d'autres aient enseigné, ceci n'est pas impossible. Un statut capitulaire de 1255 abroge la charge, jusque là supportée par les conduchers, d'aider financièrement les chanoines étudiant le droit ou les arts, sauf à tenir pour acquis les droits de deux d'entre eux alors à Bologne;[44] la mesure, serait d'autant plus facile à comprendre qu'elle serait contemporaine de l'arrivée de maîtres disposés à former sur place les jeunes juristes biterrois.

Précisément, un professeur au moins s'installe à Béziers peu après le milieu du siècle, en sorte qu'il a pu y rencontrer un Bernard Dorna vieillissant. Le célèbre *Abbas antiquus*, de son vrai nom Bernard de Montmirat, après avoir suivi l'enseignement de Pierre de Sampson et de Vincent d'Espagne[45] va enseigner le droit canonique, à une date imprécise, probablement au même moment où il devient moine d'Aniane. Son séjour est sans doute assez long, puisqu'il écrit lui-même qu'il a connu tant l'épiscopat de Raymond de Vailhauquès que celui de Pons de Saint-Just. La succession du premier ayant été assurée en 1261, nous tenons là un repère chronologique qui permet d'avancer que non seulement la *lectura* sur Innocent IV, achevée à peu près cette année là, mais aussi *l'apparatus* sur les décrétales de Grégoire IX, un peu postérieur à la précédente, ont pu être composées à Béziers, au moins pour partie. De toute manière Bernard n'a pu continuer à enseigner au-delà d'octobre 1266, car il devient alors abbé de Montmajour et fait la carrière que l'on connaît.[46]

---

[42] J. M. Saint-Victor Despetis, 'Le juriste montpelliérain Bernard Dourgne', *Bull. Soc. archéol. Béziers* 43.2 (1919-1920); aj. J. Rouquette et A. Villemagne, *Cartulaire de Maguelone* (Montpellier 1912-1925) II n° 403, p. 253; n° 412, p. 263; n° 440, p. 309.

[43] R. Caillemer, *op. cit.* (cf. n. 40 *supra*) et *Annales du Midi* 31 (1919) 87 n. 1 et 3; P. Cassan, 'Bernard Dorna, archidiacre et viguier de Béziers', *Bull. Soc. archéol. Béziers* 43, 1 (1916-1918) 43-61.

[44] C. Douais, *Documents sur l'ancienne province de Languedoc*, I: *Béziers religieux* (Paris-Toulouse 1901) 86. — Cf. H. Vidal, *Episcopatus et pouvoir épiscopal à Béziers à la veille de la Croisade albigeoise 1152-1209* (Montpellier, 1951) 95.

[45] A. Villien, DDC I, art. 'Abbas antiquus'. Notre éminent collègue et ami St. Kuttner a bien voulu nous confirmer la légère erreur commise par E. M. Meijers, qui n'en faisait l'élève que du premier.

[46] Meijers, *Responsa doct. Tholos.* VIII; St. Kuttner, 'Wer war . . .' (n. 21) 478; du même, 'Decretalistica, 2: Die Literatur zu den Novellen Innozenz' IV.', ZRG Kan. Abt 26 (1937) 461-2; sur les projets que forma pour lui Nicolas III, cf. le même, SDHI 6 (1940) (n. 21 *supra*) 426 n. 1.

Le Spéculateur nous fournit un autre nom, à peu près contemporain, mais sous une forme qui suscite plus de réserve. On trouve dans son œuvre un exemple relatif à la maison d'un *legum professor* de Béziers, un certain Guillaume Arnaud qu'il n'est pas facile d'identifier à divers homonymes contemporains.[47] Comme la première mise en circulation du *Speculum* n'est pas antérieure à 1271, mais que l'on admet aujourd'hui une composition étalée sur plusieurs années, et que d'autre part les exemples biterrois de l'œuvre se réfèrent toujours à l'épiscopat de Pons de Saint-Just, l'activité de ce Guillaume Arnaud, si elle a bien été consacrée à l'enseignement, doit se situer entre 1261 et 1271. Ce juriste a pu jouer du reste quelque rôle dans la première formation du Spéculateur.

A n'en pas douter, autour de la dernière de ces années, canonistes et civilistes forment un groupe d'importance dans la cité biterroise. On en voudra pour preuve cette sentence rendue ici en 1271 (n. s.) par le sénéchal Guillaume de Cohardon en présence de multi *boni viri periti in jure canonico et civili*.[48] Si les canonistes ne laisseront guère de traces par la suite — encore qu'un autre archidiacre de Cabrières, Pierre Aybrand, soit *decretorum doctor*[49] — les civilistes ne vont pas manquer. A s'en tenir aux seuls docteurs, la sentence précédente n'en rassemble pas moins de quatre: le sénéchal est assisté par Guillaume *de Lando*, Guiraud Ermengaud et Guillaume Ainard[50] outre le juge-mage Rimbaud de Sauve.[51]

---

47 *Speculum*, IV, 4 *de crimine falsi*. Ce personnage n'est sans doute pas le même que Guillaume Arnaud de Clarensac, *decretorum doctor* à Montpellier en 1292 (Rouquette et Villemagne, *op. cit.* III, n° 843, p. 491), ni que Guillaume Arnaud *de Ponte*, professeur toulousain du début du XIVe siècle (Meijers, *Études . . .*, III 200), ni que Guillaume Arnaud de Corneillan, donné pour *legum doctor* à Carcassonne en 1329 (H. Mahul, *Cartulaire et archives des communes de l'ancien diocèse et de l'arrondissement administratif de Carcassonne* [Paris 1857-1882] V 686; C. Douais, *L'Inquisition, ses origines, sa procédure* [Paris 1906] p. justif. VIII, p. 344).

48 L. Cassan, 'L'administration communale aux XIVe et XVe siècles dans quelques communautés dépendant des abbayes d'Aniane et de Saint Guilhem le Désert'; *Mémoires de la Soc. archéol. de Montpellier*, 2e série, 3, 2 (1907) 290.

49 Arch. Munic. Agde, AA1, I, fol. 8; AA 2, IX.

50 Guiraud Ermengaud assistait dès 1267 la vicomtesse de Narbonne à l'occasion d'un compromis (Arch. Mun. Agde. AA 4, IX). C'est sans doute le même que signale, sous le prénom de Guitard, *Hist. Languedoc* VIII, Pr. n° 545, col. 1742 (1270). Ce dernier texte donne Guillaume Ainard pour jurispérit, sans doute par erreur: dès 1266 il était qualifié de *legum doctor* de Béziers et arbitrait avec l'official de Carcassonne un litige survenu entre l'abbaye et les habitants de Caunes (Mahul, *Cartulaire* IV 140). Quant à la famille biterroise Ermengaud, elle comptait un jurispérit prénommé Guitard, sans doute différent de l'homonyme cité plus haut, dans la maison duquel est passé le 22 mai 1282 un acte en présence de Brémond de Montferrier: ce docteur ès lois bien connu s'installera quasi définitivement à Montpellier dès juillet de la même année, mais il n'est pas exclu qu'il ait fait ses premières

Peut-être simple feu de paille, le mouvement ne paraît pas se maintenir les décennies suivantes. Il faut attendre les dernières années du siècle pour que reparaissent les gradués; que Bernard de Montmirat n'ait pas fait durablement école ne saurait surprendre, compte tenu de la précarité certaine qui marquait son enseignement. Voici pourtant qu'aux environs de 1290, des docteurs comme Bérenger Rey, sans doute doctorisé à Bologne[52] comme beaucoup de ses contemporains, comme Vassal de Saint Georges,[53] voisinent avec des licenciés *in legibus* parmi lesquels il faut peut-être compter le futur professeur toulousain Raymond Fabre.[54]

C'est que l'enseignement des droits, s'il a jamais cessé depuis une trentaine d'années, connaît une reprise assurée. En témoigne une lettre envoyée par les évêques de Béziers, d'Agde et de Lodève et par les abbés du ressort de la viguerie de Béziers à Philippe le Bel en 1298, grâce à laquelle nous savons qu'alors *jura tam canonica quam civilia edocentur* à l'aide d'une *abundantia jurisperitorum* dont le texte ne donne malheureusement ni les noms, ni l'origine.[55] Même si la source est orientée — il s'agit d'empêcher la création d'une viguerie ayant pour siège la ville voisine de Pézenas — elle est aussi précieuse pour l'histoire de cette ville que l'était la bulle de 1247 pour Narbonne; plus peut-être, dans la mesure où elle émane de personnalités de poids au contact quotidien de la cité, et qui n'y trouvent du reste qu'un argument de fait parmi bien d'autres. Elle permet d'autre part de supposer que le *studium*, si ce terme est permis en l'absence de toute consécration officielle à nous parvenue, s'était développé en étroite liaison avec le clergé local, ou du moins avec l'évêque.

Si, par son fâcheux laconisme, cette lettre ne nous livre guère de renseignements, elle ne reflète vraisemblablement qu'une prospérité toute passagère. Les documents biterrois contemporains cessent en effet très rapidement de

---

armes en qualité de professeur, soit à Béziers, soit même à Albi, où il se trouvait au mois d'octobre précédent: cf. les deux textes analysés par Edm. Cabié et L. Mazens, *Un cartulaire et divers actes des Alaman, des de Lautrec et des Lévis* (Toulouse 1883) 38 et 40.

[51] Juge-mage de la sénéchaussée depuis 1270 au moins (*Hist. Languedoc* VIII, Pr. n° 537, col. 1705), et il le restait encore en 1273 (*Gallia Christiana* VI, *Instr. eccl. Agath.* n° XXVIII, col. 340).

---

[52] S'il s'identifie au Bérenger *Regis*, de Carcassonne, *legum doctor* à Bologne dès 1277, que relèvent Sarti-Fattorini, *De claris archigymnasii Bononiensis professoribus* II 315.

[53] Juge royal de Béziers de 1291 (Strayer, *op. cit.* 112) à 1295: Mis de Thézan Saint Geniez [et H. Blaquière], *Le fonds Thézan aux archives du château de l'Hermitage* (Montpellier 1938) 89, n° 2.

[54] Il était en 1287 prieur de Sainte-Madeleine de Béziers: nous ne sommes pas aussi certain que Meijers (*Études* III 203 n. 313) qu'il faille le distinguer de l'auteur de multiples gloses reproduites dans des mss. où elles voisinent avec celles des docteurs toulousains ou montpelliérains, comme l'ont montré les travaux récents de MM. Maffei, Legendre, Nörr.

[55] *Hist. Languedoc* X, Pr. n° 99, col. 355.

signaler la présence de juristes, ou du moins de docteurs. A peine peut-on, dans les premières années du quatorzième siècle, réunir les noms de *l'utriusque juris professor* Durand de Rogues[56] ou du *legum professor* Bernard Cabot.[57] Qu'ils aient enseigné est encore possible; c'est déjà beaucoup moins vraisemblable pour les gradués dont la présence s'explique par leurs fonctions judiciaires, comme Jean de Chenou.[58] Le terme de l'expérience biterroise d'enseignement ne saurait en tout cas dépasser 1320, et doit probablement être fixé quelques années plus tôt.

Symptôme de cette fin précoce, les actes administratifs du temps, et singulièrement ceux qui requièrent des juristes hautement qualifiés, font désormais intervenir des gradués pratiquant dans les villes voisines ou enseignant dans les grandes Universités méridionales; témoin l'enquête relative au consulat de Limoux que rapporte un instrument passé à Béziers le 11 octobre 1319.[59] On y voit intervenir six docteurs, dont cinq sont bien connus: deux sont professeurs à Toulouse, Hugues de Carols et Guillaume Séguier, deux autres enseignent ou ont enseigné à Montpellier, Pons d'Aumelas et Pierre d'Aurillac, qui n'est autre que Pierre Jamme, et le dernier, Frisco Ricomanni, paraît avoir toujours vécu à Carcassonne depuis son doctorat.[60] C'en est alors certainement fini du *studium*.

* * *

Narbonne et Béziers ne sont nullement des cas exceptionnels: d'autres villes du Centre et du Midi de la France ont abrité, et à la même époque, un foyer d'enseignement, plus ou moins durable, des deux droits. Le fait est connu depuis longtemps pour Alès, et il a été mis en lumière plus récemment à Lyon.[61] La liste de ces *studia*, ou du moins des enseignements à l'écart des

---

56 Arch. Mun. Agde, AA 4, II, nº 252 (1301); Mis de Thézan Saint Geniez, *op. cit.* p. 190, nº 311 (1306); *Registres du Trésor des Chartes* nº 2189 et *Hist. Languedoc* X, Pr. nº 179-II, col. 594-95 (1308).

57 Cf. les deux premiers documents cités dans la n. précédente; aj. Mouynès, *Inventaire . . . Annexes de la série AA* p. 215, qui le donne pour habitant de Béziers; G. Mollat, *Jean XXII: Lettres communes* nº 2001 (1316). Il était official de Béziers en 1329: C. Douais, *L'Inquisition* pp. 308, 313, 343, etc.

58 Juge royal de la ville en 1300 (Strayer, *op. cit.* 113, pour qui il y était peut-être né), il le sera encore en 1311 (*Registres du Trésor des Chartes* nº 1508) et sans doute aussi l'année suivante, si l'on comble par l'indication de son nom le texte lacunaire publié par Mahul, *op. cit.* II 109.

59 Arch. Nat., JJ 61, nº 431, fols. 183v-184.

60 Cf. en dernier lieu Strayer, *op. cit.* 123-26; H. Gilles, 'Trois consultations de doctores tholosani en faveur du monastère de Prouille', TRG 39 (1971) 209-10.

61 Eug. de Rozière, 'L'école de droit d'Alais au XIIIe siècle'; BEC 31 (1870) 5-20. — R. Fédou, *Les hommes de loi lyonnais à la fin du Moyen Age: Étude sur les origines de la classe de robe* (Annales de l'Université de Lyon, 3e série, Lettres, fasc. 37; Paris 1964).

Universités canoniquement érigées, est sans doute loin d'être close. Son établissement se heurte pourtant à une difficulté majeure: l'accroissement subit et remarquable des effectifs formés par les juristes méridionaux, à partir des années 1260, et le tarissement sensible de ceux-ci environ un demi-siècle plus tard, forme comme une vague charriant des éléments d'origine diverse. A Narbonne ou à Béziers, l'historien bénéficie de quelques sources d'où ressort explicitement un enseignement local; ailleurs, les documents de ce type ont pu disparaître, et l'on ne peut plus que constater l'afflux des gradués. Ainsi à Carcassonne, ou encore à Nîmes, où le phénomène est exactement contemporain, mais où, à moins de mettre au jour un témoignage sans ambiguité, l'hypothèse d'une formation juridique sur les lieux reste aventurée.

Ces juristes ont peut-être tout simplement étudié en Italie, et par-dessus tout à Bologne: précisément au cours de la période 1260-1290, une véritable cohorte de Languedociens fréquente cette illustre Université. Mais beaucoup de leurs contemporains se regroupent dans des villes moins lointaines, et les écoles de Montpellier et de Toulouse, voire celle d'Avignon à moindre bruit, connaissent en même temps un développement évident. Et ce n'est pas relever le moindre intérêt de nos *studia* que de noter la simultanéité de leur essor. Cause ou effet, l'attrait exercé sur les jeunes "Provençaux" par les disciplines juridiques — et sûrement par leurs débouchés — et ses conséquences sur le nombre de docteurs et de licenciés vont de pair avec la multiplication et la décentralisation des offres de services présentées par des maîtres plus ou moins réputés, mais auxquels les occasions de voyage ne manquent pas, depuis les exils politiques — et l'on a insuffisamment souligné jusqu'ici ce que doivent à ceux-ci les premiers temps des Universités françaises — jusqu'aux effets des disputes entre docteurs et des départs des minoritaires, en passant par la recherche d'auditoires payants dont l'étendue, sans doute limitée en général, reste toujours une inconnue. N'oublions pas en outre que les étudiants, de leur côté, vont et viennent volontiers d'une Université à l'autre.[62]

Au delà de la courte histoire des écoles de Narbonne et de Béziers, l'essor universitaire que connaît la France méridionale après 1250 nous paraît bien un phénomène social cohérent beaucoup plus que l'addition d'initiatives pontificales ou royales. Si l'Université de Toulouse est créée en principe en 1229, ce n'est pas avant le milieu du siècle, selon toute vraisemblance, qu'on y a enseigné aussi bien le droit civil que le droit canonique; si à l'inverse, le *studium* d'Avignon n'est canoniquement érigé qu'en 1303, des étudiants le fréquentaient dès 1255, et les lectures de Pierre de Sampson n'y sont pas restées isolées. Et les origines de l'école montpelliéraine, encore bien obscures,

62 Tel le célèbre Jean Faure, angoumoisin et étudiant à Montpellier, qui se dépeint lui-même comme *itinerans* et *negotians*.

ne remontent sans doute pas à Rogerius et à Placentin, faute d'une relève continue qu'aucun texte ne confirme, mais sont contemporaines des deux précédentes. Comment ne pas voir dans tout ceci une réponse globale et quasi-spontanée à un problème essentiel pour une société à l'intérieur de laquelle les rapports, tant individuels que collectifs, s'expriment désormais en termes de technique juridique ? Certes sans commune mesure avec celui de Bologne, dépourvu de l'avenir qu'assureront bulles et privilèges à leurs puissantes voisines toulousaine et montpelliéraine, l'apport de Narbonne et de Béziers, pour être difficilement mesurable et assurément limité dans le temps, mérite de ne pas tomber dans l'oubli.

Université de Montpellier I.

VII

AUTOUR DE PLACENTIN A MONTPELLIER : MAITRE GUI ET PIERRE DE CARDONA

Des deux séjours de Placentin à Montpellier, les sources locales n'ont rien retenu, hormis la date de sa mort, survenue le 12 février 1193 (n.s.) (1). On pourrait objecter, il est vrai, que nous ne connaissons pas son vrai nom, sous lequel il était peut-être désigné dans les notes où il intervenait. Mais le seule hypothèse en ce sens, présentée par H. Kantorowicz (2), en ferait un *Savinus de Valdetario* dont on ne trouve pas trace; et toute enquête parmi les *magistri* ou *causidici* du temps se heurte à l'absence de donnée sûre relative à la première venue du glossateur: l'unique point de repère probable tient à l'antériorité de Rogerius, dont la vie est elle-même entourée d'une obscurité plus profonde encore. Dans ces conditions, les historiens modernes de Placentin le font arriver à Montpellier, soit en 1170, soit, avec P. de Tourtoulon et P. Tisset (3), entre 1166 et 1170, soit dès 1162 avec C.G. Mor qui reprend une ancienne tradition et le verrait volontiers accompagnant Rogerius (4). L'accord

---

(1) *Thalamus parvus. Le Petit Thalamus de Montpellier*, éd. Société archéologique de Montpellier. Montpellier, 1841, p. 330. Comme le remarquent les éditeurs, cette partie de la *Chronique romane* a été composée en 1333.

(2) *The poetical sermon of a mediaeval jurist. Journal of the Warburg Institute*, t. II (1938), nº 1, p. 23.

(3) P. DE TOURTOULON. *Placentin, sa vie, ses oeuvres*. Th. Droit, Montpellier. Paris, 1896, p. 121. — P. TISSET, *Placentin et son enseignement à Montpellier. Droit romain et coutume dans l'ancien pays de Septimanie* dans *Recueil de mémoires et travaux publié par la Société d'histoire du droit et des institutions des anciens pays de droit écrit*, fasc. II (1951), p. 75.

(4) *A l'origine de l'école de Montpellier: Rogerius ou Placentin?* dans *Recueil... de droit écrit*, fasc. VI (1967) p. 17-21 (paru également dans *Album J. Balon*).

n'est à peu près réalisé que sur la solution de continuité entre les deux séjours, qui doit s'étendre de 1183-1184 à 1190-1191 (5).

A défaut d'indications directes, on pourrait espérer tirer quelques renseignements des noms que donne la *Summa Codicis* à titre d'exemples, notamment dans les formules procédurales; il faut malheureusement y renoncer: *Petrus Constancii, Petrus de Aureliaco, Arnaldus, Yvanus, Ysarnus,* sont, ou bien inconnus, ou bien trop imprécis pour permettre une identification. Certes Tourtoulon avait cru pouvoir identifier *R. de Narbona* avec un Raymond de Narbonne que les sources montpelliéraines mentionnent souvent entre 1160 et 1175 (6); mais trop d'individus ont été désignés au XIIe siècle par cette localisation géographique pour que l'on puisse en tirer quelque certitude, et surtout Placentin en fait l'un des deux consuls de la ville où il réside en compagnie d'un certain *Ambrannus*. Or non seulement il n'y a pas de consulat à Montpellier au temps de Placentin, mais encore on évite soigneusement d'y faire allusion depuis 1141, où avait éclaté un soulèvement antiseigneurial dont les chefs s'étaient qualifiés de consuls; et lorsqu'en 1205, et dans une ambiance toute différente, seront mises en place de nouvelles institutions municipales, la ville sera représentée, non par deux, mais par douze magistrats. Kantorowicz est donc sans doute dans le vrai en supposant que Placentin usait de noms fictifs (7).

Au reste, les premiers juristes établis à Montpellier — des *magistri*, c'est-à-dire des lettrés parfois difficiles à distinguer de médecins ou de théologiens à la qualification analogue, et dont la présence n'induit nullement un enseignement du droit, puisque d'autres villes méridionales abritent leurs confrères à peu près simultanément — sont des hommes obscurs, soit rédacteurs d'actes, soit conseillers. Tels Elie et Dulcian dès 1139 (8) et plusieurs autres par la suite dont certains ont pu connaître Placentin: ainsi Maurin, qui a visiblement joui d'une certaine autorité de 1159 à 1173 (9),

---

(5) Encore cette datation a-t-elle été discutée dans le détail par GROSS, CAVAZZA, SECKEL, BESTA: cf. KANTOROWICZ, *op. cit.*, p. 26.

(6) *Op. cit.*, p. 107.

(7) *Studies in the glossators of the roman Law* (en collab. avec W.W. BUCKLAND) Cambridge, 1938, p. 12.

(8) *Liber instrumentorum memorialium. Cartulaire des Guillems de Montpellier*, publié par la Soc. archéologique de Montpellier. Montpellier, 1884-1886, nº CCCCVII, p. 586.

(9) *Cartulaire de Maguelone*, t. I, publié par J. ROUQUETTE et A. VILLEMAGNE. Montpellier, 1912, nº CI, p. 196; CIX, p. 212, CXV, p. 229; CLIX, p. 296.

comme en témoigne cet hommage rendu en décembre 1172 par Bernard Pelet, comte de Melgueil, à Alphonse II, roi d'Aragon, dans la maison de ce juriste, *in camera* (10). Mais les sources nous livrent les noms de deux personnages autrement importants, bien qu'à des titres divers, et qui ont très vraisemblablement connu Placentin, dont ils ont pu suivre les cours: maître Gui et Pierre de Cardona.

* * *

Plusieurs historiens ont relevé l'importance du rôle joué par le magister *Guido* dans la vie montpelliéraine à la fin du douzième siècle (11); en particulier Tourtoulon a remarqué qu'il n'était ni notaire, ni juge, ni avocat, mais une sorte de conseiller juridique (12). En fait, le très grand nombre de documents qui le mentionnent permet d'être plus précis. Ce personnage fait son apparition, à notre connaissance, dans un acte passé à Béziers en mars 1159, n.s.; on l'y trouve dans une liste de témoins, où il est encadré par deux *causidici*, Maurin et un certain Guillaume Robert (13). Par la suite, il s'installe à Montpellier, qu'il ne quitte pratiquement plus, à l'exception d'une période sur laquelle nous reviendrons. De 1161 aux premières années du treizième siècle, il est mêlé, ne serait-ce qu'en qualité de témoin, à presque tous les actes de quelque importance passés dans la ville (14).

Très tôt, l'évêque de Maguelone l'a pris pour conseiller et l'a visiblement tenu en considération: Gui est choisi dès 1161 pour seconder Pons de Montlaur dans un arbitrage rendu entre l'évê-

---

(10) *Ibid.*, n° CLVII, p. 289.

(11) L. Guiraud, *Le collège Saint Benoit*. Montpellier, 1890, p. XIII; J. Rouquette, *Histoire du diocèse de Maguelone*, t. I, fasc. IV. Montpellier, 1922, p. 313, 403-404.

(12) *Op. cit.*, p. 99.

(13) *Liber instrumentorum...*, n° CCCC, p. 580. On notera que l'acte est rédigé par un autre *causidicus*, Pons *de Cinciano*.

(14) Par exemple *Liber instrumentorum...*, n° LXXXI, p. 153-154 (1174); XLVIII, p. 88 (1184, avril); *Cart. Maguelone*, t. I, n° CXXII, p. 239 (1163?); CCXXV, p. 407 (1194); CCXXXIX, p. 427 (1196); *Hist. de Languedoc*, éd. Privat, t. VIII Pr. n° 68-III (1195, n.s., janvier) et 102-I (1199, septembre); Em.-G. Léonard, *Catalogue des actes des comtes de Toulouse*, t. III: *Raymond V* (*1149-1194*). Paris, 1932, n° 135bis, p. 96 (1190, n.s., 3 mars); n° 152, p. 107 (1194). Le document du 3 mars 1190 est aussi au *Cart. Maguelone*, t. I, n° CCII, p. 365 et dans l'*Histoire de Languedoc*, t. VIII, Pr. n° 69. — Un acte inédit de 1192, 6 juillet (Arch. Mun. Montpellier, EE 592) montre Gui accompagnant Guilhem VIII de Montpellier lors d'une approbation donnée par ce dernier à une vente.

que et le seigneur de Pignan (15). Désormais il est systématiquement désigné comme assesseur dans les compromis confiés à l'autorité épiscopale, et cela jusqu'en 1192 au moins (16). En 1199, les évêques de Béziers et d'Agde et le prévôt de Maguelone, chargés de recueillir les dépositions d'une série de témoins, le prennent pour conseiller (17). La maison féodale de Montpellier n'a pas manqué d'autre part d'utiliser ses services, au point de lui permettre d'exercer, sous Guilhem VIII du moins, une véritable influence politique: pour se borner à deux exemples, il prend une part prépondérante à la rédaction du contrat de mariage passé en 1197, et complété deux ans plus tard, entre Marie de Montpellier et Bernard de Comminges (18) et surtout il est nommé en novembre 1202 membre d'un conseil de régence à larges pouvoirs institué par le testament de Guilhem VIII, dont le remariage laisse une situation embrouillée et qui craint pour l'avenir de ses enfants mineurs (19). On va voir que ces marques de confiance entraîneront de fâcheuses conséquences pour notre juriste.

Il manque une preuve directe attestant que maître Gui ait enseigné. Néanmoins un élément favorable à cette hypothèse peut être tiré du fait que sa maison, choisie aussi bien par l'évêque de Maguelone que par le comte de Melgueil pour passer d'importantes conventions (20), comportait un *porticus* (21), et que ce dernier lui avait été cédé contre redevance par le seigneur de Montpellier (22). Que ce soit par la consultation ou par l'enseignement,

---

(15) *Cart. Maguelone*, t. I, nº CX, p. 213.

(16) Cf. par exemple *Cart. Maguelone*, t. I, nº CXXIX, p. 250 (1166) (*magister Guido, qui erat in judicio*); CXXXVII, p. 265 (1168); CLX, p. 296 (1173); CCXI, p. 380 (1192) (assesseur du bayle de l'évêque).

(17) *Liber instrumentorum*... nº DLXIV, p. 767. — Il a probablement fourni aussi son assistance à l'évêque de Lodève, dans la suite duquel il se trouve en juin 1178 à Cassan — et c'est là une de ses rares sorties hors de Montpellier — lors de l'ouverture du testament de Frotard d'Euzières (Arch. privées de M. Douysset, de Saint-André de Sangonis).

(18) *Ibid.*, nº CCIV et s., p. 349 et s.

(19) *Ibid.*, nº XCIX, p. 196. Il est à remarquer que ce testament abroge l'ancienne majorité coutumière de quatorze ans et lui substitue celle de vingt-cinq ans, *sicut jus scriptum est.*

(20) *Liber instrumentorum*... nº LXXXVI, p. 160 (concession de fief par Bernard de Melgueil au fils du seigneur de Montpellier, 1171, juin); CLXVII, p. 309 (reconnaissance par l'évêque des droits du seigneur de Gigean, 1176, avril).

(21) *Ibid.*, nº CCCCXX, p. 601 (1175, juillet).

(22) *Ibid.*, nº CCLXXXIV, p. 455 (non daté, antérieur à 1166 en raison d'une men-

Gui était devenu en tout cas un personnage considérable à la fin du siècle: sa place dans les listes de témoins l'indique bien, qu'il figure immédiatement après les *milites*, ou bien en second après le bayle seigneurial, ou tout simplement en tête de tous (23).

A peu près toujours qualifié du vague titre de *magister*, désigné toutefois comme *causidicus* dans quelques rares documents dont l'un prouve qu'il a connu l'illustre Alain de Lille (24), notre juriste n'a laissé qu'un simple prénom à la postérité, comme d'ailleurs presque tous les praticiens du temps. A ce sujet, les documents reproduits au cartulaire de Maguelone, dont le rédacteur n'a pas toujours été attentif, ne doivent pas induire en erreur. Si l'on y trouve, dans un acte de juin 1197, la mention d'un *magister Guido Rabastencs* en tête de tous les témoins, et si, en 1200, figurent dans une liste de *causidici* les mêmes mots, une virgule séparant toutefois les deux derniers, ce n'est point parce que maître Gui a jugé bon, à la fin de sa vie, de faire suivre son prénom du nom de sa ville d'origine. Le scribe a simplement confondu *Guido* avec le *causidicus* Guillaume de Rabastens, nécessairement différent du premier puisqu'il témoigne le 4 novembre 1202 à la déposition des conseillers désignés par Guilhem VIII, parmi lesquels figure maître Gui; et l'on retrouve G. de Rabastens en 1206 alors qu'il n'est pas question pour notre juriste de se trouver à Montpellier (25).

La confusion n'est non plus possible, ni avec le chancelier du comte de Toulouse Gui de Grunier, dit Capdeporc, que les sources locales signalent au même moment (26), ni avec *Guido junior*, qui témoigne conjointement avec notre juriste en 1200 (27), et que l'on

---

tion du cens dû par le médecin André): *magister Guido, IIII den. pro portico quem dominus ei donavit de domo de la Fustaria*. Dans une autre liste de cens, datée de mars 1201, Gui figure pour 3 s. 4 d. (*ibid.*, n° CCLXXXVIII, p. 466).

(23) Respectivement *Liber instrumentorum...*, n° DLVII, p. 774 (1197, juillet); *Cart. Maguelone*, t. I, n° CCLIII, p. 448 (1200, avril); *Liber instrumentorum...*, n° DLXX, p. 782 (1202, août).

(24) *Cartul. Maguelone*, t. I, n° CCLVII, p. 462 (1200, juillet). Cf. aussi *Cartulaire de Béziers*, éd. J. Rouquette, fasc. 1, Montpellier, 1924, n° CCXLII, p. 336 (Montpellier, 1173, juin).

(25) Les documents cités sont publiés au *Cartulaire* précité, dans l'ordre du texte, au t. I, n° CCXLV, p. 434; CCLIX, p. 466; *Liber instrumentorum...*, n° XCIX, p. 204; *Cart. Maguelone*, t. II (Montpellier, 1913), n° CCXCI, p. 33.

(26) *Cart. Maguelone*, t. I, n° CCLXVII, p. 479 (1202, 14 août).

(27) *Ibid.*, n° CCLIX, p. 466.

peut sans doute identifier au magister *Guido juvenis*, attesté par deux sources provençales, dont l'une, de juillet 1202, le donne pour neveu de l'évêque de Fréjus Guillaume du Pont, rédigeant et dictant un contrat de vente, et l'autre, de 1209, le qualifie de montpelliérain (28).

En réalité, maître Gui « l'ancien » a été exilé de Montpellier, comme la plupart des autres membres du conseil de régence, en juin 1204, à la suite des évènements mal connus qui aboutirent, on le sait, au retour de Marie, fille du premier mariage de Guilhem VIII, au bannissement de la seconde femme de ce dernier et de ses enfants, et à l'installation comme nouveau seigneur du roi Pierre d'Aragon, époux de Marie (29). Les mesures prises contre les exilés furent confirmées par Pierre en mars 1205, n.s. (30) dans un acte où témoigne G. de Rabastens, ce qui prouve encore qu'il est différent de Gui.

Notre juriste ne réapparaîtra pas à Montpellier, et, pas plus que pour les autres exilés, on ne sait où il trouva refuge. Peut-être le roi d'Aragon le comprenait-il dans les mesures de réintégration qu'il cherchait à prendre en 1206 (31). De toute façon, Gui avait atteint un âge avancé; c'est pourquoi nous estimons que, dans le *magister Guido* qui témoigne à Agde en 1211 (32), il faut voir plutôt le *juvenis* précité.

L'affirmation du chroniqueur relative à la mort de Placentin d'une part, et dans une moindre mesure la précocité des premiers textes qui font mention de maître Gui, interdisent de supposer que ce dernier n'est autre que l'illustre glossateur. Mais les deux hom-

---

(28) Textes respectivement édités par ALBANÈS, *Gallia Christiana novissima*, t. I. Montbéliard, 1899, *Instr. eccl. Forojuliensis*, n° XV, col. 207, et par F. BENOIT, *Recueil des actes des comtes de Provence appartenant à la maison de Barcelone: Alphonse II et Raimond Bérenger V* (*1196-1245*), t. II. Monaco-Paris, 1925, *actes de Raimond-Bérenger V*, n° 1, p. 85. — Il faut exclure également un autre *magister Guido*, chanoine d'Embrun en 1177: cf. M. FORNIER, *Histoire générale des Alpes maritimes...*, t. III. Paris 1892, App. II, p. 218.

(29) Cf. A. GERMAIN, *Histoire de la commune de Montpellier*, t. I, Montpellier, 1851, app. I, p. 318.

(30) *Hist. de Languedoc*, t. VIII, Pr. n° 129-II, et TEULET, *Layettes du Trésor des Chartes*, t. I, Paris, 1863, n° 752, p. 284-285.

(31) D'AIGREFEUILLE, *Histoire de Montpellier*, éd. LA PIJARDIERE, fasc. 1, Montpellier, 1875, p. 98.

(32) O. TERRIN, *Cartulaire du chapitre d'Agde*. Nîmes, 1969, n° 221bis, p. 205 (= n° 419, p. 411).

mes n'ont pas pu ne pas entretenir d'étroites relations. Peut-on aller plus loin? Il est remarquable que maître Gui ait laissé trace de sa longue vie presque chaque année, hormis pendant une période qui s'étend d'avril 1184 au 3 mars 1190, n.s.: c'est à peu près exactement la période qui correspond, dans l'opinion générale, au retour en Italie de Placentin; tout se passe comme si les deux hommes avaient quitté Montpellier en même temps, et y étaient revenus de même.

Seule une étude détaillée des sentences arbitrales où maître Gui figure comme assesseur, voire des actes où il souscrit comme témoin, permettrait peut-être de mesurer son influence sur une pratique juridique montpelliéraine en pleine mutation; notre impression d'ensemble nous amène toutefois à souscrive à l'avis de Tourtoulon, pour qui notre juriste ne se préoccupait pas exclusivement de droit savant — guère plus, en fait, que les praticiens méridionaux contemporains — et qu'il laissait une large place aux usages locaux dans les compromis qu'il inspirait. A cet égard, on peut regretter de ne pas mieux connaître les circonstances dans lesquelles a été élaboré une sorte de brouillon inachevé de la coutume de Montpellier, que ses éditeurs assignent à l'année 1190 sans raison décisive (33), mais qui ne doit pas en être très éloigné: ce texte, qui sera repris presque sans changement dans les 27 premiers articles de la charte de 1204, suppose, de son ou de ses auteurs, tout à la fois une connaissance manifeste du droit de Justinien et une préférence pour les usages de la cour seigneuriale, puisque le bayle et ses conseillers devront juger d'après ces derniers lorsqu'ils seront certains, quitte à trancher en leur absence *secundum juris ordinem*. Au surplus, les plaideurs, selon ce même texte, ne pourront se faire assister d'un *legista*, ce qui sous-entend, d'une part la présence d'hommes formés au droit romain dans la ville, et d'autre part une certaine méfiance à leur endroit. Nous verrions volontiers dans ces dispositions l'empreinte de maître Gui, le seul juriste à jouir alors d'une grande audience auprès de Guilhem VIII; or, si cette tentative de rédaction est sans doute restée officieuse, elle a été jugée assez digne d'intérêt pour figurer dans le cartulaire seigneurial.

Plus ambitieuse, mais combien tentante est l'hypothèse qui

---

(33) *Liber instrumentorum...* n° CCXLIV, p. 405 et s.; GERMAIN, *op. cit.*, t. I, p. 275 et s.

met au compte de notre juriste l'une au moins de deux oeuvres dont les liens avec l'enseignement de Placentin sont fort étroits. L'on pense d'abord au ms. British Mus. Reg. 11.B. XIV dont H. Kantorowicz a donné une si remarquable description (34). Ce ms., originaire du Sud de la France, n'a pu d'évidence être rédigé que dans l'entourage de Placentin après la rédaction de la *Summa Codicis*, et comporte au surplus 217 notes que le savant historien assigne à un *magister* G., en raison d'une substitution de cette initiale aux noms fictifs des *formulae* que Placentin faisait précéder d'un *ego*. Si le ms. a été bien composé à Montpellier — et tout y ramène, comme l'observe Kantorowicz —, on ne voit guère que notre maître Gui à pouvoir s'identifier avec l'auteur. Le caractère volontiers littéraire des notes en question ne serait point surprenant de la part d'un homme qui a fréquenté les mêmes milieux qu'Alain de Lille. Enfin les observations à travers lesquelles il est permis, à la suite de St. Kuttner (35), de voir dans maître G. un clerc ne sont nullement contradictoires avec ce que nous savons du rôle de Gui auprès de l'évêque de Maguelone.

Reste à suggérer, il est vrai, une autre paternité: celle de cette *Summa Vindocinensis* qu'ont étudiée Em. Seckel et Er. Genzmer (36). Comme ces derniers l'ont démontré, le ms. Vendôme 223 a été composé dans l'entourage de Placentin, après que ce dernier ait achevé sa Somme au Code, et peut-être de son vivant, encore que la formule *audivi Pla. legere* ne nous paraisse pas déterminante sur ce dernier point. En tout cas ce traité, qui appartient au genre des *quaestiones legitimae*, est sans aucun doute le même que cite une glose de Pilius contenue dans le ms. Paris Bibl. Nat. 4487 A, en le donnant pour une *Summa W.*; de là l'interprétation de Meijers, qui en faisait une oeuvre de Guillaume de Cabriano (37). En réalité l'oeuvre est française, comme l'attestent des expressions telles que *juxta ignem* pour désigner la présence au foyer, et d'autre part

---

(34) *Studies..., op. cit.*; un examen du ms. nous a convaincu que les motifs ornementaux présentent trop peu d'originalité pour être assignés à un atelier méridional déterminé.

(35) *Zur neuesten Glossatorenforschung* dans *Studia et doc. hist. et iuris*, ann. VI (1940), p. 280.

(36) *Die Summa Vindocinensis* dans *Abhandl. der preuss. Akad. der Wissenschaften, Phil.-hist. Klasse*, 1939, nº 3.

(37) *Sommes, lectures et commentaires* dans *Atti del congresso internazionale di diritto romano*, t. I, Bologne, 1933, p. 464.

Guillaume, que des liens de maître à disciple attachent à Jean Bassien, appartient à une tout autre école que celle de Placentin. Dès lors, pour les deux savants critiques, le sigle W. repose sur une erreur commise par un scribe confondant l'abréviation Gui avec le prénom de Guillaume, et il est permis d'affecter la *Summa* en question à un *Guido*; en partie du moins, puisque deux auteurs semblent avoir participé à sa rédaction.

Si l'on a proposé ce Gui de Pavie qui fut le collègue de Pilius à Modène et qui apparaît comme *legum doctor* en 1198, cette attribution ne tient guère compte des expressions de type français utilisées par les deux auteurs. Nous verrions aussi bien maître Gui composer ce traité en compagnie d'un *socius* recruté dans l'entourage de Placentin; là encore, les jeux grammaticaux dans lesquels se complaisent les auteurs de la *Summa* trouveraient une justification dans les relations entretenues par notre juriste. L'identification proposée du maître G. du ms. British Mus. ne fait guère bon ménage, il est vrai, avec cette dernière: si ce ms. est probablement l'oeuvre d'un clerc, la *Summa*, en effet, écarte complètement le droit canonique (38), se rapprochant du reste en cela des tendances de Placentin lui-même (39).

* * *

Nos sources nous livrent d'autre part les traces d'un autre séjour, celui de Pierre de Cardona. Si les documents sont moins nombreux à son sujet, leur date amène à formuler des considérations qui dépassent de beaucoup le personnage, puisqu'elles touchent à la littérature juridique du Midi de la France au douzième siècle, remettant en cause la chronologie d'une des sources des *Exceptiones Petri*.

F. Valls-Taberner (40) a tenté de reconstituer la vie de ce juriste, mentionné dans le nécrologe de la cathédrale de Vich com-

---

(38) En revanche elle utilise des sources patristiques: cf. BR. PARADISI, *Diritto canonico e tendenze di scuola nei glossatori da Irnerio ad Accursio* dans *Studi Medievali*, t. III, 6 (1965), p. 24 du t. à p.

(39) Voir sur ce point CH. LEFEBVRE, *Dict. dr. canon.*, t. VII, v° *Placentin*, col. 1 et s. et surtout *Placentin et le « ius commune »* dans *Recueil... de droit écrit*, fasc. VI (1967) p. 23-27.

(40) *Le juriste catalan Pierre de Cardona, cardinal de l'église romaine sous Alexandre III*, dans *Mélanges Paul Fournier*. Paris, 1929, p. 743-746.

me chanoine et *legum doctor magnificus* (41). Il fut promu cardinal au titre de Saint Laurent *in Damaso*; pour l'éminent historien catalan, il faudrait voir là une initiative d'Alexandre III, et Pierre s'identifierait avec le cardinal de ce titre dont les souscriptions ont été relevées du 11 novembre 1166 au 17 juillet 1174 (42). Il serait entré en relations personnelles avec le pape alors qu'il enseignait dans le Midi de la France, peut-être à Montpellier, lors du séjour d'Alexandre dans cette ville.

D'autre part Pierre de Cardona est, au témoignage de Jean Bassien, l'auteur de l'*epitome* en latin de la constitution grecque insérée au C. 6.4.4, ainsi que, comme l'a relevé d'Ablaing (43), de la traduction latine de la constitution de Zénon au C. 3.10.2, traduction transmise sous son nom par le ms. British Mus. Harl. 5117, f° 47 (44). Valls-Taberner suppose même qu'on peut lui attribuer un *Ordo judiciarius* (45) rédigé probablement vers 1161 dans un milieu favorable à Alexandre III.

Les sources montpelliéraines ne permettent pas d'adhérer à la chronologie proposée. En effet deux textes, datés du même jour, le 14 mars 1180 n.s., signalent la présence de Pierre de Cardona. Dans le premier, en compagnie de Gaucelm, évêque de Lodève, et de maître Gui, il assiste l'évêque de Maguelone Jean de Montlaur recevant les témoignages des exécuteurs testamentaires de Guilhem VII dans le château seigneurial (46); dans le second, il est le premier des assesseurs de l'évêque de Lodève, lors d'un arbitrage rendu par celui-ci sur mandat de l'évêque de Maguelone entre Guilhem VIII et quatre bourgeois de la ville (47). Pierre, de toute évidence, n'a pas encore été promu cardinal, mais c'est un juriste renommé, comme en témoigne la qualification de *dominus* qui lui

---

(41) Le texte a été publié par E. Florez, *Espana sagrada*, t. XXVIII. Madrid, 1774, p. 321.

(42) Jaffé, *Reg.*, t. II, p. 145. Valls-Taberner n'a pas connu la dissertation strasbourgeoise (1912) de J.M. Brixius, *Die Mitglieder des Kardinalkollegiums von 1130-1181*, pour qui, p. 53, il s'agit de Pierre de Miso.

(43) *Zur Bibliothek der Glossatoren* dans *Zeitschr. der Savigny-Stift.*, *Röm. Abt.*, t. IX (1888), p. 40.

(44) Elle est publiée par Krüger dans les éd. stéréot. du Code.

(45) Edité par Kunstmann, *Kritische Überschau der deutschen Gesetzgebung und Rechtswissenschaft*, t. II, 1855, p. 17-29.

(46) *Liber instrumentorum...*, n° XCVI, p. 189.

(47) *Ibid.*, n° CLXVI, p. 300.

est donné dans le second document. Il voisine avec maître Gui, et il est à peu près certain qu'il a connu Placentin, dont il a pu être soit le collègue, soit plus probablement le disciple.

Quant aux sources catalanes (48), elles ne présentent nulle contradiction avec les deux textes précités, et infirment elles aussi les suppositions de Valls-Taberner. En 1167, Pierre est encore à Vich, où il contresigne le 1er novembre parmi d'autres chanoines, un acte relatif au mas d'Emposta (49). Plus intéressant encore, le testament du chanoine Bérenger de Balenya, sacriste de Vich, du 16 juillet 1181, comporte deux clauses où apparaît son *amicus Petrus de Cardona*: l'une le charge de remettre diverses sommes à des fins pieuses à prendre sur une certaine quantité d'or remise par le testateur à son ami, tandis que l'autre le fait légataire de 50 morabotins (50). Enfin des bulles du pape Lucius III, expédiées de Vérone le 29 mai 1185 (51), rappellent l'action du cardinal *bone memorie*, en compagnie de l'archevêque de Tarragone, pour trancher un litige entre l'évêque de Barcelone et l'abbé de l'Estany, relatif à l'église de Saint Celoni et aux paroisses de Sabadell et de La Garriga.

Ainsi le juriste catalan, très probablement membre de l'illustre famille vicomtale de Cardona dont les liens avec Vich sont bien connus (52), ne peut être le cardinal des années 1166-1174: sa promotion est nécessairement comprise entre 1181 et 1185. Précisément, un autre *Petrus* est titulaire de Saint Laurent *in Damaso*, au moins du 18 juin au 7 juillet 1182, mais guère plus tard (53).

---

(48) Qui nous ont été communiquées grâce à l'extrême obligeance de Mgr. JUNYENT, archiviste capitulaire de Vich, et de notre collègue et ami J.M. FONT RIUS, que nous prions de trouver ici l'expression de notre gratitude.

(49) Arch. Capitulaires de Vich, *Liber dotationum*, f° 122v°.

(50) *Ibid.*, f° 38v°.

(51) Editées par P. KEHR, *Papsturkunden in Spanien, Vorarbeiten zur Hispania Pontificia*, t. I: *Katalanien*. Berlin, 1926 (*Abhandl. d. Gesellsch. der Wissensch. zu Göttingen*, XVIII. 2), n° 215, 217, 218, p. 518-521.

(52) Encore que l'*Enciclopedia Catalana* le passe sous silence, tout comme du reste le *Diccionario de historia ecclesiastica de España*.

(53) JAFFÉ, *Reg.*, t. II, p. 431. Hubert Allucingoli lui succède au mois d'août. Le titre restera vacant sous Clément III et ses successeurs: V. PFAFF, *Die Kardinäle unter Papst Coelestin III* (*1191-1198*) dans *Zeitschr. der Sav.-Stift.*, t. 73, *Kan. Abt.* (1955), p. 59. Il ne nous a pas été possible de consulter la dissertation de ELFR. KARTUSCH, *Das Kardinalkollegium von 1181-1227*, Vienne, 1948 ni celle de H. MÜLLER, *Die Mitglieder des Kardinalkollegiums 1181-1216*, Goettingue, 1950.

Celui-là, et celui-là seul, doit s'identifier à Pierre de Cardona, qui est sans doute mort quelques mois après sa promotion.

Qu'il ait enseigné ou simplement étudié, il s'est rendu à Montpellier où il a connu sûrement Placentin: l'hypothèse de Valls-Taberner sur ce point se trouve pratiquement confirmée, mais il convient de la déplacer environ vingt ans plus tard. Nous admettrions volontiers que c'est là qu'il a traduit en latin des constitutions grecques: il est remarquable en effet que soient liés à Montpellier, et notre traducteur, et Placentin dont on sait qu'il était l'un des très rares glossateurs à savoir le grec (54). Et l'on comprend ainsi que Martinus n'ait pu, et pour cause, connaître une traduction établie aux alentours de 1180 (55).

Ceci n'est pas sans conséquence sur la datation du célèbre Livre de Tubingue (Tub.). En effet, dans une récente et remarquable étude, P. Weimar (56) a donné une présentation entièrement nouvelle des données relatives à cette oeuvre si discutée. D'une part, aucun des mss. connus ne serait antérieur à 1159, et sur ce point la démonstration paraît difficilement attaquable, faute d'arguments paléographiques en sens contraire; encore l'âge de ces mss. n'emporte-t-il aucune conclusion certaine sur l'âge de la première rédaction de Tub. elle-même. D'autre part, et cette fois l'observation viserait cette rédaction, le chap. 8 de Tub. supposerait la connaissance, et donc l'antériorité, de la traduction latine de la constitution de Zénon au C.3.10.1 dans la mesure où il sanctionne une *plus petitio tempore*, non seulement par une restitution au triple des *impensae* au débiteur ou à la caution par le créancier, mais aussi par une interruption du cours des intérêts proportionnelle au délai séparant l'action en justice de la date d'exigibilité.

Quelque séduisante que soit l'hypothèse, elle amène à rejeter la composition de Tub., non seulement aux environs de 1170, comme le veut son auteur en fonction de la chronologie adoptée par

---

(54) Tourtoulon, *op. cit.*, p. 70; Chappelli, *Glosse d'Irnerio e della sua scuola* dans *Rendic. Accad. Lincei*, 1886, p. 226.

(55) Sur les rapports entre C. 3.10.2 et l'oeuvre de Martinus, cf. H. Kantorowicz, *A greek justinian constitution quoted in the Dissentiones Dominorum* dans *Seminar*, t. III (1945), p. 55.

(56) *Zur Entstehung des sogenannten Tübinger Rechtsbuchs und der Exceptiones legum Romanarum des Petrus* dans *Studien zur europäischen Rechtsgeschichte, herausg. von Walter Wilhem*, Francfort sur le Mein, 1971.

Valls-Taberner pour la vie de Pierre de Cardona, mais en un temps postérieur à 1180, puisque le passage de Pierre, et sans doute son activité de traducteur, sont attestés à ce moment. Or il nous paraît difficilement admissible que l'âge de Tub. puisse être abaissé de façon aussi marquante.

En premier lieu, la méthode suivie par l'auteur de Tub. s'écarte sur bien des points, comme on l'a souvent remarqué, des procédés habituels aux glossateurs. Même en tenant compte de l'origine « provinciale » de l'oeuvre, on ne voit pas comment un juriste, aussi éloigné qu'il ait été des principaux centres d'enseignement, aurait pu ignorer les développements d'une science juridique dont les conséquences sont évidentes, autour de 1180, jusque sur la pratique notariale du Midi de la France, et dont une expression provençale, *lo Codi*, a été mise en circulation environ vingt ans auparavant. En effet, à notre avis, la période de rédaction de ce célèbre ouvrage ne peut être postérieure à 1162, année extrême que l'on peut assigner à une assise d'un roi Baudouin dont M. Prawer a démontré (57) la dépendance par rapport au *Codi*. Et d'autre part, si l'auteur de ce dernier utilise la *Summa Codicis* de Rogerius, comme l'a prouvé Fitting (58), il a dû travailler, non pas forcément après la mort du glossateur, comme on l'a souvent écrit, mais au moins à l'époque où cette *Summa* avait vu le jour, et que nous devons, faute de mieux, placer aux environs de 1158, d'après une glose qui fournit cette précision chronologique. Ceci laisse un espace de plusieurs années pour la rédaction du *Codi* qui, comme l'a remarqué M. Feenstra (59), n'a sans doute pas été menée à la hâte.

En revanche, il nous paraît hasardeux de tirer argument, pour la chronologie de Tub., de la mention que fait son chap. 98 de chanoines réguliers (60), en la comparant avec la même mention four-

---

(57) *Etudes sur le droit des Assises de Jérusalem: droit de confiscation et droit d'exhérédation* dans *Revue hist. de droit...*, 4e s., t. XXXIX (1961), p. 520-551; t. XL (1962), p. 29-42. Dans l'*appendice* inséré à la fin de sa deuxième partie (p. 38-42), l'auteur reporte cette assise au règne de Baudouin III (1143-1162).

(58) *Lo Codi, in der lateinischen Übersetzung des Ricardus Pisanus*. Halle, 1906. On ne peut en revanche tirer argument d'une comparaison avec l'authentique *Sacramenta puberum*: cf. Br. Paradisi, *Storia del diritto italiano. Le fonti del diritto nell'epoca bolognese*, 2e éd., t. IV, Naples, 1967, p. 562 et s.

(59) *A propos d'un nouveau manuscrit de la version latine du Codi* (*Ms. Lucques, Bibl. Feliniana 437*) dans *Recueil... de droit écrit*, fasc. VI (1967), p. 38, n. 38.

(60) Comme l'avait relevé J.C. Naber, *De « Petri exceptionum » patria et annis* dans *Mélanges Paul Fournier*, Paris, 1929, p. 581 et s.

nie par *lo Codi*, VI. 29 § 3. H. Kantorowicz, qui éliminait toutes les autres pseudo-parentés entre les deux textes que Fitting avait cru trouver, suivait ce dernier — et c'était l'un des rares points d'accord entre les deux historiens — en y voyant la preuve d'un emprunt effectué par l'auteur de la somme provençale aux *Exceptiones* ou à leurs sources (61). Il convient sans doute d'être plus prudent, car ce trait, à lui seul, n'indique nullement laquelle des deux oeuvres a servi de source à l'autre. Peut-être même la filiation est-elle imaginaire: la double mention de chanoines réguliers, et l'extension à ces derniers, commune aux deux textes, des solutions proposées pour les moines, peut ne traduire qu'une communauté d'intentions, et un analogue souci d'intégrer à l'exposé un type de clercs bien connu de la France méridionale au temps du *Codi*.

Il y a plus à tirer d'une observation toute différente: le ms. de l'Université de Prague VIII. H. 7 contient une collection de canons dont le troisième partie comporte la reproduction de plusieurs chapitres de Tub. Or ce ms. peut être approximativement daté par la liste de papes qui s'y trouve, et qui s'achève par *Adrianus* et *Anastasius*, d'ailleurs curieusement intervertis. Si M. Weimar corrige à juste titre les allégations de Schulte, pour qui le ms. ne pouvait être postérieur à 1159, il est amené à conclure que cette liste, et donc le ms. entier, ont été rédigés sous Alexandre III, conformément à l'habitude médiévale de donner des listes de papes ou de princes interrompues au niveau du pontife ou du monarque précédant immédiatement le règne en cours. Tout cela suppose donc que Tub. est antérieur au décès d'Alexandre III — ce à quoi on souscrira aisément —, mais aussi que son auteur a utilisé la traduction de Pierre de Cardona en 1181 au plus tard: cela ne lui laisserait qu'un laps de temps bien court. Certes, ce délai pourrait être allongé, en admettant, soit que le ms. de Prague ait été rédigé un peu après la mort d'Alexandre, soit que le juriste catalan ait traduit la constitution de Zénon un peu avant 1180, ce qui n'est pas impossible. Mais d'autres arguments rendent improbables de telles suggestions.

Le ms. Bibl. Nat. lat. 3876 est bien connu surtout depuis la description donnée par Paul Fournier (62) et les remarques publiées

---

(61) *Les origines françaises des Exceptiones Petri* dans *Rev. hist. de droit...*, 4e s., t. XVI (1937), p. 637.

(62) *La collection canonique dite Caesaraugustana* dans *Nouv. Rev. histor. de dr...*, t. XLV (1921), p. 53-79.

par C.G. Mor (63). Il comporte une version de la *Collectio Caesaraugustana* complétée d'additions dont certaines sont extraites des *Exceptiones Petri*. M. Weimar a cru pouvoir démontrer, dans son étude précitée, que ce ms., contrairement à ce que croyait Conrat (64) n'était pas antérieur au pontificat d'Adrien IV, donc à la période 1154-1159, en raison de la présence d'une décrétale de ce dernier, recopiée par la même main que celle à qui l'on doit cette version de la *Collectio*. Mais, dans une observation toute récente (65), le même auteur a reconnu que cette décrétale faisait l'objet d'une addition au ms., de date plus récente. Cette remarque permet une conclusion fort importante dans l'état d'incertitude chronologique où se trouve aujourd'hui la recherche à propos des *Exceptiones*: il est désormais raisonnablement permis d'assigner à celles-ci une date d'apparition antérieure à ce pontificat. Dès lors, la connaissance, par l'auteur de Tub., de Pierre de Cardona ou de son oeuvre, devient tout à fait invraisemblable.

Enfin l'hypothèse d'une utilisation de cette traduction dans Tub. donne naissance à un ultime paradoxe. Le juriste catalan a travaillé dans la même ville, à la même époque que Placentin, dont il a peut-être été l'élève. S'il y a enseigné, et la chose n'est pas assurée, c'est à côté de l'illustre glossateur, et moins longtemps que lui, moins longtemps aussi que maître Gui n'a pratiqué; du reste l'hypothèse d'un professorat assumé par Gui présente une probabilité au moins aussi grande. Comment dès lors le rédacteur de Tub. aurait-il pu ignorer l'oeuvre de Placentin en retenant celle, beaucoup moins répandue sans doute, de Pierre de Cardona?

En définitive, nous soupçonnons que Tub., de faction apparemment antérieure à 1180, a utilisé une autre source, aujourd'hui disparue, qui lui a permis de connaître approximativement le contenu de la constitution de Zénon. Approximativement, car le chap. 8 de Tub. excepte du remboursement au triple, non seulement le fisc,

---

(63) *I testi di diritto giustinianeo nelle due redazioni della Collezione canonica « Cesaraugustana »* dans *Studi... Caduto*, t. II. Florence, 1946, p. 417-437; cf. aussi *En torno a la formación del texto de los « Usatici Barchinonae »* dans *An. de hist. del der. espanol*, t. 27-28 (1957-1958), p. 413-459.

(64) *Geschichte der Quellen und Literatur des römischen Rechts...*, Leipzig, 1891, p. 391 et 530.

(65) *Die legistische Literatur der Glossatorenzeit* dans *Handbuch der Quellen und Literatur der neueren europäischen Privatrechtsgeschichte*, herausg. von H. Coing, t. I, *Mittelalter (1100-1500)*. Munich, 1973, p. 256, n. 2.

mais aussi l'Eglise, ce qui n'a pu être tiré directement de la source romaine. Il convient donc d'intercaler entre cette dernière et Tub. un manuscrit intermédiaire, qui a pu également être utilisé par l'auteur de l'apparat inséré au ms. Munich Staatsbibl. 3509, dont M. Weimar a montré la parenté avec Tub. Mais la traduction de Pierre de Cardona ne peut servir à dater ni l'un ni l'autre. Du moins croyons-nous pouvoir conclure que l'équipe de juristes réunie à Montpellier autour de Placentin connaissait le grec, ce qui est peut-être à mettre en liaison avec l'enseignement de la médecine largement attesté à la même époque, et qu'elle y voisinait, comme en témoigne la présence d'Alain de Lille, avec des théologiens ou des grammairiens dont elle a pu subir l'influence, malgré les sarcasmes dont ne s'est pas privé le glossateur à l'égard des seconds.

VIII

DU NOUVEAU SUR *LO CODI*

Depuis la découverte du ms. latin de Lucques par Robert Feenstra, et la précieuse mise au point qu'il publiait à cette occasion[1], les recherches consacrées au *Codi* paraissaient piétiner. Or deux études très récentes ramènent l'attention sur l'élaboration d'une oeuvre dont la problématique se trouve dès lors sensiblement renouvelée.

Tout d'abord M. Félix Derrer, menant à terme un projet caressé dès longtemps par divers philologues et historiens du droit, vient de publier la version provençale fournie par le ms. A (Sorbonne 632) dans une thèse de doctorat soutenue à l'Université de Zurich[2]; évitant ainsi, et non sans raison, les obstacles qu'aurait rencontrés une édition critique, dont il considère du reste avec modestie avoir donné le préambule, l'auteur consacre la plus grande partie de son introduction à présenter les mss. connus des diverses versions et à résumer les principales positions critiques, de Charles Giraud jusqu'aux historiens contemporains.

Ce scrupuleux exposé n'entraîne guère d'observations. Parmi les mss. perdus, il aurait toutefois été utile de ne pas se borner en pratique à ceux que recensait Suchier en 1894. On peut ainsi mentionner, même sous une forme hypothétique, le texte signalé par Marnier comme "paraphrase abrégée ou glose du Code de Justinien"[3]; de même la bibliothèque de la Grande Chartreuse détenait un exemplaire de la traduction latine de *Ricardus Pisanus* d'après un catalogue de la fin du XVe siècle[4], et on trouve un *Codi* dans l'inventaire, dressé en 1341, des biens du *jurisperitus* montpelliérain Firmin de La Voûte[5]. Ainsi l'aire de diffusion propre à l'ouvrage, attestée d'autre part à travers son usage dans les *Assises de Jérusalem*, dans les *Lois de l'Empereur*, dans les sources vénitiennes et dans l'inventaire de Martin d'Aragon, paraît très large.

Plus grave est l'omission dans la description des résultats d'un haut intérêt obtenus par J. Prawer, de l'appendice au deuxième article de ce dernier[6]: affectant à Baudouin III l'assise tirant sa source du *Codi*, cet appendice reporte donc à 1162 au plus tard la date d'élaboration, et de l'assise, et du *Codi* lui-

1. *A propos d'un nouveau manuscrit de la version latine du* Codi (ms. Lucques, Bibl. Feliniana 437), Rec. droit écrit VI (1967), p. 37–45 = Collectanea Stephan Kuttner III (Studia Gratiana XIII), Bologne 1967, p. 57–81.

2. *Lo Codi, Eine Summa Codicis in provenzalischer Sprache aus dem XII. Jahrhundert. Die provenzalische Fassung der Handschrift A (Sorbonne 632)*. Juris Zurich, 1974, 256 p.

3. Cf. en dernier J. Bart, *Recherches sur l'histoire des successions ab intestat dans le droit du duché de Bourgogne du XIIIe à la fin du XVIe siècle (coutume et pratique)*, th. Droit Dijon. Paris 1966, p. 45.

4. Paul Fournier, *La bibliothèque de la Grande-Chartreuse au moyen-âge*, Bull. de l'acad. delphinale, 4e série I (1886), Grenoble 1887, p. 385.

5. Arch. Mun. Montpellier, Commune clôture, EE 379.

6. *Etude sur le droit des Assises de Jérusalem, Droit de confiscation et droit d'exhérédation* (appendice), Rev. hist. de droit 40 (1962), p. 38–42.

même. Enfin l'examen des sources juridiques de l'oeuvre est un peu décevant, car M. Derrer se borne à mentionner, à la suite de P. Weimar, les parties du *Corpus* qui ont été utilisées, négligeant presque entièrement les sources proprement médiévales. Dans sa conclusion, l'auteur, qui tient pour une rédaction première en provençal, adopte les éléments de datation proposés par R. Feenstra et insiste à juste titre sur la multiplicité des versions latines.

L'édition proprement dite, quoique desservie par une typographie de lecture malaisée, a été consciencieusement établie. On regrettera toutefois que M. Derrer n'ait pas songé à confronter les leçons qu'il propose avec celles, si peu nombreuses, des passages qui avaient déjà été publiés. Ainsi l'on s'explique mal que, dans la liste des causes d'exhérédation des enfants, la nouvelle édition comporte des lacunes par rapport au texte publié par J. Prawer, il est vrai à partir d'une collation des mss. A et B (Bibl. Nat., nouv. acq. franç. 4138)[7]; lacunes d'autant plus fâcheuses que les passages correspondants figurent dans la traduction de Ricardus Pisanus[8]. Telle quelle, cette publication n'en rendra pas moins les plus grands services aux historiens du droit.

Plus récemment encore[9], P. Ourliac vient de publier — en les faisant suivre d'observations générales de la plus grande acuité — deux feuillets d'un manuscrit provençal inconnu, utilisés par la suite comme couverture d'un registre de la sénéchaussée d'Agenais. Ces feuillets, d'une écriture de la France méridionale que l'auteur rapporte à la période 1250–1270, font l'objet d'une étude philologique serrée qui les assigne à la région toulousaine, à la rigueur au Bas-Quercy ou au Lauragais.

Etendant son enquête à l'ensemble des versions du texte, M. Ourliac incline à considérer que les mss. latins d'Albi et de Tortose remontent au XIIe siècle. Pour les provençaux, il estime que le ms. A est nettement antérieur à 1200, tandis que le ms. C (Bibl. Nat., nouv. acq. franç. 4504), nettement plus ancien que ne le croyait Fitting, a été écrit au début du XIIIe siècle. Tous deux sont purement provençaux — et du reste le copiste du second, Pierre de Sainte Anastasie, ramène à la région nimoise — tandis que la langue de B évoque le Velay ou les pays voisins et celle de D (Bibl. Nat., franç. 1932) le Quercy. Quant au ms. français H (Bibl. Nat., franç. 1933), daté des alentours de 1300 par Fitting, et certainement établi à partir du texte provençal, il doit avoir été rédigé environ cinquante ans plus tôt.

Les conclusions de M. Ourliac remettent en cause plus nettement encore les opinions généralement reçues, qu'il s'agisse de la langue aussi bien que de la localisation du texte primitif. Revenant en quelque sorte à l'avis de Jules Tardif, il doute, mais avec des arguments autrement convaincants, de l'antériorité si souvent accordée aujourd'hui à la version provençale, que ni les variantes, ni les noms de lieux tirés de divers exemples ne permettent d'affirmer. D'autre part les mss. de Tortose et de Lucques ne font pas mention d'une traduction *de vulgari in latinum*, alors que leur texte est pourtant proche de celui que four-

7. *Id.*, Rev. hist. de droit 39 (1961), p. 536–540.

8. Ainsi à la dixième cause (les lacunes de l'édition Derrer figurent entre crochets): *O si el ista ab ioglars* [*ses voluntat del paire. mas zo es vers. si l paire non es ioglars*]. Ou à la douzième, in fine: *Peret la heretat del paire* [*ancara no ll deseretaes lo paire*].

9. *Sur deux feuillets du Codi*, Mélanges Roger Aubenas (Rec. droit écrit IX), Montpellier 1975, p. 595–612.

nissent les mss. provençaux. Surtour, les mss. dans leur ensemble ne s'accordent, dans les localisations proposées, que sur la ville de Montpellier. C'est donc à Montpellier plus qu'à toute autre qu'il convient d'affecter l'élaboration du *Codi:* l'épisode du siège de Fraga, auquel avait sans doute participé son seigneur, devait être présent dans tous les esprits, tandis que les rapports avec Pise y étaient soutenus. Aucun autre milieu que celui des élèves de Rogerius et de Placentin n'a pu être favorable, dans la France méridionale, à l'éclosion d'un tel ouvrage, que des étudiants originaires du Dauphiné ou du Velay ont sans doute recopié sur place.

A travers ces contributions majeures à la connaissance de la Somme provençale, il est permis de faire le point à propos des trois principaux thèmes de discussion relatifs à la datation, à la langue originaire et à la localisation du *Codi*.

Le problème de la datation est dominé par l'observation précitée de J. Prawer: l'assise utilisant *lo Codi* — et plus précisément un ms. perdu de celui-ci, dont la langue n'est pas facile à déterminer — ne peut être affectée qu'à Baudouin III, ce qui suppose que sa source était en circulation au plus tard en 1162. D'un autre côté, les matériaux mis en oeuvre par l'auteur inconnu de ce même *Codi* ne permettent pas de remonter beaucoup plus haut que cette date. On ne songe pas à invoquer ici l'influence exercée par la *Summa Trecensis*, dont l'élaboration est trop mal connue et s'inscrit quelque part entre 1127 — année où apparaissent les amis de l'auteur de la *Summa Justiniani est in hoc opere*[10], oeuvre elle-même probablement antérieure à la *Trecensis* — et 1159, puisque Jean de Salisbury l'utilise dans son *Policraticus*; on écartera de même l'argument tiré d'un soidisant usage de l'authentique *Sacramenta puberum*, argument dont Br. Paradisi a fait justice[11]. En revanche *lo Codi* connaît vraisemblablement la *Summa Codicis* de Rogerius, comme le supposait déjà Fitting, et comme le confirment les sûres enquêtes de H. Dilcher[12] et d'A. Padoa Schioppa[13].

Avec Rogerius, il est vrai, la difficulté est différente et, à la limite, elle entraîne presque une contradiction chronologique. De la vie de cet illustre juriste, on ne connaît guère que la date de 1158 fournie par une glose et, comme il est bien connu, sa plaidoirie victorieuse pour la famille des Baux devant la diète de Turin de 1162 dans l'affaire de la succession au comté de Provence. Certes la rédaction du *Codi* ne suppose pas, comme on l'a si souvent écrit, que Rogerius soit déjà mort; il est tout de même curieux qu'elle utilise la Somme de ce dernier, Somme inachevée dont la rédaction n'a probablement pas précédé de beaucoup ce décès. Peut-être le rédacteur du *Codi* était-il l'élève direct du glossateur, et a-t-il recueilli oralement les enseignements qu'il a ensuite fait passer dans sa propre oeuvre? Sinon il faudrait supposer qu'après une première

10. Comme nous avons cru pouvoir l'établir: *Une école française de droit dans la première moitié du XIIe siècle*, Mélanges Roger Aubenas (*Recueil* ... précité), p. 363–384.

11. *Storia del diritto italiano, Le fonti del diritto nell'epoca bolognese* IV, 2e éd., Naples 1967, p. 562 et s.

12. *Die Theorie der Leistungsstörungen bei Glossatoren, Kommentatoren und Kanonisten.* Francfort/Main 1960 (Frankfurter wissenschaftliche Beiträge 19), p. 26–27, 48, 75, etc.

13. *Richerche sull'appello nel diritto intermedio II, I glossatori civilisti*, Milan 1970, p. 85 et n. 172.

rédaction, antérieure à 1162 et utilisée par l'assise de Baudouin III, une deuxième version aurait été établie, soit par le même auteur, soit par un autre, version qui aurait tenu compte de l'enseignement de Rogerius et qui aurait été seule conservée.

Quant à la langue dans laquelle a été écrit le ms. primitif, elle continue à poser une énigme. En effet, il apparaît aujourd'hui évident que des mss. latins, aujourd'hui perdus, ont circulé non seulement en France mais aussi en Italie, par exemple sous la forme du *Liber legis romanae*, ce qui, malgré Pitzorno, ne les rend pas italiens pour cela; ils étaient différents de la traduction opérée par Ricardus Pisanus, et probablement même plus anciens que celle-ci. En revanche, les mss. latins conservés, et surtout celui de Tortose, qui a servi de base à l'édition de Fitting, et celui de Leyde, sont assez proches du ms. provençal A. Ce dernier emploie les mêmes prénoms dans ses exemples: *Peire* en est le plus fréquent, et il est souvent associé à *Joan*[14], plus rarement à *Ponz* et à Martin[15]. Surtout, le ms. de Tortose mentionne Montpellier et Saint-Gilles, et curieusement dans des passages où ces villes ne figurent pas toujours dans la version provençale du ms. A.

Même si l'on peut donc imaginer l'existence d'un archétype latin, la version provençale, à supposer qu'elle soit postérieure, a dû voir très rapidement le jour: elle prend place en un temps où le siège de Fraga était encore présent dans les mémoires, et elle est manifestement antérieure à la traduction de Ricardus. Et le premier ms. provençal, s'il ne s'identifie pas à A, en était sûrement très proche.

Reste à préciser la localisation géographique du *Codi*. M. Ourliac, on l'a vu, penche pour Montpellier plutôt que pour l'hypothèse arlésienne chère à Fitting. Les critères adoptés par ce dernier sont en effet manifestement incertains; en particulier l'absence de référence au royaume n'a pas grande portée pratique pour une oeuvre dont nous ne connaissons ni l'origine ni la formation juridique de l'auteur, comme le montre l'exemple fourni par les coutumes de Saint-Gilles, texte savant où l'on chercherait en vain la moindre allusion de ce genre[16]. Doit-on attacher plus d'importance aux notations relatives aux consuls ainsi qu'aux pouvoirs temporels de l'évêque? Après tout, Placentin, écrivant à Montpellier, prend pour exemple deux consuls imaginaires de cette ville, alors que non seulement l'institution n'y apparaîtra qu'en 1205, mais que le consulat représente un tabou politique depuis la révolte de 1141.

L'obscurité qui entoure, et les débuts de l'enseignement du droit à Montpellier, et le rôle éventuel que Rogerius a pu y jouer précisément au temps où s'élaborait *lo Codi*, interdit une opinion tranchée. De même, les exemples géographiques fournis par les différents mss. ne sont pas concluants: outre la mention du siège de Fraga, le ms. A cite une fois Rome, mais aussi deux fois Toulouse. Il se réfère surtout, en définitive, à Montpellier, à Saint-Gilles et au Rhône; du fait que le ms. de Tortose retient également ces trois derniers, et parfois dans des exemples qui ne figurent pas dans A, on est à bon droit de tirer

14. Ainsi V. 8 § 5; VI. 44 § 1; VI. 93 § 4 (la numérotation adoptée ici est celle de l'éd. Derrer).

15. Cf. VI. 53 § 1; VIII. 30 § 7 et 9.

16. Voir l'éd. E. Bligny-Bondurand, *Les coutumes de Saint-Gilles (XIIe-XIVe siècles)*, Paris 1915.

que ce fleuve et ces deux villes figuraient dans l'archétype, quelle que fut sa langue.

Du Rhône à Montpellier, l'éventail reste large. Nous y privilégierions volontiers Valence: en sa faveur joue naturellement la célèbre mention qu'en donnent les *Exceptiones Petri.* C'est d'autre part à Die, non loin de la cité rhodanienne, que l'on rencontre en 1127 ces juristes, proches de l'ordre de Saint-Ruf, liés à l'auteur de la *Summa* précitée. Valence s'inscrit dès lors au premier rang des villes qui ont pu abriter un enseignement juridique. Les pouvoirs temporels de l'évêque y sont bien connus; et les droits de navigation ou de pêche sur le fleuve, dont *lo Codi* tire l'un de ses exemples[17], y font dès le XIIe siècle l'objet de litiges. Quant à l'exemple du cheval loué pour aller à Saint-Gilles et utilisé jusqu'à Montpellier, exemple allégué par Fitting en faveur d'Arles, il faut remarquer qu'il s'applique aussi bien à Valence qu'à n'importe quelle ville au nord d'Arles: le trafic entre vallée du Rhône et Languedoc passe presque toujours par Saint-Gilles à l'époque qui nous intéresse. N'oublions pas enfin qu'une autorité du poids de Clovis Brunel dans le domaine philologique assignait Valence pour patrie au ms. A[18]; et, à bien lire l'étude de M. Ourliac, il apparaît que ses savantes remarques sont loin d'éliminer l'hypothèse valentinoise.

Hâtons-nous de dire que cette hypothèse n'est pas entièrement satisfaisante. Toute une série d'indices amène à supposer que, soit en raison d'une pluralité d'auteurs, soit en raison des déplacements effectués par l'auteur — et ceci conviendrait à merveille à l'entourage des remuants chanoines de Saint-Ruf —, soit à travers une filiation de mss. qui nous échappe, un glissement s'est très tôt opéré dans la rédaction ou dans la transmission du *Codi* en direction de la basse vallée du Rhône ou du Languedoc septimanien. Les exemples donnés dans les mss. conservés sont trop éloignés de Valence pour que ces dernières régions soient étrangères au théâtre de la formation, partielle ou non, de ces mss.

Ici le choix devient difficile. Montpellier ne peut être écarté d'emblée: majorité de vingt-cinq ans et *donatio propter nuptias* y sont connus dès 1129, et notaires et *magistri* constituent un milieu d'accueil certain vers 1160. Arles ne peut être négligé, pour des raisons que Fitting n'a pas toutes connues: un maître Milon s'y trouve dès 1149[19] et il semble bien qu'à partir de 1158 certains des membres du chapitre y possèdent une formation juridique[20]. Arles est enfin une ville consulaire depuis 1131, et répond à ce titre mieux que Valence aux exemples de *poestat de la terra* que donnent les mss. tant provençaux que latins.

Peut-être a-t-on néanmoins un peu trop négligé Saint-Gilles. Pourtant *lo Codi* en fait mention dans tous les mss., et non pas simplement à titre de destination dans un exemple qui servait à Fitting d'argument en faveur d'Arles; un autre exemple, relatif au serf vendu sous la condition qu'il soit mené *en altra*

17. Cf. IX. 16 § 10.
18. *Bibliographie des manuscrits littéraires en ancien provençal*, Paris 1935, no. 249.
19. P. A. Amargier, *Cartulaire de Trinquetaille*, Aix-en-Provence 1972, no. 81, p. 73
20. J. P. Poly, *Les légistes provençaux et la diffusion du droit romain dans le Midi*, Mélanges Roger Aubenas (*Recueil* . . . précité), p. 615.

terra prend cette ville, en quelque sorte, comme point de départ[21]. Le trait est plutôt celui d'un écrivain qui y réside. Le port local connaît son apogée entre 1150 et 1180: Gênois et Pisans s'en disputent le monopole, et les relations maritimes avec l'Italie sont fréquentes. Le trafic des marchandises et le passage des pèlerins entraînent une intense activité commerciale: le change y sera réglementé en 1178, et l'acte établi à cette occasion ne nous fait pas connaître nominativement moins de 130 changeurs et *discipuli* de ces derniers[22]. Les praticiens s'y sont d'autre part établis très tôt: c'est à Saint-Gilles que l'on rencontre une des plus anciennes mentions d'un notaire public de ce côté des Alpes, puisqu'elle remonte à 1140[23], et l'un des successeurs de ce notaire instrumente de 1166 à 1204[24]. Un *magister Gaufredus* y témoigne en 1160, et un énigmatique *Poncius gramaticus* y réside dès 1143, puis de manière apparemment permanente de 1158 à 1176[25]. Surtout, un rôle administratif de premier plan est joué dans la ville par Raous, un *causidicus*[26], peut-être formé à Bologne[27], à qui Raymond de Toulouse confère de 1155 à 1183 la chancellerie saint-gilloise[28]; à ce titre, le personnage exerce essentiellement les fonctions de juge. D'ailleurs, originaire des lieux, il ne les quittera guère[29], et son nom revient avec régularité au bas des actes comtaux, où il se qualifie parfois de *judex*.

D'autres indices qualifient Saint-Gilles au même titre qu'Arles. Le consulat y est apparu en 1143 et le Petit Rhône, tout proche, supporte une navigation active; d'autre part, la ville a été incendiée par le comte en 1121[30], ce qui peut expliquer l'allusion du *Codi* IX. 4 § 1 à celui qui *met incendi en ciptat . . ., si cum es coms*, encore qu'on puisse avoir écrit ce passage à Valence au souvenir de l'incendie de Romans par Guigues d'Albon en 1134, l'affaire ayant eu un grand retentissement dans toute la région[31]. Il n'est pas jusqu'aux deux exem-

21. Ms. A, IV. 65 § 1.
22. Teulet, *Layettes du Trésor des Chartes*, t. I, no. 288, p. 119; la liste en question, qui ne figure pas dans l'édition, se trouve aux Arch. Nat. J. 304, Toulouse II, no. 16.
23. *Arnaldus de Ferragina (Hist. gén. de Languedoc*, éd. Privat, t. V, col. 1035).
24. E. G. Léonard, *Chanceliers, notaires comtaux et notaires publics dans les actes des comtes de Toulouse*, Bibl. Ec. Chartes CXIII (1955), p. 50.
25. E. G. Léonard, *Catalogue des actes des comtes de Toulouse*, III: *Raymond V (1149–1194)*, Paris 1936, no. 21, p. 17, pour le premier; no. 12, p. 11 (septembre 1158) et no. 64, p. 45, no. 1 (1176, 3 novembre) pour le second, outre de nombreux actes intermédiaires. Ce dernier est-il à rapprocher des *gramadis* du *Codi*, IV. 68 §16? En tout cas Pons témoignait en 1143, en compagnie de *Stephanus gramaticus*, et il sera avec Guillaume de Sabran et le chancelier Raous l'un des ambassadeurs de Raymond V auprès des Gênois au mois d'août 1174: cf. *Historiae Patriae monumenta, Liber iurium reipublicae Genuensis* I, Turin 1854, no. LXXX, col. 84–85, et CCCIX, col. 295.
26. Il se désigne ainsi habituellement, mais l'un des premiers actes où il apparaît (Saint-Gilles, 1151) le donne pour *legifer: Hist. Languedoc*, t. V, col. 1146.
27. Si du moins on suit J.-P. Poly, *op. cit.*, p. 624, dans l'identification qu'il propose avec ce Raous „de Bologne" utilisé comme juge dans un plaid du comte de Barcelone en 1150.
28. Sur Raous, cf. Léonard, *Chanceliers . . .*, p. 48, et *Catalogue . .* . p. XLVI.
29. On le rencontre une fois à Béziers en 1156 (*Gallia christiana novissima* VI, chap. XXVI, no. 5, col. 194) et une fois à Mézoul, près de Montpellier, où il retrouve en 1174 le *magister Guido* qu'a certainement connu Placentin (Léonard, *Catalogue . . .*, no. 68, p. 51).
30. Cf. en dernier J.-P. Poly, *La société féodale en Provence du Xe au XIIe siècle*, th. Droit (dact.), Paris 1972, p. 447 et n. 228.
31. Voir P. Thomé de Maisonneufve, *Histoire de Romans*, 1ère partie, Romans 1937, p. 55.

ples mentionnant Toulouse dans le ms. A qui ne soient plus adaptés à Saint-Gilles, possession chérie de Raymond V qui réside de préférence dans la région, plutôt qu'à une rédaction arlésienne dont on attendrait plutôt des références provençales[32]; l'illustre maison toulousaine prétendait du reste au Diois, et Saint-Ruf était certainement au courant de ses visées[33].

Valentinois ou saint-gillois, *lo Codi* nous paraît en définitive une oeuvre rhodanienne. Celle-ci vient donc s'insérer à sa place chronologique aux origines de l'histoire du droit savant français, au moment où nous croyons deviner un déplacement de son pôle d'attraction depuis Valence vers les pays languedociens: postérieur aux sources des *Exceptiones Petri* et à la Somme aux Institutes *Justiniani est in hoc opere*, marqué encore par des préoccupations voisines, sinon par un milieu commun de formation que suggère la référence aux *canonici regulares*[34], également présente au Livre de Tubingue et ramenant inévitablement le lecteur aux chanoines de Saint Ruf, donc à la *Summa Institutionum* ici en cause, notre *Codi* n'en témoigne pas moins, par cette étape saint-gilloise plutôt qu'arlésienne que constitue, soit sa rédaction première, soit un remaniement ultérieur, du passage de la connaissance juridique vers cette Septimanie et vers Montpellier où l'on retrouvera quelques années plus tard Placentin et Pierre de Cardona.

32. Comme on trouve la coutume de Marseille mentionnée par exemple dans la courte collection française de *quaestiones* conservée dans le ms. Bibl. Nat., nouv. acq. lat. 2376, fo. 74 vo.: cf. U. Nicolini, *Una sconosciuta raccolta di "quaestiones dominorum"*, Studi . . . Besta, Milan 1938, p. 18 du t. à p.

33. Ainsi l'abbé Guillaume est présent à l'arbitrage rendu le 10 octobre 1179 par l'évêque de Grenoble et par Pons, prieur de la chartreuse de Bouvantes, entre le chapitre de Die et Guigues de Sassenage, qui donne pour garant le fils de Raymond, gendre du Dauphin Guigues V: cf. Ul. Chevalier, *Tituli ecclesiae beatae Mariae Diensis*, Grenoble 1868, p. 30, et J. Chevalier, *Essai historique sur Die*, I, Montélimar 1888, p. 223.

34. *Canorgue reglar* au ms. A, VI. 30 § 3.

IX

Die Entstehung der französischen Rechtsschule

Summa Iustiniani est in hoc opere
und Tübinger Rechtsbuch

Die in der Hs. Pierpont Morgan 903 enthaltene *Summa Institutionum* „Iustiniani est in hoc opere", von P. Legendre, dem verschiedene Archaismen nicht entgangen sind, herausgegeben[1]), kann dank des *explicit*, wie ich es schon gezeigt habe[2]), annähernd datiert werden: der anonyme Verfasser verweist den Leser auf seine *fratres et consocii, participes et coheredes romanarum legum, Pontius Toranensis* und *Ugo Avinionensis*, bei denen er weiteres erfahren soll. Nun haben beide *fratres* am 24. April 1127 einer vom Bischof Die bestätigten Schenkung an die Kanoniker von Saint Ruf in jener letzteren Stadt beigewohnt. Die Namen Pons de Thorane und Hugues d'Avignon, denen der *praepositus* Pierre vorangeht, werden vom Namen eines gewissen Guillaume d'Aix voneinander getrennt, in welchem man den Verfasser der *Summa* vermuten könnte, fehlte nicht völlig jede Auskunft über ihn. Auf jeden Fall gehören die drei Männer zu der Umgebung des Saint-Ruf-Ordens, obwohl sie selbst — jedenfalls damals — keine Kanoniker gewesen sein mögen, und ihre Familien stammen aus der unmittelbaren Nähe von Die. Über deren Leben, Studien und Laufbahn geben die Quellen jener Zeit, soviel ich es feststellen konnte, gar keine Auskunft[3]). Vielleicht ist Hugues d'Avignon mit dem *amicus*

---

1) Ius commune, Sonderheft 2, Frankfurt/Main, 1973.

2) Une école juridique française dans la première moitié du XIIe siècle, Mélanges Roger Aubenas (Rec. droit écrit IX), 1975, 363—384.

3) Nach Ansicht von J. P. Poly, Les légistes provençaux 630 und Anm. 35, soll Pons de Thorane vor 1158 gestorben sein, weil sein Name in keiner Liste der Saint-Ruf-Kanoniker zu dieser Zeit vorkommt; diese Liste darf aber nicht als Anhaltspunkt dienen, da es keinerweise sicher ist, daß Pons canonicus geworden ist. Bei dem magister Hugo, den er im Jahre 1194 entdeckt, handelt es sich

fidelis des Domkapitels zu Avignon gleichzusetzen, der im Namen dieses Kapitels zwischen 1109 und 1118 Waffenruhe verkündete[4]); sicher ist es aber nicht, denn damals stehen der Saint-Ruf-Orden und die Kanoniker von Avignon in schlechter Beziehung zueinander.

Da die wenigen Hinweise auf den Entstehungsort der *Summa* — die Verwendung der *pogesia*, der weit verbreiteten Währung von Le Puy, und vor allem die Erwähnung der Stadt Valence als Beispiel für einen Zahlort — die Wahrscheinlichkeit erhärten, daß die *Summa* in Die oder in der Umgebung verfaßt wurde, scheint die Hypothese auf der Hand zu liegen, daß sie um 1127 herum entstanden ist. So überraschend dieses frühe Datum im ersten Augenblick auch sein mag, so wird es doch durch die darin aufgezeigte recht lückenhafte Kenntnis von Justinians Kompilationen bekräftigt: außer der Inst. benutzt der Verfasser nur das *Dig. vetus*, die neun ersten Bücher des Codex und unmittelbar die *Epitome Juliani*. Weder das *Infortiatum* noch wahrscheinlich das *Dig. novum* sind unmittelbar verwendet worden: wird letzteres einmal ausdrücklich zitiert, so handelt es sich offenbar um eine Glosse[5]), und die dem *fur* verbotene *actio furti* sowie die Bezeichnung des *damnum infectum* als *nondum factum*[6]) wurden nicht direkt dem Dig. entnommen. Unberücksichtigt bleiben die Auth. außer an einer Stelle, die sich auf die *Auth. Sed hodie nemo*[7]) zu beziehen scheint, in Wirklichkeit aber ist der Stil beträchtlich verschieden.

Das hohe Alter der *Summa* bekräftigt außerdem der einzige dort auffindbare Hinweis auf einen Rechtsgelehrten, der seltsam genug klingt: da der Anonymus die etymologische Erklärung des *mutuum*

---

wahrscheinlich — wegen des Entstehungsdatums der Schrift — um den magister Hugues de Belley, der 1206 als Schiedsrichter auftritt, bis 1217 lebte, und der mit dem Kollegen von Pons de Thorane nicht gleichgesetzt werden darf (Ul. Chevalier, Chartularium ecclesiae Sancti Petri de Burgo Valentiae, Valence, s. d., 33—50, N. XV—XXII). Die Familie d'Avignon stammte vielleicht aus dem heutigen Dorf Avignonet (Isère, Kant. Monestier-de-Clermont, damals im Dioz. Die).

[4]) E. Duprat, Cartulaire du chapitre de Notre-Dame des Doms I (960 à 1235), Avignon, 1932, N. LXI, 67—68; Albanès-Chevalier, Gallia christiana noviss. VII, N. 207.

[5]) K. W. Nörr, ZRG Kan. Abt. 90 (1973) 521.

[6]) Summa IV. 1, lin. 32—33 und III. 10, lin. 18—19. Über dieser Bestimmung des damnum infectum S. Conrat, Gesch. röm. Rechts im frühen M. A. 485, Anm. 3.

[7]) Legendre, 12, Anm. 45.

in den *Inst.* zu rechtfertigen versucht, löst er das *quare* auf, indem er sich auf das Eigentümliche des Vertrags beruft und sich ausdrücklich mit einer Meinung Pepos auseinandersetzt, nach welchem die Häufigkeit des Gebrauchs vom *mutuum* eine so breite Interpretation einsichtig machen würde[8]). Wie schon bekannt, wird der geheimnisvolle Pepo recht selten zitiert und dann nur in Quellen erzählerischer Art[9]): nur eine kleine Anzahl von Rechtsgelehrten, überdies aus der Frühzeit, die von ihm nur durch eine oder zwei Generationen getrennt waren, vermochte einen Teil seines Unterrichts zu kennen. Schließlich verwendet oft die *Summa* das primitive Verfahren des Zitierens aus dem Corpus, dessen Auszüge in extenso wiedergegeben werden.

Ist es nun also erlaubt zu behaupten, daß die französische Rechtsschule um 1127 entstanden ist, so darf man daraus nicht schließen, sie sei pre-irnerianischer Herkunft. Die *Summa* ist nicht nur mit dem Irnerius von Kantorowicz zugeschriebenen *Exordium Institutionum* verwandt, da die *justicia* in beiden als *habitus mentis bonae constitutae* bezeichnet wird — obwohl sie die dabei zitierten Stellen aus Ulpian und Papias klarer voneinander unterscheidet —, sondern das Ende der Einleitung der *Summa* zum ersten Buch der Inst. ist auch mit dem ersten Absatz des *Exordium* eng verwandt.

Jedoch verrät die *Summa* noch deutlicher den Einfluß von Martinus[10]). Im größten Teil des ersten Kapitels[11]) wird nämlich wortwörtlich das fälschlich als Glosse zu der *Summa Vindobonensis* von Palmieri veröffentlichte *Exordium Institutionum*[12]) wiederaufgenommen, das Martinus zugeschrieben werden kann[13]), wie es aus den Hs. Grenoble 391/2, Klosterneuburg 643b und gewissermaßen München Clm 3509 hervorgeht. In der *Summa* findet man u. a. den be-

---

[8]) Summa III. 6.

[9]) Kantorowicz, Digestenvulg., SZ 31 (1910) 29—34; Kantorowicz-Smalley, Pepo, Irnerius, Ralph Niger 237—243; De Vergottini, Studio Bologna, Impero, Papato 20ff. — Die Hypothese, Pepo sei der geheimnisvolle P. der Kölner Glosse, ist vielleicht durch die *Summa* gesichert.

[10]) Natürlich nicht von Jacobus: diesen Namen findet man in der eng verwandten Hs. Urgel 2034 (Legendre 15), aber genau in einem Anhang (Nörr, s. oben Anm. 5).

[11]) Es handelt sich um die 81 Zeilen vor dem letzten Satz in der Ausgabe von Legendre.

[12]) Mit Ausnahme von den vier letzten Zeilen derselben Ausgabe.

[13]) Conrat, Geschichte 156 und Anm. 8; Seckel, Distinct. gloss. 313 Anm. 2; Meijers, Sommes, Lect., Comm. (1959) 213.

rühmten Spruch *nihil aliud est aequitas quam Deus* — wahrscheinlich gosianischen Ursprungs[14]) — sowie das von Makrob übernommene Verzeichnis der Tugenden. All das konnte nur von einem treuen und unmittelbaren Schüler Martinus' geschrieben werden, und zwar als dieser Glossator, der vielleicht 1166, jedoch nach Odofredus im hohen Alter gestorben ist, zu unterrichten anfing[15]).

Hat das Werk von Martinus einen wesentlichen Einfluß auf die *Summa* ausgeübt, so ist es aber nicht deren einzige Quelle. Eine eindeutige Abhängigkeit von einer Schrift, die nach allgemeiner Meinung[16]) aus der lombardischen Schule kommen soll, kann hier festgestellt werden; hier soll nicht der Traktat *De actionum varietate* gemeint sein, sondern die sogenannte Kölner Institutionenglosse, die wahrscheinlich nach der ersteren entstanden ist, mindestens in Hinsicht auf die letzte Hand, die daran gearbeitet hat[17]). Zu diesem Text unbestimmten Alters, dessen einzige in der Hs. W 328 vom Histor. Archiv der Stadt Köln verzeichnete Fassung vor ihrer Ankunft in Deutschland unbekannter Herkunft ist[18]), hatte schon Conrat[19]) bemerkt, daß er eine gewisse Verwandtschaft mit einigen Stellen aus der Hs. Vatic. Reg. 441 zeigte, die ich später als Auszüge der *Summa* der Hs. Pierpont Morgan auslegen werde. In Wirklichkeit entlehnt letztere manches, wenn nicht der Kölner Glosse, so doch einer unbekannten Hs. gleichen Ursprungs — so z. B. mehrere *distinctiones*, die freilich im einzelnen anders behandelt werden[20]) und deren in der Glosse noch stammelnde Technik[21]) in der *Summa* besser beherrscht wird, so auch die Glosse *ut ad tempus* über *relegati* der Inst. 1. 12. 2[22]).

---

[14]) U. Gualazzini, „Natura, id est Deus", Studia Gratiana III (1955) 411—424; P. Fedele, Nihil aliud est aequitas quam Deus, Études Le Bras I, Paris 1965, 73—87.

[15]) Ähnliche Meinung bei G. Dolezalek, Der Glossenapperat des Martinus Gosia zum Digestum Novum, ZRG Rom. Abt. 84 (1967) 248.

[16]) Besta, Fonti Legisl. e Scienza 332.

[17]) Conrat, Geschichte 335, Anm. 4; Fitting, Gualcausus 57.

[18]) Coing, Römisches Recht in Deutschland, IRMAE V. 6, 18.

[19]) Siehe oben Anm. 6.

[20]) Vgl. z. B. die *Distinctiones liberi-servi* in der Gl. 12 (Fitting 94) und in der Summa I. 3 (Legendre 28, lin. 2ff.) und zwischen den drei *peculia* in der Gl. 62 (Fitting 101) und in der Summa II. 8 (Legendre 55, lin. 8ff.).

[21]) Genzmer, Justin. Kodif. u. Gloss. 375 und Anm. 132.

[22]) Vgl. die Gl. 25 (Fitting 96) und die Fassung der Summa I. 8 (Legendre 34, lin. 36) *(cum relegatione fit, idest ad certum tempus)*.

Die berühmte Glosse 134, die sich auf den geheimnisvollen Geminianus bezieht, verbietet *mandati fines excedere*, wenn das Mandat *certis finibus concluditur*, während die *Summa* angibt, daß die Lehre der Inst. 3. 26. 8. *habet locum cum mandatum habet fines*[23]). Vor allem die den justinianischen Quellen fremde Bestimmung des *peculium* in der Gl. 91 — *substantia personarum in potestate constitutarum* — ist genau die gleiche wie in der Hs. Pierpont Morgan, und die Gl. 65 über *jus tripertitum* in den Inst. 2. 10. 3 hat offenbar den Verfasser der letzteren beeinflußt[24]). Auch in der äußeren Form scheint diese Hs. von der Kölner Glosse beeinflußt worden zu sein: die *solutio* der Gl. 61 ist in einem Stil verfaßt, der das Verfahren der *continuationes* ankündigt, das in der *Summa* oft genug zu treffen ist, und die Gl. 191 ist ganz nach Art der letzteren mit *ideo autem diximus* eingeführt.

Von beiden Werken ist die *Summa* natürlich die jüngere; übrigens verwendet die Kölner Glosse nur einen noch beschränkteren Teil des *Dig. vetus*[25]) und einer von ihren Verfassern kennt wohl kaum das *Dig. novum*[26]). Außerdem sind seine Aufforderungen zur *aequitas* viel ungeschickter als in der *Summa*, deren Verfasser, wie schon gesagt, nach der Art von Martinus verfährt.

Eine andere Verwandtschaft zwischen der *Summa* und der berühmten Hs. Turin D. III. 13 kann hier festgestellt werden. Die lombardische Hand A der letzteren gibt in der Gl. 16 eine Bestimmung der *fabula*, die derjenigen der *Exposicio* der Hs. Pierpont Morgan sehr nahe ist. Bemerkenswert ist auch die Gl. 36 (Hand B, unbekannten Ursprungs) zu dem *Proemium* der Inst.: diese Glosse scheint nichts anderes zu sein als ein Auszug derselben *Exposicio*[27]). Es ist aber nicht leicht zu entscheiden, ob diese Glosse in einer direkten Abhängigkeit von dem Gedanken Martinus' steht oder auf einer Verwandtschaft zwischen dem Schreiber der Hand B und der französischen Schule beruht. Auf jeden Fall zeigt sich hier eine andere Spur des frühen, mittelbaren oder unmittel-

---

[23]) Fitting 110; Summa III. 19 (Legendre 114, lin. 28).

[24]) Gl. 91 (Fitting 105) und Summa II. 8 (Legendre 55, lin. 7); Gl. 65 (Fitting 101) und Summa II. 9 (Legendre 57, lin. 9—11).

[25]) Conrat, Geschichte 333, Anm. 9.

[26]) Nur beruht sicher die Gl. 193 auf Dig. novum: Kantorowicz, Digestenvulg., SZ 30 (1909) 269 und Anm. 14; SZ 31 (1910) 27, 69 Anm. 16.

[27]) Patetta, Contributo alla storia del diritto romano nel Medio Evo, Bull. Ist. dir., rom. IV (1891) = Studi sulle fonte giuridiche, Torino, 1967, 100 (Gl. 16) und 101 (Gl. 36); vgl. Legendre 22, lin. 118f. und 21 lin. 84—88.

baren Einflusses der lombardischen Juristen auf die ersten französischen *jurisperiti*.

Selbstverständlich machen diese Bemerkungen die Hypothese einer Verwandtschaft zwischen dem Glossator und der lombardischen Schule wieder aktuell: es ist bekannt, daß sie von Tamassia vorgeschlagen, von Meijers aber abgelehnt worden ist[28]); für den letzteren sollte Martinus bloß vom Charakter her den Vorstellungen der lombardischen Schule zugänglicher sein. Es ist in diesem Fall noch schwerer zu vermuten, daß die Rechtsgelehrten von Die unmittelbar nach dieser Lehre und zugleich nach derjenigen von Martinus ausgebildet worden sind. Meines Erachtens führt die Institutionensumme *Iustiniani est in hoc opere* ganz im Gegenteil zum Ursprung der *aequitas gosiana* zurück: ich vermute beträchtliche Änderungen in den Gedanken von Martinus zwischen den ersten Zeiten seines Unterrichts, zu denen sein *Exordium institutionum* wahrscheinlich gehört, und der Zeit seiner allerletzten Werke, in denen — von der *aequitas* ausgenommen — der lombardische Einfluß fast völlig verschwindet.

Auf jeden Fall verleiht die Hs. Pierpont Morgan dem Martinus eine entscheidende Rolle in der Entstehung der französischen Schule des 12. Jahrhunderts, aus der sicher andere Traktate hervorgegangen sind. So z. B. die *Materia institutionum*, von Fitting als fünfter Teil der Hs. Hänel herausgegeben und *Iuris peritiae operam dare* betitelt, die ein bloßer Auszug aus der Institutionensumme ist: außer den beiden ersten Absätzen gibt diese *materia* wortwörtlich die *expositio* der *Summa* wieder, der erste und der letzte Satz davon abgezogen. Andererseits wird die Hypothese eines französischen Ursprungs des *Libellus de verbis legalibus* (Hs. Turin, Univ. D. v. 19) durch den Vergleich der Bestimmungen von *calumniare* bekräftigt, wobei der *Libellus* einen *scienter* einführt, der sich nicht im Dig. 48. 16. 1. 1. findet, während die *expositio* der *Summa* verlangt, daß der *calumniator sciens* sei[29]), eine Lehre, die später einen gewissen Erfolg haben wird[30]). Die *Summula de legalibus verbis* der Hs. Vatic. Reg. 435[31]), dem *Libellus* nahe ver-

---

[28]) Et. hist. droit III, 232, Anm. 79.

[29]) Fitting, Jur. Schriften 195, cap. 36, lin. 17; Legendre 22, lin. 99f.

[30]) Seckel, Beitr. Gesch. beider Rechte 450 und Anm. 255.

[31]) Weimar, Die legistische Literatur der Glossatorenzeit (in: H. Coing, Handbuch der Quellen und Literatur I, München 1973) 259f.

wandt[32]), ist auch französischen Ursprungs[33]), aber sie steht ebenso unter später als die *Summa* verfaßten Schriftstücken, da man hier eine Abkürzung des Dekrets von Gratian findet[34]).

Obwohl man über den Ursprung der sogenannten *Summa Trecensis* wenig weiß, so stößt man auf ein Problem, wenn man diese mit der Hs. Pierpont Morgan vergleicht: nicht nur weil der Verfasser der letzteren auf seine Erläuterungen der achten und neunten *libri codicis* verweist und weil er jene andere *Summa* über die neun ersten *libri* bestimmt geschrieben hat, sondern auch weil die *materia* der *Trecensis* derjenigen der Hs. Pierpont Morgan sehr nahe ist und weil deren Quelle in Martinus' Lehre liegt, wie es Meijers schon bewiesen hat[35]), und nicht in den *materiae* von Irnerius und Bulgarus, wie Kantorowicz es behauptete[36]). Die *exordia* beider Summen unterscheiden *aequitas rudis* von *aequitas constituta*, wie es für die *Trecensis* wohlbekannt ist; und man könnte viele andere gemeinsame Punkte feststellen, wie z. B. die Sorge um eine praktische Anwendung oder die Lehre, die den Besitzer *male fidei cum titulo* zu den *fructus percipiendi* nicht verpflichtet. Zwar gehen beide Werke in manchen anderen Punkten auseinander, aber es kommt vor, daß die *Trecensis* dem Gedanken Martinus' treuer ist als die andere Summe, da sie z. B. die berühmte und doppelte von Martinus gemachte *distinctio* zwischen den Besitzern genau wiedergibt oder auch die *impensae voluptariae* untersucht, was auch in der *distinctio Possessorum alii* der Fall ist, wohl aber nicht in der Hs. Pierpont Morgan.

Freilich kennen wir nicht immer die verschiedenen Stufen von der Lehre Martinus'. Die Tatsachen, daß die *Trecensis* Hugos und Martinus' Gedanken vermischt und daß der 1159 verfaßte *Policraticus* von John of Salisbury letztere Summe verwendet, lassen vermuten, daß sie etwa jünger ist als unsere Institutionensumme und daß sie vielleicht von einer späteren Stufe in der Lehre des Martinus zeugt. Viel schwieriger ist es, die Rolle von Rogerius bei der Entstehung der

---

32) Hg. Patetta, Bibl. iurid. med. aevi II 132ff.

33) Dom Wilmart, Cod. Regin. latini II 556.

34) J. Rambaud-Buhot, Le Décret de Gratien et le Droit romain. Influence d'Yves de Chartres, RHD^4 35 (1957) 291ff.

35) Sommes, Lect., Comm. 219–231; s. auch Paradisi, Diritto canonico e tendenze di scuola nei glossatori da Irnerio ad Accursio, Studi Medievali VI 2 (1965) 210.

36) Studies Gloss. 55, 157, 164.

Trecensis zu bewerten; sie scheint überbetont worden zu sein: entweder hat er keinen Anteil daran gehabt, oder er ist manchmal wenig originell gewesen[37]). Dennoch stellt die Hs. Pierpont Morgan wiederum die Frage, wo dieser Glossator in Frankreich gearbeitet haben mag. Wird er oft als Vorgänger von Placentin in Montpellier erwähnt[38]), so darf man nicht vergessen, daß nichts die Vermutung zuläßt, eine Rechtsschule habe sich vor den sechziger Jahren in jener Stadt gebildet[39]). Und aus der Tatsache, daß *lo Codi* die *Trecensis* als Grundlage benützt. läßt sich nichts folgern, da es kein sicheres Kriterium gibt wegen der Unsicherheit über den Entstehungsort: Arles nach Fitting, Montpellier nach P. Ourliac, eher Saint-Gilles meiner Meinung nach[40]). Eine erste Fassung um Valence oder Die herum darf aber nicht ausgeschlossen werden. Sowieso standen die Bischöfe letzterer Stadt in Beziehung zu Italien, und es fällt auf, daß Bischof Hugues 1152 anläßlich eines Prozesses gegen jene Familie des Baux, deren Verteidiger Rogerius sein soll[41]), sich nach Turin begeben hat.

Da die Hs. Pierpont Morgan in einem Beispiel Valence erwähnt und da sich die Freunde des Verfassers im Jahre 1127 in derselben Gegend aufhalten, da auch die Abhängigkeit des Tübinger Rechtsbuches von Martinus' Lehre, wie sie aus der Hs. Clm 3509 hervorgeht, heutzutage nachgewiesen ist[42]), so wird man das von den *Petri exceptiones* und deren Quellen gebildete Ganze mit der Institutionensumme vergleichen müssen, wobei ich versuchen werde, die umstrittene Frage der Datierung und des Entstehungsortes wieder aufzugreifen.

---

[37]) Vgl. auch *Questiones super Institutis* I. 3 (Kantorowicz, Studies Gloss. 272) und Summa I. 1 (Legendre 24, lin. 56ff.): die Erklärungen über *iusticia* klingen sehr ähnlich. Über *iusticia* und *aequitas* bei Rogerius, s. M. Boulet-Sautel, Equité, justice et droit chez les glossateurs du XIIe siècle, Rec. droit écrit II (1951) 4.

[38]) Siehe zuletzt Mor, A l'origine de l'école de Montpellier, Rogerius ou Placentin? Rec. droit écrit VI (1966) 17ff.

[39]) Placentinus lehrt nicht vor 1162 in Montpellier; als erste und gar mittelbare Spur einer örtlichen Lehrtätigkeit kommt das bischöfliche Verbot (1168), die Kanoniker von Maguelone seien *advocati* im weltlichen Prozeß (Rouquette-Villemagne, Bullaire de l'église de Maguelone I, Montpellier 1911, 151, N. 94).

[40]) Fitting, Lo Codi 33ff.; Ourliac, Sur deux feuillets du Codi, Mélanges Aubenas 595—612; Gouron, s. unten Anm. 92.

[41]) Gallia christiana XVI, Eccl. Diensis, col. 521.

[42]) Weimar, Zur Entstehung des sogenannten Tübinger Rechtsbuchs und der Exceptiones legum Romanarum des Petrus, Studien zur europäischen Rechtsgeschichte hg. v. Walter Wilhelm 9—15.

Die deutlichste Verwandtschaft betrifft den ersten Teil des Anhangs der *Exceptiones* im Schott-Druck, Straßburg, 1500, der als ein von Petrus' Werk getrenntes Ganzes betrachtet werden darf. Es handelt sich genauer um die Kap. 1—13 (App. PI), von Fitting in der Form der Kap. 38—49 eines vermutlichen fünften Buches in der Hs. von Turin (P1) wiedergefunden. Flach, Conrat, dann Kantorowicz[43]) bemerkten, daß es keinen Grund gab, wie Stintzing und Fitting[44]) jene dreizehn Kapitel *(inc.: nec sine causa diximus actiones)* zu zerteilen, und nach Kantorowicz waren sie wahrscheinlich einem größeren Werk entnommen. Jenes Werk ist unsere Institutionensumme. App. PI ist in ihrem ersten Teil nichts anderes als ein wortwörtlicher, getreuer Auszug, der in der Mitte des Kap. III. 22 beginnt und in der Mitte des Kap. IV. 3 der *Summa* endet[45]), außer den vier letzten Zeilen, die nicht in der *Summa* stehen, und des von ihr übernommenen *explicit et sic de ceteris*. Nur die Rubriken sind verschieden. Aber es wurde der *Summa* so getreu entnommen, daß die am Anfang des Kap. IV. 1 stehende *continuatio* nun in der App. PI steht — mit Ausnahme des einen Wortes *superius* —, wo sie keinen Sinn hat, denn die App. behandelt die *obligationes ex contractu* nicht, auf die sich dieser Übergang berief. Unter den drei von Fitting herausgegebenen Fassungen der App. ist jene der Prager Hs. (P4) mit jener der Hs. Pierpont Morgan am engsten verwandt, obwohl letztere manchmal gemeinsame Punkte mit der Hs. P1 aufweist. Dies scheint mir die allgemeine Meinung zu rechtfertigen, daß P sehr früh mit Anhängen versehen worden ist; es ist aber offensichtlich, daß die *Summa* in ihrer Ur- und nicht in einer späteren Fassung verwendet worden ist, und daß die App. jünger ist als die *Summa*.

Freilich ist die App. PII A weit entfernter von der Institutionensumme als PI. Man muß aber darauf achten, daß sie nichts anderes ist als eine Fassung — jünger als die der Hs. Hänel II und älter als die der Bamberger Hs. — vom Traktat *De actionum varietate*, die wahrscheinlich von der Kölner Glosse als Grundlage benützt worden ist, welche wiederum die Quelle der *Summa* ist. Es darf also vermutet

---

43) Flach, Et. crit. hist. droit rom. 33ff.; Conrat, Epitome exact. reg. CCXf.; Geschichte 537ff. — Eine Kritik — aber keine Gegenprüfung — gegen Conrat findet man bei Tamassia, Note per la storia del diritto romano nel medio evo I, Scritti Serafini (= Tamassia, Scritti II, N. XVIII).

44) Stintzing, Gesch. popul. Lit. 96ff.; Fitting, Jur. Schriften 68ff.

45) Legendre 117, lin. 18 und 122, lin. 8.

werden, daß die App. PII A und PI im gleichen Milieu entstanden sind. Allgemeiner gesagt, es wird klar, daß die Kölner Glosse weder Tüb. noch P unmittelbar bekannt war, sondern nur mittelbar durch die *Summa*. Die Definitio des *peculium* in Tüb. 96 (PI 67) z. B. stammt nicht direkt von der Glosse. Conrat hatte es übrigens geahnt[46]).

Noch aufschlußreicher ist die Untersuchung der Anhänge, die in allen Hs. von Tübingen stehen. Es fällt nämlich auf, daß diese Hs. — ob sie der Klasse I oder der Klasse II angehören — fast alle im engsten Anschluß an die Institutionensumme stehen. In den Hs. der Klasse I ist die Appendix *Vim vi repellere* dieser Summe zum Teil entnommen; genauer gesagt, die Kap. 141—145 von Tüb.[47]) leiten sich davon ab. In Wirklichkeit nimmt das Kap. 141 die Einteilung der *actiones in personam* in vier Gruppen — wie in der *Summa* — wieder auf[48]), aber es fügt Beispiele hinzu; die Kap. 142 und 143 hingegen sind wörtlich genaue Auszüge aus dem einen und einzigen Passus der Hs. Pierpont Morgan[49]). Merkwürdiger ist das Kap. 144, denn seine Abhängigkeit von der *Summa* scheint sehr deutlich auf: während letztere logischerweise die *actio in personam* von der *actio in rem* durch eine neue Rubrik trennt, so verbindet das erstere recht ungeschickt beide *actiones* miteinander, indem es den letzten Wörtern der *Summa* IV. 6 und dem ersten Satz des Kap. IV. 7 ein *Nota* voranstellt und eine ziemlich plump wirkende Wiederholung — *ex obligatione procedit* — hinzufügt[50]). Selbstverständlich konnte der Verfasser der App. nicht weiterfahren, da er schon vorher im Kap. 141 die Folge der *Summa* abgeschrieben hatte.

Schließlich enthält das Kap. 145 von Tüb., das heißt das Ende der App. *Vim vi repellere*, die drei berühmten Bestimmungen von den Begriffen *furtum*, *rapina* und *invasio*, die man in der *Summa* IV. 2 wiederfindet. Wird die *rapina* in allen Hs. gleicherweise definiert, so ist die genaue Angabe — die *res aliena* als Voraussetzung für das *furtum* — in allen Hs. T (jedoch in T1 in der Form einer Hinzufügung), im sogenannten Grazer Rechtsbuch, in der kanonischen Prager Sammlung (Hs. Univ. VIII. H. 7) und in der *Summa* zu finden, aber nicht in

---

[46]) Geschichte 455, Anm. 1.

[47]) Zitierweise der Aufl. Mor, Scritti giur, preirner. I (= § 6—12 der Auflage der Hs. T1 bei Conrat, Geschichte 484 Anm. 4).

[48]) Summa IV. 7 (Legendre 128, lin. 2—3).

[49]) Eod. capit. (Legendre 129, lin. 26—32).

[50]) Legendre 128, lin. 75 und 2.

der App. PI; dagegen ist die Bestimmung der *invasio* in T, im Grazer Rechtsbuch und in der App. PI die gleiche, aber sie wird im *Libellus* und in der *Expositio terminorum usitaciorum* anders dargestellt. Der Text von T — außer vielleicht T1 vor seiner Verbesserung — endet schließlich mit einem *sic rapina et furtum*, während die *Summa* und die App. PI sich auf die Wörter *sic rapina* beschränken. Auf den ersten Blick sind also die Hs. der Klasse I von T und die Hs. Pierpont Morgan auf eine gemeinsame, verlorengegangene Quelle zurückzuführen, und diese Quelle stand — zumindest in beiden betreffenden Stellen — entweder T1 oder der *Summa* in ihrem Endzustand ziemlich nahe. Der Verfasser der App. *Vim vi repellere* hat eingangs neben diese Quelle vier Fragmente gesetzt, die die Kap. 136—138 und 140 von Tüb. bilden[51]) und die in der *Expositio* der App. PI als § 99—102 wieder zu finden sind; überdies hat er die Darstellung, die sich in Tüb. 139 findet, aber nicht in der *Expositio*, eingefügt. Außerdem muß bemerkt werden, daß diejenigen, die die italienische Herkunft von Tüb. befürworten, die App. *Vim vi repellere* als einen festen Bestandteil von Tüb. angesehen haben, obwohl der zweite Teil von dieser App. fast sicher französischer Herkunft ist.

Die Anhänge der Hs. der Klasse II von Tüb. hängen ebenfalls von der Institutionensumme ab. Wie schon bekannt, enthält die App. *Cantabrig.* aus der Hs. T2 die App. *Vim vi repellere* — ohne den Anfang und ohne Tüb. 140; ihr Inhalt steht somit der *Summa* sehr nahe, da nur Tüb. 137, 138 und 141 hinzugefügt werden. Wenn die App. *Cantabrig.* sich von T1 entfernt, so stimmen meistens deren Varianten über Tüb. 142 und 143 — und dies muß betont werden — mit denen der Hs. Pierpont Morgan überein[52]); hinsichtlich der beiden folgenden Kap. von Tüb. entfernt sich dagegen die *Summa* von T2, wie ich es früher im Zusammenhang mit dem Kap. 145 gezeigt habe. Außerdem besitzt die Hs. Vatic. Reg. 441 (T5) einen eigenen Anhang, bestehend aus zwei kurzen Kommentaren zu den Inst. 3. 18. 1., deren Ursprung bisher unbekannt war[53]); es handelt sich um Auszüge aus der *Summa*

---

[51]) Aufl. Conrat § 1—3 und 5.

[52]) Siehe die Varianten bei Flach, Et. crit. hist. droit rom. 233, Anm. 6 und 7, und 234, Anm. 2. — Flach hat nicht bemerkt, daß T2 *etiam* im Kap. 143 vergißt (Mor, Scritti I 232); genau vergißt auch die Summa dieses Wort.

[53]) Conrat, Geschichte 485 und Anm. 3 *(inc.: cautio damni infecti* und *veluti si quis vendidit)*. Wilmart hat schon in seinem Katalog bemerkt, die Hs. wurde nach dem Konzil Reims (1148) geschrieben.

oder eher aus einer Schrift, die mit der Hs. Pierpont Morgan, in welcher beide Texte sich in umgekehrter Ordnung befinden, verwandt ist[54]).

Da die *App. Londin.*, der einzige von der Institutionensumme entfernte Anhang, auch französischer Herkunft ist[55]), so wird man unzweifelhaft feststellen müssen, daß die App. ausnahmslos aller Tüb. Hs. sowie die App. PI mit einer französischen Schule in Verbindung stehen, ja höchstwahrscheinlich mit derselben Schule, aus der die *Summa* kommt. Dazu gewährt letztere[56]), wie Tüb. 16, ein Jahr *utilis* als Frist, um die *actio vi bonorum raptorum* zu unternehmen, um eine vielfältige Wiederherstellung zu bekommen, nach einem Lieblingsgedanken von Martinus; und die *dissentio*, die die *Summa* anläßlich der Konsumption dieser Klage und der *actio furti* einführt, scheint ein Kommentar des gleichen Kapitels von Tüb. zu sein.

Die Hs. Pierpont Morgan stützt hiermit mit einem gewichtigen Argument die Hypothese von Kantorowicz, nach welchem eine Gruppe französischer Juristen früh genug die Alpen überschreiten konnte, um den Unterricht, wenn nicht von Irnerius, so doch von einem der vier *doctores* zu bekommen; und man darf behaupten, daß sich diese Juristen, die mit dem Verfasser der *Summa* befreundet waren, aus Die stammten oder sich 1127 in dieser Stadt befinden, in erster Linie an Martinus gewandt haben. Sowie sie in jener Institutionensumme die Nachbarstadt Valence erwähnt haben, so hat auch deren Zeitgenosse und Nachbar, der Verfasser von Tüb. und von P, einem Bewohner von Valence sein Werk gewidmet, wie aus dem Prolog zu P4 und zu der Straßburger Ausgabe erhellt. Einige Kritiker, die aus Tüb. unbedingt eine italienische Schrift machen wollten, haben willkürlich die *lectura facilior Florentinensis* in P1, P2 und P3 bevorzugt[57]). Dieselben haben aber dem provenzalischen Wortschatz, der manchmal in Tüb. gebraucht wird, jede Bedeutung entzogen; was hätten sie wohl über die *Summa* gesagt, wo die Wörter französischer oder provenzalischer Herkunft viel seltener sind, wäre das *Explicit* glücklicherweise nicht bewahrt worden! Möglicherweise wären die Hinweise auf die *pogese* und auf Valence als Glossen zum Text angesehen worden ...

---

[54]) Summa III. 10 (Legendre 100, lin. 18—22 und 13—16).

[55]) Kantorowicz, Studies Gloss. 121.

[56]) Summa IV. 2 (Legendre 121f.).

[57]) Siehe Kantorowicz, Exceptiones Petri 607.

Übrigens sind bisher nicht alle Argumente zugunsten der Gegend um Valence – oder um Die – als Entstehungsort der Tüb. Hs. gründlich genug untersucht worden. So zum Beispiel der Titel *subvicarius*, der wie bekannt einem gewissen *Rogerius* oder *Ygerius* verliehen wurde: solche Funktionen sind in Südfrankreich nicht sehr geläufig[58]), aber in Valence wurde der Ausdruck *vicariolus* gebraucht[59]). Es läßt sich kaum etwas aus der Erwähnung des *vicarius*, der in vielen Städten oder Herrschaften auftaucht, schließen, außer der Hinweis, daß jene Persönlichkeit, deren Aufgaben sehr unterschiedlich sind, im Namen des Bischofs oder des Domkapitels offenbar eine wichtige rechtliche Rolle in Valence spielt[60]). Außerdem liegt kein vollständiges Verzeichnis der *vicarii* dieser Stadt vor; bekannt ist allerdings, daß ein *Pierre de Auriolo* jene Funktion von 1171 bis 1207 innehatte[61]), was die Verfassung von Tüb. in die vorangehenden Jahre datieren läßt, ohne daß Genaueres gesagt werden kann; mit Sicherheit kennt man nämlich vorher nur einen seiner Vorgänger, Olivier, von 1148/1154[62]) bis 1158[63]) erwähnt, während der *vicarius* Boson, der vor 1188 starb, seine Funktion vielleicht nur eine sehr kurze Zeit innehatte[64]).

Der Vorname *Odilo* ist an sich interessant. Im 12. Jahrhundert taucht er nämlich nur in einer ziemlich beschränkten Gegend auf, von

---

[58]) Im Languedoc sind dafür nur zwei Beispiele aus der ersten Hälfte des 12. Jahrhunderts bekannt, eines 1164 in Toulouse, ein anderes 1194 in Nimes: E. G. Léonard, Catalogue des actes des comtes de Toulouse III: Raymond V (1149–1194), Paris 1932, N. 39 und 155. – S. auch P. Viollet, Hist. instit. France III., 250ff.

[59]) Siehe Ul. Chevalier, Chartularium (s. oben Anm. 3) 73, N. XXXVII (1245).

[60]) Er besitzt ein Haus und ein Siegel (s. Anm. 59); die *placita vicarie* sind am Ende des XII. Jahrhunderts in der Zuständigkeit des Kapitels (Chartularium 4, N. I). Oft sind die *vicarii* Lehnsleute der Herren der Stadt: s. z. B. für Montpellier A. R. Lewis, Seigneurial administration in twelth century Montpellier, Speculum 22 (1947) 564ff. E. Magnou-Nortier, La société laïque et l'église dans la province ecclésiastique de Narbonne de la fin au VIIIe à la fin du XIe. siècle, Toulouse 1974, stellt die *vicarii* als *potentats locaux* dar: s. 189, 244f.

[61]) Poly, Les légistes provençaux 630, Anm. 138.

[62]) Ul. Chevalier, Cartulaire de l'abbaye Notre-Dame de Léoncel I, Montélimar 1869, 7 N. IV.

[63]) Gallia christiana XVI, Instr. eccl. Valentin., c. 105–106.

[64]) Für sein Amt als vicarius, s. Ul. Chevalier, Chartularium eccl. Sancti Petri 16, N. VI. Er war schon 1188 gestorben (zit. Chartularium 20, N. IX) und vielleicht ist er derselbe Boso, der um 1160 in der bischöflichen Umgebung lebte (zit. Chartularium 9, N. III).

Westen nach Osten: das Rouergue[65]), das Gévaudan[66]), das Velay[67]), die Haute Auvergne und die Gegend um Brioude[68]), um Avignon[69]), aber vor allem Valence[70]), die herrschaftlichen Familien aus der Umgebung wie Châteauneuf[71]) und aus den Nachbarstädten wie Romans[72]); der Vorname ist hingegen am Mittelmeer, im Languedoc wie in der Provence kaum bekannt. Schließlich ist er im 12. Jahrhundert in Italien[73]) nirgends geläufig, namentlich weder in Florenz[74]) noch in den Nachbarstädten wie Pisa[75]) oder Lucca[76]). Sein seltenes Auftreten läßt also mit großer Wahrscheinlichkeit schließen, daß der *Odilo* von Tüb. 127 mit dem vom Prolog zu P[77]) identisch ist, und daß Tüb. nicht nur französischer, sondern auch valentinischer Herkunft ist.

---

65) Odilo wird in der Familie der Herren von Morlhon verirbt: J. Bousquet, La fondation de Villeneuve d'Aveyron et l'expansion de l'abbaye de Moissac en Rouergue, Actes du colloque international de Moissac, Toulouse 1964, 196 und Anm. 5.

66) R. Rohmer, Catalogue des documents des Archives de la Lozère antérieurs à 1200, Mende 1922, N. 18 (1126) und 56 (1174).

67) J. Chevalier, Essai historique sur l'église et la ville de Die I, Montélimar 1888, 469f., N. XVII (1192).

68) Aug. Chassaing, Spicilegium Brivatense, Paris 1886, 3, 11, 18, N. II, IV, IX (1025, 1091, 1161). Siehe auch Odilo de Rochefort (Zweig der Familie Mercœur), Moris et Blanc, Cartulaire de Lérins, Paris 1905, N. 273.

69) Wenn jener Odilo, der 1039 unter den Gründern von Saint Ruf genannt wird, als aus Avignon stammend bezeichnet werden darf: s. Y. Le Brigand, L'ordre de Saint Ruf en France, 1039—1774 (Th. Chartes 1967) 13.

70) Ul. Chevalier, Cart. Léoncel 51, N. XLV (1192) und 56, N. L. (1193); Codex diplomaticus ordinis Sancti Rufi Valentiae, Valence 1891, 60, N. XLIX (1173?).

71) Gallia christiana XVI, Instr. eccl. Gratianopol. c. 81 (1099); s. auch B. Bligny, Recueil des plus anciens actes de la Grande Chartreuse (1086—1196), Paris-Grenoble 1958, 33.

72) Giraud, Essai historique sur l'abbaye de Saint-Barnard et sur la ville de Romans II, Lyon 1866, 118, N. 277 (1130) und 146, N. 329 (1174/1195); III, 36, N. 13 (1068), 148, N. 120 (1081/1088), 214 N. 277 (1130); s. auch Complément textuel du Cartulaire, Lyon 1869, 264, c. 1.

73) Vgl. schon Kantorowicz, Exceptiones Petri 608.

74) Kein Odilo z. B. bei Piattoli, Le carte della canonica della cattedrale di Firenze (723—1148), Roma 1938.

75) Siehe N. Caturegli, Regesto della Chiesa di Pisa (720—1208), Roma 1938.

76) Siehe P. Guidi — O. Parenti, Regesti del Capitolo di Lucca, Roma 1939.

77) Wie mit Recht durch A. Padoa Schioppa, Ricerche sull'appello nel diritto intermedio II, Milano 1970, 9 Anm. 10, angenommen.

Durch jenes seltene Auftreten aber ist die neulich von Poly vertretene Hypothese[78]), die nicht ohne viele Vermutungen auskommt, kaum haltbar. Nach Poly wären der *Odilo* der Widmung in P mit Eudes *(Odo)*, Bischof zu Valence von 1154 bis 1185, der *vicarius* von Tüb. 127 aber mit dem *vicarius* Olivier und der *subvicarius* mit *Orerius*, *bajulus* in der Abtei Saint Félix von 1169 bis 1178/1179, gleichzusetzen. Ungeachtet der Tatsache, daß diese Hypothese die Abfassung von Tüb. auf die Zeit nach 1154 zurückführt — was mir nicht möglich zu sein scheint, wie unten bewiesen —, so liegen ihr zu viele Irrtümer der Schreiber zugrunde, als daß sie glaubhaft wäre. Außerdem kann Odilo nicht als eine *lectura facilior* angesehen, noch weniger von einer doppelten Herkunft Odo — Olivarius abgeleitet werden.

Ebenso unwahrscheinlich scheint mir die von Poly vorgeschlagene Gleichsetzung von *Petrus* mit dem Saint-Ruf-Kanonikus Pierre de Maisières. Zwar ist die Hypothese zunächst verführerisch, denn in der oben erwähnten Schenkung von 1127 tritt jener Pierre zusammen mit den Freunden des Verfassers der Institutionensumme auf. Aber dort wird er nicht als Kanoniker bezeichnet, und wegen der unterschiedlichen Daten glaube ich nicht, daß man ihn mit dem Kanoniker von Die gleichsetzen kann, der in Lyon 1190 als Zeuge aufscheint[79]) und der bis 1197 gelebt haben dürfte[80]). Denn die Verzeichnisse von Kanonikern von 1158 bis 1178 weisen keinen solchen Namen auf[81]). Meiner Meinung nach könnte *Petrus* ebensowohl mit anderen gleichgesetzt werden: ohne den *Petrus Garcini*, *magister Avinionensis*, welcher *Robertus* das *instrumentum* einer Schenkung 1101 diktiert[82]), in Betracht zu ziehen, kann man einen *Petrus magister*, Kanoniker in Saint Barnard in Romans, der 1122 als Zeuge auftritt[83]), erwähnen, oder

---

[78]) Les légistes provençaux 630, Anm. 138.

[79]) Ul. Chevalier, Chartes de Saint-Maurice de Vienne, de Léoncel et de l'église de Valence, Bull. de la Soc. de la Drôme 46 (1912) 28, N. VI; J. Chevalier, Essai historique I, 465, N. XIV.

[80]) Ul. Chevalier, Cart. Léoncel 61, N. LIV (1194) und 65, N. LIX (1196); Cart. Bonnevaux, N. LXVI; Codex diplomaticus, N. LXXII.

[81]) Der *Petrus canonicus* in der Kanonikerliste von 1158 (Codex diplomaticus 42, N. XXXII) ist wahrscheinlich keiner der beiden Betroffenen, sondern eher der Pierre de Tournon, den man 1178 und 1188 wieder trifft (Codex diplomaticus, N. LIV und LXIV).

[82]) Albanès, Gallia christiana noviss. I, Instr. eccl. Forojul. c. 202, N. X (Avignon, juni 1101).

[83]) Giraud, Essai historique II, Preuves 32, N. 166 und 247.

einen *Petrus ad Sari*, Kanoniker — vermutlich in Saint Ruf — im Jahre 1171[84]), oder jenen *Petrus Martini* — eben der Name, der von PI 5 angegeben wird —, der unter mehreren Kanonikern bei einem zwischen Saint Ruf und Saint Félix 1172 in Valence abgeschlossenen Vertrag zitiert wird[85]). In Wirklichkeit bleibt jene Art des Gleichsetzens illusorisch, da die *Exceptiones* gar keine chronologischen Angaben enthalten. Die in gewissen Beispielen der Institutionensumme gebrauchten Vornamen sind aufschlußreicher, denn man findet darin neben *Poncius* und *Ugo* auch *Robertus* und *Petrus*[86]): haben beide letztere wirklich gelebt und sind sie wie die beiden ersteren *cohaeredes romanorum legum?* In diesem Fall wäre das Band zwischen *Petrus* und der Hs. Pierpont Morgan eindeutig; aber die Fundamente dieser Hypothese sind dürftig.

Wie schon bekannt, ist die Frage der Entstehungszeit der *Exceptiones* und deren Quellen seit langem umstritten. P. Weimar hat jedoch vor kurzem bewiesen[87]), daß die Indizien, die den verschiedenen Hypothesen zugrunde lagen, einen recht geringen Wert hatten, und er hat die Abfassung von Tüb. und P in die Zeit nach 1159 datiert. Letzteres scheint mir aus drei Gründen nicht annehmbar zu sein. Der erste Grund stammt aus einer Bemerkung von P. Weimar selbst[88]): die Hs. Bibl. Nat. lat. 3876, die bekannterweise die Canones-Sammlung von Zaragoza in einer erweiterten Form mit 14 Auszügen der *Exceptiones* enthält, schließt auch eine Dekretale Hadrians IV. in der Form einer marginalen Hinzufügung ein. Vernünftigerweise kann man auch annehmen, daß die *Exceptiones* der Regierungszeit dieses Papstes (1154—1159) vorangehen; hingegen hat P. Weimar recht zu bemerken, daß die Liste der Könige Frankreichs, die 1144 aufhört und in derselben Hs. steht, für die Datierung gar keinen festen Anhaltspunkt bietet. Ich möchte hinzufügen, daß sich aus dem Gebrauch einer griechischen

---

[84]) Ul. Chevalier, Codex diplomaticus 57, N. XLV.

[85]) Cod. diplomaticus 59, N. XLVII. — Es gibt noch einen anderen magister Petrus, der 1210—1214 in der Umgebung von Valence lebt (Ul. Chevalier, Chartularium ecclesiae Sancti Petri 43, 46, N. XIX, XX).

[86]) Summa II. 12 (Legendre 62, lin. 27f.); s. noch einmal *Petrus* (hier als *miles*) und *Ugo*, II. 18 (Legendre 71, lin. 13f.) (jedoch mit *Arnaldus*, *Tullius*, *Radulfus*).

[87]) Zur Entstehung 2—6.

[88]) Coing, Handbuch 256 Anm. 2.

Konstitution von Zenon (C. 3. 10. 1) nichts folgern läßt, weil dies mit der Übersetzung durch Pierre de Cardona nichts zu tun hat[89]).

In der Verwendung von Tüb. in den *Usatici Barchinonae* liegt ein weiterer Beweis für die frühe Datierung. Mor, der diese Reseptionen gründlich untersucht hat[90]), unterscheidet hier drei Gruppen von Kapiteln, die durch Tüb. und durch die *Exceptiones* beeinflußt wurden: die Kap. 77, 78 und 105, die zur Urfassung gehören und sich auf die Zeit zwischen 1112 und der Mitte des 12. Jahrhunderts datieren lassen, dann die Kap. 167, 168 und 169, die im darauffolgenden Jahrhundert hinzugefügt wurden, schließlich das Kap. 87, das sich in allen alten Hs. findet und das sich also auf die erste Hälfte des 12. Jahrhunderts zurückführen läßt, obwohl es ursprünglich eine Glosse gewesen sein dürfte.

Die erste Gruppe von diesen Kapiteln ist bei weitem am interessantesten. Läßt sie eine noch größere chronologische Genauigkeit zu? Das scheint möglich zu sein, wenn man der Meinung Abadals folgt, der laut seiner unveröffentlichten Mitteilung anläßlich der Verleihung des Doktortitels h. c. in Toulouse[91]) annahm, daß ein anonymer Kompilator, dessen Tätigkeit sich durch verschiedene Dokumente, die die Verwendung jener Kapitel der *Usatici* widerspiegeln, sich in die Zeit gegen 1149—1151 datieren läßt, die Stellen aus Tüb. integriert habe, ohne daß es öffentlich bekannt wurde.

Schließlich kann ein anderes, mit der vorhergehenden Beweisführung übereinstimmendes Argument herangezogen werden. Wie Santini vor kurzem nachgewiesen hat, hat *lo Codi* von den App. PI und PII vielleicht manches übernommen; in solch einem Fall sind diese App., und auch selbst Tüb. und P sehr wahrscheinlich älter als

---

[89]) Wie schon bewiesen in A. Gouron, Placentin et son entourage: magister Guido et Pierre de Cardona, Mélanges Gérard Fransen, Louvain 1976.

[90]) Appunti sulla formazione del testo degli „Usatici Barchinonae", Studi Calisse I, Milano, 1939, 351—375; Appunti su di un ms. degli Usatici di Barcellona e sui rapporti tra Usatici, Libro di Tubinga ed „Exceptiones Petri", Rendic. ist. Lombardo LXXIII; En torno a la formacion del texto de los „Usatici Barchinonae", Anuario de hist. del derecho espanol 27—28 (1957—1958) 413—459.

[91]) Auf deren Zusammenfassung ich von Prof. Font-Rius und Bastardas von der Universität Barcelona entgegenkommenderweise hingewiesen wurde, wofür ich ihnen hier meinen herzlichsten Dank aussprechen möchte.

die wohl zwischen 1158 und 1162 verfaßte provenzalische Summe[92]), was übrigens durch andere Angaben bestätigt wird.

Selbst Tüb. wäre also vor der Mitte des Jahrhunderts entstanden: diese annähernde Datierung, die bis zur Entdeckung der Hs. Pierpont Morgan mit einer französischen Herkunft unvereinbar war, wird von nun an annehmbar. Sie wird außerdem durch eine bei den Schreibern von Tüb. und von der *Summa* in etwa ähnliche Kenntnis des *Corpus* bestätigt. Letztlich könnte Tüb. zwischen 1120 und 1130 geschrieben worden sein, und dies würde mit dem einzigen Berührungspunkt in den Theorien von Mor und denen von Conrat und Kantorowicz übereinstimmen[93]). Ähnliche Quellen, eine gleiche Abhängigkeit vom lombardischen Recht[94]), verwandte geographische Angaben, das gemeinsame Interesse für die *aequitas*, der vorherrschende Einfluß von der Lehre Martinus', alles führt dazu, in Tüb. und darauf in den *Exceptiones* wie in unserer Institutionensumme Produkte aus der einen und selben Schule und Zeit zu erkennen.

Diese Beobachtungen bringen mich dazu, wenn nicht dem Saint-Ruf-Orden, so doch dessen Umgebung eine wesentliche Rolle in der ersten Verbreitung des justinianischen Rechts westlich der Alpen zuzuschreiben. Dieser Umgebung verdankt man sicherlich eine *Summa*, deren Fassung der Hs. Pierpont Morgan nahesteht, auch wenn die Hs. Pierpont Morgan wohl eine gewisse Anzahl von späteren Hinzufügungen enthält; und jene Herkunft erklärt viele Eigentümlichkeiten der Hs., insbesondere, wenn schon nicht die Erwähnung der *divinae leges*, die wahrscheinlich auf den Einfluß von Martinus zurückzuführen ist, so doch die Beziehung zum kanonischen System der Berechnung der Verwandtschaftsgrade, obwohl das Werk eigentlich weder von Kanonisten noch für sie verfaßt wurde. Derselben Umgebung verdankt man andere Schriften, u. a. eine *Summa Codicis*,

---

[92]) G. Santini, Ricerche sulle „Exceptiones legum Romanarum“, Milano 1969, 44. — Über der Entstehungszeit des Codi, A. Gouron, Du nouveau sur Lo Codi, TRG 1975, 271—277.

[93]) Conrat, Geschichte 458, neigte zu der Zeit 1120/1130; Kantorowicz, Exceptiones Petri 620, dachte zuerst an die Zeit um 1110, griff aber in einem Postskriptum Mors Auffassung wieder auf und entschied sich für 1120 (Exceptiones Petri 638).

[94]) Vgl. N. Tamassia, Le „Exceptiones legum romanorum“ e il diritto longobardo, Atti Ist. Veneto LXXI² (1911—1912) (= Scritti II, Padova 1967, 306, woraus er aus einer italienischen Ursprung fälschlich schließt) und E. Meyer, Petrus Exceptiones 284f.

die vielleicht der *Summa Trecensis* sehr nahe steht, und wahrscheinlich auch Tüb. und die *Exceptiones*, was eine befriedigende Erklärung für die Erwähnung der *canonici regulares* in Tüb. 98 (= PI. 25) liefert; jene Erwähnung ist zwar keine Ausnahme[95]), aber in einem juristischen Werk aus dieser Zeit selten genug, um einen Hinweis auf das Entstehungsmilieu von Tüb. zu enthalten. Dies ist um so symptomatischer, als die Kanoniker von Saint Ruf zu jener Zeit eine Kompilation von kanonischen Texten über das Ordensleben verfaßten[96]). Diese Erwähnung findet sich übrigens ebenfalls in *lo Codi*, auch in der ältesten provenzalischen Hs.[97]), die jedoch, wenn schon nicht in Arles oder im Languedoc geschrieben, so sicher dort beendet worden ist.

Der Einfluß des Saint-Ruf-Ordens scheint außerdem die geographische Verbreitung der juristischen Hs. in Südfrankreich einsichtig zu machen. Enge Bande sind festgestellt worden zwischen den Bildhauerateliers von der Gegend um Valence, namentlich demjenigen, dem man die kurz nach dem Brand von 1134 entstandenen Statuen am westlichen Tor in Saint Barnard zu Romans verdankt, und denen, die die Statuen am Hauptportal von Saint-Gilles und im Kreuzgang von Saint-Trophime in Arles hergestellt haben[98]); nun gehörten sehr frühzeitig Steinmetzen zum Saint-Ruf-Orden, so daß er diese 1156 nach Pisa schicken konnte und dabei Hadrians IV. Empfehlung für sie bekam[99]).

Der Orden, zu dem schon am Anfang des 12. Jahrhunderts *scriptoria arte valentes* zählten und dessen Neigung für die Handschriften so stark war, daß er des Diebstahls von über der Hälfte der Bibliothek des Domkapitels von Avignon verdächtigt wurde[100]), hat offenbar

---

[95]) Außer den allgemein bekannten Bemerkungen von St. Kuttner, Glossatorenforschung 308ff., s. E. Magnou, Moissac et l'Occident au XIe siècle, Actes du Colloque international de Moissac 164 (über Gerona).

[96]) Vgl. Ch. Dereine, Saint-Ruf et ses coutumes aux XIe et XIIe siècles, Rev. bénédictine 59 (1949) 165. Besagter Autor erinnert an die Verbreitung des Saint-Ruf-Ordens in Europa, namentlich in Spanien, was rechtfertigen kann, daß Tüb. in Katalonien früh bekannt war.

[97]) Derrer, Lo Codi, eine Summa Codicis in provenzalischer Sprache aus dem XII. Jahrhundert, Zürich 1974, 143 (VI. 30 § 3).

[98]) J. Thirion, Les sculptures romanes de Saint-Barnard de Romans (Drôme), Comptes-Rendus Acad. Inscriptions, octobre 1974, 362ff.

[99]) Mortet-Deschamps, Recueil de textes relatifs à l'histoire de l'architecture II, 96f.

[100]) Arch. Dép. Vaucluse, G 553, fol. 23—26; Albanès-Chevalier, Gallia christiana noviss. VII, Evêques d'Avignon, col. 54ff. N. 196.

seinen Dynamismus sehr früh gezeigt dank gebildeter Kanoniker, der *magistri*[101]), unter denen einige das Rhone-Tal durchwanderten, zum Beispiel jener Etienne Augis, der sich an einem wichtigen politischen Abkommen in Pont Saint Esprit 1160 beteiligt[102]). Überdies gibt es seit langer Zeit mannigfaltige Beziehungen zwischen Saint Ruf und Montpellier. Schon 1127 reisen Kanoniker des Ordens und Kanoniker von Maguelone gemeinsam nach dem Dauphiné[103]); vielleicht sind der magister Hélie und der *causidicus* Guilhem Robert, die sich in Montpellier aufgehalten haben, der eine 1139, der andere 1158, mit den gleichnamigen Mitgliedern des Saint-Ruf-Kapitels identisch[104]). Der Bischof von Maguelone, Gautier, und der Abt von Saint Ruf, Pons, zeigten eine gleiche Treue zur gregorianischen Reform, als sie beide um 1120 an den Abbé von Chaumousey schrieben, und ihre Briefe setzten feste Freundschaftsbande voraus[105]). Saint Ruf hatte zahlreiche Besitzungen in der Umgebung von Montpellier: schon 1123 hing die Kirche Saint Jean in Castelnau von dem Orden ab[106]). Das Kapitel von Maguelone ist schon im 12. Jahrhundert mit Saint Ruf sowie mit verschiedenen südlichen Kirchen zu einer *confraternitas* verbunden[107]). Jene engen Beziehungen erklären sich übrigens aus dem großen Erfolg der Regeln, durch die damals die Domkanoniker im Languedoc *canonici regulares* wurden. Zum Beispiel die von Saint Just in Narbonne bekommen von 1130 an diesen Titel[108]); und man kannte eben in dieser Stadt den *ordo* von Saint Ruf[109]).

Zur Verbreitung der ersten französischen Rechtsschule in der Umgebung von Valence-Die bis ins Languedoc hinein, und namentlich

---

[101]) Poly, Les légistes provençaux, 623ff.

[102]) Léonard, Catalogue 12, N. 14; Ul. Chevalier, Tituli ecclesie Diensis 44, N. XII; s. auch J. Chevalier, Essai historique I, 206.

[103]) E. Pilot de Thorey, Cartulaire de l'abbaye bénédictine ... de Chalais, Grenoble 1879, 19, N. IV.

[104]) Poly, Les légistes provençaux 634, Anm. 162.

[105]) Vgl. B. Bligny, L'Eglise et les ordres religieux dans le royaume de Bourgogne aux XIe et XIIe siècles, Grenoble 1960, 225.

[106]) Arch. Dép. Hérault, G. 4114.

[107]) Arch. Dép. Hérault, G 4113.

[108]) Histoire générale de Languedoc V, col. 959; s. auch. Gallia christiana VI, Instr. eccl. Narbonensis c. 34, N. XXXVIII.

[109]) D. Misonne, La législation canoniale de Saint-Ruf d'Avignon à ses origines, Actes du Colloque international de Moissac, 154.

bis Montpellier, haben vielleicht andere religiöse Orden oder wenigstens einige ihrer Mitglieder ebenfalls beträchtlich beigetragen. Es ist zum Beispiel auffallend, daß sich der *frater* Pons, seit 1155 Prior des Kartäuserklosters Bouvantes[110]) und neben dem *magister* Rainaldus bei einer vom Bischof von Béziers bewilligten Schenkung als Zeuge zugegen[111]), 1181 in Montpellier aufhielt, gerade als nicht nur Placentin, sondern auch Petrus de Cardona hier wirkten. In der Folge wird er öfters als Schiedsrichter gewählt[112]) und bis zu seinem Tode im Jahre 1189 oder 1190[113]) steht er in ständiger Beziehung zu den Saint-Ruf-Kanonikern[114]). Da dieser Mönch offensichtlich über die Ansprüche wohl informiert war, welche die Grafen von Toulouse auf das Grafentum Die erhoben, da er wegen seiner Qualitäten — und vermutlich seiner juristischen Kenntnisse — sehr gefragt war und sich meistens in Valence aufhielt, scheint er mir ein typischer Vertreter derjenigen zu sein, die mit der ursprünglichen Schule von Valence-Die und mit der jüngeren Schule von Montpellier in Verbindung standen. Es ist übrigens interessant zu erinnern, daß die Kartäuser sich sehr früh eine Bibliothek eingerichtet haben, die an juristischen Handschriften sehr reich war; und einige dieser Handschriften — wie Grenoble 391. 2, die vermuten läßt, daß man in der Grande Chartreuse französische Rechtsschulen, darunter wohl Montpellier kannte[115]) — sind rein französischen Ursprungs und bleiben jedem unmittelbaren italienischen Einfluß fremd, mit Ausnahme vom möglichen Einfluß der in Frankreich verweilenden Glossatoren wie Rogerius und Placentin.

Allmählich bildet sich also schon gegen 1130 eine Rechtsschule heraus, die in Frankreich, genauer gesagt im Dauphiné, ihren Sitz hatte, und zwar als ein Zweig der italienischen Wissenschaft; dieser Zweig, wenn auch frühzeitig entstanden, ist keineswegs pre-irnerianischer Herkunft, mit dem Vorbehalte, daß die lombardische Schule

---

110) B. Bligny, Recueil, 60, N. 22.

111) J. Rouquette, Cartulaire de Béziers (Livre Noir) III, Montpellier 1923, 395, N. 278; Hist. gén. Languedoc VIII, 359—360.

112) J. Chevalier, Essai historique I, 222; Ul. Chevalier, Tituli ecclesie Diensis 30.

113) Vgl. Ul. Chevalier, Cart. Léoncel, 48—49, N. XLII, XLIV.

114) J. Chevalier, Mémoires pour servir à l'histoire des comtés de Valentinois et de Diois, Bull. Drôme XXVII (1893), 278; Lagier, La Chartreuse de la Sylve-Bénite, Bull. Acad. delphinale II (1889), 282.

115) Kantorowicz, Studies Gloss. 11.

einen — mittelbaren oder unmittelbaren — Einfluß auf die französischen Rechtsgelehrten ausübte, denen wenigstens ein Teil der Kölner Glosse oder einer ihr sehr nahestehenden Hs. vertraut war. Von dieser Schule stammen zugleich die *Exceptiones Petri* und auch alle ihre Quellen — mit Ausnahme des Ashburnhamer Rechtsbuchs, dessen Ursprung nicht eindeutig ist —, sowie die *Summa* der Hs. Pierpont Morgan und der *Libellus de verbis legalibus*. Diese Schule steht dem Entstehungsmilieu der *Summa Trecensis* sehr nahe; dabei kann man allerdings nicht genau bestimmen, in welchem Ausmaß Rogerius an deren Entstehung beteiligt war. Auf jeden Fall werden andere französische Rechtsgelehrte, diesmal aus dem Languedoc oder aus der Provence, einige Jahrzehnte später unter denselben intellektuellen Einflüssen *lo Codi* verfassen — auf Provenzalisch oder auf Latein.

Nicht zufällig hat sich also Placentin — und viele hatten es schon vermutet — nach Montpellier begeben. Entweder fand er dort schon einige im Dauphiné ausgebildete Juristen, unter denen sich vielleicht Rogerius befand, oder sein Ruhm hat sie angezogen, was den Ruin des ersten Rechtsunterrichts im Dauphiné mit sich brachte. Jedenfalls hatte die Rechtswissenschaft nunmehr die Rhone überschritten, wobei die Umstände dunkel bleiben, aber die politische Bedeutung nicht zu unterschätzen ist. Die Schule von Valence und Die hatte nämlich, ohne sich allzu viele Fragen zu stellen, von Italien das Ideal eines einheitlichen Rechts zu übernehmen vermocht; freilich hatte sie Vorbehalte, was den indirekten Anfall gegenüber dem Gewohnheitsrecht anbelangte[116]), wie es sich für ein Reichsgebiet schickte, wo aber zugleich die kaiserliche Autorität kaum praktische Auswirkungen hatte; gleichzeitig hat auch diese Schule als Vermittlerin zur Verbreitung der italienischen Wissenschaft im französischen Reich beigetragen. Die Lage von Montpellier hat auch jene geistige Verbreitung begünstigt: diese Stadt hatte ja keine direkte Beziehung zum König von Frankreich und war Alexander III., der dort Zuflucht fand, günstig gesinnt. Alle Voraussetzungen waren nunmehr vereint, um die Entwicklung eines typisch französischen Unterrichts zu fördern; wenn dies aber auch nicht immer der Fall gewesen ist, wenn die französische Rechtsliteratur am Anfang des 13. Jahrhunderts weder so reich noch so originell ist wie die Literatur, zu der Tüb. und die

[116]) Vgl. Paradisi, Storia del diritto italiano: le fonti del diritto nell epoca bolognese[2], IV[1], Napoli 1967, 464ff.

Institutionensumme gehören, so deshalb, weil Bologna nun auf die Studenten aus Südfrankreich eine immer größere Anziehungskraft ausübt.

Jedoch ist diese erste französische Rechtsschule nicht verschwunden, ohne Spuren zu hinterlassen. Ganz zu schweigen von der allgemein bekannten Ausstrahlung des *Codi*, sind möglicherweise Hs. aus dieser Schule sehr früh ins Ausland gedrungen, namentlich in die anglonormannischen Länder. Wie es Kantorowicz schon gezeigt hat, ist die Hs. Brit. Museum 11. B. XIV, die in Frankreich, vielleicht in Placentins Umgebung entstanden ist, schon am Ende des 12. Jahrhunderts nach Lincoln gebracht worden. Im Zusammenhang mit dieser Feststellung muß auch die Tatsache gesehen werden, daß die Hs. Vatic. Reg. 435 mit der Hs. Turin Univ. D. v. 19 verwandt und daher wie diese von einer Quelle aus der ursprünglichen französischen Rechtsschule abgeleitet ist und wahrscheinlich in anglo-normannischen Gebieten abgeschrieben wurde[117]); und diese andere Tatsache, daß T als Quelle der in denselben Gebieten geschriebenen Summa Bellinensis benützt ist[118]). Dies wäre auch eine Erklärung dafür, daß die Kirchenrechtsgelehrten aus diesen Ländern sehr früh mit dem justinianischen Recht vertraut waren[119]). Andere Beziehungen zwischen englischen und französischen Zivilrechts- und Kirchenrechtsgelehrten sind zu vermuten; meiner Ansicht nach werden sie zeigen, daß die Rechtsgelehrten von Die und von Valence sowie deren Nachfolger aus ihrer Schule nicht eine einfache Verteilerstelle des Gedankenguts von Irnerius und der *quatuor doctores* gemacht haben, sondern daß sie unter dem Einfluß der Lehre des Martinus und anderer weniger bekannter Juristen ein technisches Rechtswissen verbreitet haben, das im ständigen Rückgriff auf die *aequitas* sein mäßigendes Prinzip fand.

---

117) J. Rambaud-Buhot (s. oben Anm. 33) 294.

118) Kantorowicz, Exceptiones Petri 629; E. Caillemer, Droit civ. prov. anglo-norm. 173ff.

119) Kuttner-Rathbone, Anglo-norman canonists of the twelth century, Traditio VII (1949—1951), 279ff.

X

DOCTRINE MEDIEVALE ET JUSTICE FISCALE:
PIERRE ANTIBOUL ET SON *TRACTATUS DE MUNERIBUS*

L'attention a été récemment attirée [1] sur la figure et l'oeuvre d'un juriste jusque là bien oublié, Pierre Antiboul. Celui-ci est pourtant l'auteur d'un *Diversorium* ou *Tractatus de muneribus* dont on connaît au moins deux éditions incunables [2] et qui a été inséré au *Tractatus universi juris* [3]. Les lignes qui suivent, consacrées à ce Provençal formé au *studium* montpelliérain et dont l'oeuvre, nourrie de droit savant, n'en manifeste pas moins une vive originalité, ne sauraient être mieux dédiées qu'à notre éminent collègue Adam Vetulani dont les si précieuses recherches font de lui l'un des représentants les plus marquants de cette école historique polonaise de laquelle sont issus tant d'études médiévales de grande qualité.

Si la date de naissance d'Antiboul est inconnue, ses origines sont assurées: il indique que son père était natif d'Hyères, et que lui-même a vu le jour au Cannet, près de Draguignan, ville dont il se considère comme *incola* lorsqu'il rédige son traité, ce qui suppose, d'après la définition qu'il donne de ce terme, qu'il y réside alors depuis plus de dix ans [4]. Pourtant sa vie ne s'est pas écoulée sans qu'il quitte la Provence. Il a étudié le droit à Montpellier, d'où il tire le seul maître qu'il se reconnaisse, Brémond de Montferrier [5]. La référence est malheureuse-

---

[1] D. Maffei, *Qualche postilla alle ricerche di E. M. Meijers sulle scuole di Orléans, Tolosa e Montpellier*, „Tijdschrift voor Rechtsgeschiedenis", t. XXXVI (1968) p. 389 et n. 4.

[2] Lyon, 1493 (Hain Copinger, 1146) et 1498 (Pellechet, 803).

[3] Ed. Venise, 1584, t. XII, f°s 19—51 v°. Les références qui suivent se rapportent à cette édition.

[4] *Tract.* IV. 4, § 91, f° 45, c. 1.

[5] *Tract.* IV. 4, § 26, f° 40 v°, c. 2.

ment de chronologie un peu imprécise, car Brémond a professé à Montpellier depuis 1279 et peut-être jusqu'à sa mort en 1307, sauf des interruptions sans doute assez brèves [6]. Quant aux *doctores Bononienses,* il s'y réfère, selon la formule classique, *ut audivi* [7].

Une chronologie un peu plus serrée peut être tirée de la comparaison entre les auteurs cités, d'une part dans le *Tractatus* d'Antiboul, d'autre part dans l'oeuvre beaucoup plus connue d'un autre élève de Brémond, l'*Aurea practica libellorum,* de Pierre Jame (*Petrus Jacobi*). Ce dernier est vraisemblablement arrivé à Montpellier en 1290, où il a été étudiant et presque sûrement professeur; sa *Practica* a été écrite en plusieurs étapes de 1311 à 1329, sans compter quelques additions postérieures [8]. Il vivait encore en 1351, mais un document de 1367 le donne pour décédé [9], et sa mort, à notre avis, n'est guère postérieure à la première de ces deux années.

La formation de Pierre Jame et celle de Pierre Antiboul présentent certes des points communs: outre Brémond, ils ont tous deux suivi l'enseignement donné par Hugues Roger [10], un autre Montpelliérain dont la carrière est fort mal connue. Et l'influence des *doctores tholosani* se traduit chez l'un comme chez l'autre par des renvois à Bertrand *de Scandalis* et à Guillaume de Ferrières. Mais nous serions enclin à considérer Antiboul comme le cadet de Jame, qui a eu aussi pour maîtres Guillaume Accurse, trés probablement professeur à Montpellier vers 1290 [11], et Guillaume de Plaisians, dont la carrière enseignante a cessé au plus tard en 1301, lors de sa nomination en qualité de juge mage de la sénéchaussée de Beaucaire-Nîmes [12]. Non seulement Antiboul ne les cite pas, mais encore ses références concernent des professeurs montpelliérains un peu plus jeunes: Oldrade, qui, après avoir enseigné à Padoue de 1307 à 1310, est vraisemblablement venu à Montpellier dont il cite la coutume [13], Bertrand de Deaux, dont les opinions sont presque toujours associées à celles d'Hugues Roger, et qui a sûrement professé

[6] Pour la vie de Brémond, nous nous permettons de renvoyer aux pages que nous avons consacrées à ce juriste dans les *Etudes* [...] *Edouard Baratier,* Marseille 1974.

[7] *Tract.* IV. 4, § 30, f° 41, c. 2.

[8] Cf. Paul Fournier, *Pierre Jame* (Petrus Jacobi) *d'Aurillac, jurisconsulte. Histoire Littéraire de la France,* t. XXXVI (1927) p. 481—521.

[9] P.-F. Fournier, *Nouveaux documents sur le jurisconsulte Pierre Jacobi et sa famille,* „Bibl. Ecole des Chartes", t. XCVIII (1937) p. 223.

[10] Le fait avait été relevé, à propos d'Antiboul, par R. Caillemer, *Lo Codi et le droit provençal au XIIe siècle,* „Annales du Midi", t. XVIII (1906) p. 499.

[11] H. Gilles, *Accurse et les Universités du Midi de la France. Atti del convegno internazionale di studi accursiani,* t. III, Milan 1968, p. 1039—1040.

[12] A. Henry, *Guillaume de Plaisians, ministre de Philippe le Bel,* „Le Moyen-Age", février 1892, p. 34.

[13] Ceci ressort notamment du *cons.* 192; cf. pourtant les hésitations manifestées par E. Will, *Die Gutachten des Oldradus de Ponte zum Prozess Heinrichs VII. gegen Robert von Neapel,* Berlin-Leipzig 1917, p. 7.

au même *studium*, mais sans doute postérieurement à 1305 [14], et enfin Bernard Sabors, encore simple jurispérit en 1313 [15]. Nous verrions ainsi volontiers les années d'études d'Antiboul s'inscrire dans la première décennie du quatorzième siècle. Les plus récents des auteurs qu'il cite ont peut-être été ses collègues: en effet, si aucun document, à notre connaissance, ne témoigne directement de son activité professorale, le *Tractatus* consacre de longs développements aux privilèges fiscaux des professeurs — en même temps du reste que des médecins, selon une tradition bien montpelliéraine — et à une comparaison entre licence et doctorat; il n'y manque pas le rappel classique des textes conférant le titre de *comes* à celui qui a enseigné pendant vingt ans [16]. Et que son auteur porte le plus souvent le simple titre de jurispérit n'exclut nullement quelques cours aux heures extraordinaires.

Ce que nous savons de sa vie ne peut être tiré, indépendamment de son oeuvre, que de quelques documents exclusivement provençaux, d'où l'on n'obtient rien d'assuré sur la période de sa formation juridique. Ainsi Antiboul figure en qualité de témoin dans un compromis passé le 11 juillet 1303 entre les habitants du Cannet et les deux seigneurs du lieu [17], ainsi qu'au titre de délégué du juge ordinaire de Draguignan, la même année, lorsque les représentants de la communauté de Fayence en appellent de la contribution aux fouages qui leur est imposée [18].

Gagna-t-il Montpellier avant ou après 1303? Il n'est guère possible de se montrer affirmatif à travers les éléments bibliographiques rassemblés par l'érudit dracénois Fréd. Mireur [19]. Notre juriste n'y apparaît qu'une fois pendant le quart de siècle qui suit: il rend le 1er novembre 1308 un arbitrage entre le prieur de Palayson, Adhémar de Grignan, et les syndics de Roquebrune, en compagnie de l'illustre Jean Caba-

[14] E. M. Meijers, *Responsa doctorum tholosanorum,* Haarlem 1938, p. IV et XXVII—XXVIII. L'année 1305, au cours de laquelle il obtient l'église de Saint Marcel de Carreiret, près d'Uzès, fournit sans doute le point de départ de son séjour montpelliérain, attesté d'autre part à travers la connaissance de la ville qu'il manifeste dans ses gloses.

[15] La carrière de ce professeur a été résumée par Meijers, op. cit., p. IV, n. 1, non sans une légère inexactitude: il ressort des listes d'officiers consulaires publiées par Al. Germain, *Histoire de la commune de Montpellier,* t. I, Montpellier 1851, p. 390 et s., que Bernard est devenu docteur entre 1313 et 1321.

[16] *Tract.* III, § 51 et s., f° 25, c. 2; § 56 et s., f° 25 v°, c. 1.

[17] Arch. Mun. Le Cannet, AA 4.

[18] Arch. Mun. Fayence, CC 22.

[19] *Les rues de Draguignan et leurs maisons historiques,* t. VI, Draguignan 1924, p. 11—15.

ssole [20], qu'il déclare du reste dans son traité avoir vu en sa présence rendre un *consilium* à Aix à propos de fouages [21].

Très vraisemblablement, Pierre Antiboul a consacré l'essentiel de sa carrière à exercer comme avocat à Draguignan. Son traité est truffé d'allusions ou de références aux consultations qu'il a données aux habitants de la cité et des localités voisines. Il est d'autre part qualifié de jurispérit de cette ville lorsque le sénéchal de Provence le désigne, en mai 1329, pour enquêter sur les agissements des officiers royaux dans un certain nombre de vigueries et de bailliages [22]. On le retrouve encore à Draguignan en 1333, lors de la venue de l'archiprêtre de Bénévent, Léopard de Fulginet, chargé d'une nouvelle enquête [23].

D'après Mireur, Antiboul aurait résidé à Marseille de 1336 à 1340, ce qui s'accorderait à l'opinion de Ruffi, qui le donne pour juge du palais dans cette ville. En tout cas, sa trace semble perdue par la suite. Assurément, la tradition qui le fait mourir en 1389, telle que nous la transmet Papon [24] et que la reprennent des auteurs modernes [25], malgré des réserves dès longtemps exprimées [26], repose sur une erreur: Antiboul était mort avant le 5 juin 1357, date à laquelle ses héritiers interviennent dans un acte notarié; sa veuve lui survivait en 1376 encore, alors que ses deux fils, dont le deuxième lui avait succédé comme avocat avant de devenir juge de Hyères, étaient disparus depuis cinq ans au moins [27].

*
* *

A peu de choses près [28], il ne nous est parvenu, de l'oeuvre d'Antiboul, que la version imprimée de son traité *de muneribus;* l'auteur indique

---

[20] Sur ce célèbre professeur à Avignon et à Naples, et sur les nombreuses missions administratives et diplomatiques qui lui furent confiées, cf. en dernier lieu G. Giordanengo, *Consultations juridiques de la région dauphinoise (XIIIe—XIVe siècles)*, „Bibl. de l'Ecole des Chartes", t. CXXIX (1971) p. 56—57 et M. Hayez, *Dizionario biografico degli Italiani*, t. XV (1972) p. 676—678. On a gardé de lui un certain nombre de sentences arbitrales: cf. Arch. Dép. Vaucluse, G. 5, fo 20 et Arch. Mun. Cavaillon, DD 2 et 3, etc. Sur son activité comme maître rational de Provence, cf. *Encyclopédie des Bouches-du-Rhône*, t. II, Paris — Marseille 1924, p. 618.

[21] *Tract.* IV. 2, § 49, fo 35, c. 2.

[22] Arch. Dép. Bouches-du-Rhône, B 2047, fos 42 et s.

[23] Ibid., B 1065. Sur ce document, cf. Ed. Baratier, *Enquêtes sur les droits et revenus de Charles Ier d'Anjou en Provence (1252 et 1278)*, Paris 1969, p. 20 et p. 25.

[24] *Histoire générale de Provence*, t. III, Paris 1784, p. 478.

[25] Aug. Brun, *La littérature en langue latine*, dans *Encyclopédie des Bouches-du-Rhône*, t. II, p. 796; P. Masson, *Dictionnaire biographique des origines à 1800* (ibid., t. IV, vol. II), Marseille 1931, p. 27.

[26] Achard, *Dictionnaire de la Provence et du Comté-Venaissin*, t. I, Marseille 1786, p. 28.

[27] Sur tous ces points, cf. Fréd. Mireur, loc. cit.

[28] Ainsi le ms. Vat. lat. 5773, fos 51 et s.: cf. M. Bevilacqua, *Una „quaestio" di Niccoló Matarelli* (Vat. lat. 10726). *Collectanea... Anselmi M. Card. Albareda...*, t. I, Cité du Vatican 1962 (*Studi e testi*, 219), p. 145.

lui-même avoir pourtant rédigé deux autres traités, *de moneta* et *de consuetudine* [29], qui semblent avoir disparu. Le *de muneribus* qu'aucun indice direct ne permet de dater [30] est à n'en pas douter une oeuvre de maturité, sinon de vieillesse: l'abondance des exemples tirés de consultations antérieures suppose une expérience professionnelle approfondie, tandis que, comme on l'a vu, la qualité d'*incola* suppose une installation déjà ancienne à Draguignan. Peut-on être plus précis en utilisant les circonstances d'affaires parfois décrites? S'il y a peu à tirer, malgré les apparences, de l'expression *tempore meo* à propos d'une exemption fiscale accordée par Raimbaud de Simiane à des hommes vivant sur des terres constituées en dot par sa femme, Marcelle de Pontevès [31], on peut espérer plus avec le récit d'un conflit opposant les habitants du Cannet aux héritiers de Guillaume Puget, anobli par Arnaud de Villeneuve sur concession du comte de Provence [32]. Malheureusement l'anoblissement remonte à 1293, et on ignore la date du décès du bénéficiaire [33].

Les auteurs qui ont la prédilection d'Antiboul donnent une idée un peu plus juste: les plus récents sont ceux d'un écrivain vivant à la fin du premier tiers du quatorzième siècle ou peu après. Outre Revigny et Belleperche, on y trouve, à côté de Jean d'André et d'Oldrade, les Français Guillaume de Cunh et Bertrand de Deaux; surtout, parmi les références les plus récentes, reviennent fréquemment les noms de Bernard Sabors, dont les gloses n'ont guère pu circuler avant 1325, de Raymond Faure, professeur toulousain autour de 1328, de Bertrand *de Scandalis* qui, professeur *in utroque*, est donné pour juge de la Cour commune de Rodez en 1333, et d'Arnaud Escarbot, qui vivait encore en 1335 [34]. D'un autre côté, la rédaction du *Tractatus* a eu lieu à une époque où le comté de Provence est, ou était encore récemment, aux mains d'un homme, mais où se pose la question de savoir si le mariage d'une petite-fille de la famille comtale entraîne le paiement d'un fouage [35]. Il s'agit donc,

---

[29] *Tract.* IV. 2, § 78, f° 37, c. 1; IV. 4, § 10, f° 40, c. 1.

[30] César de Nostredame, qui fait un long et vibrant éloge du traité d'Antiboul dans sa *Chronique de l'histoire de Provence* (éd. Lyon 1614, p. 336—337), le place à hauteur des années 1316—1318, mais n'en donne aucune justification.

[31] *Tract.*, IV. 4, § 153, f° 48, c. 2; nous remercions M. Fr.-P. Blanc, maître--assistant à la Faculté de Droit et des Sciences Politiques d'Aix, qui a bien voulu nous signaler que Raimbaud s'était marié après 1242 et testa en 1270.

[32] *Tract.*, IV. 4, § 135, f° 47, c. 1.

[33] Qu'Arnaud soit donné pour déjà mort au temps de la rédaction du *Tractatus* porte toutefois cette dernière au-delà de 1303; mais il n'est pas possible de le confondre avec un autre Arnaud, l'illustre général de la reine Jeanne, qui vivait encore en 1368: cf. sur ce dernier Fr.-P. Blanc, *Origine des familles provençales maintenues dans le second ordre sous le règne de Louis XIV. Dictionnaire généalogique*, th. Droit, Aix 1971, p. 582—583. — Parmi les hértiers mentionnés au texte, figurait sans doute ce Guillaume Puget à qui Louis de Tarente inféode le château de Figanières en 1349: Arch. Dép. Bouches-du-Rhône, B 6, f° 134.

[34] Cf. E. M. Meijers, *Responsa...*, p. XLII et s.

[35] Cf. *Tract.* IV. 2, § 76, f° 37, c. 1.

soit des années comprises entre 1328 et 1343, sous le règne de Robert, mais après la mort de son fils Charles de Calabre, la succession ne pouvant échapper à l'une des petites-filles de Robert, soit des tout premiers temps du règne de Jeanne. Ainsi Antiboul a dû rédiger l'essentiel de son oeuvre autour de 1340, peut-être même en 1344, lorsque la perception d'un fouage à l'occasion du mariage de Marie, soeur de la reine Jeanne, avec Charles de Duras provoqua une grande agitation dans la province [36]; quelques adjonctions postérieures, du reste, ne sont pas à exclure.

Imprégné, comme on le voit, de la science des docteurs méridionaux, parmi lesquels il privilégie Montferrier, Hugues Roger et Bertrand de Deaux, souvent associés, pour les Montpelliérains, Guillaume de Ferrières et Escarbot pour les *tholosani,* qu'il vise parfois sous cette dernière forme, Antiboul fait preuve d'autre part d'une culture juridique étendue: innombrables sont ses renvois à Cino de Pistoie, à Dino de Mugello, à Jacobus de Arena, à Albertus Gandinus, sans parler de l'utilisation qu'il fait de Martinus de Fano, de Guido de Suzaria, voire d'Hubertus de Bobbio. De tous les canonistes auxquels sont faits de larges emprunts, ressortent surtout Hostiensis, le Spéculateur et Jean d'André. L'opinion de notre Provençal est volontiers personnelle: s'il préfère souvent les arguments de Bertrand de Deaux à ceux d'Hugues Roger, il n'hésite pas à s'écarter du premier, par exemple, pour rallier Raymond Faure [37]. D'une manière plus générale, Pierre Antiboul fait preuve d'une raisonnable indépendance. Dès sa préface, il critique de manière à peine voilée la tendance de ses contemporains à préférer les discussions théoriques aux questions pratiques [38] et son ironie s'exerce volontiers sur les querelles de doctrine trop poussées, par exemple à propos du brocard *qui tacet* [39]; et si la glose est massivement utilisée, il l'écarte parfois [40], mais tente le plus souvent de la justifier, par une attitude bien montpelliéraine, ou du moins commune aux élèves de Brémond de Montferrier [41]. De même, le *Speculum* est fréquemment allégué, mais ce n'est pas toujours avec beaucoup de respect: son auteur est accusé de trancher *transiens sicco pede,* voire pis encore [42].

Le plan de l'oeuvre n'est pas sans défauts; il est vrai que, comme

---

[36] Cf. E.-G. Léonard, *La jeunesse de Jeanne Ière, reine de Naples, comtesse de Provence,* Th. Lettres, Paris. Monaco-Paris 1932, t. II, p. 59.

[37] *Tract.* II, § 9, f° 22, c. 2.

[38] *Tract.*, f° 19, c. 2: „[...] legibus certis et theoricae juris potius operam dantes quam circa facta incerta jurisque practicam intendentes [...]".

[39] *Tract.* IV. 4, § 171, f° 49, c. 2: „[...] invenies in ista materia pluviam abundantem, et de mari et vento copiam [...]".

[40] Cf. par exemple *Tract.* III, § 90, f° 27 v°, c. 2.

[41] Voir sur ce point H. Gilles, op. cit.

[42] *Tract.* IV. 4, § 207, f° 51 v°, c. 1; cf. aussi ibid., § 90, f° 45, c. 1: „[...] ego credo quod Spe. ibi somniavit, aut dormitabat, aut biberat, aut ego ipsum non intelligo [...]".

Antiboul le remarque dans sa préface, la matière était dispersée au point de justifier le titre de *Diversorium.* Une répartition en quatre parties entraîne toutefois un bien inégal découpage, puisque les deux premières intitulées *de personis munera subeuntibus* et *de modo munerum*, représentent au total moins de la moitié de l'étendue propre à la troisième, *de excusatione munerum;* mais que dire surtout de la quatrième, annoncée comme un simple supplément groupant *diversae quaestiones super muneribus*, et qui forme finalement à elle seule les deux tiers de l'ouvrage? Nous croirions volontiers que ces *quaestiones*, aux solutions traditionnellement empreintes de doute selon l'auteur, ont été rédigées à un autre moment que les développements qui les précèdent, ou au moins que les deux premières parties; ainsi s'expliqueraient non seulement l'anomalie de leurs dimensions respectives, mais aussi les différences de style: les allégations d'auteurs, si nombreuses dans les trois premières parties, se font ensuite beaucoup plus rares, tandis que les observations personnelles sur la pratique fiscale et même sur le tissu social, nourries d'une foule d'exemples, prennent une ampleur nouvelle, témoignant d'une âpreté accrue dans la critique, notamment à l'égard de la seigneurie provençale contemporaine. Au reste le plan de cette quatrième partie n'est guère rationnel, car il comporte quatre chapitres dont le deuxième et le troisième portent sur les classifications des impôts, tandis que le quatrième, beaucoup plus long — il couvre plus du tiers de l'ouvrage complet — traite pêle-mêle des exemptions et immunités fiscales, des privilèges nobiliaires, des actions, des droits du vassal sur son fief, des officiers seigneuriaux, etc.

Oeuvre d'un praticien, le *Tractatus* s'adresse à des praticiens: Antiboul estime devoir porter conseil, non seulement à ses lecteurs, mais aussi aux clients de ces derniers [43]. Toutefois, une culture juridique très supérieure à la moyenne l'amène à adopter des positions de principe volontiers nuancées; si par exemple le recours à la coutume est largement admis, comme il se doit en la matière [44], la *consuetudo irrationabilis* est écartée à plusieurs reprises, et tout particulièrement lorsqu'elle heurte le droit canonique [45]. Malheureusement, l'auteur renvoie fréquemment au traité perdu *de consuetudine*, et il se contente souvent de quelques lignes critiques visant des règles qui lui paraissent contestables, comme les privilèges fiscaux des *milites* [46]. Dans l'ensemble, et sans

---

[43] *Tract.* IV. 4, § 71, f° 44, c. 1: „[...] scias te defendere et clientulos tuos [...]".

[44] *Tract.* IV. 2, § 10, f° 33, c. 2: „[...] quae consuetudines in hac materia munerum considerandae sunt et servandae [...]".

[45] *Tract.* III, § 117, f° 29 v°, c. 2.

[46] *Tract.* IV. 4, § 10, f° 40, c. 1: „[...] quia consuetudo hujusmodi regionis tenet milites nostri temporis francos, sed tamen in ista consuetudine inducenda et probanda pendent leges et prophetae, et hic labor, hoc opus est, ut plene dixi in tractatu meo [...]".

doute sous l'influence de Brémond de Montferrier, notre Provençal manifeste une révérence marquée vis-à-vis des sources canoniques, et son attitude à l'égard du clergé local, auquel il épargne ses flèches, reste volontiers favorable. Tout au plus professe-t-il une vive hostilité à l'encontre de l'immunité fiscale *per omnia* dont jouissent alors les clercs mariés [47].

L'intérêt essentiel du *Tractatus* tient à la méthode utilisée pour décrire la matière fiscale: au long de développements purement techniques, s'insèrent des notations de caractère social qui donnent à l'ouvrage une coloration personnelle très forte. Les premiers, qui sont justifiés par la fiscalité des angevins, „pointilleuse et tracassière, lourde et envahissante" [48], résument une théorie traditionnelle et menacée, où le feu reste réel et ne constitue pas encore cette unité théorique de répartition qu'il deviendra rapidement dans le royaume de France [49]. La *summa divisio* entre impôts personnels, mixtes et patrimoniaux — ces derniers se répartissant entre ceux qui restent purement patrimoniaux et ceux qui sont établis *personis pro rebus* — est classique [50], mais donne l'occasion de fournir un certain nombre d'exemples. Ainsi de la ville de Montpellier, où l'on impose contre leur gré les détenteurs de biens fonciers, même s'ils habitent un village des environs comme celui de Lattes: le *munus* étant *patrimoniale,* une telle solution serait justifiée chaque fois qu'il couvrirait une dépense d'utilité publique, comme l'entretien des voies publiques. Mais il y faudrait l'intervention de la loi ou du prince: faute d'un privilège accordé en la matière à la ville, l'imposition manque de fondement juridique [51]. Autre exemple: toujours à Montpellier, la ville lève une taille pour aménager des sources et y astreint des *nobiles* et *populares* de Lunel qui y disposent de possessions. Là encore, bien que les *nobiles* ne puissent arguer d'aucun privilège et que l'imposition ait un caractère de nécessité publique, la levée paraît irrégulière à Antiboul, en raison à la fois du caractère extraordinaire de ce prélèvement *personis pro rebus* dont les étrangers sont donc exempts, et de l'éloignement des fonds des Lunellois par rapport à ces sources: *contribuere debent in eis tantum qui inde sentiunt utilitates* [52].

Les droits levés à la circulation ne sont pas épargnés par notre juriste [53]: illicites dans leur principe, ils ne sauraient être fondés que sur

---

[47] *Tract.* IV. 4, § 37, f° 41 v°, c. 1.

[48] V. L. Bourrilly et R. Busquet, *La Provence au Moyen-âge,* Paris-Marseille 1924 (*Encycl. des Bouches-du-Rhône,* t. II), p. 82.

[49] *Tract.* IV. 2, § 55—56, f° 35 v°, c. 1.

[50] On la trouve également chez Pierre Jame, *Aurea Practica...* éd. Lugd., 1511, f°s 85 v°-87.

[51] *Tract.* IV. 1, § 1 et s., f°s 30, c. 2 — 30 v°, c. 2.

[52] *Tract.* IV. 1, § 21, f° 31, c. 1.

[53] Les usurpations en matière de péages étaient du reste fréquentes en Provence à la fin du XIIIe siècle: cf. Th. Sclafert, *Cultures en Haute-Provence. Déboisement et pâturages au Moyen-Age,* Paris 1959, p. 70, n. 3.

une concession du roi ou du prince ou sur une coutume invétérée: ce n'est le cas, ni de la barre levée à Montpellier sur les entrées et sur le trafic de transit [54], ni de la taxe à laquelle sont soumis à Draguignan les étrangers à la ville pour le blé apporté aux fours et aux moulins, ni des leudes ou des impôts sur le sel que tenteraient d'exiger le comte de Provence ou le Dauphin, ni plus généralement d'un *vectigal* créé en dehors des concessions précitées [55].

Bien souvent, Antiboul nous renseigne au passage sur les fraudes fiscales les plus fréquentes: par exemple celle que commettent les frères ou les neveux d'un clerc disposant de biens en commun avec ce dernier, et qui lui cèdent fictivement leur part pour bénéficier de l'immunité, ou encore si le donateur laïc reste en possession des biens donnés ou les reprend du donataire en location [56]. La *malitia* est dans ce domaine inépuisable, témoin la pratique par laquelle le père d'un clerc, en l'émancipant, lui fait don de tous ses biens: le juriste, qui l'a rencontrée *frequenter de facto*, l'a déconseillée à ses clients et propose à ses lecteurs d'agir de même [57].

De beaucoup, les passages les plus intéressants du *Tractatus* sont constitués par les observations de caractère social. Au premier rang de celles-ci, tant par leur abondance que par leur sévérité, il faut placer les critiques formulées à l'encontre des *milites* provençaux. Certes la „petite noblesse rurale de la province apparaît nombreuse et peu fortunée" [58]; mais rarement aura-t-on vu juriste exprimer autant de doléances à l'égard de la classe nobiliaire. D'abord celle-ci n'a plus aucune justification à fournir à l'appui de ses privilèges fiscaux: les *leges* ne les accordent qu'à ceux qui combattent, et non aux *milites nostri temporis* qui ne quittent pas leur domicile [59]. D'autre part les concessions de noblesse sont recherchées à des fins purement fiscales, et l'on sent à ce sujet qu'Antiboul les juge abusivement nombreuses, sans aller jusqu'à formuler une critique précise à l'encontre de la politique comtale; du moins tient-il pour sans effet sur la matière l'*astucia* de l'anoblissement à l'article de la mort afin d'en procurer le profit aux héritiers. Un Dracénois ne pouvait d'ailleurs qu'être sensibilisé à ce pro-

---

[54] Dénoncée aussi par Jame, mais de manière impersonnelle (éd. cit., f° 86 v°).

[55] *Tract.* IV. 4, § 42—45, f° 42, c. 1. — Au lien établi entre souveraineté et imposition indirecte, les années languedociennes d'Antiboul ne sont peut-être pas étrangères: sur les principes alors couramment admis par l'administration royale, cf. J. R. Strayer, *Notes on the origin of english and french export taxes*, „Studia Gratiana", t. XV (*Post Scripta*) 1972, p. 417 et s.

[56] *Tract.* IV. 4, § 68—70, f° 43, c. 2.

[57] *Tract.* IV. 4, § 72, f° 44, c. 1.

[58] Ed. Baratier, *Enquêtes...*, p. 69.

[59] *Tract.* IV. 4, § 7, f° 39 v°, c. 2: „[...] Immunitas [...] denegari debet istis militibus non veris sed vanis, quorum militiam non video alicujus utilitatis nec fructus, sed dumtaxat vanitatis et superbiae [...]".

blème, car un certain nombre de tentatives d'usurpation s'étaient manifestées dans la région [60].

Au niveau des principes, l'ouvrage ne remet certes pas en cause le droit féodal, pour le *dominus depauperatus,* d'obtenir l'aide: les *expensae intolerabiles et graves* que peut entraîner la chevalerie, la rançon ou le mariage de sa fille justifient une *consuetudo generalis* qui *merito est ab omnibus servanda* [61]. C'est dans la pratique que les abus sont innombrables, abus qu'entraîne un évident manque de moyens financiers. La pauvreté de la noblesse provençale, inlassablement soulignée, est le *leit-motiv* de notre juriste. De cette pauvreté, découle l'esprit généralisé d'avarice dans lequel sont traités les tenanciers et les habitants de la plupart des seigneuries [62].

Une impressionnante série d'exactions et d'injustices fournit autant d'exemples à la démonstration d'Antiboul. Ainsi la faculté d'*abandonatio* des fonds est iniquement refusée aux *homines castrorum,* bien qu'elle ne constitute nullement une infraction au ban, ainsi que l'allèguent ceux qu'inspire leur seule cupidité [63]. De même, l'*inopia* de ces *domini* les pousse fréquemment à concéder des avantages fiscaux contre quelque travail ou une somme d'argent [64]. Et ces *nobiles* misérables et intéressés concèdent quotidiennement des *assensoymenta,* des franchises de tout ordre, mais les monnayent sévèrement auprès des bénéficiaires [65], ce procédé est particulièrement employé à l'égard des *malservi,* sur qui reposent les charges les plus lourdes en bien des lieux [66], et notamment *in terra diabolica montanorum* [67]. Autre hypothèse courante, le seigneur

---

[60] F.-P. Blanc, *L'apparition du droit régalien d'anoblissement en Provence au XIII*e *siècle. Provence historique,* t. XXIII (1973) (*Etudes* [...] *Edouard Baratier*), p. 90—91.

[61] *Tract.* III, § 94, f° 28, c. 1.

[62] *Tract.* IV. 2, § 7, f° 36 v°, c. 1: „[...] avaritia itaque dominorum temporalium castrorum cohibetur et reprehenditur [...]".

[63] *Tract.* IV. 4, § 202, f° 51, c. 2: „[...] ad argumenta dominorum quae non a jure, sed a cupiditatis fonte procedunt, responsio est facilis [...]".

[64] *Tract.* IV. 4, § 177, f° 49 v°, c. 2: „[...] do tibi franchisiam, ut mihi facias quolibet anno tot operas, vel aliquid aliud, vel ut mihi des 25 libras, quod saepe hodie evenit in provincia propter inopiam dominorum castrorum, qui ut pluribus egestate laborant et pecunia egent [...]".

[65] *Tract.* IV. 4, § 145, f° 47 v°, c. 2: „[...] raro autem fiunt seu conceduntur hujusmodi immunitates hodie a baronibus seu nobilibus liberaliter. Sed semper habent inde pretium seu meritum, et specialiter nobiles acorsati et indigentes: et talia quotidie fiunt in provincia et appellantur vulgariter assensoymenta [...]". De fait, les profits seigneuriaux étaient fréquemment avancés pour justifier les requêtes en affranchissement: cf. R. Aubenas, *Le servage à Castellane au XIV*e *siècle,* „Rev. histor. de droit", 4e s., 16e année (1937) p. 88, n. 2.

[66] Sur les obligations des *malservi,* cf. R. Aubenas, op. cit., p. 83—86; C. Samaran, *Note sur la dépendance personnelle en Haute-Provence au XIV*e *siècle,* „Annales du Midi" t. LXIX (1957) p. 229—236; G. Duby, *Recherches récentes sur la vie rurale en Provence au XIV*e *siècle. Provence historique,* t. XV (1965) p. 108.

[67] *Tract.* IV. 4, § 152, f° 48, c. 1: „[...] castrum [...] ubi sunt homines seu rustici valde malservi ac multis gravibus et oneribus onerosis astricti, sicut in provincia in plerisque locis est [...]". En fait, des charges comme les corvées tendaient alors

tire un injuste profit des amendes dont il élève considérablement le montant [68]. Plus féroces encore sont les officiers banniers, envers lesquels Antiboul ne trouve pas de termes assez forts, voire d'injures, pour exprimer son indignation: vils, abjects, infâmes, ribauds, ces agents des „barons" ne perdent aucune occasion pour pressurer la paysannerie, intéressés qu'ils sont à élever par tous les moyens les produits féodaux [69].

Non content de fustiger ainsi les tares de la noblesse provençale et de ses serviteurs, l'auteur s'en prend volontiers à cartains praticiens du temps, accusés d'incompétence: témoin ce *peritus in jure, id est in brodio,* appelé par les *rustici* du Cannet des Maures pour les conseiller dans un litige qui les opposait à des possesseurs de fonds originaires du village du Luc: la verve du juriste s'exerce sur ce personnage, *qui tamen non credebat fabam esse nigram,* mais ignorait la distinction entre impôts réels et personnels [70]. Indépendamment des *pauci qui per viam veritatis ambulant, tam bene noverunt viam trahendi aurum et argentum* [71], la critique vise également les *miseri notarii* qui ne se donnent pas la peine de consulter plus compétents qu'eux et c'est sans aucune sympathie qu'est mentionnée l'exemption fiscale dont prétend bénéficier le notaire des Arcs [72].

Dans certains cas, l'appel d'Antiboul en faveur d'une justice plus exacte s'élargit aux dimensions de la société du temps. Ainsi le sort du vassal, celui de l'emphytéote et celui du censitaire sont assimilés face aux prétentions du concédant, qui exige fréquemment plus que son dû en excipant seulement du *tempus* écoulé, et non pas du *titulus* [73]. Plus remarquable encore est l'opposition entre *divites, mediocres* et *pauperes* que le texte établit, en prenant pour exemple la perception d'un fouage

---

à y disparaître: cf. G. Duby, *Note sur les corvées dans les Alpes du Sud en 1338, Etudes* [...] *Pierre Petot,* Paris 1959, p. 141—146.

[68] *Tract.* IV. 4, § 197, f° 51, c. 1.

[69] *Tract.* IV. 4, § 207, f° 51 v°, c. 1: „[...] cum bannerii hodierni non praefulgeant aliqua dignitate vel honestate, immo viles et abjectae personae ad banneriae officium hodie statuuntur, ut de facto videmus ubique [...]". Ibid., § 209: „[...] et ita repellerentur hodie quasi omnes bannerii de provincia, cum vel omnes, vel in majori parte, percipiant partem in bannis, et sunt vilissimi et ribaldi, nullusque bonus homo, vel honestus, illud officium assumit, immo respuit, et recusat velut vilissimum et infame facti infamia: ut notorio de facto ubique videmus maxime in castris et villis baronum". Souvent du reste ces officiers étaient recrutés parmi les notaires: cf. P.-L. Malausséna, *La vie en Provence orientale aux XIVe et XVe siècles,* Th. Droit, Nice-Paris 1969, p. 39.

[70] *Tract.* IV. 2, § 35, f° 34, c. 2: „[...] verumtamen ipse decisionem suam nunquam intellexit, nec scivit quid diceret [...] et cum [...] partes interrogarent ipsum, quae sunt personalia et quae realia, respondit, quod pro uno equo centum librarum hoc non diceret, et forte ideo dicit, quia nesciebat, sed tamen bursam suam injuste ferravit [...]".

[71] *Tract.* IV. 4, § 126, f° 46 v°, c. 2.

[72] Ibid., § 125.

[73] *Tract.* IV. 4, § 86—87, f° 44 v°, c. 2: „[...] quia vero saepe contingit, quod dominus a vassallo, dominus ab emphyteote, dominus a colono censito pro possessionibus quas tenent sub eo, plus exigit quam sibi debeatur [...]".

à Trans: s'appuyant sur les statuts de la baylie de Fréjus promulgués en 1235 [74], les premiers réclament une imposition fixe par feu, tandis que les autres demandent à *contribuere secundum valorem bonorum.* Antiboul tranche en faveur de la deuxième interprétation: *pro pauperibus teneo* [75].

En conclusion, il nous paraît permis de considérer le traité *de muneribus* comme l'une des oeuvres les plus originales des juristes méridionaux du XIVe siècle. Le style n'est certes point exempt de défauts, et notamment de redites. Désordonné presque toujours, parfois verbeux, Antiboul s'emporte avec facilité; au surplus il tire quelque vanité des circonstances où a été louée sa compétence [76]. Sa plume n'en est pas moins d'une rafraîchissante vivacité, et la richesse des exemples qu'elle n'hésite pas à donner l'éloigne de toute monotonie: qu'il s'agisse de modèles empruntés outre-Rhône, comme ces Narbonnais installés à Béziers [77] ou qui y détiennent des immeubles [78], ou encore comme la triple titulature du comte de Foix, comte de Pallars et *dominus Biarni* [79], ou qu'il s'agisse de circonstances particulières à des localités provençales, comme Tarascon [80], Grasse [81], sans oublier Draguignan [82], Le Cannet [83] et les villages d'alentour qu'il connaît si bien [84], les pages du *Tractatus* abondent en notations concrètes qui permettent la confrontation permanente de la doctrine et de la pratique.

L'homme était surtout sensible à la misère rurale et aux injustices sociales du temps: la langue forte et savoureuse, que tamise à peine un latin imparfait, laisse percevoir une hostilité marquée à l'encontre d'un système féodal détourné de ses origines, hostilité dont la violence croissante donne à la fin de l'ouvrage le ton d'un pamphlet. Que l'auteur

[74] Ed. F. Benoit, *Recueil des actes des Comtes de Provence appartenant à la maison de Barcelone, Alphonse II et Raimond Bérenger V (1196—1245)*, t. II, Monaco-Paris 1925, p. 323—337.

[75] *Tract.* IV. 2, § 48, f° 35, c. 2.

[76] *Tract.* IV. 2, § 65, f° 36, c. 1: „[...] de ista quaestione plene tunc allegavi, quae allegationes fuerunt visae Avenion. per magnos advocatos et laudatae, et introductae in consilio regio, ubi fuerant multi doctores et jurisprudentes".

[77] *Tract.* IV. I, § 16, f° 20, c. 1.

[78] *Tract.* II, § 21, f° 21 v°, c. 1.

[79] *Tract.* III, § 82, f° 27, c. 1. — Sur les origines de cette titulature, cf. P. Timbal, *La tutelle dans la famille des comtes de Foix au XIVe siècle,* „Recueil [...] de droit écrit", fasc. I (1948) p. 69—76.

[80] *Tract.* I, § 35, f° 20 v°, c. 1.

[81] A propos de l'imposition sur les langues de boeuf: *Tract.* IV. 2, § 11, f° 33 v°, c. 1.

[82] Albergue de la Saint-Michel: ibid., § 16. — Composition entre le comte et les habitants: ibid., § 49, f° 35, c. 2. etc.

[83] Traitant des fontaines publiques converties à un usage privé, il cite la fontaine dite *Frufranca, apud Torriolam* (auj. Taurelles, lieu-dit. comm. Le Cannet des Maures, en direction du Luc): *Tract.* IV. 4, § 107, f° 45 v°, c. 2.

[84] Carcès, Cotignac (*Tract.* IV. 2, § 35, f° 34, c. 2), Le Luc (ibid., § 36); il a plaidé pour les communautés, ou conseillé les habitants de Lorgues, du Muy, de Bargemon (*Tract.* IV. 4, § 53, f° 42 v°, c. 2), de Flayosc (ibid., § 71, f° 44, c. 1) etc.

ait été profondément marqué par l'enseignement de Brémond de Montferrier ne fait aucun doute: trop de ses critiques forment contrepoint aux plaintes exprimées par son condisciple Pierre Jame [85]. Mais, pur provençal [86], Antiboul sait, peut-être mieux que ne le fait, dans un style plus contenu et plus technique, l'auteur de l'*Aurea practica,* transmettre sa flamme et, à l'envers de tant de juristes méridionaux plus occupès à faire carrière ou à arrondir leur patrimoine qu'à rappeler les principes d'une saine justice, lancer un cri dont il mesure lucidement la portée [87] et auquel les modernes, à travers les travaux qui ont montré pour l'époque la fragilité d'une économie de pauvre rendement [88], ne peuvent rester insensibles.

[85] Ainsi lorsque ce dernier, décrivant le caractère patrimonial de la justice féodale, conclut: „[...] et sic utilitas pecuniaria magis in jurisdictione spectatur et inspicitur quam virtus justitiae". (éd. cit., f° 87 v°).

[86] Ce trait explique sans doute que, traitant de la maxime *rex est imperator in regno suo,* Antiboul écrive *de jure tamen subest imperio* (*Tract.* IV. 4, § 98, f° 45, c. 2), tandis que Jame, après un long examen de la question, déclare *non subest imperatori romano nec de jure nec de facto* (ed cit., f° 48 v°).

[87] *Tract.* IV. 4, § 202, f° 51, c. 2: „[...] ista solutio et opinio mea non bene cantat pro dominis castrorum, nec placeret eis, si eam audirent. Sed ego non curo cum talis sit veritas juris".

[88] Selon l'expression de J. Glénisson, *L'enquête pontificale de 1373 sur les possessions des hospitaliers de St. Jean de Jérusalem,* „Bibl. Ecole des Chartes", t. CXXIX (1971) p. 95.

XI

LE RECRUTEMENT DES JURISTES DANS LES UNIVERSITÉS MÉRIDIONALES A LA FIN DU XIVe SIÈCLE : PAYS DE CANONISTES ET PAYS DE CIVILISTES?

Dans d'excellentes études, MM. Jacques Monfrin [1] et Jacques Verger [2] ont ramené l'attention sur l'intérêt que présentent les *rotuli* universitaires pour la connaissance du recrutement des étudiants, du moins pendant la période assez courte où s'est généralisée la pratique d'en adresser aux papes, et où d'autre part les registres consacrés aux grâces expectatives ont été conservés. Ces documents sont certes loin de constituer des listes exhaustives : l'absence des étudiants laïcs, l'interdiction faite aux Mendiants de recevoir des bénéfices, l'omission fréquente des plus jeunes étudiants, la disparition apparente des individus provenant de diocèses urbanistes sont autant de motifs à des lacunes dont de nombreux exemples précisément relatifs aux Universités méridionales ont été donnés par H. Denifle [3] et dont on se bornera à relever une mesure, pour une fois chiffrée, au moins approximativement : le préambule du *rotulus* des juristes montpelliérains de 1362, qui ne contient que 42 noms [4], fait état d'une crise contemporaine ramenant les effectifs du *studium* aux environs de 200 étudiants, alors qu'il s'en trouvait auparavant un millier. Même s'il faut entendre ces effectifs toutes disciplines réunies, on peut observer que ces mêmes juristes n'ont jamais constitué moins de la moitié des étudiants de l'Université au XIVe siècle.

En l'absence de registres d'immatriculation, ces *rotuli* permettent cependant d'aborder l'histoire statistique des Universités méridionales. On en prendra pour exemple principal les registres de 1394 : nous

[1] J. Monfrin, 'Etudiants italiens à la fin du XIVe siècle', *Mélanges d'archéologie et d'histoire de l'École française de Rome*, 63 (1951), pp. 195-280.

[2] J. Verger, 'Le recrutement géographique des universités françaises au début du XVe siècle d'après les suppliques de 1403', *Mélanges d'archéologie et d'histoire de l'École française de Rome*, 82 (1970), pp. 855-902.

[3] H. Denifle, *Les universités françaises au Moyen-Age* (Paris, 1892), p. 11.

[4] *Cartulaire de l'Université de Montpellier*, t. I (*1181-1400*), édité par Vigié, Grand, Calmette, etc. (Montpellier, 1890), n° 119.

disposons en effet, pour cette année, des *rotuli* publiés d'Avignon, de Toulouse et de Cahors [5], tandis qu'un *rotulus* montpelliérain inédit de l'année précédente [6] peut leur être juxtaposé sans grand inconvénient; bien que les Universités de Grenoble et d'Orange ne paraissent pas avoir adressé de suppliques au même moment, le panorama du recrutement méridional paraît, sous les réserves indiquées plus haut, à peu près complet, car ces deux *studia* ne jouent à cette époque qu'un rôle tout à fait mineur.

De cet ensemble, nous avons retenu les seuls juristes. En fait, il s'agit de la grande masse des étudiants portés aux *rotuli*: les Universités méridionales sont alors, et déjà depuis la fin du XIIIe siècle, consacrées à la formation de juristes, quantitativement parlant. En 1394, Avignon en compte 1134 sur un total de 1373 étudiants impétrants, soit près de 83%; Toulouse en retient 696 sur 1088 (64%) et Cahors 56 sur 99. Et même si les médecins ne sont que rarement candidats à un bénéfice, leur absence partielle n'a guère d'importance, eu égard à leur petit nombre dans ces Universités; quant aux théologiens, ils ne comptent guère à l'époque [7]. A Montpellier, la situation est un peu différente: très tôt, les médecins se sont constitués séparément et ont affecté de former une Université différente de l'autre *studium*, qui regroupe théoriquement les autres disciplines, mais se trouve en fait dominé par les juristes, les arts n'étant représentés qu'épisodiquement et par un petit nombre de suppôts et la théologie n'apparaissant que sous Martin V en tant que discipline universitaire; d'où les *rotuli* particuliers des médecins en 1393 et 1394 [8], et la quasi-unanimité de juristes dans le *rotulus* de l'autre *studium*. Au surplus, il ne faut pas perdre de vue que la société médiévale absorbe beaucoup plus de juristes que de médecins; même à Montpellier, le caractère international du recrutement médical n'empêche pas qu'il ne soit très minoritaire face à celui des juristes et cela très probablement jusqu'au XVIe siècle, lorsque les progrès de la science médicale iront de pair avec un accroissement massif des effectifs qui s'y consacreront.

[5] M. Fournier, *Les Statuts et Privilèges des Universités françaises...*, t. II, première partie (seule parue) (Paris, 1891), n° 1270, pp. 342-363 et n° 1271, pp. 363-369 (Avignon); t. III, première partie (seule parue) (Paris, 1892), n° 1912, pp. 541-560 (Toulouse); t. II, n° 1450, pp. 573-576 (Cahors).

[6] Archives Vaticanes, Reg. suppl. 81, fol. 167-175[v] et 243-246[v].

[7] Cf. les justes observations de J.L. Gazzaniga, 'L'Eglise du Midi à la fin du règne de Charles VII (1440-1467) d'après la jurisprudence du Parlement de Toulouse', thèse de Droit dactylographiée (Toulouse, 1973), p. 63.

[8] Archives Vaticanes, Reg. Suppl. 81, fol. 247-248[v] et 83, fol. 206-208[v].

Le choix des *rotuli* de 1393-1394 présente au surplus un double avantage, dans l'espace et dans le temps. En premier lieu, il permet de comparer à la fois les aires de recrutement des Universités méridionales vis-à-vis des concurrences les plus proches et les effectifs fournis par les différents diocèses au droit canonique et au droit civil, distinction dont l'intérêt apparaîtra plus loin, car on dispose d'autre part, pour la même année des *rotuli* d'Orléans et de Perpignan, pour l'année précédente de celui d'Angers, tandis qu'on peut à la rigueur utiliser, pour délimiter l'influence de l'Université de Paris, le *rotulus* présenté par cette dernière en 1387[9]. On ne trouve du reste dans ce dernier que 17 juristes provenant de cette moitié de la France qui, on le verra, se trouve concernée ici, tandis que les deux précédentes Universités en fournissent respectivement, pour cette même zone, sept et quatre. Seul le *studium* d'Orléans, avec 130 juristes pareillement localisés, interfère notablement dans les résultats.

En second lieu, les suppliques de 1394 se trouvent en quelque sorte encadrées dans le temps : l'année 1379[10] nous livre les *rotuli* édités — non sans fautes[11] — de Toulouse, Montpellier, Cahors, Orléans, Paris et Angers[12], ainsi que celui d'Avignon, resté inédit et dont il ne sera fait état ici que de façon succincte[13], tandis que les *rotuli* de 1403 ont fait l'objet d'un examen détaillé dans la contribution précitée de M. Verger.

[9] Fournier, III, n° 1891, pp. 474-493 (Orléans); II, n° 1488, pp. 682-689 (Perpignan); III, n° 1898, pp. 514-520 (Angers); pour le *rotulus* parisien, cf. H. Denifle et E. Chatelain, *Chartularium Universitatis Parisiensis*, III (Parisiis, 1894), n° 1539, pp. 447-448 et n° 1541, pp. 449-463.

[10] Et non 1378, comme l'ont affirmé tous les éditeurs, hormis Denifle et Chatelain. Cf. H. Gilles, 'La vie et les œuvres de Gilles Bellemère', *Bibliothèque de l'École des Chartes*, 224 (1966), p. 68 et n. 4.

[11] On aura une idée des erreurs de lecture commises par M. Fournier en comparant, pour les bénéficiers des Pays-Bas, les leçons qu'il donne du *rotulus* montpelliérain de 1379 à celles, beaucoup plus correctes, que fournit K. Hanquet, *Documents relatifs au Grand Schisme*, t. I, *Suppliques de Clément VII (1378-1379)*, Analecta Vaticano-Belgica, 8 (Rome-Bruxelles-Paris, 1924), n° 508-525.

[12] *Cartulaire de l'Université de Montpellier*, I, n° 165, pp. 578-601 (Montpellier); Fournier, I, n° 697, pp. 630-653 (Toulouse); II, 1443, pp. 563-564 (Cahors); III, n° 1888, pp. 476-493 (Orléans); III, n° 1896, pp. 497-499 et n° 1897, pp. 499-514 (Angers); *Chartularium Universitatis Parisiensis*, III, n° 1431, pp. 248-250 et n° 1433 à 1437, pp. 251-286 (Paris). — En ce qui concerne les deux *rotuli* d'Angers, Verger, 'Le recrutement géographique', pp. 874-875, commet une légère erreur en considérant que leurs listes s'additionnent, alors qu'en fait, sur les 65 noms figurant au premier, 31 se retrouvent sur le second; le total des impétrants portés à l'un ou l'autre des *rotuli* doit donc être ramené de 714 à 685. Quant au *rotulus* parisien, s'il est incomplet au regard des artistes puisque n'y figurent que les maîtres, il ne présente pas le même défaut en ce qui concerne les canonistes, qui ont acquis d'abord la maîtrise ès arts.

[13] Archives Vaticanes, Reg. Suppl. 49, fol. 101-157.

Certes, ce dernier, dont l'étude a une portée géographique très large, n'a pas isolé à la fois les juristes et leurs diocèses d'origine à l'intérieur des registres traités, et certains des *rotuli* qu'il décrit sont fort incomplets, tel celui de Montpellier. Il n'en reste pas moins que ses conclusions sont, sauf pour Paris — seule Université où le droit soit minoritaire — applicables à l'ensemble des juristes, et que la seule lacune grave porte sur la répartition entre civilistes et canonistes. D'une manière plus générale, l'examen simultané des listes de 1379 et de 1403 permettra à la fois de tester le caractère normal ou exceptionnel des *rotuli* de 1394 et de mesurer le destin des Universités méridionales à une époque où, nous semble-t-il, il se transforme considérablement.

L'exploitation des documents en question a été menée ici en conservant, quant à l'origine géographique des étudiants, les sages critères adoptés par M. Verger[14]; tout au plus a-t-on rétabli le diocèse d'origine lorsqu'il comportait une erreur évidente de lecture[15], ou encore quand il manquait, mais qu'il était fourni par un autre *rotulus*, ce qui est arrivé assez souvent à Toulouse, grâce à des listes légèrement antérieures[16]. Quant à la discipline étudiée, on a, dans le cas fréquent où les deux droits sont mentionnés à la hauteur d'un même nom, privilégié le grade le plus élevé, ou à défaut le nombre le plus grand d'années d'études, sauf si le postulant précise avoir étudié l'une des matières dans une autre Université; un reliquat non négligeable d'étudiants *in utroque* a dû néanmoins, faute d'autres précisions, être écarté des calculs isolant canonistes et civilistes, et n'est entré en ligne de compte que dans les répartitions d'ordre territorial. Inversement, l'absence de mention d'un diocèse n'entraîne pas nécessairement le défaut d'indication de la discipline suivie, et les étudiants de ce type figurent au nombre des suppôts de l'Université au titre de la matière en question. Enfin les impétrants ayant négligé de préciser discipline et diocèse à la fois n'ont pas été retenus; des sondages partiels permettent du reste de supposer que, sauf à Montpellier comme du reste à Orléans, il s'agit le plus souvent d'artistes.

[14] Verger, 'Le recrutement géographique', p. 876 (le diocèse natal ou, à son défaut, l'indication du couvent ou du chapitre régulier d'origine, mais non le bénéfice déjà octroyé à l'impétrant).

[15] Par exemple, le seul diocèse de Vienne se voit fréquemment affecté par M. Fournier des étudiants de Vich, tandis que lui sont retirés d'autres étudiants aux noms desquels sont juxtaposées des mentions fantaisistes comme *Vermen*.

[16] On a agi de même pour quelques familles bien connues : ainsi les Grimoard, qui ne donnaient en général aucune indication de diocèse, ont été affectés à Mende.

La comparaison entre ces divers *rotuli* d'une part, le croisement entre les diocèses d'origine et chacun des deux droits d'autre part, autorisent en effet à présenter deux ordres d'observations. Le premier est relatif au recrutement de chacune des Universités méridionales : quelle a été son extension et cette extension s'est-elle modifiée entre 1378 et 1403, voire au-delà, dans la mesure où d'autres sources nous éclairent ? A cette première question, la réponse peut être certes partiellement faussée par l'absence des étudiants des diocèses urbanistes. Deuxièmement, quelle est la répartition entre civilistes et canonistes, et cette répartition est-elle homogène d'un diocèse à l'autre ? Ici le problème est différent, car l'unité géographique que fournit le diocèse prend le pas sur les Universités auxquelles s'adressent ses jeunes juristes ; les *rotuli* de Paris, d'Orléans et d'Angers seront donc retenus au même titre que ceux du Midi. Il est évident d'autre part que les statistiques tirées des suppliques sont quelque peu faussées par l'absence des laïcs, certainement plus nombreux chez les civilistes que chez les canonistes. Mais cette distorsion éventuelle, à supposer qu'elle soit de taille, a probablement présenté une certaine uniformité, dans le temps d'abord, dans l'espace ensuite : autant les résultats globaux peuvent s'en trouver modifiés, autant il est improbable qu'elle infirme les comparaisons entre *rotuli* de dates diverses dans une même Université d'une part, entre diocèses dans la répartition des canonistes et des civilistes d'autre part.

*
* *

Aucune autre Université française — au sens moderne — du quatorzième siècle n'a connu autant qu'*Avignon* une ascension quantitative aussi forte, ni peut-être, par la suite, un déclin aussi marqué. Bien évidemment liée à la présence de la Curie, cette ascension commence à se manifester avec un *rotulus* de 1361, dont la minceur et le caractère très lacunaire[17] laissent cependant voisiner un Catalan avec un étudiant de Pampelune et un autre de Coutances[18]. Mais c'est avec les suppliques de 1379 et de 1393[19], où l'on peut compter respectivement 674 et 538 étudiants, juristes en écrasante majorité, que la

[17] Déjà relevé par B. Guillemain, *La cour pontificale d'Avignon (1309-1376) : Etude d'une société*, Bibliothèque des Écoles françaises d'Athènes et de Rome, 201 (Paris, 1962), p. 721.

[18] Fournier, II, n° 1248, pp. 316-317.

[19] Pour ce dernier, cf. Fournier, II, n° 1269, pp. 330-342.

prospérité du *studium* devient évidente. L'apogée est atteinte avec le *rotulus* de 1394 : pour la première et pour la seule fois dans le siècle, semble-t-il, une Université rassemble, de ce côté des Alpes, plus de mille juristes. Ni Orléans ni Toulouse à la même date, ni Paris ni Angers en 1403, pour ne citer que les plus peuplées, n'ont atteint des chiffres comparables, s'agissant d'études de droit. Le reflux, évidemment lié aux soustractions d'obédience, puis au départ de Benoît XIII, sera tout aussi rapide : de 369 juristes au *rotulus* de 1403, on tombera à une moyenne de 150 à 230 entre 1430 et 1478, à moins encore par la suite[20].

Outre l'ampleur de ses effectifs, cette Université présente une autre caractéristique, liée elle aussi à l'implantation de l'administration pontificale : la dispersion de la clientèle, qui s'étend sur plus de cent diocèses tant en 1379 qu'en 1393 ou qu'en 1403, tandis que les 1062 juristes d'origine précisée au *rotulus* de 1394 proviennent de 156 diocèses, total inégalé. Aucune Université française n'a acquis, et de loin, un tel rayonnement au XIVe siècle; et, à titre d'exemple, les tableaux publiés par M. Verger à partir des suppliques de 1403[21] ne mentionnent que 62 diocèses pour Orléans et 89 pour l'énorme masse des étudiants parisiens, toutes disciplines réunies cette fois.

Si l'Europe clémentine, outre quelques régions urbanistes, est pratiquement couverte par la longue liste de 1394[22], il s'en faut de beaucoup que la répartition des juristes soit homogène. Avignon est tout d'abord l'Université du bassin du Rhône et de la Saône : une zone embrassant les diocèses compris de Besançon à Die et de Genève à Viviers regroupe un peu plus de 20% de l'ensemble et compte notamment les deux diocèses les mieux représentés au *studium*, ceux de Lyon et de Genève, avec respectivement 49 et 43 étudiants[23]. Comparativement, ce que l'on peut appeler la région d'Avignon, c'est-

[20] Sur cette période de l'histoire universitaire d'Avignon, particulièrement mal connue jusqu'à présent, cf. J. Verger, 'Le rôle social de l'Université d'Avignon au XVe siècle', *Bibliothèque d'Humanisme et Renaissance, Travaux et documents*, 33 (1971), pp. 489-504.

[21] Verger, 'Le recrutement géographique', pp. 877-884. Il faut préciser que nous avons ici, comme pour les autres Universités, isolé les étudiants de Die de ceux de Valence, en raison à la fois des précisions apportées par les intéressés et des motivations de ces derniers qui, on le verra, sont nettement différenciées.

[22] Rapidement signalée par R. Caillet, *L'Université d'Avignon et sa Faculté des droits au Moyen-Age (1303-1503)*, thèse de Droit (Paris, 1907), p. 110.

[23] Relevons également 30 étudiants pour Besançon, 19 pour Viviers, 17 pour Vienne et autant pour Mâcon, 13 pour Chalon.

à-dire le diocèse de ce nom et ceux, il est vrai souvent très petits, qui forment son voisinage immédiat[24], n'apporte qu'une part assez réduite de la clientèle, qui ne dépasse guère 8%. Surtout les diocèses provençaux ne sont représentés que par 19 étudiants : est-ce l'effet d'une faible scolarisation ou de la concurrence italienne? La question se pose également pour la région grenobloise, dont le diocèse n'est ici représenté que par un seul individu.

Un autre contingent considérable est fourni par les Espagnols, au nombre de 220; contrairement à ce qui se passe dans les autres Universités méridionales, le recrutement s'étend ici à l'ensemble de la péninsule, débordant largement les limites de la Catalogne et de l'Aragon. Les diocèses de Gascogne et du Nord des Pyrénées font encore bonne figure avec une cinquantaine de postulants, tandis que les deux douzaines de Languedociens font piètre figure : il s'agit d'une clientèle attirée plus par Toulouse et par Montpellier que par Avignon.

Les régions centrales de France forment la troisième en importance des zones de recrutement, avec 14% de l'ensemble. Les 32 juristes de Rodez, les 31 de Limoges, ceux encore de Saint-Flour (20) ou de Clermont (16) sont la preuve à la fois de l'attirance d'Avignon sur ces diocèses et, comme on le verra, d'un taux probablement élevé de scolarisation juridique. Mais il est plus remarquable encore que la France de l'Ouest, de Poitiers, de Bourges et d'Orléans aux Bretons, aux Angevins et aux Normands, envoie 178 étudiants sur les bords du Rhône; il est certain que les 25 étudiants du diocèse de Rennes, les 17 du Mans, les 16 de Poitiers ou leurs 13 condisciples d'Angers ont tenu compte de la présence de la Curie avant d'entreprendre leur long voyage.

Même les diocèses plus septentrionaux, ainsi que ceux de l'Est français actuel, ont fourni leur contingent : près d'une cinquantaine d'impétrants tirent leur origine des pays compris entre Beauvais et Utrecht, et autant des diocèses allant de Troyes à Metz, celui de Toul en comptant 21 à lui seul. Dix Écossais peuvent enfin être mentionnés.

Parmi les lacunes de ce recrutement, le Bassin Parisien vient en bonne place : Paris même n'envoie qu'un seul étudiant. Comme il fallait s'y attendre, Allemands (4) et Italiens (5) sont rares; trois Portugais complètent les effectifs étrangers. En définitive, le recrutement avignonnais se fait surtout depuis Toul jusqu'à la Durance, en

[24] Nous y comprenons Apt, Carpentras, Cavaillon, Embrun, Gap, Orange, Riez, Saint-Paul-Trois-Châteaux, Sisteron, Vaison.

Espagne et dans la France centrale; mais il est infiniment moins spécialisé que celui de n'importe quelle autre Université française.

Le *rotulus* de 1394 ne dépeint du reste nullement — élévation des effectifs mise à part — une situation exceptionnelle. Déjà, de ceux de 1379 et de 1393, se dégagent et cette dispersion géographique et ces lignes de force. La liste de 1393, qui recoupe partiellement celle de l'année suivante, mais dont l'exploitation est rendue plus difficile par la confusion fréquemment possible entre juristes et artistes, compte 408 étudiants précisant à la fois leur diocèse d'origine et celui des deux droits qu'ils apprennent. Le gros de la troupe est encore formé par 104 Espagnols (26%), par les 71 étudiants des pays du Rhône et de la Saône (17,5%), par ceux du Centre (61, soit 15%).

La France de l'Ouest envoie alors à Avignon 42 étudiants, mais les autres régions sont moins bien représentées : les diocèses pyrénéens et gascons ne fournissent que 4% de l'ensemble, ceux situés au Nord de Paris autant, ceux de l'Est guère plus (5,5%). La zone avignonnaise n'est présente qu'à travers 34 juristes, et les provençaux sont pratiquement absents (1%).

En analysant les suppliques de 1403 étudiées par M. Verger, il saute aux yeux qu'un certain déclin se manifeste, non seulement en valeur absolue, mais aussi en un repli partiel de la clientèle : sur 396 étudiants d'origine connue, moins de 10% proviennent de l'axe rhodanien et parmi eux ceux de Genève et de Lausanne ne sont qu'une infime minorité; surtout, les 22 Espagnols ne forment plus qu'un vestige de la situation antérieure, comme du reste les 7 Gascons et Pyrénéens. Plus au Nord et à l'Ouest, en revanche, le recrutement s'est maintenu, sinon amélioré : les diocèses centraux donnent 16% des effectifs et, chose remarquable, la zone la plus occidentale, de Bordeaux à Rouen et à Quimper, en fournit 35%. Les 141 postulants de ce groupe auraient-ils été attirés par Benoît XIII? Beaucoup plus probablement, ils témoignent d'un renversement de tendance dans le recrutement des juristes, renversement que bien d'autres signes confirment et qui s'exerce au détriment des Méridionaux et, plus généralement, de la moitié Sud-Est du pays. Que disparaisse la Curie, la prospérité du *studium* d'Avignon, jusque-là seulement entamée, s'évanouira; en dehors de la clientèle régionale, l'Université ne semble attirer en masse, tout au long du XVe siècle, que les Rhodaniens et notamment les Lyonnais[25].

[25] Cf. R. Fédou, *Les hommes de loi Lyonnais à la fin du moyen-âge : Étude sur les origines de la classe de robe*, Annales de l'Université de Lyon, 3e série, Lettres, 37 (Lyon, 1964).

Moins marquée qu'à Avignon, la prééminence des deux droits reste sensible à *Toulouse*; et la Papauté ne s'y trompe pas, qui adresse régulièrement ses bulles aux seuls juristes[26]. Même dans le gros *rotulus* de 1379, qui compte 1385 noms, les 549 artistes et *grammatici* recensés ne compensent pas les 782 civilistes et canonistes. Cette liste, dont l'importance ne sera pas égalée par la suite, fait apparaître une répartition des effectifs étudiants très différente de celle que l'on observait à Avignon : la clientèle régionale s'y montre massivement dominante, puisqu'une zone allant de Cahors aux pays pyrénéens[27] et de Dax — ce seul diocèse fournissant 42 juristes — à Saint-Papoul fournit 399 postulants, soit plus de la moitié du total. Près d'un quart de ce dernier, soit 176 noms, provient d'une deuxième grande zone, formée par les diocèses du Centre[28], dont celui de Rodez se signale avec ses 49 juristes. Les Espagnols sont au nombre de 87, dont un tiers est originaire du diocèse d'Urgel et un autre tiers du reste de la province de Tarragone. Enfin le Languedoc moyen, d'Alet à Lodève, envoie une cinquantaine d'étudiants. Pratiquement, la clientèle toulousaine ne vient pas, pour l'essentiel, d'ailleurs; même à l'Ouest, l'influence de l'Université ne dépasse pas Agen, Bazas et Bordeaux, tandis que la France du Nord et de l'Est ne donne qu'un contingent négligeable.

Au reste la répartition des artistes et des *grammatici* ne donne pas une image très différente, sinon par une régionalisation plus marquée encore : les diocèses gascons et pyrénéens regroupent 63% de l'ensemble, et ceux du Centre 20%. Disparaissent en revanche à peu près complètement les Espagnols et les Languedociens à l'Est de Carcassonne. Ici comme bien souvent ailleurs, l'enseignement des arts conserve une portée géographique limitée.

Dans les années qui ont suivi 1379, le nombre des étudiants toulousains ne paraît pas avoir augmenté, quoi qu'on en ait dit[29]; en tout cas, le *rotulus* de 1394 ne retient plus que 1088 noms, dont 696 juristes, chez

[26] Cf. R. Gadave, *Les documents sur l'histoire de l'Université de Toulouse et spécialement de sa Faculté de Droit Civil et Canonique (1229-1789)* (Toulouse, 1910), p. VIII.

[27] Dont les ressortissants sont particulièrement nombreux : 41 pour le Comminges, 33 à Tarbes, 27 à Lescar, etc. — Il n'est pas évident que l'ampleur de ces chiffres soit à lier à la création du collège de Foix, comme le soutient C. Douais, 'Géographie de la clientèle universitaire de Toulouse sous Charles V', *L'Université de Toulouse*, 5 (1891), p. 94.

[28] C'est-à-dire, outre Rodez, Vabre, Mende, Saint-Flour, Le Puy, Clermont, Tulle, Sarlat, Périgueux, Limoges.

[29] Cf. Ph. Wolff, *Commerces et marchands de Toulouse (vers 1350-vers 1450)*, thèse de Lettres (Paris, 1954), p. 71.

lesquels le diocèse d'origine est connu dans 679 cas. La prédominance régionale est plus accentuée encore, puisqu'elle concerne 398 étudiants, soit 58%, à l'intérieur desquels le Comminges figure pour 54 unités et Tarbes pour 48, contre 47 à Toulouse; les diocèses du Centre sont encore revendiqués par 156 postulants, soit près du quart. En revanche les Espagnols n'atteignent pas la cinquantaine et les Languedociens à l'Est de Saint-Papoul ont 38 représentants. Au total, en joignant aux diocèses qui précèdent ceux d'Agen et de Bazas, on obtient l'origine de plus de 95% des postulants. Le rétrécissement géographique est donc sensible; l'Ouest est à peu près absent, et même Bordeaux ne fournit qu'un seul étudiant, tandis que les pays d'Empire n'envoient que quelques individus, et que les Portugais s'effacent [30].

Ce double mouvement — lent recul des effectifs et contraction de l'aire de diffusion — paraît s'être accentué encore dans le *rotulus* de 1403. D'après les données publiées par M. Verger, et encore qu'elles ne soient pas exactement comparables aux autres, puisqu'elles ne sont pas limitées à ce *rotulus* et surtout qu'elles englobent à peu près 75% de juristes et un quart de théologiens et d'artistes, il apparaît que, sur un total de 688 étudiants d'origine connue, 570, soit près de 83%, arrivent des deux zones traditionnelles du recrutement toulousain, de Limoges et de Clermont à Dax et aux Pyrénées centrales. Plus particulièrement, les cinq diocèses les plus souvent cités sont ceux de Limoges, Toulouse, Auch, Comminges et Tarbes, soit, à l'ordre près, les mêmes qu'en 1394; depuis 1379, n'ont rétrogradé que les diocèses de Rodez, Cahors et Dax. Le contingent des Languedociens reste d'autre part à peu près inchangé et une légère percée apparaît même vers les pays de la Saône et du Rhône; mais les Espagnols tombent à moins de 5% de l'ensemble, et la moitié Nord de la France actuelle n'est représentée que par deux douzaines d'individus. Ainsi la clientèle est désormais fortement typée : issue en écrasante majorité d'un quart de la France, elle n'est originaire de diocèses plus éloignés que dans des cas relativement exceptionnels. Il n'en ira pas autrement, semble-t-il, à la fin du XVe siècle [31].

[30] Cf. J. Veríssimo Serrão, *Les Portugais à l'Université de Toulouse (XIIIe-XVIIe siècles)* (Paris, 1970).

[31] J. Annat, 'Documents inédits (1482-1498) pour servir à l'histoire de l'ancienne Université de Toulouse', *Bulletin de littérature ecclésiastique publié par l'Institut catholique de Toulouse*, 4-5 (1904), pp. 207-217, utilisant des registres d'ordinations, calcule que sur un total de 4334 prêtres ordonnés dont 3862 d'origine repérable, 90% provenaient des 18 départements les plus proches de Toulouse, tandis qu'il ne relève que 12 étrangers.

Pour être général, le déclin des Universités méridionales apparaît beaucoup plus nettement à *Montpellier* qu'à Toulouse. Dès avant le milieu du XIVe siècle, le rayonnement de l'Université y était devenu international : à partir de 1340 et sans remonter jusqu'à Pétrarque, les sources locales abondent en mentions d'étudiants d'origine lointaine; les diocèses allemands apparaissent à côté de ceux des Pays-Bas[32] ou du Portugal[33]. Les 42 noms portés au *rotulus* très incomplet de 1362 ne se prêtent guère à une enquête sérieuse, sauf à signaler que les Espagnols y comptent pour plus du quart et sont deux fois plus nombreux que les Bas-languedociens. En revanche, la supplique universitaire de 1379 regroupe 379 juristes, dont l'origine géographique est connue dans 368 cas. On y constate que les diocèses les mieux représentés sont d'abord languedociens (27 étudiants pour celui de Maguelone, 26 pour celui de Nîmes), puis espagnols, Gérone, Elne, Valence et Majorque en tête, et rassemblant à eux quatre les deux tiers des étudiants de la péninsule; les pays du Centre, avec Mende, Rodez et Clermont viennent ensuite. Plus généralement, cinq groupes forment l'essentiel de la clientèle : Ibériques d'abord (25%) puis Bas-languedociens (22%, pourcentage assez voisin de celui que fournit un registre de collations de doctorats de 1341-1342[34] où les mêmes sont 7 sur 25) précèdent les étudiants du Massif Central (16%) ceux des pays de la Saône et du Rhône, de Besançon et Lausanne à Die et Viviers (13%), et les Provençaux et Comtadins (8%). Si les anciens Pays-Bas envoient une douzaine de juristes et le diocèse de St. Andrews quatre, la France du Nord et celle de l'Ouest sont presque absentes; des diocèses de l'Est ne viennent guère que des étudiants de Langres et quelques jeunes gens de langue allemande, dont huit de Strasbourg, tandis que la province de Sens tout entière ne fournit que quatre personnes.

Ainsi les juristes montpelliérains sont, en 1378, soit des Français du Centre ou du Midi, soit des Espagnols, ce que confirment les pièces d'un litige de peu postérieur, par lesquelles nous apprenons que les étudiants de Gérone sont de dix à douze, tandis que le reste des

[32] Nous renvoyons sur ce point à nos études : 'Juristes originaires des Pays-Bas à l'Université de Montpellier au Moyen-Age', *Tijdschrift voor Rechtsgeschiedenis*, 37 (1969), pp. 515-528 et 'Deutsche Juristen an der Universität Montpellier im Mittelalter', *Ruperto-Carola*, 43-44 (1968), pp. 43-46.

[33] Cf. J. Veríssimo Serrão, *Les Portugais à l'Université de Montpellier (XIIe-XVIIe siècles)* (Paris, 1971), p. 61.

[34] Archives départementales de l'Hérault, G 1244.

royaumes d'Aragon et de Valence en envoie communément de 30 à 35[35]. Cette clientèle ne devient septentrionale que de part et d'autre d'un axe Rhin-Rhône, les Écossais mis à part en même temps que les jeunes gens des Pays-Bas; du moins la clientèle languedocienne est-elle nettement minoritaire. Avec le *rotulus* de 1393, les horizons se rétrécissent. D'abord la supplique ne porte que 149 noms de juristes dont 146 d'origine identifiable; il est vrai que, comme l'a soupçonné M. Verger, elle est incomplète, et que, plus précisément, y manquent, pour une raison inconnue, beaucoup d'étudiants de la région. Les quatre postulants de Maguelone et les cinq de Nîmes sous-estiment manifestement la représentation de ces diocèses de plus de moitié, sinon des deux tiers, comme les sources notariales du moment permettent de le constater. Même en tenant compte de cette lacune, la chute des effectifs est au moins de 50%. D'autre part, l'ensemble des Languedociens et des originaires du Centre — où les 14 étudiants de Rodez placent ce diocèse en tête — regroupe 55% du total. Parmi les diocèses extérieurs à cette zone, seul celui de Valence compte, avec 11 postulants que l'ordre de Saint-Ruf envoie dans son collège. Le pourcentage des Espagnols tombe à 18, celui des Provençaux à 5; seuls les diocèses riverains de la Saône et du Rhône, de Besançon et de Sion à Valence, conservent des effectifs convenables et s'attribuent ainsi 20% de la clientèle tout en perdant sur la frange septentrionale : Montpellier, qui faisait mieux qu'Orléans en 1379 sur l'ensemble de la zone Besançon — Langres — Autun — Châlon — Mâcon, n'y trouve même pas le dixième de ce que recrutent les Orléanais en 1393-1394. Enfin le *studium* montpelliérain ne forme plus ni Portugais, ni étudiants des Pays-Bas, tandis que la France du Nord n'y envoie qu'un élève, comme celle de l'Ouest. Au total, 47 diocèses seulement se répartissent sa clientèle, contre 77 en 1379.

La situation ne s'est pas améliorée en 1403, bien au contraire. Le *rotulus* inédit de l'année, où figurent seulement 96 noms, est peut-être lui aussi incomplet, encore que les sources notariées confirment la tendance à la baisse. Les pourcentages relatifs aux étudiants du Languedoc et du Centre n'ont pratiquement pas varié depuis 1393, mais les trois étudiants espagnols ne sont plus que les derniers vestiges d'une tradition; comme aussi les deux Genevois et le Lausannois. Du nord d'une ligne Limoges — Lyon — Genève ne proviennent que 14 postulants, et aucun diocèse de cette zone, hormis celui d'Autun, n'est men-

[35] Fournier, II, n° 1235, pp. 299-300 (1384).

tionné plus d'une fois. Ainsi, les derniers traits internationaux du recrutement de cette Université, qui avait été dominée par l'apport ibérique au XIVe siècle, disparaissent dès le début du siècle suivant et ne reparaîtront pas de sitôt.

Ce déclin des effectifs et leur rétrécissement se trouvent confirmés par d'autres sources. Un recensement personnel, certes grossier dans sa chronologie, mais étayé sur un dépouillement très poussé des sources municipales et notariales, nous permet d'avancer les chiffres suivants. De 1267 — point de départ d'un enseignement continu — jusqu'en 1379, l'Université de Montpellier a compté parmi ses membres 191 docteurs en l'un ou dans les deux droits, ayant été gradués ou ayant enseigné sur les lieux. De 1380 à 1500, les mêmes gradués n'atteignent que péniblement la centaine. En outre, dans les 123 cas où leur origine est connue jusqu'en 1379, il n'y a que 66 Languedociens, soit 54% du total; à la période suivante, ces derniers passent à 78%.

Pour en terminer avec les Universités méridionales, reste à traiter de celle de *Cahors*. Sa faible importance comme son rayonnement très limité apparaissent aussi bien dans les *rotuli* de 1379-1380, complémentaires l'un de l'autre, que dans celui de 1394. Les premiers en effet n'énumèrent que 58 juristes, pour se limiter aux noms de ceux qui précisent celui des deux droits qu'ils pratiquent, et sur ce total 35 sont issus du diocèse local, 10 et 8 respectivement de ceux de Saint-Flour et de Rodez. Le second regroupe 56 postulants dans les deux disciplines juridiques, dont 12 seulement sont étrangers à Cahors, les deux diocèses précités en fournissant 8 à eux seuls. L'absence de tout *rotulus* de cette Université en 1403 n'empêche pas d'estimer que, dans l'hypothèse où elle conservait alors un recrutement, ce dernier ne touchait pas une clientèle plus différenciée qu'auparavant.

Est-il permis de cumuler les effectifs des Universités méridionales pour en tirer quelque enseignement, en les comparant à ceux de Paris, d'Orléans et d'Angers? L'entreprise est périlleuse, en raison à la fois des variations manifestes dans les procédés d'élaboration des *rotuli* et des soustractions d'obédience, qui ont occulté dans d'inégales proportions les étudiants urbanistes. Seuls des écarts considérables présenteraient donc quelque signification. Sous ces réserves essentielles, nous formulerons quelques remarques tenant d'abord au poids quantitatif de l'enseignement méridional, ensuite à sa zone d'influence majoritaire, enfin à l'origine géographique des juristes du temps, sans tenir compte cette fois du ou des lieux où ils ont acquis leur formation.

L'importance de la clientèle juridique globale des Universités françaises, telle qu'elle figure du moins dans les *rotuli*, ne paraît pas avoir varié sensiblement : des environs de 3300 en 1379 à 3173 en 1393-1394 et à 2969 en 1403, la baisse apparente est faible et elle s'inscrit à l'intérieur des effectifs portés sur les suppliques non universitaires que M. Verger a recensées pour 1403, donc dans les limites de la marge d'erreur. Au surplus le total de 1393-1394 n'a été établi qu'en utilisant à Paris, qui n'a pas envoyé de *rotulus* alors, les listes de 1387, elles-mêmes sûrement très incomplètes; il n'y a pas d'autre part de supplique pour Cahors en 1403. Il serait certainement préférable, compte tenu des lacunes précédemment signalées, de tabler sur une formation juridique s'adressant, pour chacune des années indiquées, à un ensemble variant de 3200 à 4000 étudiants, laïcs non compris.

A l'intérieur de la masse identifiable, il s'en faut de beaucoup que la répartition soit stable entre les *studia* du Midi et ceux de Paris, Orléans et Angers. En 1379, les premiers s'assurent une légère majorité. En 1393-1394, ils forment 1935 juristes, contre 1094; si cette majorité s'affirme, même en tenant compte de la sous-estimation probable des effectifs parisiens, on notera qu'elle est uniquement due à la progression d'Avignon. En 1403 enfin, les Universités méridionales ne comptent plus que 949 juristes, contre 2020 pour les autres; et ce n'est pas l'omission de Cahors qui semble modifier notablement ces données. Chose grave, le mouvement paraît irréversible : toutes les sources dont nous disposons jusqu'au milieu du XVe siècle au moins confirment ce déclin global, où cependant Avignon et Montpellier ont plus de part que Toulouse.

Réduite en pourcentages, l'évolution peut être ainsi résumée :

	1379	1393-1394	1403
Universités méridionales	52	61	32
Universités septentrionales	48	39	68

A comparer dans leur recrutement les Universités méridionales à celles de Paris, d'Orléans et d'Angers, on peut délimiter les aires d'attraction respectives de ces deux ensembles, qui se dessinent avec netteté, comme en témoigne la carte qui suit, sauf à remarquer que les diocèses ibériques, qui n'y figurent pas, appartiennent tous à la zone de recrutement majoritaire des *studia* méridionaux seule représentée sur ce document. Plus au Nord, cette dernière trouve ses positions extrêmes dans les diocèses de Bordeaux, Périgueux, Limoges et Clermont, puis de Mâcon, Chalon — celui-ci, il est vrai, donnant autant d'étudiants au Nord qu'au Midi — enfin dans les Trois Evêchés. Même si, dans ces cinq derniers diocèses, l'avantage devient très mince, un phénomène saute aux yeux : la clientèle de nos Universités s'avance fort loin vers le Nord-Est, où elle forme du reste des minorités non négligeables à Autun et à Langres, tandis que ses bornes reculent régulièrement vers l'Ouest, la concurrence d'Angers et d'Orléans se faisant sentir de plus en plus fortement à mesure que l'on se rapproche des côtes atlantiques.

La carte reflète vraisemblablement, là encore, une répartition traditionnelle, encore que parfois brouillée par les doubles inscriptions ou les déplacements des postulants. Les *rotuli* de 1379 étaient déjà marqués par la prédominance de l'enseignement méridional dans la formation des juristes de Besançon, Mâcon, Clermont, Genève ou Lausanne, pour ne citer que ces exemples; cette prédominance se manifestait même dans les diocèses de Langres et d'Autun. Au contraire, en 1403, le recul des Universités du Sud se traduit par un rétrécissement de la zone d'influence en question; ainsi s'en séparent Metz, Toul et Verdun, ainsi que les diocèses de Besançon et de Chalon. La disparition apparente des étudiants bordelais nous laisse d'autre part ignorer leur sort. Il n'est plus question désormais pour Avignon, pour Montpellier et pour Toulouse, *a fortiori* pour Cahors, d'exercer une influence très notable au nord de Limoges et de Lyon. En revanche, le rôle des Universités italiennes paraît négligeable à cette époque, sauf peut-être sur les Provençaux, ce qui pourrait expliquer la faiblesse de leurs effectifs, notamment à l'Est d'Arles et de Marseille; et l'Université de Perpignan, dont le *rotulus* de 1394 comporte 162 noms de juristes, n'exerce pratiquement aucune influence sur les Français[36].

Phénomène plus remarquable encore, la place des juristes méridionaux, cette fois calculée sans tenir compte des lieux de formation, va en s'amoindrissant très notablement. En gros, les étudiants de la moitié Sud-Est de la France actuelle, telle qu'elle se trouve définie sur la carte en question, formaient un peu plus de la moitié des juristes

[36] Ce *rotulus*, édité par Fournier, II, pp. 682-689, et où l'on retrouve la plupart des noms portés aux deux suppliques, beaucoup plus courtes, adressées par cette Université l'année précédente (*ibidem*, pp. 680-682), ne mentionne que sept juristes français, tandis que les trois quarts des autres postulants proviennent du diocèse d'Elne. Le manque d'attraction de Perpignan vers le Nord est sans doute dû à la faiblesse de l'encadrement magistral, car n'y figurent à ce moment aucun docteur et seulement quatre licenciés, dont deux civilistes et deux canonistes.

qui se trouvaient dans les Universités françaises, celle de Paris exceptée, en 1379; la part qu'ils représentent s'élève à 53% en 1393-1394. Par un net contraste, dans les suppliques de 1403, ils ne représentent guère plus de 40%. Et cette tendance à la baisse serait, aux pourcentages près, au moins aussi accentuée si les effectifs parisiens étaient inclus, ce qui n'est pas possible, on l'a vu, puisqu'aucun *rotulus* ne permet de les connaître en 1393-1394. Le déclin méridional est donc double, au niveau de l'origine des juristes comme au niveau des Universités fréquentées; et tout paraît indiquer qu'il sera durable, sous un aspect comme sous l'autre.

*
* *

L'exploitation des *rotuli* permet, d'autre part, d'apprécier les parts respectives des civilistes et des canonistes dans la clientèle universitaire. Certes la nature des sources utilisées amène-t-elle à sous-estimer plus nettement les premiers que les seconds, et les chiffres obtenus valent-ils plus par comparaison que dans l'absolu. D'autre part un certain nombre d'étudiants omettent d'indiquer la discipline de leur choix, et les diplômés *in utroque* ne peuvent être pris ici en compte : en revanche les titulaires de diplômes de niveaux différents ont été intégrés selon la méthode indiquée plus haut.

Dans ces conditions, les Universités méridionales apparaissent beaucoup plus tournées vers les canonistes, mais à des degrés variables. Le tableau ci-dessous montre qu'Avignon présente la répartition la moins inégale avec 57% de canonistes, tandis que Montpellier en compte 67% et Toulouse 76%. Il semble du reste que ces pourcentages aient été stables : en 1379, Toulouse comptait 581 canonistes, soit 74% contre 201 civilistes et Montpellier respectivement 210 (64%) et 118. Selon toute apparence, plus le recrutement d'une Université est local, plus la proportion de canonistes est élevée; aux 64% que représentent ces derniers à Cahors, on peut juxtaposer la part très élevée qu'ils prennent dans la clientèle de Perpignan : 141 sur 158, soit près de 90%

Avignon 1394	580 canonistes	432 civilistes
Montpellier 1393	96 canonistes	47 civilistes
Toulouse 1394	529 canonistes	167 civilistes
Cahors 1394	36 canonistes	20 civilistes

Les Universités méridionales présentent à ce titre un contraste marqué avec celles d'Orléans et d'Angers : en 1394, la première ne comptait que 255 canonistes sur un total utilisable de 731 noms, soit 35%, et la seconde, d'après le *rotulus* de l'année précédente, en abritait 86, soit 42%, contre 117 civilistes. Le voisinage parisien, avec son unique Faculté de Décret, se fait évidemment sentir.

Plus généralement, l'ensemble des *rotuli* de 1393-1394 regroupe, en ne retenant que les mentions de discipline, 1726 canonistes, soit 58%, contre 1259 civilistes; comme Paris ne participe à ce total qu'à travers le *rotulus* incomplet de 1387, on peut considérer que, sur cent postulants, soixante étaient canonistes, et cet ordre de grandeur ne diffère pas sensiblement de celui de 1379. Encore faudrait-il tenir compte du nombre considérable d'étudiants qui ont étudié les deux droits sans mener parallèlement leur progression, et qui ont donc été inclus dans les effectifs propres à chacune des deux disciplines.

Si l'on cherche à déterminer le critère du choix opéré entre ces dernières, un phénomène remarquable saute aux yeux, comme en témoigne la carte ci-jointe établie à partir de l'ensemble des *rotuli* de 1393-1394, y compris 99 étudiants d'Orléans, 13 de Paris (1387) et 3 d'Angers relevant des diocèses étudiés, et dont l'inclusion ne modifie nulle part la tendance diocésaine : l'origine géographique des postulants joue un rôle déterminant dans la vocation civiliste ou canoniste. Si la clientèle ibérique n'y figure pas, elle n'en est pas moins très typée : en 1379 comme en 1393-1394, sa composition, à peu près identique dans chacune des Universités méridionales, est faite de trois quarts de canonistes et d'un quart de civilistes.

Au Nord des Pyrénées, la répartition par diocèse des deux types de juristes fait apparaître deux zones aux limites bien tranchées. Un premier secteur, allant de l'Atlantique à la Méditerranée, de Limoges aux confins aragonais, forme le pays d'élection des canonistes. La part de ces derniers est extrêmement élevée dans le Sud-Ouest d'une part, dans le Massif Central de l'autre. Le fait n'est d'ailleurs pas nouveau : le *rotulus* toulousain de 1379 fournit, pour les cinq diocèses de Bayonne, Dax, Lescar, Oloron et Aire, les noms de 98 canonistes, mais pas un seul civiliste; et d'autres diocèses voisins, comme ceux de Comminges, de Tarbes ou de Rieux proviennent 75 à 80% de canonistes en 1379 aussi bien qu'en 1394. Certains diocèses du Centre, et particulièrement de sa bordure méridionale, se trouvent dans le même cas, alors que leurs jeunes juristes se répartissent dans plusieurs Universités : l'addition des *rotuli* de 1393-1394 donne plus de 80%

de canonistes à Mende, plus des deux tiers à Cahors, tandis que les 28 civilistes de Rodez font pâle figure en face de 49 canonistes. Ne font tache que les diocèses de Périgueux et, dans une moindre mesure, de Lavaur et de Saint-Papoul; en revanche les diocèses bas-languedociens et provençaux — ces derniers représentés d'ailleurs presque exclusivement par des moines de Saint-Victor pour Marseille, de Montmajour pour Arles —, participent des pays de canonistes. Si le diocèse de Maguelone constitue enfin une énigme, due à la prétérition de la plupart de ses étudiants au *rotulus* montpelliérain de 1393, la place qu'il doit occuper en réalité ne fait aucun doute : tant les *rotuli* de 1379 que les sources locales postérieures lui accordent une majorité de canonistes pour plus des deux tiers.

Au contraire, les pays de la Saône et du Rhône, de Besançon à Avignon, donnent des majorités de civilistes et des majorités parfois écrasantes : Avignon (plus de 80%), Genève (plus de 75%), Lyon (plus des deux tiers) forment comme les pôles de ce territoire voué à l'étude du droit romain, où voisinent l'immense diocèse de Besançon et les minuscules circonscriptions entourant la cité pontificale. Ne fait exception que Valence, dont les étudiants sont presque toujours envoyés par l'ordre de Saint-Ruf; en sens inverse, Verdun, un peu isolé, envoie surtout des civilistes. Pour être complet, on signalera le cas des diocèses de Langres et d'Autun, qui ne sont pas portés sur la carte puisqu'ils n'envoient qu'une minorité de juristes dans les Universités méridionales en 1394; au plan du choix entre les deux droits, ils relèvent eux aussi de la zone à dominante civiliste.

Le découpage de ces deux secteurs n'est aucunement propre aux années 1393 et 1394. Les *rotuli* de 1379 mettent en évidence les mêmes points forts : chez les civilistes, les diocèses rhodaniens de Lausanne à Avignon; chez les canonistes, les diocèses pyrénéens, Mende, Cahors et aussi la Provence et le Bas-Languedoc. Cette stabilité est si nette que Périgueux et Valence apparaissent déjà comme des pépinières de civilistes pour l'un, de canonistes pour l'autre, et que Lavaur est en équilibre, pour ne signaler précisément que des diocèses s'écartant de leurs voisins.

Manifestement, la localisation des études poursuivies par l'étudiant ne joue aucun rôle dans son choix du droit civil ou du droit canon. Ceci se vérifie d'abord entre Universités méridionales et septentrionales : aux exemples de Langres et d'Autun, diocèses où l'attraction de Paris, d'Angers et d'Orléans l'emporte en 1394 sur celle d'Avignon et de Montpellier sans modifier leur dominante civiliste, on peut joindre le cas des juristes de Limoges partis étudier à Orléans et qui se répartissent également entre civilistes et canonistes, fait exceptionnel pour un diocèse non rhodanien dans une Université où les premiers sont deux fois plus nombreux que les seconds. D'une manière générale, la frange méridionale du recrutement orléanais se ressent de l'engouement manifesté pour les décrétalistes par les juristes du Centre.

Entre Avignon, Toulouse et Montpellier d'autre part, les attitudes individuelles ne se ressentent nullement du choix opéré par l'impétrant entre ces Universités, à tel point que les écarts de pourcentage qu'on a pu relever plus haut entre civilistes et canonistes traduisent seulement les variations des origines géographiques propres à chaque clientèle. Où qu'ils aillent se former, les Espagnols sont plus souvent canonistes, comme les Gascons et les Bas-Languedociens; et, pour prendre l'exemple d'un diocèse d'où les juristes s'éparpillent, les Ruthénois adoptent en majorité le droit canon aussi bien à Toulouse ou à Montpellier qu'à Avignon ou à Cahors. Même à l'université de Toulouse, où les canonistes l'emportent plus nettement qu'ailleurs sur les civilistes, les diocèses de Besançon, d'Autun, de Genève, de Viviers, d'Avignon envoient plus souvent de ces derniers que des premiers.

Ainsi s'explique la curieuse impression qui ressort de la lecture de ces *rotuli* universitaires : à Toulouse et à Montpellier, la clientèle française paraît d'autant plus civiliste que les étudiants viennent de loin, tandis que ce phénomène disparaît à Avignon. La raison en est simple : les deux premières Universités sont situées en zone à dominante canoniste, de sorte que les diocèses les plus éloignés se trouvent hors de cette zone. Ainsi à Toulouse, en 1379, les seize diocèses non espagnols les plus éloignés donnent une majorité de civilistes tout à fait contraire aux tendances générales de ce *studium*; et en 1394 un décompte identique fait apparaître un équilibre entre les deux droits très éloigné des pourcentages globaux. Il en va de même à Montpellier en 1393, où la courte majorité civiliste des treize diocèses les plus lointains contraste avec la dominante canoniste d'ensemble. A Avignon au contraire, la clientèle proche, où les juristes de la ville et les Comtadins l'emportent en nombre sur les Provençaux et les Languedociens, est dominée par les civilistes, tandis que les Français du Nord, de l'Ouest et du Centre optent en majorité pour le droit canonique, comme naturellement les Espagnols.

Par une conséquence inévitable, les diocèses gros fournisseurs de canonistes ne sont pas les mêmes que ceux dont proviennent les contingents les plus fournis de civilistes. Si l'on compare même la liste des diocèses de langue française les mieux représentés en juristes de toute nature dans les Universités du pays en 1393/1394 — dans l'ordre, Limoges, Rodez, Cahors, Comminges, Clermont, Tarbes, Saint-Flour, soit toujours des diocèses du Centre ou des Pyrénées — on constate immédiatement qu'ils donnent tous une majorité de canonistes. La même liste, limitée aux seuls civilistes, est bien différente : après Limoges, ici encore en tête, viennent Genève, Besançon, Avignon, Lyon. Les observations présentées par M. Verger, traitant il est vrai de l'ensemble des étudiants cités dans les *rotuli* de 1403, doivent être nuancées en les rapportant aux seuls juristes énumérés en 1393-1394 : la percée des diocèses agricoles riches de l'Ouest et du Nord, sensible en 1403, le cédait dix ans avant — pour les juristes assurément, sans doute aussi pour les artistes — et pour la seule moitié de la France ici étudiée, à la prédominance de diocèses eux aussi agricoles, mais incontestablement assez pauvres. Toutefois l'examen des effectifs doit être affiné au niveau de chacun des droits : les canonistes, nettement plus nombreux, sont bien d'origine rurale en majorité, mais la provenance des civilistes est beaucoup plus malaisée à caractériser. De grands diocèses comme ceux de Besançon ou de Genève, où campagnards et habitants des villes ne sont pas discernables dans les suppliques, voisinent à l'intérieur de la zone à dominante civiliste, avec le minuscule territoire avignonnais, dont la cité représente l'essentiel; et la Tarentaise ne saurait être considérée comme plus urbanisée que les diocèses de Narbonne ou de Maguelone, où les canonistes l'emportent nettement.

Les pays d'Empire seraient-ils plus propices à l'étude du droit romain que le Royaume? On pourrait l'admettre à l'examen de la carte, à condition de supposer que leur tendance déborde à l'Ouest du Rhône et de la Saône, vers Uzès, Viviers, Autun; et ni l'exception périgourdine, ni dans l'autre sens celle des étudiants toulois, ne trouveraient d'explication.

Un autre facteur a pu déterminer le choix des étudiants : le droit civil constitue une formation peut-être plus appropriée à qui se destine au barreau, à la magistrature laïque, débouché de plus en plus recherché[37], à l'administration royale, dont les cadres vont se con-

[37] Cf. H. Coing, 'Die Rezeption des römischen Rechts in Deutschland : Entwicklung eines Forschungsprogramms', in *Mélanges Roger Aubenas*, Recueil de mémoires et travaux publié par la Société d'histoire du droit et des institutions des anciens pays de droit écrit, 9 (1974), p. 178.

fondre socialement avec les milieux universitaires[38], voire à la politique locale, dont les acteurs sont de plus en plus souvent des hommes de loi[39]. Or ces carrières supposent des moyens financiers, une parentèle connue, un entregent étendu; dès lors les civilistes devraient se recruter parmi les plus fortunés, économiquement et socialement, des étudiants en droit.

Les *rotuli* sont malheureusement des documents fort dépourvus en renseignements relatifs au niveau de vie des postulants. Les *pauperes studentes* sont trop rarement cités pour permettre une exploitation statistique; et de la supplique toulousaine de 1394, qui isole les *pauperes non studentes*, ressort un pourcentage maximal de ce groupe, rapporté à l'ensemble des juristes issus des divers diocèses, pour Saint-Flour, Rodez et Mirepoix, dont la représentation est majoritairement vouée au droit canonique. Mais c'est là une base bien fragile pour considérer comme démunis l'ensemble des étudiants issus de ces diocèses.

Autre comparaison possible, le choix des *nobiles* rapporté à celui de l'ensemble n'est guère significatif à raison du petit nombre des intéressés. Ainsi les *rotuli* montpelliérains ne signalent que 2% d'étudiants nobles en 1379, 7% en 1393; ceux d'Avignon, tant en 1393 que l'année suivante, en recensent 6,5%, mais M. Verger a calculé que, de 1430 à 1478, ce pourcentage tombait à 3. Il est cependant frappant que ces étudiants optent toujours un peu plus souvent que les autres pour le droit civil; à Avignon en 1394, par exemple, on en compte 34 en ce sens, contre 31 canonistes, et à Toulouse, la même année, les canonistes nobles ne l'emportent que de fort peu sur les civilistes. Cette préférence réapparaît au niveau des docteurs : les relevés opérés par nous à Montpellier sur la période 1267-1379 font apparaître quatre fois moins de *decretorum doctores* que de civilistes nobles, alors que l'écart est beaucoup plus faible, on le verra plus loin, sur l'ensemble de ces gradués. Seulement, l'origine géographique est déterminante dans la classe nobiliaire comme ailleurs : parmi les étudiants avignonnais de 1394, les cinq nobles genevois sont tous civilistes, les sept nobles espagnols tous canonistes.

Pas plus que les précédents, les étudiants qui se proclament moines ou chanoines réguliers ne sont assez nombreux pour infléchir les

[38] Cf. P. Ourliac, 'Le Parlement de Toulouse et les affaires de l'Eglise au milieu du XVe siècle', in *Mélanges Pierre Tisset*, Recueil... de droit écrit, 7 (1970), p. 351.

[39] Pour ne citer qu'un exemple, les juristes fournissent dès 1380 un cinquième du recrutement des capitouls toulousains : Wolff, p. 541.

tendances générales. Le *rotulus* avignonnais de 1394 mentionne par exemple 64 religieux profès, dont 58 canonistes et 6 sans indication de discipline, à l'exclusion de tout civiliste, comme on pouvait s'y attendre. Seuls quelques diocèses s'en trouvent affectés dans la répartition de leurs effectifs : Arles, Marseille, Valence, dont les étudiants, comme on l'a vu, appartiennent respectivement à Montmajour, Saint-Victor et Saint-Ruf.

Peut-être y a-t-il plus à tirer des chances de succès des uns et des autres au niveau des différents diplômes. En effet ces chances paraissent avoir été nettement plus élevées pour les civilistes que pour les canonistes. Réduite en pourcentages, leur répartition, déduction naturellement faite des indéterminations et des gradués *in utroque*, se présente ainsi à Avignon et à Toulouse en 1394 :

	Avignon		*Toulouse*	
	Civilistes	Canonistes	Civilistes	Canonistes
Docteurs	75	25	45	55
Licenciés	65	35	35	65
Bacheliers	47	53	32	68
Etudiants	36	64	19	81

A Montpellier, un phénomène analogue apparaît dans le *rotulus* de 1379 : les civilistes forment 40% des gradués, mais seulement 31,5% des non gradués. De plus le relevé des docteurs promus ou enseignants dans cette Université fait apparaître, au XIVe siècle aussi bien qu'au XVe siècle, une répartition à peu près constante de 60% de civilistes contre 40% de canonistes; or ces derniers sont toujours majoritaires chez les étudiants.

Les *rotuli* toulousains de 1379 et de 1394 présentent ici un intérêt particulier. Les étudiants et les bacheliers y ont été en effet ventilés selon l'année d'études à laquelle ils appartiennent. Cette précision autorise le calcul approximatif des départs en cours d'études, calcul plus fin que celui des réussites aux diplômes; si cette méthode, il est vrai, suppose que les effectifs d'entrée en première année sont restés stables, elle présente plus de garanties en comparant les résultats entre droit civil et droit canonique, car il n'y a guère de raison de croire à des variations dans le flux d'entrée à l'Université qui seraient propres à chacun des droits.

Pour se limiter aux trois premières années, les effectifs des canonistes s'élèvent respectivement, d'après la supplique de 1379, à 163, 88 et 56 étudiants; toujours dans l'ordre croissant des années d'études, les civilistes sont au nombre de 30, 33 et 15. Ainsi les premiers disparaissent à proportion des deux tiers dans les trois premières années, les seconds à raison de moitié seulement. Même remarque en 1394 : la clientèle canoniste, ventilée dans les mêmes conditions, s'élève à 160, 54 et 36 postulants, tandis que les trois premières années de droit civil intéressent respectivement 16, 11 et 15 étudiants. Si l'enquête est étendue à cinq années de ce dernier *rotulus*, et que le calcul porte sur le pourcentage que représente, par rapport à la première année, la plus forte et la plus faible de celles qui suivent à partir de la troisième, on observe que les civilistes ont de 70 à 95% de chances d'arriver à l'ancienneté nécessaire à l'obtention du baccalauréat, tandis que les mêmes chances, chez les canonistes, restent dans une fourchette comprise entre 22 et 29%.

Par un remarquable parallélisme, la chute des effectifs chez les bacheliers est également beaucoup plus sensible chez les canonistes. Un sur quatre à un sur sept de ces derniers, en 1379 comme en 1394, étudie assez longtemps pour espérer une licence ; chez les civilistes, le pourcentage des bacheliers se trouvant dans ce cas évolue entre 50 et 80% en 1379, entre 26 et 42% dans le *rotulus* de 1394. Même si d'importantes variations apparaissent à travers ces chiffres, il en ressort à l'évidence que les civilistes ont toujours, et à tous les niveaux, deux à trois fois plus de chances de réussir que les canonistes. Au total, et en cumulant les effets des abandons d'étudiants et de bacheliers, on peut estimer que, parmi les postulants de première année, 6 à 16% des canonistes avaient la possibilité de parvenir au niveau de la licence, contre 25 à 50% des civilistes. Encore ne s'agit-il nullement ici de la délivrance effective du grade : le coût de ce dernier a dû écarter bon nombre de candidats éventuels, mais l'écart entre les chances des uns et des autres ne s'en est certainement pas trouvé atténué.

A n'en pas douter, le taux élevé d'abandons en cours d'études chez les canonistes reflète un manque de moyens financiers et partant, de moindres ambitions sociales. Certes le haut clergé méridional se recrutera au XVe siècle essentiellement parmi les canonistes[40], conformément du reste à la tendance générale[41]. Mais, pour la grande masse des postulants, originaires de diocèses agricoles assez pauvres, le souci du débouché se limite à trouver les moyens d'une modeste carrière ecclé-

[40] Gazzaniga, pp. 62-65.

[41] Cf. P. Ourliac, *L'Eglise au temps du Grand Schisme et de la crise conciliaire*, II (Paris, 1962), p. 489.

siastique. Les civilistes, portés, tout à la fois par les conseils de maîtres qui, de toute ancienneté, leur vantaient les mérites du droit romain comme moyen d'insertion dans la vie publique[42], par les progrès techniques — les gradués profitant à peu près exclusivement de la percée du droit savant dans les juridictions laïques[43] — par l'ampleur de la demande, liée bien souvent aux conflits croissants entre tendances centralisatrices et libertés locales[44], voire par l'allongement de la durée des services, jusque-là fort brefs, dans l'administration[45], sont probablement issus, soit de diocèses mieux placés sur les grands axes du trafic commercial, soit, et bien souvent en même temps, de familles plus fortunées, notables à divers titres et dont au surplus les membres s'adonnaient déjà fréquemment, depuis plusieurs générations, à la pratique judiciaire. A ce titre, les civilistes nous paraissent avoir contribué plus que les canonistes à cet embourgeoisement des Universités que l'on constate à peu près partout dans le Midi après 1400.

Certes insuffisants et lacunaires, les *rotuli* universitaires, permettent en résumé, du moins pour la période comprise entre 1379 et 1403, quelques observations d'importance. Dans l'espace, la France et plus généralement l'Europe clémentine, si elles sont dans l'ensemble dominées en nombre par les canonistes, répartissent très inégalement leurs effectifs universitaires; une zone comprise en gros entre la Saône et le Rhône d'une part, les Alpes d'autre part, fait tache, grâce à ses fortes majorités de civilistes, tandis que ces derniers deviennent minoritaires dans le Centre et plus encore au long des Pyrénées. Dans le temps, ce type de suppliques témoigne d'un déclin manifeste d'influence des juristes méridionaux, et les effectifs issus de l'Europe méditerranéenne fondent, dans les Universités françaises, au profit par exemple des Bretons, des Normands et des étudiants du Bassin Parisien : si en 1379 les diocèses de la partie Sud de l'Europe, bassins garonnais et rhodanien compris, fournissaient en gros les deux tiers de la clientèle de ces Universités, ils n'envoient plus en 1403 qu'un

[42] Ainsi qu'en témoignent déjà les enseignements de Placentin et d'Azon : cf. H. Kantorowicz, *Studies on the glossators of the Roman Law* (Cambridge, 1938), p. 58.

[43] Cf. H. Gilles, 'Trois consultations de *doctores tholosani* en faveur du monastère de Prouille', *Tijdschrift voor Rechtsgeschiedenis*, 39 (1971), p. 157.

[44] Cf. A. Marongiu, 'Una meta ancora lontana : la storia della scuola occidentale', *Rivista di legislazione scolastica comparata*, 18, 3-4 (1960) = *Stato e scuola* (Milano, 1974), p. 16.

[45] Cf., pour l'époque antérieure, J.R. Strayer, *Les gens de justice du Languedoc sous Philippe le Bel* (Toulouse, 1970), p. 22.

RÉPARTITION DES CANONISTES ET DES CIVILISTES (1393/1394)

Majorité de canonistes supérieure aux 2/3

Majorité de canonistes comprise entre 1/2 et 2/3

Égalité entre canonistes et civilistes

Majorité de civilistes comprise entre 1/2 et 2/3

Majorité de civilistes supérieure aux 2/3

Diocèses à majorité de civilistes s'orientant vers les Universités méridionales en 1379, septentrionales en 1393/1394

La partie inférieure de cette carte est reproduite sur les deux pages suivantes.

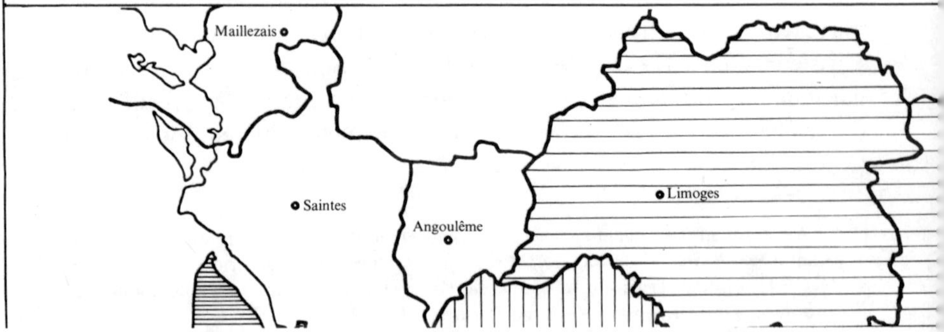

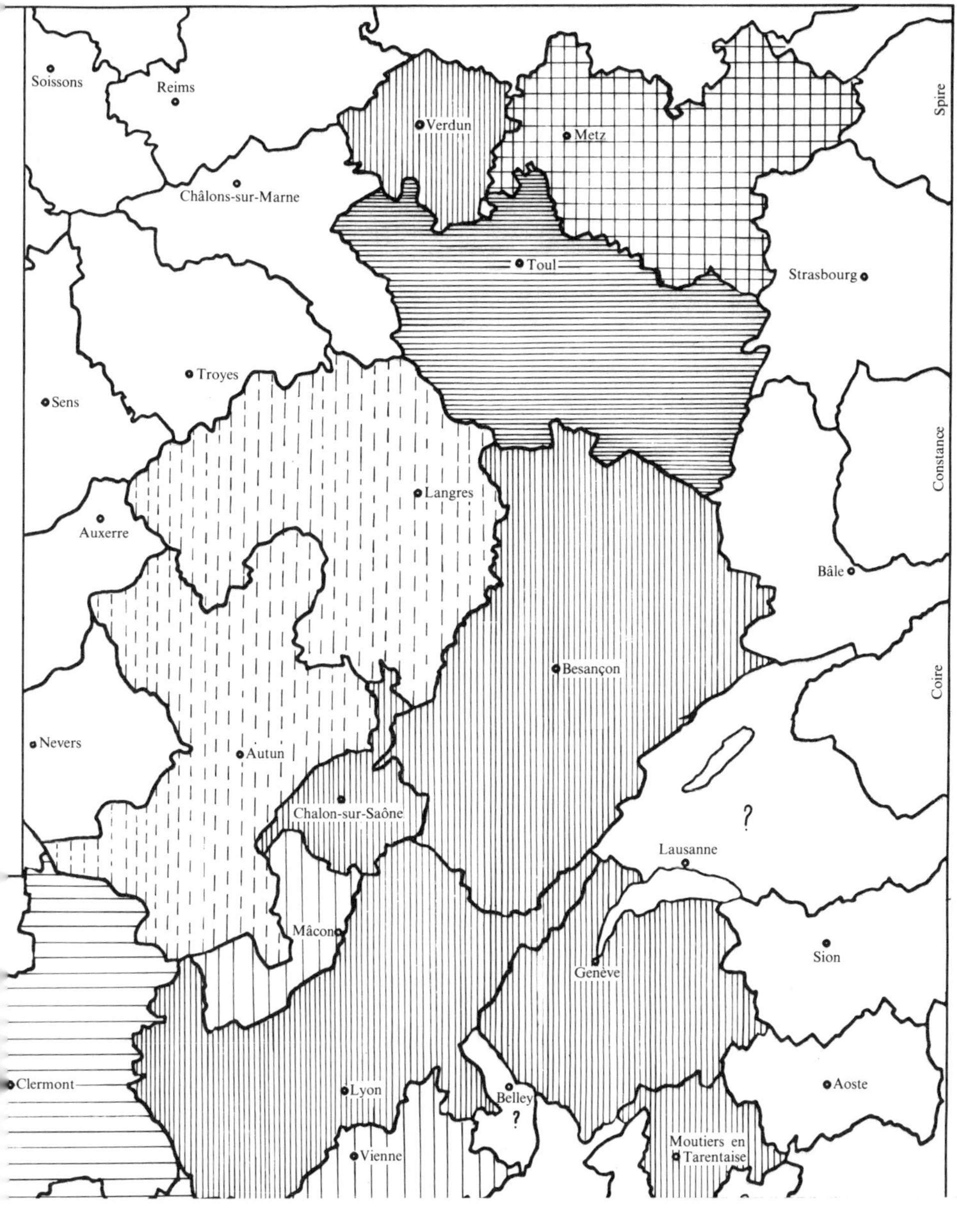
Soissons
Reims
Verdun
Metz
Spire
Châlons-sur-Marne
Toul
Strasbourg
Troyes
Sens
Langres
Constance
Auxerre
Bâle
Besançon
Coire
Nevers
Autun
Chalon-sur-Saône
?
Lausanne
Mâcon
Sion
Genève
Clermont
Lyon
Belley
?
Aoste
Vienne
Moutiers en Tarentaise

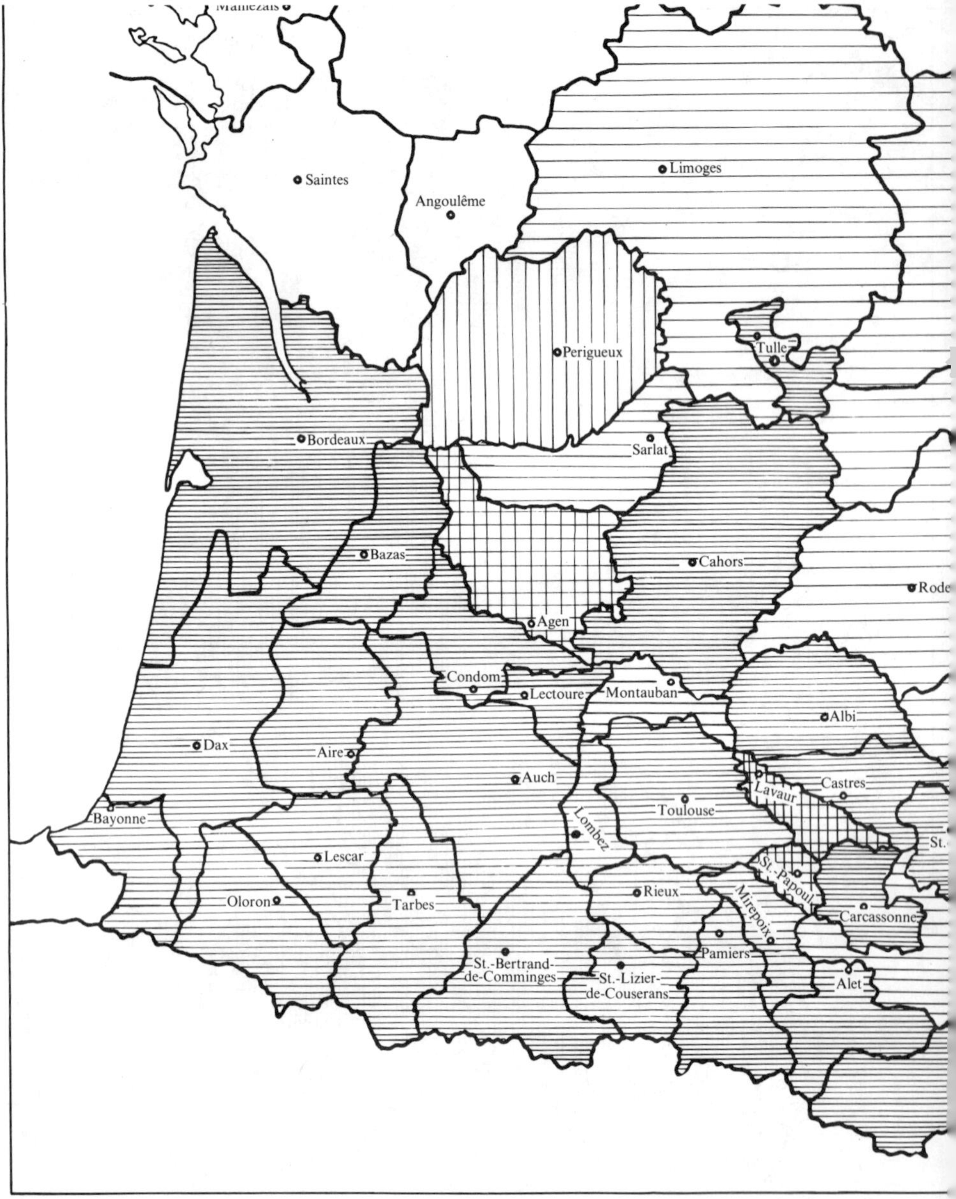
Saintes
Angoulême
Limoges
Perigueux
Tulle
Bordeaux
Sarlat
Bazas
Cahors
Rode
Agen
Condom
Lectoure
Montauban
Albi
Dax
Aire
Auch
Castres
Lavaur
Bayonne
Lombez
Toulouse
Lescar
St.-Papoul
Oloron
Tarbes
Rieux
Mirepoix
Carcassonne
St.-Bertrand-de-Comminges
St.-Lizier-de-Couserans
Pamiers
Alet

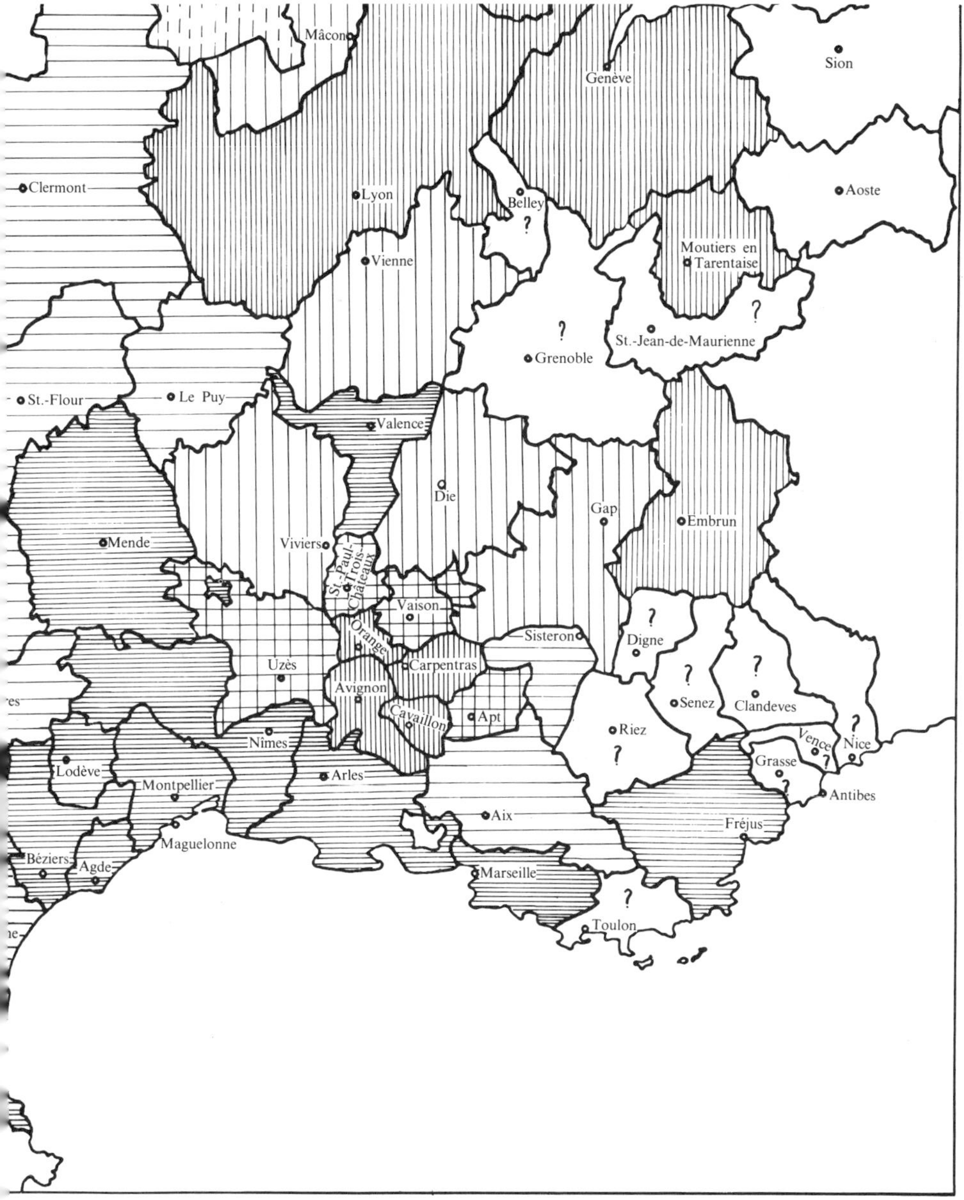
Mâcon
Genève
Sion
Clermont
Lyon
Belley
Aoste
Vienne
Moutiers en Tarentaise
St.-Jean-de-Maurienne
Grenoble
St.-Flour
Le Puy
Valence
Die
Gap
Embrun
Mende
Viviers
St.-Paul-Trois-Châteaux
Vaison
Sisteron
Digne
Orange
Uzès
Carpentras
Senez
Clandeves
Avignon
Riez
Apt
Cavaillon
Vence
Nice
Nîmes
Grasse
Arles
Lodève
Montpellier
Antibes
Aix
Fréjus
Maguelonne
Béziers
Agde
Marseille
Toulon

étudiant sur trois. Enfin, si le temps des civilistes n'est pas à proprement parler venu, et si les progrès quantitatifs dont ils bénéficieront au XVe siècle aux dépens des canonistes, au moins dans l'Europe du Nord[46], ne peuvent encore être décelés, les indices ne manquent pas pour faire de leur science l'arme intellectuelle des plus riches et le moyen privilégié d'accès ou de maintien dans les bourgeoisies urbaines[47].

Université de Montpellier I

[46] Voir B. Guenée, *Tribunaux et gens de justice dans le baillage de Senlis à la fin du Moyen-Age (vers 1380-vers 1550)*, thèse, Publications de la Faculté des Lettres de l'Université de Strasbourg, 144 (Paris, 1963), p. 418 et Ch. Lefebvre, 'Juges et savants en Europe du XIIIe au XVIe siècle', *Ephemerides Juris Canonici*, 21, 1-2 (1965), p. 65.

[47] Le fond de la carte a été établi à partir des études de J. Dubois, *La carte des diocèses de France avant la Révolution*, Annales, Economies, Sociétés, Civilisations, 20 (1965), pp. 680-691, et de J. Verger, 'Le recrutement géographique'.

XII

LE CARDINAL RAYMOND DES ARÈNES : *CARDINALIS* ?

Plusieurs parmi les meilleurs historiens du droit canonique ont exercé leur sagacité à percer l'obscurité qui entoure l'identification du canoniste *Cardinalis* ; sans prétendre apporter une solution définitive à ce problème, les lignes qui suivent s'efforcent, tout en présentant l'étrange carrière de Raymond des Arènes, de le donner pour un candidat sérieux à la paternité des nombreuses gloses au Décret qui sont suivies de ce surnom.

Notre Raymond est sûrement né à Nîmes : une famille de chevaliers (1) portant son nom, et visiblement fortunée (2) apparaît à diverses reprises dans cette ville au douzième siècle (3). Peut-être est-

---

(1) Comme le propose F. MAZAURIC, *Histoire du château des Arènes de Nîmes*, Nîmes, 1934, p. 108, ce qui paraît confirmé par la présence de Guillaume et de Bertrand des Arènes dans une liste de chevaliers nîmois de mars 1145, publiée par Ménard, *Histoire civile... de Nîmes*, t. I, Paris, 1750, Pr. XIX, p. 32. Bertrand — le même ou un autre — apparaît parmi les chevaliers qui prêtent serment à Raymond V le 1er juin 1163 : TEULET, *Layettes du Trésor des Chartes*, t. I, no 179, p. 87.

(2) Bertrand des Arènes et son fils Pierre Bernard vendent pour 1.900 sous de Melgueil leurs droits sur le moulin et l'écluse de la fontaine de Nîmes à l'abbesse de Saint-Sauveur : MÉNARD, *op. cit.*, pr. XXIX, p. 39 (vers 1175). A la même famille appartient peut-être Pierre Girard des Arènes à qui Raymond V reconnaît devoir 5.500 sous melgoriens en juin 1163. Si tel est le cas, l'acte, par lequel Raymond s'acquitte en partie de sa dette grâce à une concession de douze marcs d'argent *de quintale* et *corda S. Egidii*, présente l'avantage de nous montrer que les parents de Raymond avaient des intérêts dans cette ville : *Hist. Languedoc*, t. V, c. 1267.

(3) Parmi ses membres, on peut citer François et Bernard Raymond en 1146 (TEULET, *op. cit.*, t. I, no 95, p. 62), *W[illelmus]* vers 1166 (*id.*, no 202, p. 93), Pierre Bernard en 1176 (*id.*, no 268, p. 111).

ce l'une de ses branches que l'on retrouve à Arles à la même époque (4) tandis qu'un autre Raymond tient divers *feuda* en 1212/1213 à Montpeyroux et à Adissan, dans le Lodévois (5).

En tout cas les premiers témoignages relatifs au futur cardinal nous montrent qu'il ne s'éloignait guère de son pays d'origine. Il figure d'abord, sans titre et en qualité de simple témoin, dans la relation de l'hommage portée par Pons Rainoard, coseigneur de Bernis, à Bernard Aton de Nîmes : la datation du document, fixée depuis dom Vaissete aux environs de 1142, paraît exacte à quelques années près (6). Doublement intéressante, une pièce du 22 octobre 1151, rédigée à Nîmes ou à Saint-Gilles, nous donne ensuite Raymond pour *jurisperitus* : il y voisine dans une liste de témoins avec *Radulfus legifferus* (7). Or, le prédicat de jurispérit est encore très rare dans la France méridionale (8) ; chose remarquable, il n'a été employé antérieurement qu'une seule fois, et dans la même région (9). Quant à ce Raous, sa carrière comme chancelier des domaines saint-gillois du comte de Toulouse est assez bien connue (10).

Deux sources font ensuite franchir le Rhône à Raymond : le 27 avril 1153, il témoigne aux côtés d'un *dominus Bernardus Caesaraugustanus* et de divers clercs lors d'une sentence arbitrale rendue à Avi-

---

(4) Il s'agirait d'une famille arlésienne, selon J.P. POLY, *La Provence et la société féodale, 879-1116*, Paris, 1976, p. 295 et n. 51, p. 328 et n. 68.

(5) Cf. *Cartulaire d'Aniane*, éd. Cassan et Meynial, Montpellier, 1900, *passim*.

(6) Le texte est publié dans *Hist. Languedoc*, éd. Privat, t. V, c. 1249 et par TEULET, *op. cit.*, n° 77, p. 54, qui adopte cette datation fondée sur la renonciation des comtes de Toulouse à leurs droits sur Bernis au profit de Bernard Aton. En tout cas le document est postérieur à 1138, année où Gauburge de Bernis portait son hommage au Toulousain (TEULET, *op. cit.*, n° 69, p. 49).

(7) Ed. *Hist. Languedoc*, t. V, c. 1146 et TEULET, *op. cit.*, n° 115, p. 67, qui ne donne pas mention de Raymond ni de Raous, dont les prénoms figurent bien dans Arch. Nat., J 317.9.

(8) Il y est précédé, il est vrai, par le titre de *legisperitus*, dans un cas au moins : *Gall. Christ. VI, Instr. eccl. Agath.* VI, c. 317-318 ; n'oublions pas au surplus les *magistri* contemporains.

(9) *Geraldus* dans le texte cité *supra*, n. 6 *in fine*.

(10) Voir J.P. POLY, *Les légistes provençaux et la diffusion du droit romain dans le Midi*, in *Rec. droit écrit*, IX (1975) (*Mélanges Roger Aubenas*), p. 623, 632 et s., et nos observations dans *La date et le rédacteur des coutumes de Saint-Gilles*, in *Ann. de l'Université des Sciences Sociales de Toulouse*, t. XXIV (1976), p. 312 et n. 12. Ce Raous sera plus tard en relations avec maître Gui, qui a certainement connu lui-même Placentin à Montpellier ; cf. par exemple GERMAIN, *Liber instrumentorum memorialium*, Montpellier, 1884-1886, n° 81, p. 153.

gnon par Pons, archevêque d'Aix (11) et, le 1er octobre de la même année, il remplit le même rôle à Arles, au milieu de chanoines de cette église, à l'occasion d'une donation archiépiscopale (12). Enfin, lorsque les passeurs de cette dernière cité feront en mars 1157 reconnaissance de leurs obligations devant l'archevêque Raymond *et quibusdam canonicis et clericis suis* (13), nous retrouverons notre homme parmi ces derniers, mais sans qualification personnelle, et en compagnie d'un *magister* Milon, en qui l'on peut voir l'un des tout premiers praticiens du lieu (14).

On s'attendrait à ce que Raymond ait occupé quelque dignité dans sa ville natale (15) ; il ne semble pourtant pas que tel ait été le cas. Certes un archidiacre portant ce prénom apparaît à Nîmes en 1154 (16), mais il serait étonnant que, s'il s'agissait du même personnage, il ne figurât point avec son titre dans la reconnaissance précitée, de trois ans plus récente. En revanche, une lettre adressée, probablement en 1167 (17) à Henri, archevêque de Reims, par notre Nîmois rappelle le temps où ce dernier était chanoine de Beauvais : temps qui est circonscrit par l'épiscopat d'Henri dans cette cité, et qui se trouve donc compris pour cette raison entre 1149 et 1162 (18), et pour les suivantes ne dépasse pas 1158.

A notre connaissance, ce canonicat constituait la seule dignité de Raymond lorsque, pour des raisons jusqu'ici mal définies, il fut promu cardinal du titre de Sainte Marie *in via lata* par Hadrien IV ; le fait qui, pour Ciacconus, relevait de la deuxième ou de la troisième des promotions de ce règne, et s'expliquerait par des fonctions antérieures de *scriptor* pontifical (19), est à placer en 1158, et plus précisément

---

(11) E. DUPRAT, *Cartulaire du Chapitre de Notre-Dame des Doms*, t. I (seul paru), Avignon, 1932, n° CXXII, p. 133-134.

(12) ALBANES-CHEVALIER, *Gall. Christ. novissima*, t. III (*Arles*), Valence, 1901, n° 571, col. 223-224.

(13) Fr. KIENER, *Verfassungsgeschichte der Provence...*, Leipzig, 1900, App. n° VI.

(14) Il rédige divers actes dès 1153 (ALBANES-CHEVALIER, *op. cit.*, n° 2525, col. 1047) et se donne pour *magister* à partir d'octobre 1154 (*ibid.*, n° 574, col. 226).

(15) Comme il a été suggéré par W. JANSSEN, *Die päpstlichen Legaten in Frankreich (1130-1198)*, Cologne-Gratz, 1961 (*Kölner Hist. Abhandl.*, t. 6), p. 153.

(16) TEULET, *op. cit.*, n° 135, p. 73.

(17) Selon son éditeur dom BOUQUET, *Rec. hist. Gaules*, t. XVI, p. 183.

(18) J.M. BRIXIUS, *Die Mitglieder des Kardinalkollegiums von 1130-1181*, Inaug. Diss. Strasbourg, Berlin, 1912, p. 117, n° 144.

(19) *Vitae... pontificum romanorum*, éd. Rome, 1677, col. 1067.

le 14 mars au plus tard (20) et non pas, comme on l'a écrit, avant le 24 février (21). Que cette élévation concerne bien notre juriste résulte du titre de *magister* qui est donné à son bénéficiaire dans une lettre adressée par le prévôt Henri de Berchtesgaden à l'archevêque Eberhard de Salzbourg (22).

Incontestablement Hadrien IV connaissait et appréciait Raymond avant d'en consacrer les mérites. Ecrivant, probablement le 30 mai 1157 (23), à l'abbaye de Saint-Ruf, il confirme une concession faite par son *dilectus filius* à l'évêque d'Avignon. Nous estimons d'ailleurs que les deux hommes se connaissaient depuis longtemps ; ils ont pu, soit se rencontrer à Arles où Hadrien, comme il est connu (24), a séjourné quelque temps, et se trouvait dès 1140 dans l'entourage de l'archevêque (25), c'est-à-dire dans un milieu qui, notons-le, s'ouvre au droit savant avec une remarquable précocité (26), soit — et cette seconde hypothèse n'exclut pas la précédente — avoir été rapprochés par leurs liens communs avec l'ordre de Saint-Ruf dont les chanoines et leurs amis, on le sait, sont impliqués dans les formes les plus anciennes de diffusion de la pensée martinienne : tandis que Nicolas Breakspear avait été, avant même ses années arlésiennes, clerc de Saint-Jacques de Melgueil, dépendance de l'ordre dès 1095 (27), et qu'il fut élu abbé de ce dernier entre 1140 et 1147 (28), Raymond paraît à diverses cir-

(20) BRIXIUS, *op. cit.*, p. 59 et 117. Pour les souscriptions qui suivent immédiatement, cf. PFLUGK-HARTTUNG III. 179, 181, 187.

(21) J.L. II, p. 103.

(22) BRIXIUS, *op. cit.*, p. 116.

(23) J.L. II. 10370 ; texte édité par Ul. CHEVALIER, *Codex diplomaticus ordinis Sancti Rufi, Bull. Soc. archéol. Drôme*, t. XXV (1891), n° XXX, p. 37-38. L'absence de tout titre à la suite de la mention de Raymond amène à préférer 1157 à l'année suivante.

(24) Cf. R.L. POOLE, *The early lives of Robert Pullen and Nicholas Breakspear*, in *Essays in medieval history pres. to Th. Fr. Tout*, Manchester, 1925, p. 64.

(25) Le *Nicolaus, canonicus Sancti Rufi* qui rédige le 2 mai (ALBANES-CHEVALIER, *op. cit.* [*supra*, n. 12], n° 537, col. 209-210) le texte de l'arbitrage rendu entre les évêques d'Urgel et de Roda par le légat Guillaume, archevêque d'Arles, s'identifie certainement avec Nicolas Breakspear.

(26) Comme en témoigne une sentence archiépiscopale du 5 novembre 1141 sur laquelle nous comptons revenir prochainement.

(27) Ul. CHEVALIER, *op. cit.* ([*supra*, n. 23], p. 10) ; cf. également *ibid.* p. 22 et 104, les confirmations octroyées par Calixte II et Innocent IV.

(28) Et non en 1139, comme on le croit encore souvent (cf. B. BLIGNY, *L'Eglise et les ordres religieux dans le royaume de Bourgogne aux XI*e *et XII*e *siècles*, Grenoble, 1960, p. 226). En fait, la bulle d'Eugène III du 29 janvier 1147 publiée par Ul. CHEVALIER, *ibid.*, p. 30, constitue le premier témoignage daté des fonctions abbatiales de Nicolas. Il y a cependant quelque probabilité pour qu'il les ait occupées avant le 1er septembre 1141 en abandonnant la charge de prieur que remplit à cette date Foulquier : cf. Ul. CHEVALIER, *Regeste dauphinois*, t. I, Valence, 1913, n° 3649.

constances en relation avec les Rufiens. Lorsqu'il est présent à Avignon en 1153, il voisine avec leur abbé Durand, leur prieur Pierre et quatre chanoines ; la concession accordée à l'évêque Geoffroy et confirmée par Hadrien le 30 mai 1157 est relative à l'ordre, encore que le contenu précis ne nous en soit pas connu. Enfin lorsqu'en février 1214 seront recherchés les témoins d'une donation effectuée devant Raymond, un chanoine visiblement fort âgé attestera avoir été présent à l'acte (29).

Au surplus, la qualité de jurispérit que se donne Raymond, quelles que soient l'origine et l'étendue de sa formation, rendent vraisemblable quelque liaison savante avec Saint-Ruf. Pour Nicolas, l'hypothèse selon laquelle il aurait acquis une certaine culture juridique est nouvelle ; il faut pourtant observer que, dans la *Vita* qu'il lui consacre, Boson en fait un élève des écoles d'Arles (30). Aucune indication ne nous précise la nature de ces dernières, mais on ne saurait oublier les forts indices qui militent en faveur, et de la présence de Rogerius, et de la rédaction du *Codi*, à Arles ou à Saint-Gilles, toute proche de la première ; si la seconde est sans doute un peu postérieure au séjour de Nicolas, la première peut se situer en revanche en des temps tout à fait contemporains de ce dernier.

Quant à la carrière ultérieure de Raymond des Arènes, elle se scinde en deux périodes séparées par une solution de continuité que rien ne permet d'expliquer. La première s'étend de sa promotion à l'été 1165, et s'ouvre par l'adoption du camp victorien lors du vote schismatique de 1159 (31) : Raymond figure parmi les signataires de la lettre envoyée le 28 octobre par les cardinaux de ce parti (32). Toutefois il se rallie, dans des conditions qui nous échappent, à la cause d'Alexandre III, aux côtés duquel il se trouve à Montpellier le 9 mai (33), puis le 22 juin 1162 (34). Alexandre semble lui avoir ac-

---

(29) ROUQUETTE et VILLEMAGNE, *Bullaire de Maguelone*, Montpellier, 1911, n° 196, p. 360. Le document est également indiqué par les mêmes au *Cartulaire de Maguelone*, t. II, Montpellier, 1913, n° 332, p. 125.

(30) *Pervenit Arelate, ubi dum in scolis vacaret* : éd. DUCHESNE, *Liber pontificalis*, t. II, Paris, 1892, p. 388.

(31) BRIXIUS, *op. cit.*, p. 116-117.

(32) WATTERICH, *Pont. Roman. Vitae*, t. II, p. 493 ; cf. sur cette lettre M. PACAUD, *Alexandre III. Etude sur la conception du pouvoir pontifical...*, Paris, 1956, p. 104.

(33) *Hist. Languedoc*, t. V, col. 1249 ; P.A. VERLAGUET, *Cartulaire de l'abbaye de Silvanès*, Rodez, 1910, n° 1, p. 1-3.

(34) J.L. RIGAL et P.A. VERLAGUET, *Documents sur l'ancien hôpital d'Aubrac*, Rodez, 1913-1917, n° 3, p. 5-7.

cordé son pardon, puisqu'il lui donne régulièrement son titre jusqu'au 3 août 1165 (35). Les circonstances n'en sont pas moins désormais anormales : Raymond n'a pas suivi le Pape à son départ de France et restera dans le Midi : on le trouve en 1165 à Montpellier (36), peut-être aussi dans la région toulousaine (37). Il constitue donc un cas de cardinal non résident, chose fort rare à cette époque. Pourtant il n'a jamais été légat : si nombre d'auteurs l'on voulu tel, soit pour l'Espagne (38), soit pour les provinces de Bourges et Narbonne (39), aucun des textes où il figure ne le qualifie ainsi.

Dans ces conditions, l'hypothèse selon laquelle Raymond aurait été en quelque sorte banni de l'entourage pontifical à cause de son attitude lors des événements de 1159 (40) n'est pas entièrement satisfaisante, et nous croyons volontiers à quelque circonstance nouvelle qui a dû ruiner, en 1165 ou peu avant, le crédit déjà chancelant de notre cardinal. Cette circonstance est d'autant moins définissable que Raymond disparaît presque de nos sources pendant cinq ans : nous n'avons de lui que cette lettre déjà citée qu'il adresse à Henri, archevêque de Reims, et ce document, au surplus affecté approximativement à 1167, ne nous informe que sur son passé de chanoine.

Ce n'est qu'aux environs de 1170 que resurgit notre personnage : en présence du cardinal légat Hyacinthe, il arbitre en 1171 à Montpellier un litige entre Marie, veuve de Déodat Rigaud, et l'abbaye de Gellone. Janssen s'est demandé s'il ne s'agissait pas d'un autre Raymond (41) ; mais il a été trompé par la version du texte qu'il a utilisée (42), simple résumé où manque la mention *cardinal* qui figure bien dans la leçon bien meilleure qu'offre le *Cartulaire de Gellone* (43).

En fait, Raymond s'était installé à Saint-Gilles depuis quelque temps. Le 6 août 1170, Alexandre III dispense l'abbé de cet illustre monastère de la *visitatio* annuelle en rappelant la commission donnée à son *dilectus filius* le cardinal de Sainte-Marie *in via lata* de recevoir

---

(35) J.L. II, p. 146 ; cf. BRIXIUS, *op. cit.*, p. 59.

(36) P.A. VERLAGUET, *op. cit.*, n° 174, p. 143-145.

(37) A Saint-Félix, si l'on en croit une affirmation invérifiable de J. RAYBAUD, *Histoire des grands prieurs et du prieuré de Saint-Gilles*, p.p. C. Nicolas, t. I, Nîmes, 1904, p. 71.

(38) Par exemple MAS-LATRIE, *Trésor de chronologie, ad v^{m}*.

(39) RAYBAUD, *loc. cit.* ; MAZAURIC, *op. cit.*, p. 108, etc.

(40) JANSSEN, *op. cit.*, p. 153.

(41) *Ibid.*

(42) *Gall. Christ.*, t. VI, *Instr.* 283.

(43) Ed. ALAUS, CASSAN, MEYNIAL, Montpellier, 1898, n° DXXXXV, p. 467-468.

le serment du nouvel abbé afférent à cette obligation (44) : Raymond n'a pu recevoir d'instructions à ce titre qu'après la mort de l'abbé précédent, survenue le 11 mai 1169.

Un événement à peu près contemporain souligne l'influence qu'exerçait notre cardinal malgré son étrange situation, influence sans nul doute liée à sa culture juridique. Selon un témoignage recueilli postérieurement, Bernard Pelet, comte de Melgueil, et son épouse Béatrix se rendirent à Saint-Gilles *coram Cardinale scilicet R. de Arenio* [sic] pour y faire donation de leurs domaines à leur fils Bertrand (45) ; cette donation, que la mémoire défaillante du témoin requis par Raymond Pelet en février 1214 (n.s.), place quarante-cinq à cinquante ans auparavant, doit se situer peu avant le premier avril 1171, date à laquelle le comté est finalement attribué par Béatrix à ses filles Ermessende et Douce (46), Bertrand se trouvant manifestement dépossédé au profit de la première, que l'on mariera peu après au fils de Raymond V de Toulouse.

C'est également en 1170 ou 1171 qu'Alexandre III charge les deux Raymond que sont le cardinal et l'archevêque d'Arles — d'où une adresse dont le caractère corrompu n'a pas été toujours remarqué (47) — de trancher éventuellement un litige relatif à un divorce prononcé par un seul évêque sur les deux commis à cette fin, et à partir d'un aveu de parenté extorqué par le mari à son épouse à la suite de violences (48) : cette décrétale *Causam matrimonii* passera dans la *Comp. Ia* (49), puis au recueil de Grégoire IX. En outre, au cours du mois de mai 1171, notre Nîmois préside à la rédaction d'un testament dicté à Saint-Gilles ou dans les environs immédiats (50).

Toujours résidant dans cette région, Raymond voit sa compétence mise à profit à plusieurs reprises pendant l'année 1174. Il est témoin du pacte de protection réciproque passé entre Raymond V de Toulouse

---

(44) GOIFFON, *Bullaire de Saint-Gilles*, Nîmes, s.d., nº LX, p. 82.

(45) Cf. *supra*, n. 29.

(46) *Hist. Languedoc*, t. VIII, col. 280 ; cf. aussi E.G. LÉONARD, *Catalogue des actes des comtes de Toulouse*, t. III *Raymond V*, Paris, 1932, nº 55, p. 37-38. Le *Cartulaire de Maguelone*, éd. ROUQUETTE, t. I, p. 282-285, publie aussi l'acte avec l'indication fautive de l'année 1172. Bertrand devait quelque temps se donner néanmoins le titre de comte de Melgueil : GERMAIN, *op. cit.* (*supra*, n. 10), p. 158 et 171.

(47) BRIXIUS, *op. cit.*, p. 117. - FRIEDBERG, *Quinque compilationes antiquae*, Leipzig, 1892, p. 9, avait déjà corrigé cette erreur.

(48) J.L. II, 11867.

(49) *Comp. Ia*, I, 21, 21 ; *X*, I. 29. 16 ; cf. JANSSEN, *op. cit.*, p. 152.

(50) Arch. Dép. Gard, H 45, Franquevaux, copie du XVIIIe siècle.

et Bernard Aton VI de Nîmes (51). En février, Alexandre III le désigne pour participer à la délégation de prélats méridionaux chargée d'intervenir auprès du Toulousain pour le convaincre de se rapprocher de son épouse Constance (52) ; au mois de décembre enfin, ses conseils sont requis par l'abbé de Saint-Gilles à l'occasion d'un litige opposant ce dernier aux Hospitaliers (53).

La dernière trace de l'activité de Raymond ne va pas au-delà de 1176. Le 3 novembre, il assiste, sans doute à Saint-Gilles ou à Nîmes, à la publication du testament d'Ermessende de Melgueil en compagnie de son vieil ami le chancelier Raous et de divers praticiens (54) ; ce jour, il préside aux témoignages sur le contrat de mariage de la même (55). Sa mort ne doit pas être de beaucoup postérieure : le titre de Sainte-Marie *in via lata* est occupé par Arduin au plus tard le 4 juillet 1178.

***

Tant d'élégante érudition a été consacrée à l'identification de *Cardinalis* qu'il peut sembler présomptueux de revenir sur la question ; aucune des hypothèses présentées n'emporte pourtant, à notre avis, la conviction. Le recensement des nombreux manuscrits (56) où apparaissent les gloses signées *Card.* n'est, il est vrai, sans doute pas complet, et le sigle C. présente des problèmes d'identification. On a même pu

(51) Ed. *Hist. Languedoc*, t. VIII, col. 306-307 ; TEULET, *op. cit.*, n° 254, p. 107-108. La précision chronologique résulte de la survenance de la majorité féodale pour Bernard Aton.

(52) J.L. II 12343, avec l'indication des éditions.

(53) RAYBAUD, *op. cit.*, p. 81 ; MAZAURIC, *op. cit.*, p. 108.

(54) TEULET, *op. cit.*, n° 268, p. 110 ; LÉONARD, *op. cit.*, p. 45, n° 1. - La détermination du lieu de promulgation dépend de la présence de l'évêque de Nîmes et de Bertrand Aton d'une part, de celles de Raymond, de Raous, du notaire Raymond Boudon et du *causidicus* Gontard d'autre part.

(55) TEULET, *op. cit.*, n° 238 *in fine*, p. 103. Parmi ces témoins, on note le chancelier Raous et les *gramatici* Pons et Guilhem.

(56) SCHULTE, *Die canonistische Handschriften der Bibliotheken... [zu Prag]*, Prague, 1868, p. 63 et 65 ; *Die Glosse zum Dekret Gratian's von ihren Anfängen bis auf die jüngsten Aufgaben*, Vienne, 1872 (*Denkschr. d. hist.-phil. Classe der kaiserl. Akad. der Wissenschaften*, t. XXI), p. 3 ; St. KUTTNER, *Repertorium der Kanonistik (1140-1234)*, Cité du Vatican, 1937, p. 5, n. 4 ; J. SYDOW, *Die Dekret-Handschriften der bayerischen Staatsbibliothek in München*, *Studia Gratiana* VII (1959), p. 330 (sur le ms. Munich Clm. 10244) ; R. WEIGAND, *Die Glossen des Cardinalis (Magister Hubald ?) zum Dekret Gratians, besonders zu C. 27, q. 2*, *Bull. of Medieval Can. Law* 3 (1973), p. 73-95.

lui prêter, sur la foi d'un legs d'Accurse, un véritable apparat (57) ; la supposition confortée par l'extrême variété des *causae* prises en compte, au moins au long des *partes* I et II, se heurte bien évidemment à l'ancienneté tout à fait exceptionnelle qu'il faudrait attribuer à l'œuvre, dans l'histoire de ce genre littéraire (58).

Quel que soit en effet le canoniste qui se cache derrière ces gloses, il appartient à la première génération des commentateurs de Gratien. Schulte l'avait déjà remarqué, qui faisait observer que, non seulement il n'avait eu aucune connaissance des nombreuses décrétales transmises par l'*Appendix concilii Lateranensis* peu après 1179, alors que les occasions théoriques d'en faire état ne lui manquaient pas (59), mais encore qu'il ignorait les décrétales d'Alexandre III, ce qui ramène son œuvre aux premières années soixante au plus tard (60) ; ceci concorde parfaitement avec l'appartenance de ses gloses à la deuxième couche, que St. Kuttner ne conduit pas plus loin que ces mêmes années (61). Plus récemment, R. Weigand (62) a voulu tirer une précocité plus marquée encore de ces gloses à partir des deux faits suivants : d'une part un passage de la *Summa de jure canonico tractaturus* déclare *C. hic dixit admirando subtilitatem G. quem duram noverat*, et d'autre part la distance prise par *Cardinalis* vis-à-vis de Gratien manifeste son antériorité sur l'ensemble des canonistes chez qui ce dernier jouit d'une autorité incontestée. Il nous semble pourtant, et que l'extrait précité de la *Summa* ne suppose pas une connaissance personnelle de Gratien (63), et que les critiques faites à l'auteur du Décret, tout en indiquant une ancienneté certaine, ne donnent pas à leur auteur, à elles seules, la moindre antériorité face à, par exemple, Jean de Faënza dont, comme on le sait, la *Summa* n'est guère révérentielle à l'égard de Gratien (64) ; seule, en définitive, la méconnaissance des

---

(57) SCHULTE, *Glosse*, p. 50 ; H. KANTOROWICZ, *Accursio e la sua Biblioteca*, in *Riv. di storia del dir. italiano* II (1929), p. 109, n° 12 ; W. PLÖCHL, *Geschichte des Kirchenrechts*, 2e éd., t. II, Vienne, 1962, p. 508, considère le fait comme vraisemblable.

(58) KUTTNER, *Repertorium*, p. 1, n. 1.

(59) *Glosse*, p. 50.

(60) *Gesch. der Quellen und Literatur*, t. I, p. 145-148.

(61) *Repertorium*, p. 5.

(62) *Op. cit.*, p. 95, qui fait état, sur le premier point, de l'avis concordant mais inédit de J.A.C.J. VAN DE WOUW.

(63) St. KUTTNER, que nous remercions ici, a bien voulu nous faire part d'un sentiment analogue.

(64) Cf. déjà SCHULTE, *Die Rechtshandschriften der Stiftsbibliothek von Göttweig...*, in *Sitzungsber, der kaiserl. Akad. der Wissenschaften, Phil.-hist. Cl.*, t. LVII (1867), p. 593.

décrétales alexandrines amène à remonter en deçà des environs de 1160.

Parmi les identifications proposées, celle du cardinal Gratien que soutenait Maassen (65), ne saurait donc subsister ; Schulte émettait déjà à son encontre d'expresses réserves, tout en notant qu'*Albertus* était exclu par les citations concurrentes de ce dernier et de *Cardinalis* que l'on trouve dans la *Summa Lipsiensis* (66). Avec beaucoup de subtilité, A. Stickler a proposé *Johannes Sutrinus*, cardinal de S. Jean et S. Paul de 1151 à 1181, à cause d'un passage de la *Summa Reginensis* où l'opinion d'un cardinal de ce titre est évoqué ; pour suivre ici, il faudrait néanmoins admettre, soit que *Johannes* a rédigé ses gloses avant sa promotion, soit qu'il les a écrites après, mais sans jamais faire état de l'œuvre d'Alexandre, ce qui serait incompréhensible. Il faudrait en outre expliquer pourquoi cette *Summa* se contente le plus souvent de citer un *Card.*, vraisemblablement différent (67).

Ultime en date, l'hypothèse de M. Weigand vise le cardinal *Hubaldus* ; ce *magister* a été promu au même titre que *Johannes* au plus tard le 19 décembre 1141 et souscrit encore le 6 mai 1149. Savamment étayée sur divers manuscrits où le sigle *H* apparaît à hauteur de gloses ailleurs attribuées à *C.*, la démonstration ne nous paraît pourtant pas entièrement convaincante. Elle suppose en effet dans le meilleur des cas qu'un cardinal promu depuis longtemps, et dont rien n'indique qu'il ait été éloigné de la Curie, a fait œuvre de juriste. Il aurait en surplus travaillé à cette fin dès les dernières années quarante, et en tout cas avant le 25 avril 1151, date à laquelle son titre est donné à son successeur Jean (68), ce qui situerait ses gloses à peu près à l'époque de Paucapalea : on sait les très fortes raisons qui s'opposent à une telle éventualité (69). Tout ceci contribue donc à écarter *Hubaldus*, sans interdire en revanche son éventuelle paternité

---

(65) *Sitzungsber. der kaiserl. Akad. der Wissenschaften*, t. XXIV (1857), p. 10-25.

(66) *Glosse*, p. 50 et n. 4, p. 52 ; *Gesch.*, *loc. cit.*

(67) *Decretisti bolognesi dimenticati*, in *Studia Gratiana*, t. III (1955), p. 393, n. 71. Tirer une explication d'un souci de précision, propre à l'auteur de cette *Summa*, ne résiste guère à l'examen. A. Stickler remarque lui-même que le sigle *P.* ne se confond pas avec *P. Manducator*, cité lui aussi expressément.

(68) J.L. II, p. 20.

(69) SCHULTE, *Glosse*, p. 36 ; G. FRANSEN, *La date du Décret de Gratien*, *Rev. d'hist. ecclés.*, t. LI (1956), p. 521 et s. - *Contra* : A. VETULANI, *Le Décret de Gratien et les premiers décrétistes à la lumière d'une source nouvelle*, in *Studia Gratiana*, t. VII (1959), p. 273-355 (particulièrement p. 329-330).

sur les *excerptiones* signalées au prologue de la collection de Sidon (70), elle-même utilisatrice de la *Summa sententiarum* rédigée au plus tard autour de 1155 (71).

En fait l'ensemble de ces propositions se heurte à un dilemme. Ou bien *Cardinalis* glosait avant sa promotion, et on ne comprend pas, puisque le cardinal Gratien n'est pas en cause, que son nom n'accompagne pas les textes que nous lui devons ; ou bien il n'a commencé qu'ensuite son activité de canoniste, ce qui reste tout à fait invraisemblable. Aucun des profils cardinalices que l'on peut retracer pour l'époque, à commencer par celui de Roland Bandinelli, ne laisse entrevoir la plus faible possibilité de trouver exemple de cette seconde option.

A notre connaissance, seul de son temps, Raymond des Arènes, en raison même de l'étrangeté de sa carrière, échappe à la contradiction. En outre ce que l'on peut entrevoir du profil de *Cardinalis* renforce cette proposition. Raymond, on l'a vu, était qualifié de *jurisperitus* en 1151 ; or le glossateur, encore qu'il ne cite que rarement les sources romaines de façon directe (72), trahit une culture de civiliste en construisant volontiers son raisonnement à l'aide de schémas empruntés aux compilations byzantines (73). D'autre part, ses parentés intellectuelles sont plutôt françaises : St. Kuttner a observé que le rôle qu'il fait jouer à la *caritas* dans la solution du problème de la collision ne se retrouve guère, en dehors de quelques gloses anonymes, que dans la *Summa Parisiensis* (74).

Par un autre rapprochement remarquable, Raymond s'est trouvé à plusieurs reprises mêlé à des affaires tenant, soit à des mariages politiquement importants comme celui qui faisait passer le comté de Mel-

---

(70) Cf. sur la date de l'archétype de ce recueil P. FOURNIER - G. LE BRAS, *Histoire des collections canoniques en Occident...*, t. II, Paris, 1932, p. 34 et n. 6 : Paul FOURNIER le tenait pour antérieur à 1139.

(71) M. CHOSSAT, *La Somme des Sentences, œuvre de Hugues de Mortagne*, Paris, 1923. On sait que de bonnes raisons font même pencher pour une élaboration avant 1150 ; cf. J. de GHELLINCK, dans *Mélanges Mandonnet*, t. II, p. 82.

(72) Comme l'observe R. WEIGAND, *op. cit.*, p. 84.

(73) Cf. SCHULTE, *Glosse*, p. 50.

(74) Ainsi que l'a noté St. KUTTNER, *Kanonistische Schuldlehre von Gratian bis auf die Dekretalen Gregors IX.*, Cité du Vatican, 1935, p. 270. - On sait que la *Summa Parisiensis*, écrite autour de 1170, appartient à la plus ancienne école de décrétistes français, et qu'elle n'allègue guère que des autorités parisiennes, anglo-normandes ou reliées à l'essor du droit canonique de ce côté des Alpes.

gueil sous le contrôle de la maison de Saint-Gilles, soit à des ruptures d'une légalité pour le moins douteuse, telles que la tentative de répudiation de Constance par Raymond V, ou ce cas complexe de divorce sur aveu de parenté que, d'ordre pontifical, il s'est vu chargé d'examiner. Or la prédilection de *Cardinalis* pour le droit matrimonal ne peut être mise en doute. D'une manière plus générale, tant les missions que lui confie Alexandre III que les avis et interventions que sollicitent de sa compétence les contemporains donnent à Raymond la stature d'un juriste éminent et écouté ; de toutes les références textuelles qui jalonnent sa vie à partir de 1162 ressort une carrière qui s'apparente bien plus à celle d'un consultant de grande réputation qu'à l'action d'un cardinal.

L'identification proposée est enfin étayée par ce témoignage déjà cité d'après lequel le comte de Melgueil et son épouse transmirent leur patrimoine *coram cardinale, scilicer R. de Arenio.* Certes l'installation définitive de Raymond à Saint-Gilles justifierait à elle seule l'usage qui en aurait fait pour les Méridionaux « le » cardinal ; une simple coïncidence serait pourtant surprenante, compte tenu de ce qui précède.

En définitive, l'hypothèse que nous présentons permet d'expliquer un certain nombre de traits propres à l'œuvre de *Cardinalis.* Tout d'abord elle résout la contradiction inhérente à l'emploi d'un tel surnom pour un canoniste de peu postérieur au Décret ; seul un homme écarté, bon gré ou mal gré, de la Curie, peut dissimuler ainsi son identité. Ensuite l'absence de référence aux décrétales d'Alexandre III est désormais justifiée tant pour des raisons chronologiques que par les circonstances dans lesquelles s'est poursuivie la vie de notre Nîmois. Enfin l'on comprend que les gloses de *Cardinalis* soient citées si rarement par les auteurs postérieurs (75) : le caractère excentrique de sa résidence n'en a pas facilité la diffusion.

Que Raymond des Arènes soit notre glossateur ne dissipe pas toute obscurité. Son milieu de formation reste inconnu : tout porte à croire qu'il se confond, en partie au moins, avec celui d'Hadrien IV. Chacun sera tenté bien entendu de penser à Rogerius : depuis Fitting, l'opinion dominante le donne pour établi dans la région d'Arles, sinon dans la ville même. En revanche, un enseignement à Montpellier, qui a été soutenu à diverses reprises à partir de la filiation placentinienne, nous paraît beaucoup moins probable. Quant à une connaissance personnelle de Gratien par Raymond, elle n'est pas chronologiquement impossible,

---

(75) SCHULTE, *Glosse*, p. 50 ; *Gesch.*, *loc. cit.*

si rien ne l'assure ; mais des relations intermédiaires peuvent suffire à expliquer l'allusion personnelle évoquée plus haut.

La période relativement longue de la vie de Raymond après sa promotion ne permet pas de donner une chronologie précise de ses gloses. Tout au plus est-il permis de supposer qu'elles remontent aux premiers temps de son installation à Saint-Gilles, et donc à 1162 ou aux années immédiatement postérieures. Peut-être notre cardinal a-t-il formé un petit noyau de disciples, et a-t-il ainsi contribué aux travaux d'une école Saint-Gilloise ? On ne peut éviter ici la suggestion et les perspectives qu'ouvre *lo Codi*, dont l'élaboration est d'évidence liée aux mêmes lieux et selon nous (76) aux mêmes temps.

Addendum. — Grâce à la courtoisie de notre collègue Jean-Pierre Poly, professeur à l'Université de Lyon II, nous nous trouvons en mesure de grossir en dernière minute notre dossier de quelques pièces supplémentaires. Raymond des Arènes se trouvait à Arles dès 1143 (*Livre Noir*, Arch. Dép. Bouches-du-Rhône, III G 16, f° 19) ; un des premiers documents à lui attribuer son titre cardinalice (1159) se trouve au *Cartulaire de Saint-Victor*, éd. Guérard, Paris, 1857, n° 952. Surtout, une copie d'Estiennot tirée d'un ms. de Valmagne qui nous paraît perdu (Bibl. Nat., lat. 12770, p. 132) nous fait connaître le texte d'une consultation donnée par Raymond aux Cisterciens après la mort d'Eugène III, dont le juriste affirme que *ad defensionem causarum vestri ordinis advocationis officium mihi saepius injunxit* ; les autorités alléguées, réduites malheureusement par le copiste à des noms de pontifes et de conciles, seraient, selon notre aimable correspondant, tirées des canons 37, 46, 47, 55 et 68, C. 16, q. 1, sans compter un renvoi au Dig. *de publicanis et vectigalibus.*

---

(76) *Du nouveau sur lo Codi*, in *Tijd. voor Rechtsgeschiedenis*, t. XLIII (1975), p. 271-277.

XIII

SUR LA COLLECTION EN 294 CHAPITRES
(ms. Prague Univ. VIII. H. 7)

Identifiée pour la première fois par SCHULTE (1), la collection en 294 chapitres - terminologie préférable à celles qui augmentent ce nombre d'une ou deux unités, tirées de chapitres ajoutés par une main postérieure - nous est transmise par les f°s 15-56 d'un ms. provenant sans doute de Saint-Lambrecht en Styrie (2), mais qui est parvenu à l'Université de Prague dès le XIVème siècle et qui s'y trouve encore conservé sous la cote VIII.H.7; l'écriture en remonte aux environs du milieu du XIIème siècle (3).

Le même SCHULTE distinguait trois masses dans cette collection. Formée des chap. 1 à 230, la première est empruntée pour sa presque totalité au Polycarpus mais ne saurait avoir été rédigée avant 1123, le chap. 219 étant tiré des canons du concile du Latran de cette année. La série suivante, composée selon l'auteur des chap. 231 à 244, contient le Tractatus de sacrilegiis et immunitatibus et eorum compositionibus, composé sans doute en France, avant 1139 et peut-être même dès la fin du siècle précédent (4); SCHULTE remarquait

---

(1) Über drei in Prager Handschriften enthaltene Canonen. - Sammlungen, in Sitzungsb. der kaiserl. Akad. der Wissensch., Phil. - hist. Kl.LVII (1867), p. 175-230. Les mentions de l'auteur, sans indications plus précises, renvoient à cette étude; les abréviations utilisées d'autre part dans les notes qui suivent sont conformes à l'Index abreviationum figurant en tête du Ius Romanum Medii Aevi.

(2) Selon une observation de WATTENBACH tirée d'un essai de plume au dernier f° et reprise par SCHULTE, p. 175 (cf. aussi du même Die canonistischen Handschriften der Bibliotheken in Prag, Prague, 1868, p. 20); FOURNIER-LE BRAS, Hist. collect. can. II, p. 180. Deux catalogues des mss. de cette abbaye ont été établis, l'un dans la deuxième moitié du XIIème siècle, l'autre aux environs de 1200 (ed. G. MOSER-MERSKY, Mittelalterliche Bibliothekskataloge Osterreichs III, Steiermark, Graz-Wienköln, 1961, p. 81-84), mais on n'y trouve mention que de canonum libri duo dans le premier et d'un Liber canonum dans le second. Dom Benedikt PLANK, conservateur du Stiftsarchiv de Saint Lambrecht, a bien voulu nous signaler l'absence de tout autre renseignement sur cette bibliothèque.

(3) SCHULTE, p. 175-176; CONRAT, Gesch. röm. Rechts früh. M.A., p. 499, n°3.

(4) Pour une origine française, cf.outre SCHULTE, FOURNIER-LE BRAS, op. cit.II, p. 344. D'autre part, si C.G. MOR, Scritti giur.preirner.I, p. 259, assigne à l'oeuvre, ou du moins à ses derniers chapitres, la période 1131-1134, l'utilisation de la loi Ripuaire, d'Anségise, de Réginon de Prüm amène à supposer une élaboration sensiblement plus ancienne (cf.SCHULTE, p. 182, et s. et aussi Gesch. Can. Rechts I, p. 34 et n.19).

toutefois que la version pragoise comportait, contrairement aux leçons du Tractatus données par trois mss. de Göttweig, une continuation originale (chap. 241-244) à tenir pour un ensemble d'adjonctions dont l'une, au chap. 241, était très proche d'un passage des Exceptiones Petri. Enfin une troisième masse, à partir du chap. 245, aurait été tirée d'Yves de Chartres, soit selon les leçons du Décret, soit à travers la Tripartita (5), pour ses deux extrémités (chap. 245-252 et 280-294), et d'un mss. relevant du "cercle" de Petrus, et très proche du Livre de Gratz, pour son noyau, à savoir pour la majeure partie des chap. 253 à 279.

L'ensemble était assigné au premier tiers du douzième siècle, et plus précisément à une période comprise entre 1123 et 1139, voire 1131 en raison de l'ignorance manifestée par l'auteur vis-à-vis du canon Si quis suadente diabolo. SCHULTE n'en mettait pas moins en évidence, pour dater le ms. lui-même, la présence dans ce dernier d'une liste de papes détaillant les indications d'année, de mois et de jour de règne jusqu'au pontificat d'Urbain II, puis alignant simplement une série de noms dans l'ordre chronologique jusqu'à Hadrien (+ 1159) et Anastase (+ 1154), donc à travers une inversion pour ces deux derniers.

Bien entendu, le recours du rédacteur aux Exceptiones et à un ms. proche du livre de Gratz devait entraîner diverses hypothèses, surtout présentées par des romanistes, quant à l'époque d'élaboration, sinon de la col-

---

(5) A l'égard des chap. 245-252 (les autres relevant, on le verra, d'une problématique toute différente), la question de savoir laquelle de ces deux collections se réfère à notre ms., ou plutôt le choix entre la première et son résumé, puisqu'il s'agit ici de la troisième partie de la Tripartita, n'ont jamais été clairement tranchés. SCHULTE, p.218, penchait pour la seconde; CONRAT, op. cit., p.498, n° 7, allait dans le même sens - tout en prêtant au précédent une opinion différente - en tirant parti de l'identité de rubrication avec la collection de Prague, la rubrique du chapitre 245 exceptée. Au contraire, C.G. MOR, Digesto e Vulgata, p. 644, n. 168, admet une dépendance directe à l'égard du Décret, en remarquant que ce dernier seulement a pu fournir la matière d'une partie du chapitre 245 (cf. le tableau donné ibid., p. 691). Sans entrer dans ce débat, on fera observer qu'un décompte précis des variantes communes, soit au Décret et à la collection de Prague, soit à cette dernière et à la Tripartita, et opéré à partir des relevés minutieux de M. MOR, ibid., p. 681-682 et 685-686, pour les seuls chapitres 245 et 246, fait apparaître un équilibre presque parfait entre les unes et les autres.

lection entière, du moins de ses chapitres romanisants. FITTING en fixait le terminus ad quem en 1131 (6); plus récemment, C.G. MOR (7), VAN HOVE (8), G. SANTINI (9) ont adopté le milieu du siècle pour limite extrême. Si l'on peut objecter à ces auteurs qu'ils négligent la mention d'Hadrien IV sur la liste pontificale, on ne peut en dire autant de la thèse dernièrement présentée par P. WEIMAR (10) : l'interversion précitée, loin de résulter d'une simple faute d'inattention, serait pour ce dernier le fait d'un scribe écrivant au temps d'Alexandre III et ignorant l'ordre des règnes précédents.

Un réexamen, sinon de la collection entière, du moins des chap. 241 à 295, nous paraît s'imposer à qui tente de préciser l'histoire et la localisation de l'oeuvre. La répartition des séries opérée par SCHULTE et l'affirmation de leur antériorité d'ensemble vis-à-vis de Gratien ne sont pas fondées en effet sur des motifs convaincants.

Tout d'abord les chap. 241 à 244 n'ont rien à voir avec le Tractatus déjà signalé. Cette série, dont l'intérêt provient de ses sources, partiellement identiques à celles du chap. III.36 des Exceptiones - ici indépendantes du Livre de Tubingue comme de celui d'Ashburnham (11) - manque d'homogénéité. Ses deux premiers chapitres sont en effet tirés du Décret d'Yves de Chartres III.98, sans autre changement qu'un découpage exigeant une rubrication en tête du chap. 242. En revanche les chap. 243 et 244 n'ont pu être pris qu'à Gratien; la preuve s'en tire du fait que le chap. 243 comporte l'intégralité du dictum placé en tête de C. 17, q.4, c.21, que le scribe a fait suivre du per. du c. 21 (Quisquis inventus - componat) et des § 3 et 4, le passage intermédiaire lui ayant sans doute, et à juste titre, paru faire double emploi avec le texte du chap. 242. Quant au chap. 244, il est pris au canon suivant.

(6) Summa Cod. Irnerius, p. XCV, n. d.
(7) Op. cit., supra, n.4, p. 258-259.
(8) Prolegomena, p. 328.
(9) Ricerche sulle "Exceptiones legum romanarum", Milan, 1969, p. 195.
(10) Zur Entstehung des sogenannten Tübinger Rechtsbuchs und der Exceptiones legum Romanarum des Petrus, in Studien zur europäischen Rechtsgeschichte herausg. v. W. Wilhelm, Francfort, 1974, p.6.
(11) Plus précisément, le texte des Exceptiones est fait des propositions insenimus - purissimi et praecepimus - hucusque du chap. 241, ainsi que des extraits Sacrilegium - ecclesiae fuerint et auferendo - murem patriae du chap. 242.

Ce sont également des sources purement canoniques qui sont mises à profit par les chap. 245 à 252 d'une part, 280 à 294 de l'autre. On a vu plus haut que les premiers dérivent d'Yves de Chartres. A l'égard des secondes, SCHULTE en situait la rédaction entre 1123 - les chap. 285 et 286 étant pris aux canons de Latran - et Gratien, dont l'oeuvre, quoique contenant l'intégralité des textes compris dans cette série, lui paraissait ne pouvoir constituer la source de cette dernière : le caractère par trop lacunaire de ces éventuels emprunts et l'inutilité pratique d'un tel ouvrage après la mise en circulation du Décret se joignaient à l'ancienneté de l'écriture et à la méthode des emprunts romanisants pour constituer autant d'arguments excluant une hypothèse en ce sens.

Quant à C.G. MOR, il propose, sans pour autant dépasser le milieu du siècle, de rajeunir légèrement la série. Le chap. 288, sur la rubrique duquel (De districtione testimonii) SCHULTE avait déjà attiré l'attention, serait tiré d'un concile de 1135 (12).

Les faits sont fort différents et, en définitive, assez simples. Le chap. 288 est indiscutablement pris au dictum de Gratien en tête de C.14 q. 2, c. 1 et au canon qui suit; l'inscriptio est, sous une forme abrégée, celle que livre Gratien à propos d'une lettre de Pascal II à Guy de Vienne (Troia, 1115, 27 Septembre) (13). La lecture districtio pour distinctio, sur laquelle SCHULTE fondait l'impossibilité d'une dérivation à partir de Gratien, est celle que fournit un certain nombre de mss. déjà connus de Friedberg à l'égard de ce dictum. Le passage entier a été également copié dans le ms. de Pistoie de la Collection en trois livres (14) et dans le ms. Vatic. lat. 1362, f° 76, en marge des chap. 5.22 à 24 de la Panormie; dans les deux cas, l'inscriptio est complète, et donc tirée de Gratien.

---

(12) Ed. FRIEDBERG, col. 733, depuis la 1. 8, et col. 734. Tout ce qui a trait au chap. 288 dans les lignes qui suivent dépend de renseignements que nous a aimablement communiqués notre éminent collègue Stephan KUTTNER; qu'il en soit ici chaleureusement remercié.

(13) J.L. 6467 : la référence de FRIEDBERG, n.5 ad loc., à Mansi XXI. 142, qui a édité la lettre de Pascal II inter acta conc.Trenorciensis, se trouve sans doute à l'origine de l'erreur de M. MOR.

(14) Cf. J. ERICKSON, The collection in Three books and Gratian's Decretum, in Bull. of Med. Can. Law 2 (1972), p. 68, n. 12.

En réalité, l'ensemble de la série postérieure au chap. 280, celui-ci étant extrait de Burchard, est pris à Gratien, et le tableau de concordance dressé par SCHULTE en témoigne mieux que ne croyait son auteur lui-même, trompé qu'il était par la connaissance lacunaire que l'on avait alors des mss. canoniques et par l'importance qu'il accordait aux hypothèses courantes en son temps sur les techniques d'emprunt aux sources romaines (15). Dès lors, la série des chapitres issus de ces mêmes sources, qui se trouve comprise entre deux groupes d'extraits de Gratien, ne peut avoir été rédigée, telle que nous la présente le ms. de Prague, que postérieurement à la mise en circulation du Décret.

Cet ensemble, formé par les chap. 253 à 279, débute par deux fragments empruntés aux chap. 75 et 76 du Livre de Tubingue (16); le suivant est pris aux Inst. 4.18.5.11, et - laissant pour l'instant de côté le passage intermédiaire - le chap. 257 est tiré de l'Epit. Juliani 115, c. 28 (17). Tout le reste, c'est-à-dire les chap. 258 à 279, a été pris à un ms. perdu proche du Livre de Gratz, mais non directement à celui-ci, comme l'a démontré en dernier C.G. MOR sur la base de différences de rubrication, d'erreurs et de chutes de passages par homéotéleutons (18). Il faut donc supposer que l'auteur de cette partie de la collection a tiré profit d'un ms. voisin de celui de Gratz, et que, par ce même ms. ou par un autre, il avait connaissance d'une partie au moins du Livre de Tubingue et d'extraits des Inst. et de l'Epit.

Quant au temps auquel remonte cette partie de la collection, sinon sa totalité, il est désormais permis de l'établir en conciliant l'argument tiré des sources et l'indice provenant de la liste de papes. De l'utilisation de Gratien ressort un terminus a quo qui ne peut être antérieur à 1144; on observera d'ailleurs que cette année est celle même que fournit la version de la Coll. Caesaraugustana que livre le ms. Paris Bibl. Nat. 3876, dont les liens avec l'oeuvre de Petrus sont bien connus. Il convient même de ramener cette rédaction au règne d'Hadrien IV, mais non au-delà : la thèse de M.WEIMAR

---

(15) Il convient toutefois de rectifier la référence à Gratien donnée par SCHULTE, p. 211, et répétée p. 218, à propos du chap. 283 : il s'agit de C. 24, q. 3 (et non q. 2), c. 1.

(16) Dans une version qui comportait déjà sans doute un appendice tiré des Inst., comme l'observe à juste titre G. SANTINI, p. 97, n. 32.

(17) CONRAT, op.cit., p. 499; MOR, Scritti giur. preirner. I, p. 259, n. 2.

(18) Op. Cit. p. 260 et n. 1, où se trouve corrigée l'erreur de SCHULTE, p. 219, et de CONRAT, op. cit., p. 498, n. 8, pour qui la définition du droit naturel donnée par le chap. 272 manquait dans le ms. de Gratz.

se heurte en effet, indépendamment d'une complexité qui la rend peu vraisemblable, à une série d'arguments. On imagine mal que, même loin de Bologne, on ait pu, dans les années soixante ou après, ne connaître les Novelles que par Julien, l'école des glossateurs que par le seul canal de l'école martinienne, et surtout ne tirer du Décret que d'aussi minces emprunts, exempts au surplus de toute trace d'oeuvres ultérieures (19); on sait certes ce que valent isolés les arguments ex silentio - et le cas du canon Si quis suadente diabolo nous en fournit ici un exemple -, mais leur accumulation devient ici décisive. En revanche la collection de Prague trahit un état des connaissances qui amène invinciblement à évoquer l'abbreviatio Quoniam egestas rédigée, selon nous, tout de suite après le milieu du siècle et, comme il est notoire, dans un milieu où les Exceptiones étaient connues. Le règne d'Hadrien, comme le pensait déjà CONRAT, constitue un cadre approprié à la rédaction du ms. de Prague.

A la limite, on pourrait toutefois supposer que le scribe qui a mentionné Hadrien s'est borné à recopier un ms. antérieur et perdu, contemporain des tout premiers temps de diffusion de l'oeuvre de Gratien; ceci expliquerait mieux l'étrangeté du recours aux seules causae 14, 15, 17, 23 et 24 de la secunda pars du Décret. Mais le si faible écart de temps qui sépare les traces les plus précoces de cette diffusion hors d'Italie, du règne du pontife anglais, rend cette conjecture tout à fait hasardeuse.

Ceci nous conduit à rechercher l'origine géographique de la collection, ou tout au moins de ce qui s'y trouve à la suite du Tractatus. Le problème, on s'en doute, a été agité entre les tenants des diverses thèses relatives à l'élaboration des Exceptiones et des mss. qui sont liés à ces dernières. Certes nul ne suit plus l'opinion de FITTING qui en faisait un produit de cette école de Rome qu'il avait cru pouvoir exhumer (20); d'une manière générale, les modernes adoptent les arguments de CONRAT en faveur d'une origine française de la collection entière, arguments qui découlent à la fois de la dérivation à partir d'Yves de Chartres, de l'insertion du Tractatus de sacri-

(19) Comme c'est aussi le cas de plusieurs abrégés impersonnels, tel celui que date des années soixante au plus tard J. RAMBAUD-BUHOT, Le "Corpus juris civilis" dans le Décret de Gratien d'après le manuscrit latin nouv. acq. 1761 de la Bibliothèque Nationale, in Bibl. Ec. Chartes CXI (1953), p. 54-64.

(20) Zur Gesch. Rechtswiss. Anfan. M.A., p. 18-19 et 28, n. 44.

legiis et immunitatibus et des emprunts à un ms. proche de celui de Gratz mais plus ancien. Toutefois M. SANTINI est revenu récemment sur la question en considérant la collection, ou du moins ses derniers chapitres, comme de provenance italienne, conformément au système qu'il adopte à l'égard des Livres de Tubingue et d'Ashburnham. Pour lui, le chap. 251 de la première, et donc les Exceptiones Petri IV. 38 qui dérivent de la même source, ont pour origine, non pas l'une des oeuvres d'Yves, mais Anselme de Lucques, qui ne paraît guère avoir été connu à l'Ouest des Alpes (21).

En fait on sait depuis longtemps (22) que ces deux fragments proviennent de Sirmond. I. Le problème tient au choix du texte qui a servi de source intermédiaire, pour lequel SCHULTE proposait la Panormie V.21. M.SANTINI relève à juste titre qu'on n'y trouve pas l'incipit In sexta actione - inter cetera dixit qui figure précisément dans l'oeuvre d'Anselme. On doit cependant lui objecter que, si sa critique paraît justifiée à l'égard des Exceptiones, elle ne saurait porter sur la collection de Prague, où le texte est beaucoup plus complet, puisqu'il indique tant les premières propositions de la source (Quicumque litem habens - auctoritas) que les dernières (Illud est enim - semina comprimentes) qui font toutes deux défaut dans Petrus. Or cette version plus complète se trouve précisément dans le Décret d'Yves XVI.312, que l'on est donc en droit de tenir pour la source à peu près certaine de notre collection.

Reste certes que l'incipit que l'on trouve dans les Exceptiones mérite d'être expliqué; seule une étude attentive des leçons offertes par les mss.du Décret permettrait peut-être d'apporter des éléments nouveaux. Pour le débat qui nous concerne, il suffit d'avoir montré qu'Anselme n'a été la source, ni du chap. 251 de la collection, ni non plus probablement du chap. IV.38 des Exceptiones, dont on imagine mal que l'auteur se soit inspiré de sources très éloignées de celles de la précédente.

En réalité, le seul élément permettant de cerner l'origine des adjonctions, sinon de la collection pragoise elle-même, est à tirer du chap. 256 qui, sous la rubrique De testamento qualiter fiat, contient un modèle de

---

(21) Op. cit., p. 124, n. 4 et p. 210.
(22) SCHULTE, p. 201 et n. 1; MOR, Scritti giur. preirner. II, p. 212.

testament pourvu d'une clause codicillaire. A côté d'une mention de Rome, de celles de Socrate, de Platon, de Cicéron et de divers prénoms antiques (Herenius, Gaius, Seius), on y trouve un certain nombre de prénoms médiévaux :Bertha pour l'épouse du testateur, Albertus pour un socius légataire, Petrus pour un témoin, Odo pour le scribe, Rolandus, Burga, Wido, Johannes désignant des serfs affranchis ou à affranchir; enfin le testateur imaginaire mentionne un nom de lieu, celui du castrum Ripaltum.

A l'égard de ces noms de personne et de lieu, il faut tout d'abord signaler qu'un autre ms. bien connu, le Vat. Chis. E. VII. 218, f° 104 v°, édité en partie par Pescatore (23), fournit une autre version de ce formulaire utilisant des prénoms tout à fait différents et de consonnance indubitablement italienne et généralement lombarde (Ildebrandus, Liubrandus, Astulfus, Hubaldus, Leo, Lanfrancus, Vulterius, Ugibertus, Guinizo, Guandulfus) (24). On pourrait donc se demander si le ms. Chigi ne donne pas une leçon originelle que le compilateur de la collection aurait modifiée pour la mettre en accord avec les pratiques anthroponymiques de son pays; cette hypothèse, liée à l'italianité éventuelle de la collection de Prague, a rencontré le doute chez M. MOR mais a été retenue autrefois par RIVALTA (25) et reprise par M. SANTINI (26). Tout paraît pourtant s'y opposer : d'un côté l'écriture du ms. ne remonte pas plus haut, pour les mains les plus anciennes qui y ont travaillé, que le XIIIème siècle, et cela tant selon ROSSELLO (27) que d'après SECKEL (28) et de l'autre les oeuvres qui y sont transcrites sont presque toutes au moins du dernier tiers du douzième siècle, comme en témoigne la riche littérature moderne qui s'y est consacrée (29). KANTOROWICZ a notamment prouvé (30) que l'opuscule Ex quibus causis fiat pugna ne pouvait être attribué à VACARIUS, mais appartenait à des temps plus récents; et la Summula de regu-

---

(23) Miscellen, p. 94.
(24) Cf. CONRAT, op. cit., p. 643.
(25) Discorso sopra la scuola delle leggi romane in Ravenna, Ravenne, 1888, p. 15 - 16.
(26) Op. cit., p. 202-203.
(27) Dissentiones dominorum sive controversiae veterum iuris romani interpretum qui glossatores vocantur (Cod. Chis. E. VII.218), Lanciano, 1890, p. 7.
(28) Dist. Gloss., p. 383.
(29) Cf. la bibliographie rassemblée par P. TORELLI, "Distinctiones" di Pillio nei codici Vaticani Chigiani E. VII. 211 e 218, in Publ. della Fac. di Giurisprudenza Univ. Modena[3], t. 29 (1928) :Scritti di stor. del. dir. ital., Milan, 1959, p. 236-237.
(30) De pugna, p. 18-19 : Rechtshist. Schriften, p. 266-267.

la catoniana de Bulgarus que transmet le ms. n'est d'aucune aide ici, du fait qu'elle a été transmise bien postérieurement à sa rédaction, et notamment par AZON (31). La place du modèle testamentaire, inséré entre des écrits de Jean BASSIEN et des distinctions d'ALBERIC-HUGO , ne permet pas d'autre part d'assigner à cette version une rédaction antérieure à ces dernières.

Ce sont donc les prénoms portés au ms. de Prague qui, selon toute probabilité, figuraient dans la rédaction originelle du formulaire. Il n'est pas sans intérêt de chercher à en localiser ceux dont l'usage n'était pas général au douzième siècle; on écartera en revanche du débat les prénoms trop courants, y compris Bertha qui s'emploie des deux côtés des Alpes, comme suffirait à le prouver une glose au formulaire notarial pseudo-irnérien (32). En revanche, la mention simultanée de Wido, Albertus, Rolandus assigne à notre formulaire une patrie comprise dans la moitié Est de la France, et plus précisément une zone qui, au Nord, ne dépasse pas une ligne allant de Langres à Epinal et à Besançon (33), et qui exclut au Sud, sinon la Provence, du moins le Languedoc (34). Les travaux récents de M. Th. MORLET (35) permettent d'aller plus loin : les prénoms en question sont employés dans un secteur qui va de Reims et peut-être de la Bourgogne (36) jusqu'en Velay et, selon nous, en Dauphiné (37).

Reste à isoler un castrum Ripaltum dans ce secteur. Il faut en effet exclure, compte tenu des considérations qui précèdent, tant un Ripalta

---

(31) On peut en dire autant de la distinctio de Guillaume de Cabriano qui figure, sous une forme abrégée et anonyme, au f° 86 : cf. A. PADOA SCHIOPPA, Delitto e pace privata nel pensiero dei legisti bolognesi. Brevi note,in Studia Gratiana XX (1976) =(Mélanges G. FRANSEN II), p. 269-288.

(32) Wernerii formularium tabellionum, éd. PALMIERI in BIMAE[2], T.I., Bologne, 1913, p. 11, n.a.

(33) Du moins à titre d'hypothèse vraisemblable, comme a bien voulu nous le préciser notre éminent collègue Robert FOSSIER, professeur à l'Université de Paris I, à qui nous exprimons ici notre sincère gratitude.

(34) Rolandus, notamment, est utilisé à Marseille et à Montrieux : ALBANES, Gallia Christiana Novissima, t.II, Valence, 1899; n° 173 et 1104. La graphie Wido est en revanche relativement courante dans les cartulaires arlésiens.

(35) Les noms de personne sur le territoire de l'ancienne Gaule du VI° au XIIème siècle, t. I., Paris, 1968.

(36) Ainsi que l'a vérifié pour nous M.Michel PETITJEAN, ingénieur au CNRS (Dijon) que nous remercions vivement.

(37) Cf. Ul. CHEVALIER, Regeste dauphinois,t.I, Valence, 1913, n° 2781, 3166, 3286, 3298, 3602, 3961, 4082, 4476 (Rolandus), 2885, 2959 (Wido);pour le Velay, cf.,outre les références données par M. Th. MORLET, les nombreux Roland que mentionne le Cartulaire de Brioude, éd. DONIOL.

italien (38) ou languedocien (39) que la localisation proposée par SCHULTE et CONRAT aux environs de Tours (40). Une seule identification nous paraît possible : elle concerne la commune d'Hauterives, dans la Drôme actuelle (41). Les formes courantes de ce nom sont, il est vrai, un peu différentes dans les sources médiévales : on y trouve en général mention du castrum Alterippe (42) ou du castrum de Altarippa (43). Toutefois, faute, à notre connaissance, d'autre proposition vraisemblable, nous considérons comme plausible l'hypothèse d'une rédaction du chap. 256 et, par voie de conséquence, des adjonctions à la collection primitive au-delà de son chap. 240, dans la région avoisinant cette localité.

La conjecture présente l'avantage de relier géographiquement de manière étroite le ms. de Prague et deux autres oeuvres issues de la première vague de romanistes à l'Ouest des Alpes : on sait en effet comment les Exceptiones se relient à Valence par leur prologue. On sait aussi que la Somme aux Institutes Iustiniani est in hoc opere récemment publiée par P. LEGENDRE a sans doute été rédigée dans la même région et peut-être à Die (44). De

---

(38) Notamment les lieux proposés, tant près de Crémone qu'en Piémont, par PATETTA, Irnerio scuola Roma, p. 57, n.4 = Studi, p. 359, n° 4, et ceux que suggérait, dans les environs de Pistoie ou dans la province de Parme, L. CHIAPPELLI, Recherches sur l'état des études de droit en Toscane au XIème siècle, in N.R.H.D., T.XX (1896), p. 268, n.3.

(39) Cf. le Guillelmus de Ripa alta figurant dans TEULET, Layettes, T.1, p.67, c.1 (région de Nîmes , 1151, n.s.).

(40) Cf. pour l'un p. 220; pour l'autre, op. cit. p. 499.

(41) Arr. Valence, cant. du Grand Serre.

(42) Cf. la liste des châteaux tenus en fief de l'archevêque de Vienne par le Dauphin dans Ul. CHEVALIER, Regeste précité, T.VI, Valence, 1923, p.4 de la couverture; pour la forme Alta ripa, cf. n°s 3233, 3285, 3576, 3581, etc. Nous devons d'autre part à la courtoisie de M. G. ERMISSE, Directeur des services d'archives de la Drôme, confirmation de l'absence de la forme Ripaltum.

(43) Cf. actes capitulaires de Vienne de 1257, selon l'indication qui nous a été fournie aimablement par M. P. VAILLANT, conservateur de la Bibl. de la ville de Grenoble.

(44) Du reste les chap. 270 et 271 de la collection (=Gratz, chap. 61 à 66) paraissent dériver d'une Somme aux Institutes de type très voisin, tant par sa méthode, faite d'un alignement de distinctiones que par ses tendances, du texte du ms. Pierpont Morgan 903. On en dirait volontiers autant du chap. 279 (=Gratz, chap. 87) dont l'incipit (Nunc de obligationibus, quae ex malificio descendunt, inquiramus)conserve la trace d'une continuatio, si la définition qu'il donne du furtum n'était différente de celle du chap. 270 et ne supposait donc un emprunt à une nouvelle source. En revanche, c'est par exagération manifeste que FITTING, Lo Codi, p. *15, trouvait une coïncidence totale entre le chap. III.26 (chap. III.23 de l'éd. du texte provençal donnée par F. DERRER, Zurich, 1974), § 6, 7, 9 du Codi et le chap. 271 de la collection; seul l'exemple de fruits naturels tiré des chataîgnes suggère une communauté de sources.

plus la communauté de sources du chap. III.36 des Exceptiones et des chap. 241 et 242 de notre collection vient renforcer l'hypothèse d'un voisinage, quant au milieu d'origine et quant à l'époque, entre les deux recueils. Que la collection de Prague soit ici plus complète que l'extrait donné par Petrus, alors que le Livre de Tubingue ou un ms. voisin sont ailleurs la source de cette même collection, ceci tend à attribuer à l'ensemble une certaine unité de composition.

La collection de Prague serait ainsi un produit de la même école, quoiqu'un peu plus tardif. Elle démontrerait ainsi que ce milieu de juristes, promis par la suite à une prompte dispersion, n'avait pas disparu au temps du pontificat d'Hadrien IV; rien du reste d'étonnant à celà sous le règne d'un ancien chanoine et abbé de Saint-Ruf, à savoir d'un ordre mêlé de près, selon toute probabilité, à l'essor premier de la science juridique en France et à l'expansion des doctrines martiniennes. Si les chapitres tirés d'un ms. voisin de celui de Gratz, et qui ne lui est pas nécessairement antérieur, comme on l'a cru en général, n'apportent pas grand chose à notre connaissance de l'acquis romanistique de cette école, ils offrent un intérêt certain quant au maintien de l'influence exercée par le Polycarpus, - ce qui n'est pas sans conséquence sur la discussion relative à l'histoire de la Caesaraugustana - et surtout quant à l'irruption des sources canoniques classiques dans la masse des textes des compilations de Justinien mis en oeuvre par les juristes de ce milieu. Car c'est bien d'irruption qu'il s'agit : contrairement à ce qui se passera quelques années plus tard dans les écoles parisienne et anglo-normande, pour lesquelles l'apport des glossateurs ne constituera qu'un adjuvant méthodologique à des techniques entièrement tournées vers le droit canonique, les Méridionaux ont su du moins juxtaposer l'un à l'autre, comme l'atteste notre collection, ou tirer des Excerpta de certains mss.en les comparant aux autres, et réciproquement, ainsi qu'en témoignent l'abbrevatio Quoniam egestas et la glose aux Exceptiones Petri du ms. Prague Metrop. Kap. I LXXIV, lui aussi français.

Aussi remarquable qu'inexpliquée, la relation entre écoles françaises et pays autrichiens paraît au surplus évidente : si l'on rapproche notre collection du Livre de Gratz, qui vient probablement de Neuberg (45), de la

(45) A. KERN, Die Handschriften der Universitätsbibliothek Graz, t.I, Leipzig, 1942, p. 14-16.

Summa Monacensis écrite en Carinthie par un auteur de formation française entre 1175 et 1178 (46), enfin des mss. Admont 43 et 48, dont l'un au moins s'y trouvait dès le quatorzième siècle (47), on constate, sans pouvoir malheureusement aller plus loin, que les présomptions s'accumulent en faveur d'un courant intellectuel par lequel ont été transmises des connaissances qui, malgré la proximité relative des Bolonais, ne dépendent pas, sinon médiatement, de ces derniers.

---

(46) KUTTNER, Repert. Kanonistik, p. 179-180.

(47) Cf. le catalogue du bibliothécaire Pierre d'Arbon (1376) dans G. MOSER-MERSKY, op. cit., p. 26, 1. 19. - Nous comptons présenter ailleurs le résultat de recherches menées sur ces deux mss.

XIV

ROGERIUS, *QUAESTIONES DE JURIS SUBTILITATIBUS* ET PRATIQUE ARLÉSIENNE : A PROPOS D'UNE SENTENCE ARCHIÉPISCOPALE (1141, 5 NOVEMBRE)

Le Cartulaire du chapitre d'Arles dit "Authentique de Saint Trophime" et conservé à la Bibliothèque municipale de cette ville (1), renferme copie d'une sentence rendue par l'archevêque Guillaume Le Moine - ou Monge - le 5 novembre 1141 ; ce document, encore qu'il ait été publié par Albanès et Ul. Chevalier (2) ne paraît pas avoir retenu l'attention des historiens du droit, bien qu'il ne soit pas dénué d'intérêt.

L'affaire portée devant l'archevêque, assisté pour l'occasion de Bernard, évêque d'Orange, d'Arnaud, sacriste de cette église, et de Bauquier, chapelain de Guillaume, oppose les chanoines d'Arles aux moines de Saint Victor de Marseille. Les premiers se plaignent de l'injuste détention d'un certain nombre d'églises ainsi que d'une part des dîmes par les seconds et en postulent la restitution. Le litige semble donc assez banal, et il ne mériterait guère un examen détaillé, si le procès n'était conduit à l'aide de manière tout à fait remarquable : il s'agit à la vérité d'un des plus précoces témoignages des progrès réalisés par la procédure romano-canonique dans le Midi provençal, et en même temps d'un exemple d'expertise diplomatique qui n'abonde guère dans les sources judiciaires du temps.

Parfaitement résumée par le texte, la défense des moines marseillais tient en quatre points. Tout d'abord les chanoines n'auraient pas qualité pour agir, car l'action relative à ces églises serait réservée *ad stationem episcopi*. Ensuite, le *titulus* invoqué par Saint Victor se compose de deux chartes, produites à l'instance, et émanant des archevêques Raimbaud et Gibelin. En troisième lieu, la possession des biens contestés leur serait assurée *inconcusse* depuis soixante-dix ans, et des témoins sont amenés pour l'attester au sujet de deux de ces églises. Enfin les moines allèguent la confirmation pontificale de leurs droits telle qu'elle ressort des *privilegia* versés au dossier.

---

1. Ms. GG2, f°s 110 v° 111.
2. *Gallia christiana novissima*, t. III (*Arles*), Valence, 1901, n° 538, col. 210-212. Les éditeurs ont omis *ante*] *ipsum* [*Raimbaldum*, col. 211, l. 37

De leur côté, les chanoines arlésiens rétorquent, en faisant intervenir leurs propres témoins, que leur possession a été continuellement perturbée par les moines, qui l'ont fréquemment interrompue *per interpellationes sinodales.*

L'archevêque, *utriusque partis allegationibus auditis*, après avoir procédé à l'examen des chartes et des témoins qui lui ont été soumis, interroge les parties pour leur demander si elles désirent un autre juge ou si elles acceptent par avance sa *judiciaria sententia*. Sur leur accord, il prononce sa *sententia diffinitiva*. Celle-ci admet d'abord la recevabilité de l'action des chanoines ; ensuite l'archevêque proclame *certo certius* la fausseté de chartes auxquelles il dénie toute valeur, comme on va le voir. Il tient pour assuré que la possession des moins a été constamment interrompue, de sorte qu'ils ne peuvent pas plus opposer *rationabiliter* celle-ci que leur *titulus* aux chanoines. En ce qui concerne les privilèges pontificaux, ils ont été indûment extorqués.

La suite du document expose *breviter* les motifs pour lesquels les chartes produites sont arguées de faux. Ce sont des *instrumenta privata, minus contempta suis partibus* ; ils ne sont pourvus ni de sceau, ni de témoins et ne comportent d'indication, ni de l'année de l'incarnation, ni du nom de l'empereur. Tout particulièrement, la charte prêtée à Raimbaud fait figurer des chanoines qui ne faisaient pas partie de l'église d'Arles au temps de ce prélat : en ce sens témoignent Michel et Bernard Gaufrès, personnes d'âge sans doute, qui protestent avoir connu beaucoup de chanoines du vivant de Raimbaud, et même antérieurement, et attestent de leurs plaintes contre les entreprises des moines. Ceux-ci sont au surplus confondus par la découverte d'une fraude portant sur l'autre charte par eux produite : après y avoir inscrit, à l'occasion d'un procès antérieur, le sacriste d'Arles sous le faux prénom de Durand, ils ont, devenus plus méfiants, corrigé leur erreur en tentant de l'effacer et en lui substituant le prénom, cette fois exact, de Bertrand. Hélas pour les faussaires, les *liture* n'ont pas échappé à l'œil attentif de l'archevêque ou de ses conseillers. La démonstration est d'ailleurs renforcée par la juxtaposition, dans ce même faux, du prévôt Raimbaud et du doyen Raymond, que les deux témoins précités assurent n'avoir pas pu exercer leurs fonctions en même temps. Décidément, les moines marseillais n'ont guère de chance : leurs faux sont pitoyables et leur valent une déconfiture totale.

Ici s'arrête la relation de la sentence, qui est rendue en présence d'un grand nombre de témoins apparemment originaires des environs immédiats et dont les titres ou qualités font défaut, hormis les cas du doyen Hugues Ameil et du capiscole Guillaume Garnier. Il n'est donc pas possible d'y déceler des personnages formés aux disciplines juridiques ; peut-être faut-il chercher ces derniers parmi les assesseurs de l'archevêque, encore qu'à notre connaissance rien n'attache leurs noms à une activité de ce type.

*

* *

Pourtant le vocabulaire comme le déroulement du procès trahissent une aisance certaine dans le maniement d'une technique savante dont les exemples, de ce côté des

Alpes, n'apparaissent en général qu'un bon demi-siècle plus tard. A titre de comparaison, on peut prendre une notice du *Cartulaire Lyonnais* (1) relatant une sentence archiépiscopale rendue sur un litige opposant les chanoines de la Platière à Oda, abbesse de Saint Pierre, en présence de l'abbé de Saint Ruf. Le texte est en effet contemporain, du moins d'après l'éditeur qui le situe entre 1130 et 1150 faute d'indication précise. Pourtant, d'une comparaison entre les textes arlésien et lyonnais, on concluera sans peine à l'archaïsme relatif du second. Si l'on connaît déjà, à Lyon aussi, l'enquête *per legitimos testes*, on n'y sait manifestement pas encore manipuler le langage procédural de l'École.

La question se pose donc de savoir par quel canal et sous quelle influence l'entourage de l'archevêque d'Arles s'est trouvé si tôt mêlé à l'essor d'une science juridique dont il sait tirer les applications. Deux types de réponse valent d'être, sinon présentés, du moins esquissés : il est permis en effet de rechercher une explication, soit dans des sources intermédiaires, soit à travers des données historiques locales.

La diffusion d'œuvres savantes en Provence, et plus précisément dans les villes de la vallée inférieure du Rhône, ne saurait être exclue *a priori* ; pour cette région, et pour une période aussi haute que les environs de 1140, l'utilisation de telles œuvres est sans doute plus vraisemblable que le recours direct aux sources justiniennes, dont les copies ne devaient pas encore circuler souvent. L'enquête est certes aléatoire, tant en raison de la perte probable de bien de ces traités, que nous croyons avoir été nombreux dès avant le milieu du siècle, que des obscurités bien connues qui s'attachent à la détermination de leur lieu et de leur temps d'origine.

En fait, l'ancienneté relative du document arlésien limite singulièrement l'aire des investigations ; il est hors de question par exemple de tirer parti de la littérature des *ordines* qui, en dehors de Bulgarus, ne relève au mieux que de la deuxième moitié du siècle, et dont le succès sera d'ailleurs beaucoup mieux assuré, jusqu'autour de 1200, dans la partie septentrionale de la France que dans le Midi. Restent en revanche quelques ouvrages dont l'antériorité est possible, et dont au surplus l'origine française a été parfois soupçonnée.

Il n'y a sans doute guère à tirer du *possessionem rationabiliter pretendere* que l'archevêque exclut chez les moines de Saint Victor. L'adverbe, s'il reste rare chez les glossateurs, est, on le sait, cher à l'auteur inconnu de la *Summa Trecensis* ; mais il n'est guère moins fréquent dans les collections canoniques préclassiques dont, sans nul doute, le siège arlésien avait connaissance. Quant aux expressions *judicavi certo certius* et *pro certo cognovi* de la sentence, on pourrait y voir à la rigueur le reflet d'un enseignement du type de celui qu'offrent les chap. 56 et 128 du Livre de Tubingue (2) , mais les rapprochements seraient lointains, puisque l'exigence d'une *causa certa* n'est, dans le premier, qu'une condition de l'action épiscopale en cas d'excommunication, tandis que le passage *judex certiorem esse cognoverit* du second

---

1. P. p. M. -C. GUIGUE, t. I, Lyon, 1885, n° 32, p. 40-42. Le texte n'est connu que par une "expédition défectueuse" de 1695 d'un vidimus accordé en décembre 1274 ; l'abbé de Saint Ruf est seulement qualifié d'*ultimus*, ce qui interdit de l'identifier.

2 Éd. MOR, *Scritti giuridici preirneriani*, t. I, Milan, 1935, p. 177 et 226.

se rapporte à la personne du demandeur ou du défendeur à qui est déféré le serment.

D'autres passages pourraient se révéler plus fructueux. Le souci de *proferre sententiam diffinitivam* dénote une connaissance certaine, sinon de la source romaine, qui est *Epit. Juliani* 112. 1, du moins d'un texte intermédiaire. Malheureusement, le choix est ici fort large ; déjà Irnerius avait glosé ces termes, en leur donnant d'ailleurs un sens curieux (1) et la *Summa Trecensis* en fait de multiples emplois, notamment en matière d'arbitrage (2). L'expression entière figure au chap. 9 du Livre d'Ashburnham (3), dans une glose au chap. 56 du même ouvrage (4) et au parag. 106 du *Compendium juris* transmis par le ms. Leipzig Hänel (5). On retrouve *diffinitiva sententia*, qui est aussi au C. 7. 45.3, dans la Somme aux Institutes *Iustiniani est in hoc opere* du ms. Pierpont Morgan 903 (6), au chap. 4.10.1 du *Brachylogus* (7), ainsi que, comme on le verra plus loin, dans l'*Epitome exactis regibus*. Côté sources canoniques, l'expression est employée par Yves de Chartres (8) et certainement par Gratien lui-même, comme en témoigne l'abrégé d'Omnebene (9).

Beaucoup plus intéressante, parce qu'étrangère aux sources justiniennes, la formule, promise à un bel avenir, *utriusque partis allegationibus auditis* donne au verbe *allegare* un sens que l'on retrouve dans diverses œuvres dont le recensement a été opéré récemment par K.W. Nörr (10) ; il s'agit du *Libellus de verbis legalibus* du ms. Turin D.V. 19 (11), des *Excerpta* du ms. Vatic. Reg. 435 (12), du *De verbis quibusdam legalibus* contenu au même ms. et de l'*Epitome exactis regibus* V. 2 (13). Ces œuvres, notons-le, ont vraisemblablement une origine française (14) ou sont tout au moins apparentées à d'autres mss. originaires de l'Ouest des Alpes.

---

1. Cf. A. PADOA SCHIOPPA, *Ricerche sull' appello nel diritto intermedio*, t. II : I *glossatori civilisti*, Milan, 1970, p. 38, n. 38.

2. Ed. FITTING, *Summa Codicis des Irnerius*, Berlin, 1894 (rééd. Francfort, 1971), chap. II. 15, p. 44 ; cf. aussi chap. VIII. 10, p. 273.

3. Ed. MOR, *op. cit.*, p. 23.

4. Cf. déjà M. CONRAT, *Das Ashburnhamer Rechtsbuch, Quelle der* Exceptiones Petri, Leipzig, s.d. (1886), p. 25.

5. Ed. H. FITTING, *Juristische Schriften des früheren Mittelalters,* Halle, 1876, p. 145.

6 Ed. LEGENDRE, IV, 7, p. 129 ; cf. aussi I. 2, p. 26.

7. CONRAT, *Geschichte der Quellen und Literatur des römischen Rechts im frühen Mittelalter,* Leipzig, 1891, p. 558, n. 4.

8. Par exemple *Decr.* VI. 427 ; XVI. 150 ; *Pan.* IV. 285 et 286 ; cf. aussi le *proferre sententiam* de la *Pan.* IV. 92.

9. Cf. J. RAMBAUD-BUHOT, *Le "Corpus juris civilis" dans le Décret de Gratien d'après le manuscrit latin nouv. acq. 1761 de la Bibliothèque Nationale,* in *Bibliothèque de l'École des Chartes,* t. CXI (1953), p. 60, n. 2.

10. *Zum Stellung des Richters im gelehrten Prozess der Frühzeit* ..., Munich, 1967, p. 24, n. 36.

11. Ed. FITTING, *op. cit.* (*supra*, n. 5), p. 182 parag. 2 (*allegatio est utriusque partis assertio*).

12. Ed. PATETTA, in *Bibliotheca iuridica medii aevi,* Bologne 1914, t. I², p. 133, col. 2 ; cf. E. SECKEL, *Über neuere Editionen juristischer Schriften aus dem Mittelalter,* in *Zeitschrift der Savigny-Stiftung, Rom. Abt.*, t. XXI (1900), p. 233-235.

13. Ed. respectives par PATETTA, *op. cit.*, p. 129, col. 2 (cf. SECKEL, *op. cit.*, p. 232) et M. CONRAT, Berlin, 1884, p. 55.

14. Peut-être peut-on en dire autant de l'anonyme *distinctio III* publiée par H. KANTOROWICZ, *Studies on the glossators of the roman Law,* Cambridge, 1938, p. 302-303.

L'intérêt se porte toutefois sur un autre passage de cet *Epitome* : au chap. VI. 80, le compilateur déclare en effet que *diffinitiva* [*sententia*] *est que auditis utriusque allegationibus causam terminat* ... La leçon est très proche des termes utilisés par la sentence arlésienne. Le rédacteur de celle-ci a pu en outre trouver un peu auparavant (ch. VI. 75) une définition du *titulus possidendi* (1) et tirer parti du *postulare* qui figure au chap. I. 30. Enfin, si l'*Epitome* ne traite pas de ces *instrumenta privata, minus contempta suis partibus*, qui suscitent la méfiance de l'archevêque Guillaume, il distingue, au chap. I. 58, les *acta publice scripture* des autres écrits - esquissant ainsi une théorie des actes authentiques qui ne tardera pas à se répandre - en un développement voisin, comme on pouvait s'y attendre, de celui qu'offre le *Libellus* (2). Ce dernier, quoique vraisemblablement français (3), ne peut être tenu pour source de notre sentence, encore qu'il reproduise la plupart des termes ou expressions précitées (4), puisque sa rédaction est postérieure au Décret de Gratien (5).

Se tourner vers l'*Epitome*, à supposer que notre sentence repose sur une connaissance médiate des compilations, ne paraît pourtant guère possible, même dans l'état peu enviable des incertitudes relatives à l'élaboration de cette œuvre. D'un examen détaillé encore qu'incomplet, Conrat avait conclu à une rédaction comprise entre le temps d'Irnerius et celui que l'on assignait alors aux premiers travaux des quatre docteurs, et donc aux environs de 1125 ; quant à l'origine géographique, il inclinait pour la France, mais la précocité qu'il prêtait à l'écrit lui paraissait interdire une provenance autre qu'italienne (6). L'opinion commune voit aujourd'hui dans l'*Epitome* une œuvre française composée après le milieu du siècle, en raison de l'usage qu'elle fait des *Tres Libri* (7) : ce second trait exclut donc, s'il est bien vérifié, l'éventualité d'une influence sur la rédaction de notre sentence.

Au reste, de beaucoup plus remarquables concordances de vocabulaire apparaissent de la comparaison entre cette même sentence et un écrit bien différent du précédent, les *Quaestiones de juris subtilitatibus*. D'une part l'emploi d'adverbes à terminaison en *-ter* est très supérieur à la moyenne, tant dans ces dernières que dans la sentence, où ne s'en trouvent pas moins de huit exemples ; d'autre part et surtout, les deux textes utilisent la forme *quadripartite* [*-ta*] ,très rare dans la pratique du temps, pour décrire, la première cette réponse en quatre points évoquée plus haut, l'autre une *ratio* également répartie, ainsi que l'adverbe *indesinenter* (8), exception-

---

1. Cf. cependant aussi les développements de la Somme *Iustiniani est in hoc opere* II. 5, éd. LEGENDRE, p. 52.

2. Chap. 19, éd. FITTING, *op. cit.* (*supra*, p. 38, n. 5), p. 188-189.

3. Malgré J. FLACH, *Études critiques sur l'histoire du droit romain au Moyen âge*, Paris, 1890, p. 48 et n. 4, qui ne tient pas compte de l'origine du ms. et reconnaît lui-même que l'incise *vulgo ... in tasco* du parag. 3 est plus germanique que romane.

4. Cf. les parag. 2 (*allegatio*), 3 (*titulus possidendi*), 19 (*publica scriptura*), 32 (*sententia diffinitiva*), 40 (*postulare*).

5. CONRAT, *op. cit.* (*supra*, p. 38, n. 7), p. 621, n. 2 et p. 622.

6. *Die Epitome exactis regibus* (mentionné *supra*, p. 38, n. 13), p. CCC.

7. SECKEL, *Beiträge zur Geschichte beider Rechte im Mittelalter*, t. I, Tubingue, 1898, p. 377.

8. Respectivement chap. XLI.2 et I.3, éd. G. ZANETTI, *Questiones de iuris subtilitatibus*, Florence, 1958, p. 106 et 17.

nel tant chez les glossateurs, en dehors de Placentin (1) que dans les cartulaires méridionaux. Une même tendance à la tournure recherchée anime par conséquent les rédacteurs inconnus de nos deux sources, pourtant si différentes par leur volume et par leur objet : le phénomène ne saurait relever de la simple coïncidence, et les *Quaestiones* doivent être tenues pour un canal, certes non exclusif, mais assuré de la diffusion du droit savant dans la région arlésienne.

L'attention se trouve donc ramenée sur l'un des produits restés les plus mystérieux de l'école des glossateurs, malgré l'abondante littérature qui lui a été consacrée (2). Son titre lui-même, imposé par Fitting, le premier éditeur (3), à partir du seul ms. de Troyes, est fautif : il ne s'agit pas de *quaestiones*, au sens technique du terme, mais de *solutiones contrariorum* en forme de dialogue et prolongées par une explication du titre *De obligationibus et actionibus* (4). Le même Fitting, suivi par certains (5), y voyait une œuvre d'Irnerius en personne ; cette hypothèse est aujourd'hui a peu près complètement abandonnée (6). Une série d'arguments milite en effet en faveur d'une paternité à attribuer à un élève de l'un des quatre Docteurs (7).

Beaucoup plus délicat, le choix d'une école précise divise encore l'opinion des modernes. Si Meijers (8) écartait toute tentative de rapprochement avec celle de Martinus, c'était sur le fondement de divergences limitées à des points précis ; ce que nous pouvons deviner aujourd'hui des très précoces imbrications entre cette école et celle de Bulgarus amène à mettre en doute la possibilité d'étendre cette exclusion à l'œuvre entière. D'autre part, on a proposé de placer cette dernière sous l'égide de Bulgarus (9) ; mais ceci a été tiré du voisinage évident qui relie les écrits de ce glossateur au *Tractatus de aequitate*, indépendant des *Quaestiones* et postérieur à celles-ci, donc sans conséquence sur leur milieu de formation.

Sur bien des points, le rapprochement s'impose entre *gosiani* et *Quaestiones*, et ce sont ces points précisément qui ont amené certains à imaginer une paternité pla-

---

1. Cf. KANTOROWICZ, *op. cit.*, p. 203.

2. Un dépouillement attentif de ce qui a paru avant 1950 a été effectué dans les notes de l'étude de G. ZANETTI, *La determinazione cronologica delle "Questiones de iuris subtilitatibus"*, in *Riv. ital. per le scienze giurid.*, t. XXIV (1951), p. 69-126.

3. *"Questiones de iuris subtilitatibus" des Irnerius*, Berlin, 1894.

4. Cf. E. GENZMER, *Die justinianische Kodifikation und die Glossatoren*, in *Atti del Congr. internaz. di dir. romano (Bologna)*, t. I, Pavie, 1934, p. 418, n. 315.

5. P. SILVANI, *Origine in Bologna e sviluppo in Italia dell'istituzione universitaria,* in *Per il XIV. Centenario della codificazione giustinianea, Studi ... Univ. di Pavia*, Pavie, 1934, p. 23.

6. GENZMER, *loc. cit.* ; U. NICOLINI, *"Pilii medicinensis Questiones sabbatinae". Introduzione all'edizione critica*, Modène, 1933, p. 11, n. 1 ; cf. aussi les auteurs cités dans les n. suivantes. Aj. indirectement P. LANDAU, *Zum Ursprung des "ius ad rem" in der Kanonistik,* in *Proceedings of the Third Intern. Congr. of Medieval Canon law,* Cité du Vatican, 1971, p. 82 et n. 8.

7. KANTOROWICZ, *op. cit.*, p. 201 , St. KUTTNER, *Zur neuesten Glossatorenforschung,* in *Studia et documenta hist. et iuris*, t. VI (1940), p. 312 ; CALASSO, *Medioevo del diritto*, t. I : *le fonti*, Milan, 1954, p. 538.

8. *Sommes, lectures, commentaires,* in *op. cit. supra*, n. 4, p. 456-457 (= *Études d'histoire du droit*, t. III, p. 229-230).

9. A. ROTA, *Il tractatus de equitate come pars tertia delle Questiones de iuris subtilitatibus e il suo valore storico e politico,* in *Archivio Giuridico*, t. CXLVI (1954), p. 75, n*

centinienne. Divers travaux récents (1) ont accumulé les concordances en ce sens à tel point que le doute ne paraît plus permis quant à l'étendue de l'influence exercée ici par Martinus.

Inversement nous croyons pouvoir trouver des traces non moins certaines de l'influence bulgarienne, en utilisant des observations déjà présentées par Torelli (2), mais dans une direction que leur auteur n'avait pas prévue. Deux passages au moins des *Quaestiones* reproduisent mot à mot le contenu de gloses dont l'origine n'est ni irnérienne, ni sans doute martinienne.

Le premier est constitué par le chap. VI. 4, qui débute par la proposition bien connue *diffinitur libertas eo jure quo prodita est.* Cette proposition dérive d'Irnerius, au témoignage tant d'Azon que d'une glose tardive du ms. Munich lat. 3509. La suite du texte des *Quaestiones (ut inde substantia-fruantur libertate)* correspond toutefois presque mot à mot à un passage de la Somme aux Institutes attribuée par son éditeur Palmieri à Irnerius et livrée par les mss. Vienne 2176, Bologne, Coll. di Spagna 73 et Grenoble 391.2. Au contraire le texte des mss. Vienne 2142, Paris, Bibl. Nat. lat. 4429 et Munich 3509 en diffère totalement ; et le ms. Montpellier, Fac. Médec. H 315, qui se trouvait ou a été copié à Reims dès les environs de 1170 et ne reproduit les gloses du ms. de Munich que lorsqu'elles émanent de Martinus, fournit seulement, et de façon anonyme, cette seconde version (3). Il est donc permis de croire, contrairement à Torelli, que cette dernière est due à Martinus, dont le sigle figure d'ailleurs au ms. de Munich, et bien que le sigle irnérien se trouve au bas du passage dans les mss. de Vienne et de Paris. La première version est en revanche d'origine bulgarienne, puisque la *Summa Vindobonensis* présente, selon l'opinion générale, le même caractère, et même si sa mauvaise qualité suppose l'intervention d'un disciple (4).

En second lieu, le texte du chap. VI. 7 et 8 des *Quaestiones*, et plus particulièrement la leçon du ms. de Troyes, présente une conformité absolue avec une glose

1. Cf. outre l'exemple tiré par KANTOROWICZ, *op. cit.*, p. 155, à partir de l'interprétation laxiste du délai donné au C. 4.30.14, pr., H. KAUFMANN, *"Causa debendi" und "causa petendi" bei Glanvill ...*, in *Traditio*, t. XVII (1961), p. 126, n. 107 ; R. WEIGAND, *Die Naturrechtslehre der Legisten und Dekretisten von Irnerius bis Accursius und von Gratian bis Johannes Teutonicus*, Munich, 1967, p. 41-42. Les développements consacrés à la question par E. WOHLHAUPTER, *Die Aequitas canonica*, Paderborn, 1931, p. 52-54, ne sont guère utilisables aujourd'hui. En revanche, un autre indice relevé par KANTOROWICZ se retourne contre Martinus : cf. *infra*, p. 44, n. 2.

2. *Glosse preaccursiane alle Istituzioni. Nota prima : glosse d'Irnerio*, in *Studi ... Besta*, t. IV, Milan, 1939, p. 229-277 (= *Scritti di storia del diritto italiano*, Milan, 1959, p. 45-94). Avec sa prudence coutumière, le savant critique en tirait la paternité irnérienne, non pas nécessairement des *Quaestiones* elles-mêmes, mais d'écrits de ce type.

3. Au f° 3 (variantes conformes à la leçon du ms. de Munich). Sur les caractères et l'origine de ce ms., voir l'étude à paraître de M. W. URUSZCZAK, qui a bien voulu nous en communiquer les bonnes feuilles.

4. Pour l'attribution de la Somme à l'école de Bulgarus, cf. en dernier G. VILLATA DI RENZO, *La tutela*, Milan, 1975, p. 47, n. 100. Sur son rédacteur, les opinions de MEIJERS, *op. cit.*, p. 439-443, et de KANTOROWICZ, *op. cit.*, p. 67, concordent entièrement. Cf. aussi sur la question A. ALBERTI, *Ricerche su alcune glosse alle Istituzioni e sulla "Summa Institutionum pseudoirneriana"*, Milan, 1935, p. 107 et s., et TORELLI, *Glosse preaccursiane alle Istituzioni. Nota seconda : glosse di Bulgaro*, in *Riv. di stor. del dir. ital.*, t. XV (1942), p. 3-71 (= *Scritti*, p. 95-166).

du ms. Munich 3509 également publiée par Torelli ; son découpage en propositions précédées de l'A d'*auctor* et de l'I d'*interpres* ne peut signifier autre chose qu'un emprunt fait par ce ms. aux *Quaestiones*. A ce sujet, le fait que le passage manque dans d'autres mss. riches en gloses martiniennes, et soit notamment absent du ms. Montpellier H 315 d'où ont été en général exclus les commentaires d'autres écoles, amène à en rechercher la paternité ailleurs que chez les *gosiani*. Là encore, il convient à notre avis d'écarter l'origine irnérienne que croyait pouvoir lui assigner Torelli : trois indices le permettent. D'une part la glose du ms. Brescia B. II.3, signée Y., ne contient qu'un texte beaucoup plus court. D'autre part une glose d'Irnerius publiée par Besta (1) ne comporte que la première partie (*ascriptitia - persone*) de la version plus complète (*ascriptitia - etiam nobis*) que fournissent tant les *Quaestiones* que le ms. de Munich ; ainsi l'auteur de ces dernières n'a pas travaillé directement sur l'œuvre du maître, mais seulement sur un texte complété par un autre glossateur en qui, compte tenu de la précocité de l'écrit, on ne peut voir que Bulgarus. Enfin le ms. Vienne 2142 porte ici une glose qu'il attribue à Irnerius et dont le texte se trouve en partie au ms. de Munich sous le sigle M. ; le contenu de cette glose est entièrement absent des *Quaestiones*.

Au total, d'une comparaison entre les traitements réservés à ces deux passages par l'auteur des *Quaestiones* et par le ms. offrant l'état le plus pur de la tradition *gosiana*, à savoir celui de Montpellier, ressortent les divergences les plus accusées : il faut en déduire que cet auteur n'hésitait nullement à combiner les enseignements qu'il avait vu donner par l'un et par l'autre des élèves les plus connus d'Irnerius. On verra plus loin que divers indices, et notamment une glose du ms. Vienne 2142, amènent à songer à Rogerius.

D'autre part, de fréquents points de contact rapprochent les *Quaestiones* de la *Summa Trecensis*. Si l'on en tire généralement que les deux œuvres appartiennent à la même école, l'accord fait défaut quant à l'antériorité de l'une vis-à-vis de l'autre : s'il paraissait assuré à H. Kantorowicz que la *Trecensis* avait servi de modèle, il n'est pas moins évident, pour G. Zanetti, que les *Quaestiones* sont plus anciennes. Compte tenu de l'obscurité épaisse qui continue à entourer l'élaboration de la Somme dite de Troyes, le débat, à supposer qu'il soit clos, ne contribuerait guère à faire avancer l'état de la connaissance relative aux *Quaestiones* ; on se bornera à faire observer que la conviction n'est pas emportée par l'unique argument de Kantorowicz, tiré du caractère peu systématique des *Quaestiones*, et donc de l'absence de commodité qu'elles présentaient pour l'auteur d'une œuvre comme la *Trecensis*. Au surplus, si Meijers est dans le vrai en supposant que cette dernière trahit l'influence d'Hugo, cela ramène sa rédaction vers 1140 au plus tôt, car ce glossateur n'a pu sans doute enseigner antérieurement. En tout cas le *Tractatus de aequitate*, qui reflète une dépendance beaucoup plus forte vis-à-vis de la *Trecensis*, doit être placé de préférence dans le troisième quart du siècle (2) ; son autonomie vis-à-vis des *Quaestiones*, qui a été

---

1. *L'opera d'Irnerio,* t. II : *Glosse inédite d'Irnerio al "Digestum vetus"*, Turin, 1896, p. 8.

2. Cf. MEIJERS, *loc. cit.* (*supra*, p. 40, n. 8) : KANTOROWICZ, *op. cit.*, p. 35-36, qui montre qu'en dehors de quelques recours maladroits aux sources justiniennes et d'un emprunt à l'une des *summulae* sur l'erreur, le texte du *Tractatus* est fait d'extraits purs et simples de la *Trecensis*.

niée sur la base de son insertion à la suite de ces dernières dans un ms. (1), est au contraire rendue probable par la présence de l'un ou de l'autre de ces écrits, mais non des deux, dans trois autres mss. Tout au plus doit-on admettre que l'auteur du *Tractatus* a connu les *Quaestiones*. Plus importante nous paraît être la constatation que ces dernières, comme la *Trecensis*, juxtaposent l'enseignement martinien à des gloses émanant vraisemblablement de Bulgarus : ceci plaide en faveur d'un seul et même milieu d'élaboration.

Du moins l'utilisation des *Quaestiones* devrait-elle offrir quelque solidité à la fixation d'un *terminus ad quem* de leur élaboration. Malheureusement les données utilisables de ce sens restent fort imprécises. Il en va notamment ainsi de Rogerius, dont on peut penser qu'il a emprunté aux *Quaestiones* et la présentation d'œuvres en forme de dialogue (2), et diverses particularités stylistiques, dont l'emploi de dérivés du verbe *enodare*. Notre sentence, comme on le voit, autorise sans doute un réexamen de l'hypothèse d'une paternité en ce sens ; mais la vie de Rogerius est trop mal connue pour que l'on puisse en obtenir des données chronologiques satisfaisantes. Il y a peut-être plus à tirer de la connaissance des *Quaestiones* que trahissent d'une part le *Libellus de actionum varietatibus*, rédigé par Placentin aux environs de 1165 (3), d'autre part la *Summa Vindocinensis*, écrite un peu plus tard dans l'entourage du même (4).

Kantorowicz prenait argument de ces observations, comme on le sait, pour présenter un certain nombre d'hypothèses à l'égard de l'auteur des *Quaestiones*. Après avoir envisagé la possibilité d'affecter l'écrit à un maître inconnu de Rogerius, il préféra y voir une œuvre de Placentin lui-même ; lié par le système qui l'amenait à prêter à Rogerius la *Trecensis*, il écartait de toute manière l'attribution des *Quaestiones* au même auteur, dont on ne pouvait admettre sans invraisemblance qu'il ait rédigé à la fois deux traités dont le plus ancien aurait été plus ambitieux et plus subtil que le second en date.

La conjecture d'une paternité placentinienne vis-à-vis des *Quaestiones* est apparue par la suite impossible à G. Zanetti, en raison de notables divergences d'opinions (5) ; si la sentence arlésienne reflète bien l'influence de l'œuvre, elle apporte un puissant renfort à cette critique. Le document s'accorde d'autre part assez bien à la

---

1. ROTA, *op. cit.*, p. 80 et s.
2. Cf. déjà BESTA, *Fonti : legislazione e scienza giuridica*, in BESTA-DEL GIUDICE, *Storia del diritto italiano*, t. I², Milan, 1925, p. 800.
3. KANTOROWICZ, *op. cit.*, p. 197 et *Add.* 291, p. 346 de la rééd. Aalen.
4. SECKEL-GENZMER, *Die "Summa Vindocinensis"*, in *Abhandl. der preuss. Akad. der Wiss., phil.-hist. Kl.*, t. III (1939), p. 15, n. 6, où les auteurs relèvent que la référence donnée par cette Somme, chap. IV. 6 parag. 22 (éd. *ibid.*, p. 51, n. 1) ne comporte aucune mention de Placentin.
5. *Ancora sulla patria e sulla paternità delle Questiones de iuris subtilitatibus*, in *Archivio Giuridico*, t. CXL (1951), p. 120-125. On ajoutera ici que la note ajoutée par le *magister* G. à la fin des *Quaestiones* pour les relier à la *Summa Codicis* de Placentin, note qui est la seule à se référer expressément au glossateur, s'explique beaucoup mieux par un changement d'auteur signalé logiquement par le propriétaire du ms. que par le raisonnement compliqué qu'expose KANTOROWICZ, *op. cit.*, p. 204-205.

datation proposée par le même auteur, à savoir à la période comprise entre 1127 et 1137, que l'on peut prolonger de quelques années ; deviennent en revanche inacceptables tant la proposition de Kantorowicz en faveur d'une élaboration aux environs de 1164 que celle de Patetta, qui tirait parti d'une allusion au Sénat romain pour fixer la rédaction de l'écrit entre 1144 et le milieu du siècle (1).

Il convient de toute manière d'écarter du débat un facteur de datation relativement tardive qui a pourtant été, à notre connaissance, admis par tous : l'auteur des *Quaestiones* aurait déjà utilisé les *Tres libri*, dont l'emploi n'est pas attesté avant Vacarius, et aurait plus précisément mis à profit au chap. VI.7 les dispositons du C.11.48 (47). 15 et 11.53 (52). 1 relative aux esclaves *ascripticii*. On a vu en effet (2) que ce passage des *Quaestiones* n'est pas original mais tiré de l'un des premiers glossateurs. Ceci s'explique d'ailleurs par le fait que, comme Conrat (3) l'a déjà montré, notamment à partir d'une glose ancienne à la *Lex romana canonice compta*, le titre 11.48 a été connu dès le haut Moyen-âge, et lui seul dans l'ensemble des *Tres libri*, à travers une œuvre non identifiée ; Martinus n'a eu à chercher ailleurs que la mention des *ascripticii*, dont l'*Epitome Juliani* et le Code lui offraient plusieurs exemples (4) ; point n'est besoin de faire en outre appel au texte du C. 11.53.1. Ainsi, du fait que les *Quaestiones* ne font usage des *Tres libri* qu'à travers un unique emprunt à une glose, ressort à notre avis la conclusion que leur auteur ne connaissait pas le Code entier, et qu'il écrivait plutôt pendant la première moitié du siècle qu'au milieu de celui-ci.

La localisation de cet auteur prête tout autant à contestation. En se bornant aux travaux modernes, on rappellera d'abord que Kantorowicz proposait Mantoue (5) ; mais la conjecture perd beaucoup de sa force si l'on écarte Placentin et si l'on admet que des invectives comme celles que l'auteur des *Quaestiones* adresse à l'intention des adeptes du droit lombard ont pu être lancées n'importe où et même, comme le laisse deviner la Somme *Iustiniani est in hoc opere*, sur les bords du Rhône. Ensuite l'hypothèse émise par Besta (6) et Patetta en faveur de Rome a été plus récemment reprise (7) ; pourtant Neumeyer avait montré son invraisemblance (8). G. Zanetti a

---

1. Dans sa recension sur l'ouvrage précédent parue in *Bull. dell' Istit. di dir. romano*, t. XLVI (1939), p. 443 (= *Studi sulle fonti giuridiche medievali*, Turin, 1967, p. 1018).

2. Cf. *supra*, p. 42, n. 1. Pour ce qui est d'autre part des *constitutiones novellae* alléguées par le chap. XVI. 1, elles ne peuvent être tirées, à notre avis, que de l'*Auth*. Nov. 115.3 *in fine*, et non pas de l'*Epit. Jul*. CVII.4,5. Du reste G. ZANETTI, qui hésitait entre les deux sources dans son étude citée *supra*, p. 40, n. 2, p. 72 et n. 14, ne mentionne que la première dans son éd., p. 124. Quant au choix exprimé au sujet de l'application de la Nov. 115 par l'*interpres*, KANTOROWICZ, *op. cit.*, p. 200, a montré qu'il supposait la connaissance d'une *dissensio* entre Martinus et Bulgarus ; qu'il y ait prise de position en faveur de l'opinion du premier paraît en revanche inexact, le texte admettant d'autres que des frères à la *querela* (cf. MEIJERS, *op. cit.*, p. 456, n. 69).

3. *Op. cit.*, (cf. *supra*, p. 38, n. 7), p. 55, n. 3 et p. 314.

4. *Epit*. 21, c. 12 ; 36, c. 6 ; 48, c. 1 ; 115, c. 29 et 55, etc. ; C. 2.4.43 et 3.38.11.

5. *Op. cit.*, p. 195.

6. *L'opera d'Irnerio*, I : *La vita* ... Turin, 1896, p. 140 et s., et *op. cit. supra*, p. 43, n. 2, t. I[1], p. 313-315.

7. Cf. A. ROTA, *La costituzione originaria del Commune di Roma*, in *Bull. dell' Istit. storico italiano*, t. LXIV (1953), p. 122.

8. *Die gemeinrechtliche Entwicklung des internationalen Privat-und Strafrechts bis Bartolus*, t. I, Munich, 1901, p. 37, n. 1, p. 49, n. 2. Dans le même sens, GENZMER, *loc. cit.* (cf. *supra*, p. 40, n. 4).

choisi Ravenne ou Bologne (1) et G. Rasi les territoires byzantins d'Italie du Sud mais à travers une datation remontant au IXe ou au Xe siècle, ce qui nous semble exclu (2).

Aucune de ces opinions ne nous paraît devoir emporter la conviction. Si l'auteur est manifestement un Italien, il a pu rédiger les *Quaestiones* un peu partout, sauf à Pavie. Arles, ville d'Empire, ne saurait être écartée. Après tout, l'expression de *reges transalpini* y aurait pris son plein sens, et on ne doit pas oublier que sur les trois mss. qui nous sont parvenus, aucun ne présente de signe indubitable d'italianité. Celui de Troyes, à savoir le fameux ms. 1317, qui contient la *Trecensis*, vient de Clairvaux et a été composé dans un monastère français (3), tandis que le non moins célèbre ms. Londres, Brit. Mus. Royal 11.B.XIV, Kantorowicz l'a suffisamment démontré, est d'origine également française (4). Quant au ms. Leyde, d'Ablaing 1, sa provenance est peut-être analogue et en tout cas incertaine (5).

*

*   *

Précoce témoignage du renouveau intellectuel à l'Ouest des Alpes, notre sentence amène le lecteur à tenter de mesurer le rôle joué par les juristes d'Arles aux premiers temps de diffusion du droit savant. Un faisceau d'observations, les unes bien connues, les autres plus récentes, fait apparaître en effet comme une conver-

---

1. *Op. cit.* (cf. *supra*, p. 43, n. 5), p. 138-140.

2. *Un passo di Paolo Diacono e les Questiones de iuris subtilitatibus*, in *Studi ... Biondo Biondi*, t. III, Milan, 1965, p. 164-168.

3. FITTING, dans son édition de la *Trecensis* (*Summa Codicis des Irnerius*, Berlin, 1894 et rééd. Francfort sur le Mein, 1971), p. VI-VII et dans celle des *Quaestiones*, p. 5, tenait le ms. pour italien dans sa partie juridique - ce qui était bien entendu nécessaire pour affecter l'ensemble à Irnerius - mais supposait que les adjonctions avaient été rédigées à Clairvaux, peut-être au temps de Saint-Bernard et sûrement dans la première moitié du siècle. CONRAT, *op. cit.* (cf. *supra*, p. 38, n. 7), p. 160, n. 3, avait admis également une provenance italienne, mais à travers un examen superficiel du ms. et parce qu'il contient la *Summa legis Longobardorum*, qu'on ne pouvait alors imaginer comme copiée par des Français. Mais PATETTA, *Il ms. 1317 della biblioteca di Troyes*, in *Atti Accad. Scienze Torino*, t. XXXI (1891), p. 446-462, et *La Summa Codicis e le Questiones falsamente attribuite ad Irnerio*, in *Studi Senesi*, t. XIV (1897), p. 149, a réduit à néant l'argumentation de FITTING et montré que l'écriture du ms. est probablement française et des années 70 ou 80.

4. L'argumentation repose ici tant sur la présence du Livre de Tubingue que sur les étroites parentés de ce ms. avec celui de Grenoble, 391. 1 et 2, sur l'origine du premier possesseur, ce maître G. qui vient sans doute de Cahors, enfin sur le caractère "provincial" et archaïsant d'un recueil inimaginable à Bologne dans les dernières années du siècle.

5. Ce ms., des environs de 1200 selon PESCATORE, *Kritische Studien ...*, in *Beiträge zur mittelalterlichen Rechtsgeschichte* IV, Greifswald, 1896, p. 6, contient, conformément à la description très précise qu'en donne G. DOLEZALEK, *Verzeichnis der Handschriften zum römischen Recht bis 1600*, t. I, Francfort sur le Mein, 1972, un petit recueil de *formulae* dont deux sont identiques à certains des fragments transmis par le ms. Paris Bibl. Nat. lat. 4422 qui est, lui, certainement français puisqu'il insère des passages de l'Appendice II aux *Exceptiones Petri* et, selon CONRAT, *op. cit.* (cf. *supra*, p. 38, n. 13), p. CXX et s., les formules dites de STINTZING, que nous considérons de même origine. Que le ms. de Leyde ait appartenu au cardinal Romain Bonaventure ne fait pas obstacle à notre hypothèse, puisque ce personnage a été légat en France.

gence digne d'examen. Tout d'abord le scribe Nicolas qui, à peine plus d'un an avant - précisément le 2 mai 1140 (1) rédige un accord passé entre les évêques d'Urgel et de Roda sous les auspices du même archevêque Guillaume, alors légat en Espagne, n'est autre que Nicolas Breakspear, le futur Hadrien IV. De la jeunesse de ce pontife, nous ne savons que peu de choses (2), hormis deux détails d'importance . il a fréquenté les écoles durant son séjour arlésien (3), et il est déjà chanoine de Saint Ruf, comme l'indique l'accord précité. Cet ordre est lui-même associé de près à la petite équipe d'élèves de Martinus qui, à Die ou à Valence, a composé la Somme *Justiniani est in hoc opere* et a sans doute aussi élaboré les ouvrages préparatoires aux *Exceptiones Petri* (4). Les écoles que fréquentait Nicolas ont donc vraisemblablement compté des juristes et l'enseignement qu'il suivait est exactement contemporain de notre sentence (5). Ajoutons enfin que Guillaume Monge est un Chartreux : le fait plaide en faveur de liens amicaux avec les chanoines rufiens.

En second lieu, un autre juriste s'intègre, quelques années plus tard, au même milieu : il s'agit cette fois du futur cardinal Raymond des Arènes, un *magister* originaire de Nîmes qui, mentionné dans les sources arlésiennes dès 1143 (6), figure en 1153 parmi les *clerici* du successeur de Guillaume, l'archevêque Raymond de Montredon (7). Nous avons tenté ailleurs (8) d'identifier ce cardinal au mystérieux canoniste *Cardinalis* ; même si l'on ne partage pas cette opinion, Raymond des Arènes possédait une forte culture juridique qui lui vaudra d'être plus tard consulté sur d'importantes affaires matrimoniales et successorales. Il est d'ailleurs à peu près inévitable qu'il ait fréquenté Nicolas lors de son séjour à Arles ; ce dernier, après son accession au pontificat, lui accordera la pourpre.

Sous quel maître ont donc étudié des élèves promis à d'aussi brillantes destinées ? Bien évidemment, c'est à Rogerius que l'on songe ; l'hypothèse, pour ne pas être neuve, mérite d'être reprise. On sait en effet que l'énigmatique glossateur a plaidé pour Hugues des Baux, représentant de la puissante maison que tout reliait à la cité arlésienne, lors du procès relatif à la dévolution du comté de Provence qui se termina à la diète tenue à Turin le 18 août 1162 par une sentence de Frédéric Barberousse, les intérêts des comtes de Barcelone étant soutenus par Bulgarus. De cet

---

1. VILLANUEVA, *Viaje literario a las iglesias de España*, t. XI, Madrid, 1850, p. 199 ; ALBANES-CHEVALIER, *Gallia christ. noviss.*, t. III, n° 537, col. 209-210.

2. Voir R.L. POOLE, *The early lives of Robert Pullen and Nicholas Breakspear*, in *Essays ... presented to Th. Fred. Tout*, Manchester, 1925, p. 64-68.

3. *Pervenit Arelate, ubi dum in scholis vacaret*, affirme Boson : cf. H.K. MANN, *The lives of the Popes in the Middle Ages*, 2e éd., t. IX, Londres, 1925, p. 238. - J.M. BRIXIUS, *Die Mitglieder des Kardinalkollegiums von 1130-1181*, Inaug. - Diss. Strasbourg, Berlin, 1912, le fait étudier sous de grandes autorités tant à Paris qu'à Arles.

4. Nous nous permettons de renvoyer sur ce point à notre étude *Die Entstehung der französischen Rechtschule :* Summa Iustiniani est in hoc opere *und Tübinger Rechtsbuch*, parue in *Zeitschr. der Savigny-Stiftung, Rom. Abt.*, t. XCIII (1976), p. 138-160.

5. Encore que des dates différentes aient été avancées, Nicolas est encore simple chanoine en 1140 et n'apparaît comme abbé que sept ans plus tard : cf. JL. 8998.

6. Arch. Dép. Bouches-du-Rhône, 3 G 16, f° 19 et 3 G 17, p. 28

7. ALBANES-CHEVALIER, *Gallia Christ. noviss.*, t. III, n° 571, col. 223-224.

8. *Le cardinal Raymond des Arènes* : Cardinalis ?, in *Mélanges Jean Gaudemet*, Strasbourg, 1978 (sous presse).

épisode, l'un des rares connus au long d'une carrière évanescente, la critique moderne tire la conclusion que Rogerius a quitté l'Italie pour enseigner dans une ville du Midi de la France. La détermination de cette dernière divise en revanche l'opinion : Fitting estimait avoir réuni une série d'arguments en faveur d'Arles (1) et il a été suivi par Tourtoulon (2), Meynial (3) et, avec plus de prudence, par R. Caillemer (4) et P. Tisset (5). En revanche Montpellier a trouvé de notables partisans en H. Kantorowicz (6), C.G. Mor (7) et R. Feenstra (8). Tout récemment, P. Weimar (9) et N. Horn (10) se sont prononcés, non sans hésitation, en ce sens, tandis que F. Derrer reste fidèle à l'hypothèse arlésienne (11).

En réalité la discussion repose sur un certain nombre de présupposés. D'un côté le choix de Montpellier se fonde sur l'enseignement de Placentin et sur l'affirmation de ce dernier qu'il y a continué, à la demande de ses élèves, l'œuvre de Rogerius ; on en tire que ce dernier ne peut être allé ailleurs et que sa Somme y était devenue, selon l'expression de Kantorowicz, un "usual text-book". Au surplus, la formation médicale dont les sources s'accordent à confirmer l'existence dès le milieu du siècle constituerait un argument de plus en faveur de la présence parallèle de juristes.

Ceci s'appuie en définitive sur des bases bien fragiles : que des disciples de Placentin aient déjà connu Rogerius, personnellement ou à travers des copies de sa Somme, cela signifie tout au plus qu'ils avaient suivi ses leçons quelque part dans le Midi de la France ; et de l'école médicale on ne peut conclure, pas plus à Montpellier qu'à Salerne, à un enseignement juridique concomitant.

De l'autre côté, la solution favorable à Arles dépend très largement des observations de Fitting, selon lesquelles *lo Codi*, rédigé dans la région d'Arles, présente d'évidents signes de filiation vis-à-vis de la Somme de Rogerius. Ce second point paraît aujourd'hui hors de discussion, et l'on admettra volontiers que l'auteur inconnu de la Somme provençale tire sa science des leçons du glossateur. En revanche le lieu où a été composée cette dernière ne saurait être fixé avec certitude : si Montpellier doit être écartée, malgré la forte argumentation de P. Ourliac (12), parce que toutes

---

1. *Summa Codicis* (*op. cit. supra*, p. 45, n. 3), p. XXIV, n.f.
2. *Placentin*, t. I (seul paru) : *la vie, les œuvres*, Paris, 1896, p. 98.
3. Dans sa recension de l'éd. FITTING du *Codi*, in *Nouv. rev. hist. de droit*, t. XXX (1906), p. 87.
4. *Lo Codi et le droit provençal au XIIe siècle*, in *Ann. du Midi*, t. XVIII (1906), p. 499.
5. *Placentin et son enseignement à Montpellier. Droit romain et coutume dans l'ancien pays de Septimanie*, in *Rec. droit écrit*, t. II (1951), p. 68.
6. *Op. cit.*, p. 125-127.
7. *A l'origine de l'école de Montpellier : Rogerius ou Placentin ?*, in *Rec. droit écrit*, t. VI (1967), p. 20.
8. *A propos d'un nouveau manuscrit de la version latine du Codi*, in *Rec. droit écrit*, t. VI (1967), p. 39.
9. *Die legistische Literatur der Glossatorenzeit*, in *Handbuch der Quellen und Literatur der neueren europäischen Privatrechtsgeschichte*, éd. H. COING, t. I, Munich, 1973, p. 138 et 200.
10. *Die legistische Literatur der Kommentatorenzeit*, *ibid.*, p. 277.
11. *Lo Codi. Eine* Summa Codicis *in provenzalischer Sprache aus dem XII. Jahrhundert*, Zurich, 1974, p. 64-65.
12. *Sur deux feuillets du Codi*, in *Rec. droit écrit*, t. IX (1974), p. 595-612.

les versions n'en font qu'un but de déplacement, le plus ancien ms. provençal (Paris, Sorbonne 632) amène à préférer Saint-Gilles, tandis que le ms. latin de Tortose, et sans doute son archétype perdu, quelle qu'ait été sa langue, a vraisemblablement été composé à Arles. Compte tenu de la courte distance qui sépare les deux villes, la filiation rogérienne ne se trouve nullement remise en question par l'une ou l'autre des hypothèses.

En revanche notre sentence paraît propre à susciter une réflexion renouvelée quant aux rapports entre Rogerius d'une part, les *Quaestiones* et la *Summa Trecensis* de l'autre. Si les *Quaestiones* étaient utilisées dans l'entourage de l'archevêque d'Arles dès 1141, cela n'a pu se produire que sous l'influence, soit de Rogerius lui-même, soit d'un prédécesseur inconnu. Dans le deuxième cas, ce personnage était sans doute l'auteur des *Quaestiones* lui-même ; qu'il les ait rédigées en France ou Italie, la question est secondaire dans la mesure où sa formation n'a pu être acquise qu'à Bologne. On ne pourrait exclure dès lors que la *Trecensis* soit l'œuvre de Rogerius, s'il n'y avait les fortes présomptions qu'accumulent les modernes contre les conjectures de Kantorowicz.

Plus probable, et justement en raison de ces présomptions, nous paraît se dessiner une reconstitution de la vie du glossateur dont les *Quaestiones* seraient une œuvre de jeunesse, et dont le séjour arlésien aurait occupé une bonne partie. Il faudrait certes admettre qu'il est né dans les premières années du siècle ; mais rien ne s'oppose en réalité à ce qu'il soit contemporain des quatre Docteurs et qu'il ait disparu peu de temps après 1162. Au contraire, un éloignement prolongé rendrait parfaitement compte du silence remarquable que gardent les documents bolonais sur Rogerius. Quant à la défense des intérêts d'Hugues des Baux, elle se situe au niveau politique le plus élevé et en face d'un adversaire prestigieux : on peut donc supposer qu'elle est le fait d'un juriste alors réputé, et donc d'âge relativement avancé.

Un durable séjour sur les bords du Rhône expliquerait d'autre part et l'origine française de cinq des six mss. de la *Summa Codicis* (1), et l'indépendance marquée de son auteur vis-à-vis des Bolonais (2), et les particularités, maintes fois décrites mais jamais justifiées (3) du style employé dans cette Somme et dans les autres écrits rogériens : tournures recherchées, syntaxe élaborée et richesse, voire préciosité du vocabulaire font de cette œuvre un ensemble qui s'apparente plus aux tendances françaises qu'à la sécheresse si remarquable des Bolonais du temps. Ceci ne peut trouver sa cause que dans une familiarité certaine vis-à-vis des premières, familiarité qui n'a pu être acquise qu'après plusieurs années. Au surplus ces particularités sont communes à ces écrits et aux *Quaestiones* : la chose est notamment bien établie pour l'emploi du rare verbe *enodare* (4). Ultime indice, une glose du ms. Vienne 2142, utilisant le

---

1. Cf. KANTOROWICZ, *op. cit.*, p. 127 et n. 25.
2. Br. PARADISI, *Storia del diritto italiano : le fonti ...*, t. I : *I civilisti fino a Rogerio*, Naples, 1962, p. 497-498.
3. Cf. cependant les préoccupations exprimées par St. KUTTNER, *op. cit.* (*supra*, p. 40, n. 7), p 308.
4. Ed. ZANETTI, chap. XVII, 4, p. 57 ; XXV. 7, p. 78 ; XL, p. 103.

vocabulaire du chap. VI. 7 des *Quaestiones* qu'elle résume, se termine par un R à jambe barrée où l'on peut voir l'abréviation désignant notre glossateur, et non un *responsum* comme le croyait son éditeur Torelli (1), bien que cette lettre soit placée à la fin et non, comme il serait plus normal, au début de la réponse à la question introduisant cette glose.

Ainsi, autour de Rogerius et probablement à Arles, un noyau de disciples s'est formé ; quelques-uns de ses éléments se laissent deviner. L'auteur - ou peut-être les auteurs - du *Codi*, comptait certainement parmi les membres de ce groupe, et il a rédigé son traité du vivant du maître, puisque, comme J. Prawer l'a démontré, une des *Assises* de Jérusalem l'a utilisé au plus tard en 1162. A cette même équipe appartenaient à notre avis tant le futur Hadrien IV que Raymond des Arènes, ce qui n'exclut pas qu'ils aient reçu ailleurs une formation canonique, surtout si le second s'identifie à *Cardinalis.*

C'est probablement un autre élève de Rogerius qui a continué la Somme au Code de son maître telle qu'elle se présente dans le ms. Grenoble 391.2, c'est-à-dire, comme l'ont prouvé Tourtoulon, puis H. Kantorowicz, dans un premier état fait d'emprunts à la *Summa Trecensis*. Par la suite, soit ce même élève, soit un autre, a repris la tâche en se servant d'autres sources, et les mss. de Vich, Tubingue, Florence et Berlin témoignent de cette seconde étape ; au rang de ces nouvelles sources figure la Somme de Placentin, ce qui suppose que l'élève en question a suivi l'enseignement de ce dernier à Montpellier et qu'il y figurait parmi les *auditores* qui prièrent leur maître de continuer l'œuvre inachevée.

Pour identifier ce continuateur, ou le premier des deux - car cet indice figure dans le ms. de Grenoble - on ne dispose que du sigle B., porté à la fin d'une addition intercalée dans le corps du chap. III.32 (2). Ce sigle est naturellement insuffisant pour autoriser une identification : il peut cacher un Bernard, un Bertrand, comme le scribe qui a rédigé notre sentence, voire le chapelain Bauquier qui assiste l'archevêque dans l'affaire. Quant au *dilectus Henricus* dont il est question dans l'exorde au livre VIII que fournit le seul ms. de Florence, il n'offre pas grand recours car on ne peut affirmer avec certitude à qui, de Rogerius ou de son continuateur, revient la paternité du passage (3).

---

1. *Op. cit.* (*supra*, p. 41, n. 2), p. 65, n. 85. Le fait que le ms. contienne d'autres gloses de Rogerius rend l'hypothèse vraisemblable : cf. La *Verzeichnis* précitée de G. DOLEZALEK, t. II, au ms.

2. Ed. PALMIERI, p. 93.

3. PATETTA, *Delle opere recemente attribuite ad Irnerio e della Scuola di Roma*, in *Bull. dell' Istit. di dir. romano*, t. VIII (1895), p. 151, rapprochait cet exorde d'un fragment analogue que l'on trouve au chap. VII.23 de la *Summa Trecensis*, mais KANTOROWICZ, *op. cit.*, p. 178, note qu'une origine rogérienne du passage supposerait normalement sa présence dans les autres mss. ; il exclut en conséquence l'identification entre l'élève mentionné et Henri de Bayla que proposait BESTA, *Fonti* (*op. cit. supra*, p. 43, n. 2), t. I^2, p. 802. On ne peut toutefois s'empêcher d'observer, à la suite de G. DOLEZALEK, *Der Glossenapparat des Martinus Gosia zum Digestum Novum*, in *Zeitschr. der Savigny-Stiftung, Rom. Abt.*, t. LXXXIV (1967), p. 263-264, que diverses gloses induisent des liens entre Rogerius et Henri, quelles que soient les difficultés chronologiques suscitées par cette remarque.

L'état des sources ne permet pas d'aller plus loin dans l'exploitation de notre hypothèse, qui soulève d'ailleurs le problème de l'origine de la *Summa Trecensis*. Si nous ne nous trompons pas, la signature rogérienne doit lui être définitivement ôtée ; il n'est pas exclu en revanche que l'on doive lui chercher un auteur italien résidant sur le territoire de la France actuelle. Ceci s'accorderait tant avec l'origine du ms. de Troyes (1) qu'avec l'influence qu'elle a exercée sur Rogerius et surtout qu'avec le sentiment commun à Conrat, Kantorowicz, Meijers et Kuttner, et à notre avis définitivement établi depuis la découverte de la *Summa Iustiniani est in hoc opere*, que, si la science juridique française est en tout redevable à l'essor bolonais, elle en a ressenti l'effet bien plus tôt qu'on ne l'a longtemps cru.

En tout cas l' "école" d'Arles, quels qu'en aient été les protagonistes, a eu une histoire aussi courte (2) que remarquable par sa précocité (3). Mais n'en a-t-il pas été ainsi de toutes les étapes de la première diffusion du droit savant en France ? Avant le milieu du siècle, les juristes de Valence et de Die ont su produire des écrits aussi remarquables que la Somme aux Institutes précitée et que le Livre de Tubingue, écrits plus dépendants que les *Quaestiones*, on le remarquera, de l'enseignement martinien au stade que nous en livre le ms. Munich lat. 3509 ; leur veine s'épuise pourtant, nous semble-t-il, dès après l'élaboration de l'*Abbreviatio Quoniam egestas,* soit vers le milieu du siècle. Et l'enseignement de Placentin à Montpellier, qui encadre en quelque sorte sur l'autre versant chronologique celui de Rogerius, n'a pas laissé sur les lieux de trace postérieure à la *Summa Vindocinensis* et aux notes du *magister* G., premier propriétaire du ms. du Brit. Mus. La pierre lancée par les *gosiani* était lourde, mais les ondes qu'elle a provoquées, si diverses qu'elles apparaissent, se sont rapidement effacées.

---

1. Comme d'ailleurs avec la majorité des mss. contenant tout ou partie de cette Somme. Si l'on ajoute en effet aux mss. cités au texte et utilisant l'œuvre comme continuation de celle de Rogerius, les mss. donnant la *Trecensis* en tant que telle, c'est-à-dire depuis son début, à savoir, outre celui de Troyes, ceux de Londres, Brit. Mus. Royal 11.B. XIV, Paris, Bibl. Nat. lat. 18230, Bologne, Coll. di Spagna 73, Tolède, Bibl. Catedral 41.1 et Seo de Urgel 2034 (ces deux derniers inconnus de KANTOROWICZ mais décrits par G. DOLEZALEK dans sa *Verzeichnis* précitée) on obtient un total de onze mss., dont sept français ou espagnols, un provenant du cardinal Gilles Albornoz et deux d'origine inconnue, mais conservés depuis longtemps en Espagne, contre un seul ms. italien (Florence, Laur. Santa croce Plut. 5 sin. 10).

2. J.P. POLY, *Les légistes provençaux et la diffusion du droit romain dans le Midi*, in *Rec. droit écrit*, t. IX (1974), p. 615-618, relève un certain nombre de chanoines arlésiens *magistri* au cours de la deuxième moitié du douzième siècle, mais il est permis de se demander si, à l'exemple de Gervais de Tilbury, ils n'ont pas étudié à Bologne. Le *Vilelmus Barreira* qui figure parmi les témoins de l'acte de 1141 s'identifie sans doute à un personnage fréquemment mêlé par la suite à des litiges où il joue un rôle de conseiller ou d'arbitre (*ibid*., p. 616, n. 18).

3. Comparer notamment avec la pratique ecclésiastique des pays septentrionaux, où les notions de titre et d'interruption possessoires maniées dans notre sentence n'apparaissent qu'aux alentours de 1185, ainsi que le montre Ph. GODDING, *La notion de possession du droit romano-canonique dans les principautés belges aux 12e et 13e siècles : le rôle des clercs*, in *Studia Gratiana*, t. XIX (= *Mélanges G. Fransen*, t. I) (1976), p. 323 et n. 36 et 37.

XV

Les premiers canonistes de l'école montpelliéraine

Alors que l'enseignement du droit civil à Montpellier remonte peut-être au milieu du treizième siècle, en tout cas certainement aux années soixante, et s'inscrit donc dans le grand mouvement qui donne aussi leurs premiers professeurs à Toulouse et à Avignon, les canonistes font une apparition relativement tardive sur la scène universitaire de la ville qui avait accueilli Placentin. Cette distorsion dans le temps n'a guère été notée jusqu'à présent; l'identification du premier noyau de maîtres ne va d'ailleurs pas sans présenter quelques difficultés.

Parmi les plus anciens documents de type réglementaire à faire place égale aux deux droits, figure bien entendu la bulle d'érection *Quia sapientia* du 26 octobre 1289; toutefois, dès le 20 octobre 1285, l'évêque de Maguelone s'était vu confirmé par un légat pontifical dans sa compétence relative à l'octroi de la licence en droit canonique comme en droit civil, après examen du candidat par les docteurs du *studium* (1). On sait avec quelle prudence doivent être interprétées de telles sources, dont le caractère reste parfois purement théorique. En revanche un autre texte, de peu postérieur (10 octobre 1292) et lui aussi bien connu, nous livre une liste, probablement exhaustive, de quinze docteurs alors adonnés à l'enseignement, dont quatre canonistes et deux professeurs *utriusque juris* (2). Mais s'agit-il encore de la génération des fondateurs, ou bien d'autres maîtres ont-ils devancé cette équipe ?

En tout état de cause, de tels maîtres n'ont pu précéder de beaucoup les documents précités : rien n'atteste la présence de canonistes à Montpellier avant les années quatre-vingt. Certes on pourrait imaginer que Bernard de Montmirat, le longtemps mystérieux *Abbas antiquus,* qui a professé à Béziers avant comme après 1261, a fait un ou plusieurs passages par Montpellier au cours de ses pérégrinations dans le Midi : plusieurs observations de sa main prouvent qu'il connaissait fort bien la ville (3). Mais le fait, outre qu'il ne joue en rien en faveur d'un enseignement, porte à admettre au mieux un assez bref séjour sans conséquences durables; de fondation d'une école, il ne peut être encore question. Les canonistes méridionaux des années qui suivent n'ont apparemment aucun lien avec Montpellier. Ainsi du Cévenol Guillaume de Mandagout qui, quoi que l'on ait parfois écrit (4), ne se rattache qu'à Bologne (5) ; de même d'Etienne Bonnier, ce juriste languedocien (6) dont les œuvres, transmises, comme il est bien connu, sous le surnom de *Stephanus Provincialis,* font un professeur purement bolonais.

Très probablement, ce sont des professeurs *utriusque juris* qui sont à l'origine de l'essor du droit canonique à Montpellier. Deux noms se détachent à ce titre. Celui tout d'abord de Jacques de Bernis : sans doute membre d'une famille de la ville ayant déjà fourni un juriste (7), ce personnage apparaît dès 1280 comme exerçant les fonctions d'assesseur des consuls, toujours réservées à des docteurs ou au moins à des *jurisperiti* (8), et se donne le titre de professeur des deux droits deux ans plus tard (9). Il le conserve dans les nombreux documents qui jalonnent une carrière active (10), et notamment à l'occasion de divers arbitrages témoignant de sa réputation (11), jusqu'aux années 1298 et 1299 où il figure dans l'entourage de Jacques d'Aragon (12) ; son enseignement à Montpellier est attesté tant par la liste des professeurs de 1292 que par des gloses et par une *quaestio* qu'il y a disputée et que nous transmet le ms. Bibl. Nat. lat. 4456 (13). L'autre nom est celui de Pierre Cardenal, peut-être fils du troubadour homonyme (14), que les sources bolonaises donnent pour professeur *in utroque* dès 1286 (15), mais qui apparaît beaucoup moins souvent que le précédent à Montpellier (16) ; il se trouvait à Aigues-Mortes en octobre 1293 (17), mais on ne sait ce qu'il devint ensuite (18).

Les purs *decretorum doctores* apparaissent quelques années plus tard. En tête de leur groupe, tant par la réputation que par l'antériorité, nous croyons devoir placer Bérenger Frédol l'ancien. Si l'enseignement de cet illustre canoniste est traditionnellement affecté à Bologne ([19]), il convient de rappeler qu'à l'appui de cette hypothèse on invoque seulement la relation qui l'unit à Guillaume de Mandagout, dont la vie est mal connue et surtout dont il est difficile d'admettre qu'il ait pu former Bérenger ([20]). Ce dernier rappellera d'ailleurs, aux environs de 1300, qu'il a enseigné de longues années « à Paris et ailleurs » : la célébrité de l'Université de Bologne se prête mal à une telle imprécision, qui s'expliquerait beaucoup mieux si elle cachait un professorat de quelques années dans un *studium* de moindre réputation, comme celui de Montpellier.

Que Bérenger ait étudié à Bologne, comme l'a fait son parent, contemporain et collègue Raymond Frédol ([21]), reste fort possible; mais nous tenons pour probable qu'il a enseigné à Montpellier pendant la courte période où il y a résidé. Il se trouve en effet dans cette ville le 30 novembre 1288, puis le 29 janvier 1289, en qualité d'*auditor datus* par son parent et homonyme, évêque de Maguelone, pour écouter une requête consulaire relative à l'imposition des clercs; les qualificatifs qui lui sont alors donnés, *venerabilis vir, doctor dignissimus decretorum,* sont bien ceux que les sources locales ultérieures emploieront pour désigner les docteurs du *studium*. Le 3 mars, il se trouve aux côtés de Bérenger d'Aumelas, dont il sera question plus loin, de Brémond de Montferrier et de Guillaume de Nogaret, tous trois indubitablement en cours de professorat à ce moment ([22]); en revanche, lorsqu'il apparaît comme mandataire de l'évêque ([23]) lors de l'échange passé en 1293 entre celui-ci et le roi de France, qui acquiert la part épiscopale de Montpellier contre une rente assise sur la seigneurie de Sauve — une affaire de professeurs, puisque les deux précédents représentent les intérêts respectifs du roi de Majorque et du Capétien, Pierre Lambert ceux de la ville, — Bérenger, devenu abbé séculier de Saint Aphrodise de Béziers, n'enseigne sans doute plus : il est en effet absent de la liste de 1292.

Que notre canoniste ait professé sous l'épiscopat d'un parent et aux côtés d'un autre parent civiliste, cela n'a rien que de normal. Un autre indice est à tirer de la protection, que, parvenu à la pourpre, Bérenger accordera en 1308 à Pons d'Aumelas ([24]) : de ce légiste, agent bien connu de Philippe le Bel, nous savons qu'il était étudiant à Montpellier en 1286 et 1287 ([25]), et que son doctorat était imminent en 1292, puisque la lettre épiscopale contenant la liste précitée signale précisément ce fait. Il a vraisemblablement noué des relations avec les Frédol dans le cadre universitaire.

A beaucoup près, les canonistes contemporains de Bérenger sont moins réputés. Mentionnons pour mémoire un Guillaume Arnaud de Clarensac, difficile à distinguer de ses homonymes, qui étudiait à Bologne en 1286 et réapparaît à Montpellier six ans plus tard comme docteur en décret et prieur de Lunel ([26]), mais dont rien n'autorise à le classer parmi les professeurs du *studium*. Au contraire, on doit assurément compter au nombre de ceux-ci Jean de Montlaur, d'une famille bien connue de la région qui avait déjà donné deux évêques de Maguelone ([27]). Chanoine de ce chapitre dès janvier 1273 ([28]), il étudia à Bologne au moins en 1285 et en 1286 ([29]) ; le début de son professorat à Montpellier n'est pas aisé à fixer dans le temps, mais Jean enseignait en mai 1290, et refusa alors une offre du mandataire des consuls d'Alès, qui cherchaient à l'attirer pour élargir au droit canonique le *studium* qu'ils tentaient de créer ([30]). Présent dans la liste des professeurs de 1292, il figure également dans nombre de documents jusqu'en 1310, année probable de son décès ([31]) ; il ne faut cependant pas le confondre avec un autre Jean de Montlaur, chanoine depuis 1291, archidiacre lui aussi un peu plus tard, et qui vivait encore en 1313 ([32]).

D'autres professeurs de droit canonique ont été contemporains de Jean de Montlaur, puisqu'ils figurent dans la liste de 1292. Sur deux d'entre eux, nous avons quelques renseignements. Il en va ainsi d'abord de Jean Cambon : vestiaire de Maguelone dès 1289 ([33]), il se donne pour docteur à partir de 1292, et figure dans les sources capitulaires jusqu'en 1299 ([34]). Tel est aussi le cas de Bérenger d'Aumelas, peut-être parent de Pons ([35]) : étudiant à Bologne en 1286 ([36]), il était sacriste de Maguelone depuis 1289 au moins ([37]), mais son doctorat devait être très récent au moment où fut rédigée la lettre de 1292, car il n'en porte le titre qu'à compter de cette année ([38]). Il vivait encore en 1300 ([39]), mais on ne doit pas le confondre avec le *jurisperitus* homonyme qui sera conseiller inquisitorial en 1329 ([40]). Quant aux deux derniers canonistes recensés en 1292, l'un, Raymond de Mouledier, ne nous est connu que par un document de l'année suivante ([41]), tandis que de l'autre, Martin de Vabre, prieur de Fabrègues, on ne relève que la présence deux ans plus tôt à Montpellier, où il se donne pour *decretista,* puis régulièrement jusqu'en 1295 ([42]).

En ce qui concerne le droit canonique, le *studium* montpelliérain n'est donc ni précoce, ni original. Même si quelques juristes ont pu y enseigner auparavant à l'occasion d'un séjour plus ou moins bref, la continuité des générations n'y est assurée qu'au-delà de 1280, soit plus tard qu'à Toulouse et sans doute qu'à Avignon. L'implantation d'une véritable équipe, même si elle a sans doute été facilitée par l'attitude favorable des Frédol, dérive manifestement de l'extraordinaire attrait exercé alors sur les Méridionaux par Bologne, dont les anciens élèves vont peupler le *studium,* à l'imitation des civilistes et d'ailleurs conformément aux premiers statuts de celui-ci : rien que pour l'année 1286, trois des canonistes qui enseignent à Montpellier six ans plus tard sont clients des notaires bolonais, et tout semble indiquer qu'à l'exemple de Bérenger Frédol leurs collègues du temps sont passés par l'illustre Université. La réputation des maîtres montpelliérains ne s'en est pas moins rapidement étendue : sans attendre les temps où brilleront Gesselin de Cassagnes ou Pierre Bertrand, on citera à titre d'exemple ce statut du chapitre de Cluny qui, dès 1301, interdit aux membres de l'ordre d'étudier le droit canonique ailleurs qu'à Orléans, Toulouse, Avignon et Montpellier ([43]).

NOTES

(1) Ces deux textes ont été édités à plusieurs reprises, et notamment dans le *Cartulaire de l'Université de Montpellier,* t. I (1181-1400), Montpellier, 1890, respectivement n° 19, p. 209-210 et n° 17, p. 208-209.

(2) Le document, une lettre de l'évêque de Maguelone relative aux modalités de délivrance du doctorat, paraît bien adressé à l'ensemble du corps enseignant du moment, médecins non compris bien entendu (*Cart. Université,* n° 22, p. 216-217).

(3) Cf. St. Kuttner, *Wer war der Dekretalist Abbas Antiquus ?* in *Zeitschrift der Savigny-Stiftung, Kan. Abt.*, t. XXVI (1937), p. 472.

(4) M. Fournier, *Histoire de la science du droit en France,* t. III (seul paru), Paris, 1892, p. 551.

(5) Schulte, *Geschichte der Quellen und Literatur des canonischen Rechts...,* t. II, Stuttgart, 1877, p. 183 et s.; P. Viollet, *Guillaume de Mandagout, canoniste,* in *Hist. Litt. France,* t. XXXIV, p. 2; Meijers, *Responsa doctorum tholosanorum,* Haarlem, 1938, p. X (= *Etudes d'histoire du droit,* Leiden, 1959, t. III, p. 174).

(6) Comme nous avons cru pouvoir l'établir dans notre étude *Canonistes et civilistes des écoles de Narbonne et de Béziers,* in *Proceedings of the Fourth Intern. Congress of Medieval Canon Law,* Città del Vaticano, 1976, p. 528-529.

(7) Bernard de Bernis, *jurisperitus* dès 1260 (Arch. Mun. Montpellier, EE 1031), encore présent dans la ville en août 1267 (J. Berthele, *Le Cartulaire montpelliérain des rois d'Aragon et des rois de Majorque,* in *Archives de la ville de Montpellier. Inventaires et documents,* t. III, Montpellier, 1904, p. 404), se trouve à Bologne l'année suivante (*Chartularium studii Bononiensis,* t. VII, Bologna, 1923, n° CCLIX) et y prend peu après son doctorat en droit civil (*ibid.*, t. XI, n° CCLXVI).

(8) Germain, *Histoire de la commune de Montpellier,* t. I, Montpellier, 1851, p. 393.

(9) Arch. Mun. Montpellier, EE non classé (suspension de la guerre avec le roi de Majorque).

(10) Par exemple Arch. Mun. Montpellier, *Grand Thalamus,* f° 82 (1287) et 106 (1298); Germain, *op. cit.*, t. II, p. 495 (1288); Arch. Nat., J 339-13[1] (1293); J. Rouquette, *Cartulaire de Maguelone,* t. III, Vic-la-Gardiole, 1920-21, n° 1033, p. 732 (1296), Arch. Mun. Montpellier, BB1, n° 193 (1293), etc.

(11) Il faut voir notre docteur dans le *Jacobus de Verincio* arbitrant le 27 septembre 1284 entre l'évêque de Lodève et l'abbé de Gellone (signalé, après dom Sort, par P. Tisset, *L'abbaye de Gellone au diocèse de Lodève...,* Paris, 1933, p. 161). Cf. aussi Berthele, *Quelques documents concernant les moulins de Cara-*

bottes au XIIIe siècle d'après les archives du château de Lestang, in *Plaquettes montpelliéraines et languedociennes*, t. III, Montpellier, 1907, p. 74, 77-78. — Jacques rend un autre arbitrage en 1293/94, cette fois entre l'évêque et les consuls d'Agde : Arch. Mun. Agde, AA 1. I, AA2, IV-V.

(12) Baluze, *Vitae paparum Avenionensium*, éd. G. Mollat, t. III, Paris, 1928, p. 23; *Cartul. Maguelone*, t. III, n° 1076, p. 827 et s.

(13) Cf. P. Legendre, *E.M. Meijers et la romanistique médiévale. Réflexions sur une nouvelle édition*, in *Tijdschrift voor Rechtsgeschiedenis*, t. XXIX (1961), p. 341, n. 43.

(14) R. Lavaud, *Poésies complètes du troubadour Peire Cardenal*, Toulouse, 1957, p. 520, n. 2.

(15) *Chart. stud. Bonon.*, t. IX, n° CCLXX.

(16) Outre sa présence dans la liste précitée de 1292, on ne peut guère signaler que deux actes de l'année suivante : Arch. Mun. Montpellier, BB 1, n° 37, et *Cartul. Maguelone*, t. III, n° 972, p. 582 et s.

(17) Arch. Nat., J 339 - 136.

(18) Sa fille Tiburge épousera un *legum professor*, Barthélémy Rouch : Arch. Dép. Hérault, II E 94 2, Holanie notaire, f° 27.

(19) Schulte, *op. cit.*, p. 180-182; Ad. Tardif, *Histoire des sources du droit canonique*, Paris, 1887, p. 327.

(20) Cf. les doutes déjà exprimés par P. Viollet, *Bérenger Frédol, canoniste*, in *Hist. Litt. France*, t. XXXIV, p. 165 et 169, à propos des dédicaces de l'*Inventarium juris canonici* et de *l'Oculus copiosae*.

(21) Sarti, *De claris archigymnasii Bononiensis professoribus...*, t. II, Bologne, 1896, p. 323 et 326; *Chartul. stud. Bonon.*, t. IX, *passim*.

(22) Cf., dans l'ordre chronologique, *Cartul. Maguelone*, t. III, n° 802, p. 371 et s.; n° 803, p. 373 et s.; n° 805, p. 382 et s. Ces documents sont donc postérieurs à la mission confiée à Bérenger par l'archevêque de Narbonne Pierre de Montbrun à l'encontre des inquisiteurs de Carcassonne : cf. R.W. Emery, *Heresy and Inquisition in Narbonne*, New York, 1941, p. 112.

(23) Arch. Dép. Hérault, G 1638; cf. aussi *Cartul. Maguelone*, t. III, n°s 980 et 982, p. 619 et s., 624 et s. (janvier 1294, n.s.). — Sur les circonstances de sa désignation comme abbé de Saint Aphrodise, cf. J. Rouquette et A. Villemagne, *Bullaire de l'église de Maguelone*, t. II, Paris-Montpellier, 1914, n° 655, p. 553.

(24) Ch.-V. Langlois, *Pons d'Aumelas*, in *Bibl. de l'Ecole des Chartes*, t. LII (1891), p. 260.

(25) *Ibid.*, p. 674; *Cartul. Maguelone*, t. III, n° 787, p. 339. Cf. aussi J.-R. Strayer, *Les gens de justice du Languedoc sous Philippe le Bel*, Toulouse, 1970, p. 150.

(26) *Chartul. stud. Bonon.*, t. IX, n° CCXXIX; *Cartul. Maguelone*, t. III, n° 843, p. 491.

(27) Cf. Emeric-David, *Jean de Montlaur, évêque de Maguelone*, in *Hist. Litt. France*, t. XVIII, p. 356-357.

(28) Germain, *Arnaud de Verdale*, in *Mémoires de la Soc. archéologique de Montpellier*, t. VII (1880), n° LIV, p. 734.

(29) Sarti, *op. cit.*, t. II, p. 324; *Chartul. stud. Bonon.*, t. IX, n^os CXXXIX, CCLXXVII, CCCXLIII, etc.

(30) E. DE ROZIÈRE, *L'école de droit d'Alais au XIIIe siècle*, in *Bibl. de l'Ecole des Chartes*, t. XXXI (1870), p. 62; cf. aussi Ach. BARDON, *Histoire de la ville d'Alais de 1250 à 1340*, Nîmes, 1894, p. 195-196.

(31) Arch. Nat., J 339-132 (1293); ROUQUETTE et VILLEMAGNE, *Bull. Maguelone*, t. II, n° 548, p. 467 et s. (1296); GERMAIN, *Arnaud de Verdale*, n° LXXII, p. 750 (1296) et LXXVI, p. 773 (1303); J. REGNE, *Amauri II, vicomte de Narbonne*, Narbonne, 1910, p. just. XVIII, p. 409 (1310, n.s.); *Registres du Trésor des Chartes*, éd. R. FAWTIER, t. I, Paris, 1958, n° 1111 (1310), et surtout *Cartul. Maguelone*, t. III, n°s 843 (1292), 854, 969, 972, 975 (1293), 996 (1295), 1033 (1296), 1096 (1300), 1168 (1303), 1193 (1305), etc.

(32) Cf. J. ROUQUETTE, *Histoire du diocèse de Maguelone*, t. I2, Montpellier, 1926, p. 858; Ach. BARDON, *Les écoles à Alais sous l'Ancien Régime, 1289-1789*, in *Mém. Soc. scient. litt. d'Alais*, t. XX (1888), p. 104. Les deux homonymes sont par exemple présents dans une liste de chanoines du 28 décembre 1292 (*Cartul. Maguelone*, t. III, n° 843, p. 489 et s.).

(33) *Cartul. Maguelone*, t. III, n° 806, p. 392 et s.; n° 821, p. 454; n° 843, p. 491.

(34) Arch. Mun. Montpellier, BB 1, n° 165; *Cartul. Maguelone*, t. III, n°s 854, 972 (1293), 987 (1294), 1032, 1033, 1034 (1296), 1076 (1299, n.s., mars); *Bull. Maguelone*, t. II, n° 548, p. 467 et s. (1296); n° 550, p. 474 (1298).

(35) V. en ce sens Fr. J. PEGUES, *The lawyers of the last Capetians*, Princeton, 1962, p. 104.

(36) *Chartul. stud. Bonon.*, t. IX, n°s CXCIII, CCCXXXVIII, CCCXLIII, etc.

(37) *Cartul. Maguelone*, t. III, n° 805, p. 382 et s.; n° 807, p. 394 et s.; n° 809, p. 399 et s.

(38) *Ibid.*, n° 843, p. 491.

(39) *Gall. Christ.*, t. VI, *eccl. Magalon.*, col. 776 (1295); *Cartul. Maguelone*, t. III, n°s 854, 972 (1293), 989 (1294), 1005 (1295), 1033, 1034 (1296), 1096 à 1099 (1300, n.s., 27 février).

(40) Cf. C. DOUAIS, *L'Inquisition, ses origines, sa procédure*, Paris, 1906, p. just. VI, p. 330.

(41) Arch. Nat., J 339, 131.

(42) *Cartul. Maguelone*, t. III, n° 821, p. 454; n° 843, p. 489 et s.; n° 1005, p. 680 et s.

(43) On trouvera le texte dans M. FOURNIER, *Statuts et privilèges des Universités françaises*, t. III, Paris, 1891, n° 1870.

XVI

LIBERTE, SERVAGE ET GLOSSATEURS

Dans une étude récente (1), M. Roger Aubenas aborde l'un des aspects les plus difficiles et les plus mal connus de la renaissance intellectuelle au Moyen Age : nous voulons parler de l'attitude des juristes vis-à-vis des structures sociales de leur temps. Pour résumer, peut-être un peu abusivement, la pensée de l'auteur, les glossateurs et leurs élèves praticiens auraient, soit plaqué un vocabulaire romain sur des institutions d'origine franco-féodale, soit, la chose est plus grave, «fait entrer l'état social alors existant, si flou et si nuancé, dans les rigides et impitoyables catégories que faisaient connaître les textes romains». D'une telle systématisation, les dangers menaçaient les plus humbles : les juristes, forts de la distinction brutale *sive liberi, sive servi*, et de l'homogénéité reconnue par principe à la classe servile - *in servorum conditione nulla differentia est* –, n'auraient-ils pas rapproché les *rustici* de leur temps des colons *adscripticii* décrits par les constitutions du Bas-Empire et donc «sonné le glas de leur liberté» ? Il y aurait là comme une tentative générale d'asservissement, tentative heureusement vouée à l'échec en raison de l'amélioration du niveau de vie de la paysannerie d'une part, de l'hostilité de l'Eglise face à une reconstitution de l'esclavage d'autre part.

Posé sous cette forme, le problème présente une redoutable complexité. En fait, il revient à s'interroger sur l'influence qu'ont pu exercer les glossateurs sur les transformations de la société contemporaine. Question difficile, à laquelle s'attachent nombre d'auteurs récents : pour se limiter, on se bornera à citer les études, menées d'ailleurs à partir de points de vue très différents, de M. J. Fried, selon qui cette influence a été déterminante dans l'essor de la classe politique qui s'est portée en tête du mouvement communal italien (2),

---

1 Inconscience de juristes ou pédantisme malfaisant ? Un chapitre d'histoire juridico-sociale, XIe-XVe siècle, in *R.H.D.*, t. 56, (1978), p. 215-252.

2 *Die Entstehung des Juristenstandes im 12. Jahrhundert*, Cologne-Vienne, 1974 (*Forschungen zur neueren Privatrechtsgeschichte*, éd. H. COING et H. THIEME, t. 21), p. 140 et s.

de M. Sbriccoli, dont la thèse centrale fait des juristes des premières générations les instruments des bourgeoisies urbaines (3), ou encore de M. Horn, qui, plus généralement, les voit légitimer les autorités établies (4). Ce type de réflexion est à ce point actuel que les travaux consacrés à l'histoire universitaire ne le négligent plus : mentionnons ainsi la si brillante synthèse présentée par M. Bellomo, d'après laquelle, jusqu'au milieu du XIIIe siècle, le milieu savant de Bologne a vécu en étroite symbiose avec le monde artisanal et commerçant, et n'a guère noué de liens avec le patriciat local (5).

Le registre sur lequel se situe l'hypothèse présentée par M. Aubenas se trouve sensiblement décalé : il s'agit cette fois de déterminer si, par leurs écrits et non plus par leurs fonctions, leurs relations ou leurs origines, les glossateurs se sont trouvés à même d'infléchir, ou de tenter d'infléchir, l'évolution sociale d'une fraction non négligeable de la population des campagnes européennes. Il ne saurait être question, en ces quelques pages, de conforter ou de réfuter globalement la conjecture exposée ; ces lignes n'ont d'autre ambition que d'apporter quelques éléments de discussion, limités au douzième siècle, et donc aux temps de l'envolée intellectuelle, à partir, d'une part du thème du *servus*, d'autre part de la notion de *libertas*.

Au surplus, il serait vain de se cacher qu'en l'état des connaissances, ce genre de problématique expose à un double et grave danger. Danger d'ordre général, d'abord, car inhérent à toute confrontation entre histoire des sciences et histoire sociale : omniprésent, le risque de surestimation des vecteurs livresques sur l'évolution de la société s'accroît encore pour des temps de croissance urbaine – l'air qui rend libre en ville se respire à l'entour –, de circulation accrue – l'attache à la glèbe est peut-être mieux ressentie au passage d'un pélerin, d'un croisé, d'un étudiant –, d'affermissement des principautés, concomitant à un recul de ce sentiment d'insécurité vraisemblablement lié au développement antérieur du servage.

Danger non moindre, ensuite, à confondre les niveaux si divers auxquels s'opère la pénétration des normes et de la terminologie empruntée, directement ou non, aux compilations byzantines. Que le statut servile ait été affecté par les constructions savantes, c'est une hypothèse ; c'en est une autre, et bien distincte, que de supposer que son contenu s'est transformé peu à peu grâce à l'emploi, par d'obscurs praticiens et hors de toute préoccupation historique, d'un vocabulaire destiné à désigner un statut antique tout différent ; c'en est une troisième si l'on admet qu'une prise de conscience, plus ou moins diffuse, de leur condition et donc de ce qui les séparait de l'état d'homme libre, a gagné lentement les plus méprisés des ruraux grâce à des médiateurs où le religieux

-----

3 *L'interpretazione dello statuto. Contributo allo studio della funzione dei giuristi nell'età comunale*, Milan, 1969 (*Univ. di Macerata,Pubbl.della Facoltà di Giurisprudenza*, 2e s., t. I), p. 460-465.

4 *Soziale Stellung und Funktion der Berufsjuristen in der Frühzeit der europäischen Rechtswissenschaft*, in *Sozialwissenschaften im Studium des Rechts*, t. IV (1978), p. 125-144.

5 *Saggio sull'Università nell'età del diritto comune*, Catane, 1979, p. 42 et s., p. 191 et s.

tenait sans doute au moins autant de place que le juridique. Débrouiller l'écheveau des causalités en en saisissant les extrémités que forment, la science juridique d'une part, les conditions de vie d'un groupe social de l'autre, exigerait que soient démêlés les fils les plus variés ; s'y ajoute bien entendu l'incapacité où nous nous trouvons presque toujours de discerner de l'apport des civilistes ce qui revient à l'action de l'Eglise et du droit canonique.

Ces pages ne prétendent donc, en aucune manière, offrir un exposé d'ensemble sur la pensée des glossateurs en matière de servage ou de liberté. On voudra bien y voir seulement le reflet d'un souci dont l'actualité n'est pas à démontrer : celui de traduire, s'il est possible, l'ambiguïté permanente que valent à ces juristes, et leurs sources, et leurs méthodes dans leur rapport à l'état social contemporain, ambiguïté dont ne peuvent rendre compte avec fidélité, ni le choix entre les imputations de conservatisme ou de progressisme, ni la sommation rétrospective d'opter entre rôle agissant et simple témoignage.

*

* *

Partons de l'oubli des catégorisations antiques : *a priori*, on en aurait un mauvais exemple à travers la dichotomie séparant les hommes libres des esclaves. C'est à juste titre qu'après Marcel Bloch, R. Boutruche, M. David, M. Aubenas recense les témoignages qui, des invasions au IXe siècle, affirment la persistance du clivage théorique *sive liberi sive servi*. Il nous semble pourtant que la norme antique, ici comme en tant d'autres domaines, s'entoure de brume après l'an mil. A regarder de près chartes et notices, personne ne sait très exactement ce qu'est un *servus* : leurs rédacteurs, qui, comme on le sait, jettent sur le parchemin diverses formules dont le sens leur échappe, n'ont d'ailleurs aucune raison de retenir une *summa divisio* dépourvue de portée en un temps où les nuances se multiplient entre statuts sociaux. Mieux, les esprits les plus éclairés la déforment totalement : opposer le *nobilis* au *servus*, comme le fait Adalbéron, n'a rien à voir avec le célèbre texte de Gaius. C'est en revanche assimiler dangereusement l'état commun des populations rurales à la soumission à ce *jugum servitutis* que, cette fois, la pratique allègue encore fréquemment. Il y aurait beaucoup à méditer sur une tendance qui coïncide trop bien avec cette généralisation de l'état servile dans les campagnes que laissent entrevoir les sources du onzième siècle dans de multiples régions. Bornons-nous à relever ici que l'oubli de l'antique catégorisation n'a pas joué toujours, il s'en faut, en faveur de ces mêmes populations.

Il est bien vrai, en revanche, que dès les plus précoces symptômes de redécouverte des sources justiniennes, l'opposition entre *servi* et *liberi* se trouve soigneusement relevée. Les mentions sont même liées aux obscurités qui nous voilent encore les circonstances du mouvement intellectuel. La célèbre glose de Cologne, publiée par Fitting (6), sans doute rédigée dans un milieu

---

6 *Die Institutionenglossen des Gualcausus...*, Berlin, 1891, gl. 12, p. 94.

lombard, mais point aussi nécessairement préirnérienne que ne l'a cru même un Conrat (7), fournit témoignage de la double *distinctio* : *Hominum alii sunt liberi, alii servi. Liberi alii ingenui alii libertini*... Et la Somme aux Institutes *Justiniani est in hoc opere,* qui remonte sans doute aux environs de 1130, reprend ce texte en des termes si voisins qu'elle rend la filiation à peu près assurée (8), ce qui n'est pas d'ailleurs sans créer une présomption en faveur d'une relation entre ce milieu lombard et l'école martinienne.

Mais l'opposition radicale entre *liberi* et *servi* ne rend nullement compte de l'attitude des glossateurs face au problème du servage. D'autres textes étaient à leur disposition, même si, pour une fois, l'honneur de les avoir découverts ne leur revient pas. Il s'agit de deux sources du Bas-Empire relatives aux *servi adscripticii,* le titre 11.48 *de agricolis censitis et colonis* du Code de Justinien d'une part, la célèbre constitution *de adscripticiis et colonis* d'autre part, L'histoire et le traitement de ces textes sont assez curieux pour retenir notre attention.

On sait, depuis Maassen et surtout depuis Conrat (9), que, si les *Tres libri* ont été dans l'ensemble méconnus en Occident jusqu'au XIIe siècle, ce phénomène a connu une remarquable exception relative au titre 11.48. Plusieurs mss. en font foi, et notamment la collection dite de Gaudenzi, qui contient plusieurs lois de ce titre ; un manuscrit berlinois du Code (neuf livres) présente également la particularité d'introduire ce même titre, et lui seul, en appendice. Quant à la constitution *de adscripticiis,* elle est passée dans l'appendice de type A à l'*Epitome Juliani,* et, de là, dans la *Lex romana canonice compta* (10) et dans la même *Collectio Gaudenziana* (11). L'intérêt de ces textes était en effet évident dès avant l'an mil, en une période d'expansion du servage. Mais il ne semble pas qu'on les ait alors compris comme justifiant un statut intermédiaire : *adscripticius, id est servus,* affirme une très ancienne glose – du Xe siècle au plus tard – à l'*Epitome* (12).

Les *Tres libri,* comme il est bien connu (13), sont restés ignorés des premiers glossateurs : ni Irnerius, ni Bulgarus, ni Martinus ne les ont glosés, bien que

-----

7 *La Glossa di Colonia alle Istituzioni,* in *Archivio Giuridico,* t. XXXIV (1885), p. 109 ; *Geschichte der Quellen und Literatur des römischen Rechts im früheren Mittelalter,* Berlin, 1891, p. 339-340.

8 Chap. I. 3, éd. LEGENDRE, p. 28, 1. 2-3.

9 *Geschichte* précitée, p. 55, n. 3, 210, 314, 344, 355, n. 3.

10 Cf. C.G. MOR, *Il Digesto nell'età preirneriana e la formazione della «Vulgata»,* in *Per il XIV. centenario della codificazione giustinianea...,* Milan, 1938, p. 599 ; *Di una perdita compilazione di diritto romano...,* aujourd'hui in *Scritti,* Pise, 1977, p. 276-277.

11 Cf. G. VISMARA, *Fragmenta Gaudenziana,* in *Ius Romanum Medii Aevi* 1.2.b.bb.β, Milan, 1968, p. 4.

12 CONRAT, *Geschichte,* p. 196.

13 Cf. déjà SAVIGNY, *Storia...,* éd. BOLLATI, t. II, p. 79, et surtout H. KANTOROWICZ, *Studies on the glossators of the roman law,* Cambridge, 1938, p. 197. – Notre éminent collègue Gero DOLEZALEK veut bien nous signaler cependant, avec son érudition coutumière, que le ms. Vatic. lat. 1427 contient, aux f°s 317 v°-318 v° un fragment, écrit avant 1150, du début des *Tres libri* (C. 10.1.1 - 10.2.4) et doté de gloses de même époque ; qu'il trouve ici l'expression de notre reconnaissance.

le dernier en ait possédé un manuscrit. Cependant, plusieurs parmi les écrits des premières générations traitent du problème des ascriptices, ce qui suppose que leurs auteurs utilisaient – et le fait est rare –, non pas une partie des compilations dont ils ne savaient rien, mais des sources médiates et préirnériennes du type mentionné plus haut : que rien d'autre, parmi les trois derniers livres du Code, ne figure dans ces écrits, en est la preuve, même si quelques historiens modernes, ici mal inspirés, ont cru pouvoir tirer de passages traitant des ascriptices une connaissance complète de ces livres et, partant, une datation approximative de ces mêmes écrits.

C'est une façon tout à fait nouvelle d'aborder la question qui caractérise ces produits de l'école post-irnérienne. Le premier en date de ceux-ci est sans doute le dialogue intitulé traditionnellement *Quaestiones de juris subtilitatibus,* connu notamment par le ms. Troyes 1317 que d'Ablaing a su rattacher à l'école des glossateurs (14) ; écrit, selon Mme Zanetti (15), entre 1127 et 1137, il peut, selon nous, et pour des raisons tout à fait différentes (16), avoir été composé encore en 1140, mais guère plus tard. Au chap. VI.7, l'auteur anonyme – en qui nous verrions volontiers Rogerius, contrairement à ce que croyait Kantorowicz (17), emporté par son système, si critiqué par Meijers (18), de rattachement de la *Summa Trecensis* à ce glossateur – s'interroge sur les ascriptices, qui *differe videntur a ceteris servis.* Au paragraphe 8, le conclusion est formelle : *non ergo plena est divisio hominum, alios liberos esse alios servos.*

A une date un peu plus tardive, et d'ailleurs très difficile à déterminer avec précision – après le milieu du siècle (19) ? – deux écrits, sans doute français, et de toute manière étroitement apparentés, traitent également des ascriptices, malgré leur méconnaissance très probable des *Tres libri.* Il s'agit de l'*Epitome exactis regibus,* chap. III.16, et de l'opuscule *De significatione verborum legalium,* qui font de cette condition l'équivalent de celle des *servi glebae,* ce qui l'éloigne singulièrement de l'esclavage. Surtout, le second de ces écrits affirme qu'il s'agit des *rustici qui velint nolint, pensionem dant, id est firmam* (20) : l'attache à la terre et le versement d'une redevance foncière passent, on le voit, au premier plan.

---

14 De Summa Codicis van den glossator Ugo, in *Rechtsgeleerd Magazijn,* t. VII (1888), p. 282 et s.

15 La determinazione cronologica delle «Quaestiones de iuris subtilitatibus», In *Rivista italiana per le scienze giuridiche,* t. XXIV (1951), p. 96-98.

16 Rogerius, Quaestiones de juris subtilitatibus et pratique arlésienne..., in *Mémoires de la société... des pays bourguignons, comtois et romands,* fasc. 34 (1977), t. I, p. 35-50.

17 *Studies...,* dans la rééd. Aalen, 1969, donnée par P. WEIMAR, p. 190 et s. et p. 346, add. 291.

18 *Sommes, lectures, commentaires (1100 à 1250),* aujourd'hui in *Etudes d'histoire du droit,* t. III, Leyde, 1959, p. 220 et s.

19 Nous nous permettons de renvoyer, pour la discussion chronologique, à ce que nous en avons écrit dans notre étude *La science juridique française aux XIe et XIIe siècles...,* in *Ius Romanum Medii Aevi,* I. 4, d-e, p. 105.

20 Cf. PATETTA, *Delle opere recemente attribuite ad Irnerio e della scuola di Roma,* ajourd'hui in *Studi sulle fonte giuridiche medievali,* Turin, 1967, p. 390, n. 3.

Dès cette époque, l'impossibilité de réduire les ascriptices à l'état de composante des catégories des *liberi* ou des *servi* est admise par les glossateurs : le fait peut être observé dans les *Quaestiones super Institutis* de Rogerius, chez Jacobus (21), ou encore à la lecture de cette *Summa Vindobonensis* que l'on doit, à la suite de Meijers (22), affecter à l'école de Bulgarus et à une période un peu plus ancienne que celle où a été rédigée la *Lectura Institutionum* dans le milieu martinien.

Allons plus loin. Le concept abstrait de liberté, si étranger qu'il soit à la société médiévale, si long que soit le chemin qu'il devra parcourir pour gagner le terrain politique, reste inséparable, dans ses prodromes historiques, de l'essor intellectuel, et plus précisément juridique, en Occident du moins. On ne répétera jamais assez, même si la constatation est aujourd'hui banale, que franchises et libertés en étaient auparavant parvenues à se confondre : en d'autres termes, et en caricaturant à peine, est *libertas* tout ce qui est arraché à l'arbitraire, sont des *libertates* les exceptions qui permettent, face au principe général qui interdit.

Deux exemples parmi cent autres. En 1134/35, Ramire II octroie aux habitants de Jaca *illam meliorem libertatem quam habent illi burgenses de Mont Pestler*. Quelle est-elle, cette «meilleure liberté» dont on va chercher si loin le modèle ? Une exemption fiscale au bénéfice des habitants domiciliés, sur la circulation de l'argent et des marchandises. En 1199 encore, dans une charte de franchise bien peu marquée par les droits savants, Aliénor d'Aquitaine résume les *libertates* des Poitevins : en ce texte comme en bien de ses contemporains, il s'agit du droit de se marier librement, de celui de tester – ou plus exactement de faire *donatio pro anima* –, et enfin pour qui fournit caution, de ne pas subir d'arrestation ni de détention préventive (23). Du concept antique, il n'est évidemment plus question, sauf peut-être dans les formulaires de manumission employés dans certaines régions, comme les Asturies ou le Léon, où se sont maintenues les traditions wisigothiques (24).

C'est là encore la redécouverte du droit romain qui a permis de tracer les contours d'une définition théorique de la liberté. Nous connaissons bien, aujourd'hui, les développements qu'en ont tiré les glossateurs : les sources – des gloses aux Institutes – ont été étudiées avec minutie par Besta, par Torelli, et plus récemment, par M. Weigand de façon tout à fait approfondie. Le problème posé par la notion de liberté présentait une notable originalité, puisque c'était le seul cas où les juristes constataient dans le *Corpus* une opposition complète entre le droit «naturel» et le droit «positif». La contrariété tirée du célèbre passage de Florentinus au D. 1.5.4. pr. et 1, et de deux extraits d'Ulpien, était évidente entre la *libertas* due à tous *jure naturali*, et la *servitus*, relevant du *jus gentium* et du droit civil.

———

21 H. KANTOROWICZ, *op. cit.*, p. 137-138.

22 *Op. cit.*, p. 219.

23 M. GARAUD, *La charte de franchise accordée aux Poitevins par Aliénor d'Aquitaine en 1199*, in *Etudes... Pierre Petot*, Paris, 1959, p. 194.

24 Cf. J. BONO, *Historia del derecho notarial español*, I : *La Edad Media*, Madrid, 1979 (*Ars notariae Hispanica*, I), p. 154 et n. 1.

En gros, les glossateurs restèrent fidèles à l'esprit des juristes classiques – ou du moins du droit byzantin, puisque la matière prête, selon certains, à soupçon d'interpolation – en bâtissant une construction différenciée de la liberté, dont ils rendirent compte de l'ambivalence par un renvoi à chacun des modes juridiques dont elle était issue : *diffinitur libertas eo jure quo prodita est*, disait déjà Irnerius dans une glose bien connue.

Ce n'est pas le lieu de rentrer ici dans le détail des adjonctions insérées par les glossateurs à la suite de ce principe. La matière a été traitée en détail par M. Weigand, et elle est d'ailleurs complexe : c'est ainsi que la glose *hec facultas naturalis duplex est*, qui précède immédiatement l'axiome précité, est assignée à Y [rnerius] par le ms. Vienne, Österr. Nationalbibl. 2142, et à M [artinus] par le ms. Munich clm. 3509 (25), pour se limiter à ces deux exemples. Une étude technique ferait également rentrer en ligne de compte les *Quaestiones de juris subtilitatibus* et la *Summa Vindobonensis* ; on serait sans doute amené à en tirer une divergence entre les formulations de l'école martinienne et celles des disciples de Bulgarus (26).

L'essentiel pour nous n'est pas là. Tous les glossateurs restent dépendants du critère qualitatif de la liberté à partir du droit de faire *quod facere libet*, droit qui, comme le remarquait Kantorowicz, n'est jamais absolu. Quant à l'esclave, il restait privé d'initiative *vi aut jure* : dès lors la discussion perdait toute portée pratique, comme l'observait Rogerius, qui traitait de *ridiculosum* le raisonnement donnant au *servus* cette *facultas faciendi quodlibet nisi vi aut jure prohibeantur*, puisque dans les faits il ne pouvait exercer ce droit.

M. Weigand en tire une conclusion sévère. Les glossateurs auraient sur ce point manqué de perspective sociale, faute d'un regard sur les transformations du monde médiéval. A son avis, la redécouverte du droit romain aurait constitué, dans ce domaine, un «retardierendes Moment» dans l'évolution juridique ; à côté des progrès notables qu'elle a entraînés à l'égard d'autres institutions, elle aurait pesé comme un élément conservateur sur la transformation du servage.

Peut-on pousser aussi loin les conséquences sociales du renouveau savant ? Il faudrait d'abord admettre pour cela une prise de conscience par les glossateurs de leur rôle dans le bouleversement des institutions que leur enseignement était susceptible de provoquer ; nous ne croyons guère que tel ait été le cas. Nous savons certes – et beaucoup l'ont rappelé de nos jours, de Genzmer à P. Legendre – que les Bolonais et leurs émules n'ignoraient nullement les implications pratiques de leur doctrine. Le seul domaine que nous explorons aujourd'hui en fournirait des illustrations : à propos de liberté, la glose prend la capacité matrimoniale comme l'exemple d'une *facultas ablata* pour le *servus*, et, à l'inverse, c'est à partir du principe posé par Paul, selon lequel *libertas*

-----

25 *Die Naturrechtslehre der Legisten und Dekretisten von Irnerius bis Accursius und von Gratian bis Johannes Teutonicus*, Munich, 1967, p. 41 et s.

26 Notamment en tirant parti des observations présentées par TORELLI, *Glosse preaccursiane alle Istituzioni. Nota seconda : glosse di Bulgaro*, aujourd'hui in *Scritti di storia del diritto italiano*, Milan, 1959, p. 95-166.

inestimabilis res est, que Bulgarus, puis Placentin, repoussent la solution du droit lombard qui permettait d'éviter, par le paiement d'un wergeld, les suites du meurtre d'un homme libre (27).

De ce type d'observation, on ne peut cependant induire que les glossateurs aient profondément ressenti les bouleversements potentiels dont leur doctrine était porteuse. Ils sont généralement malheureux lorsqu'ils comparent, et on sait que le fait n'est pas fréquent, les techniques offertes par leurs sources à l'état des mœurs du moment ; donnons-en deux exemples. Dans la *Summa Trecensis* 5.19.9, l'auteur anonyme, dans un passage à juste titre relevé par Mme Villata di Renzo (28), affirme à propos des tuteurs *set cum hodie fere neque dantur, neque petuntur, et usus eorum minime frequentatur, ideo haec compendiose dicta sufficiant.* Et M. Padoa Schioppa (29) a mis en évidence l'extrait suivant du *Brachylogus* 4.35.5 : *ad quos autem judices liceat appellare dicere necessarium non duximus, eo quod hi, quod lex nominat, apud nos non habentur.* Evidemment rien ne laissait deviner le succès quasi-immédiat qu'allaient obtenir, et la tutelle, et l'appel.

Seulement l'application au servage des textes relatifs à l'esclavage n'était pas comparable à la substitution de l'appel aux ordalies, ou de la tutelle au bail et à la garde, pour reprendre nos exemples. Réemployer ces mêmes textes était faire œuvre d'unification, puisqu'une norme générale se trouvait plaquée sur des situations, certes souvent fluides, mais surtout fort hétérogènes. Là se trouvait le danger le plus évident : des hommes que ne caractérisait jusqu'ici qu'un certain nombre d'incapacités – successorale, matrimoniale, testimoniale, réelle, etc. – rarement toutes réunies, allaient désormais être placés dans une condition tenue cette fois en bloc pour inférieure par un postulat tiré d'une identité terminologique. La césure établie entre liberté et servitude ne laissait guère de chances, au surplus, à la survie de statuts intermédiaires : celle-ci n'a été possible en effet qu'en zone de moindre emprise romanisante, comme il est arrivé pour les ministériaux des pays allemands (30).

Il s'en faut de beaucoup que l'irruption du droit byzantin dans la pratique ait du reste servi toujours et partout la cause de la liberté. Rien qu'en Catalogne, deux exemples rendent compte du phénomène inverse. Dans leur article 89, issu de la masse rédigée sans doute entre 1149 et 1151 (31), les *Usatici* de

---

27 Cf. Br. PARADISI, *Le droit romain et sa réception en Europe, Actes du colloque... de l'Université de Varsovie,* éd. M. KUPISZEWSKI et W. WOLODKIEWICZ, Varsovie, 1973, p. 138.

28 *La tutela. Indagini sulla scuola dei glossatori,* Milan, 1975 (*Univ... di Milano, Pubbl. dell'Istituto di storia del diritto italiano* 6), p. 102 et n. 96.

29 *Ricerche sull'appello nel diritto intermedio,* II : *i glossatori civilisti,* Milan, 1970, p. 19, n. 45.

30 Cf. les travaux bien connus de Ph. DOLLINGER, et en dernier lieu *Aspects de la noblesse allemande, XIe-XIIIe siècles,* in *La noblesse au Moyen âge,* éd. Ph. CONTAMINE, Paris, 1976, p. 142-145.

31 Pour la filiation du passage, voir G.M. DE BROCÀ, *Historia del derecho de Cataluña...,* t.I, Barcelone, 1918, p. 158 ; pour la datation de cette masse, voir P. BONNASSIE, *La Catalogne du milieu du Xe à la fin du XIe siècle,* t. II, Toulouse, 1976, p. 711 et s.

Barcelone reproduisent le célèbre fragment de Licinius Rufinus au D.22.5.6 passé chez Gratien et qui justifie l'incapacité testimoniale par l'assujettissement à l'ordre éventuel du maître ; voici donc les serfs atteints par un texte qui contraste avec le système relativement libéral qu'adoptaient les Wisigoths à l'égard du témoignage de l'esclave. Presque à la même époque, et plus précisément entre 1175 et 1185, les bourgeois de Vich essaient d'imposer à l'évêque un régime consulaire : leur tentative est condamnée à l'instar d'un préjudice causé par des *liberti* à leur patron, signe de cette ingratitude qui justifie la retombée de ces derniers en esclavage, à travers des références savantes identifiées par M. Paul Freedman, qui a su mettre récemment en lumière ce document bien curieux (32).

Chacun sera tenté d'opposer à de tels exemples ces formulaires d'affranchissement qui, dès le même temps, font du *civis romanus* le symbole de l'homme libre. Encore ne doit-on pas perdre de vue la rareté relative des manumissions écrites qui sont parvenues jusqu'à nous ; ce type de pièces n'atteste que dans une infime proportion de la vague d'extinction qui va, plus ou moins rapidement, recouvrir le servage. Et surtout, il est permis de s'interroger sur l'intérêt pratique de ce recours au modèle antique : servait-il à définir une nouvelle norme épurée de tout vestige d'incapacité, ou n'était-ce que placage de notaire sur une réalité plus complexe, liée, soit au relâchement progressif de liens d'homme à homme, soit à une mobilité accrue de la paysannerie, soit encore à une modification du rapport entre offre et demande de travail ?

Répondre avec quelque certitude à la question supposerait un examen d'ensemble de la documentation disponible, hors de question dans le cadre présent. Pour le Midi français des douzième et treizième siècles, une appréciation globale nous semble néanmoins possible. La lente transformation de la condition des serfs, dans ce cadre géographique et chronologique, ne nous paraît rien devoir à la diffusion de la pensée savante. L'absence d'impact de celle-ci tient à des causes multiples. D'abord à l'intérêt réduit que portent les praticiens des premières générations aux populations rurales, noblesse mise à part ; leur savoir est à la disposition des citadins avant tout, et les citadins y recourent en effet massivement. Ensuite à un élément chronologique : dans beaucoup de régions, le passage à un servage réel, accompagné ou non d'une extension à l'ensemble des *rustici*, était un phénomène largement entamé, parfois même achevé, lorsque la pratique a commencé à être contaminée par le langage des glossateurs. De plus, et surtout, les mutations économiques, démographiques, voire technologiques, étaient bien trop profondes et durables pour qu'une poignée de juristes, quelles que fussent leurs tendances, aient pu en enrayer les conséquences. C'est bien le cas de répéter, après H. Kantorowicz,

———

32 An unsuccessful attempt at urban organization in twelth-century Catalonia, in *Speculum*, t. LIV (1979), p. 479-491 : «Item sicut liberti non debent aliquid facere vel dicere quod suggillet famam patroni, ita homines ecclesie non debent aliquid facere quid sit in lesionem et diminutionem juris ecclesie, et si fecerint quemadmodum liberti ex causa ingratitudinis in servitutem revocantur, ita ipsi benefitio ecclesiastico privari merentur».

que «das Leben ging seinen Weg und die Wissenschaft ihren» (33). Observons même que les pays les plus précocément gagnés aux techniques savantes, comme la Septimanie, ont connu plus tôt que d'autres, et à l'exception de quelques «îlots», une tendance au déclin, puis à la disparition du servage.

Peut-être même l'action des glossateurs a-t-elle, par un effet indirect, entraîné la disparition du terme même de *servus*, comme si l'inadaptation de l'enseignement relatif aux esclaves était devenue évidente pour les praticiens : on a remarqué que, par exemple en Quercy, en Mâconnais ou en Dauphiné, et même lorsque le servage persistait dans les faits, le vocabulaire se modifiait à peu près en même temps que le langage juridique se technicisait (34). D'un renouveau du servage, ou d'un durcissement de la condition des serfs sous l'impulsion des *legisperiti*, il n'est en revanche nulle part question.

*
* *

Plus qu'à une volonté délibérée, c'est donc à cette inadaptation de la glose que l'on doit la réduction des nuances infinies du statut servile à une homogénéité de principe calquée sur l'esclavage antique. Ce n'est là qu'une conséquence de ce manque de sens historique qu'on a si souvent dénoncé (35) chez les glossateurs. La même lacune est évidente dans bien d'autres domaines où précisément la nouvelle science juridique n'a guère bouleversé l'histoire, ou n'a exercé qu'une influence éphémère ; après tout, une fois disparu Frédéric Barberousse, la *renovatio imperii* elle-même, partie également d'une confusion, a-t-elle constitué, à l'Ouest des Alpes du moins, un phénomène politique majeur (36) ?

En définitive, ce serait sans doute faire fi des tendances les plus connues de la pensée intellectuelle médiévale que de reprocher aux glossateurs de ne point avoir dénoncé les inégalités sociales de leur temps. Peut-être peut-on leur imputer en revanche de s'être peu à peu enfermés dans un professionnalisme et dans un technicisme qui les ont éloignés de toute attitude critique. La hauteur des vues serait-elle au contraire le privilège des pionniers ? Il est aujourd'hui permis de se demander, à la lecture de l'étonnant récit récemment publié par M. Schmugge (37), et qui aurait pu figurer en tête de ces lignes.

---

33 *Die Epochen der Rechtswissenschaft*, aujourd'hui in *Rechtshistorische Schriften*, Karlsruhe, 1970, p. 5.

34 Cf. N. DIDIER, *Les plus anciens textes sur le servage dans la région dauphinoise*, in *Etudes... Pierre Petot* précitées, p. 131-140.

35 Cf. la bibliographie donnée par H. ANKUM, *De Geschiedenis der «actio Pauliana»*, Zwolle, 1962, p. 108, n. 1 ; aj. A. CAVANNA, *Storia del diritto moderno in Europa*, I : *Le fonti e il pensiero giuridico*, Milan, 1979, p. 118 et s.

36 En termes de rapports de force seulement, est-il besoin de préciser ; cf. les fines remarques présentées par W. ULLMANN, *Law and politics in the Middle Ages*, Londres, 1975, p. 76 et s.

37 «Codicis Iustiniani et Institutionum baiulus». Eine neue Quelle zu Magister Pepo von Bologna, in *Ius Commune*, t. VI (1977), p. 1-9.

Il s'agit d'un passage du *Liber regum*, écrit à Paris par Ralph Niger, probablement entre 1179 et 1189, et qui met en scène le fameux et mystérieux Pepo. A la relation du moraliste anglais, l'empereur – il ne peut s'agir que de Henri IV – se trouvait en Lombardie et avait à présider au jugement du meurtrier d'un *servus* ; l'homicide encourait une simple condamnation pécuniaire, ce que confirme le *Liber Papiensis*, qui fixe en effet dans ce cas le *wergeld* à une somme comprise entre 16 et 60 sous. C'est alors que *surrexit magister Peppo in medium, tanquam Codicis Justiniani et Institutionum bajulus*, affirmant que le meurtrier *violasset naturale communionis consortium*. La suite est aussi frappante : *sive enim servus, sive liber foret, idem ait judicium, quoniam addictio servitutis delere non poterat communionem nature humane conditionis*. Même si nous n'avons aujourd'hui aucun moyen de vérifier l'exactitude de l'argumentation attribuée à Pepo, peut-on rêver plus magnifique illustration du rôle égalisateur prêté au droit et donc à ses commentateurs, sinon à la fin du onzième siècle, du moins dans les milieux parisiens lettrés cent ans plus tard, et à travers le prisme de la morale ambiante ?

XVII

L'INFLUENCE MARTINIENNE EN FRANCE: SUR QUELQUES TÉMOIGNAGES PRÉCOCES DE LA PRATIQUE MÉRIDIONALE

En hommage à l'éminent collègue qui, en tant de brillantes études sur l'histoire universitaire, a su rester à l'écoute dès aspirations propres à la société médiévale, nous voudrions présenter ici divers textes que nous livrent originaux ou cartulaires du Midi français pour le seul douzième siècle, et dont il est permis de tirer hypothèse sur les influences intellectuelles qu'ils reflètent. Les documents sont à vrai dire peu nombreux: la pratique n'a que faire en général des justifications théoriques, et ces dernières n'y prennent place que par exception, grâce à des coquetteries de rédacteurs avides d'étaler une science de fraîche date.

L'emploi du vocabulaire tiré des compilations ne saurait, à lui seul, rendre compte de telles influences. Si par exemple une expression aussi typiquement justinienne que *donatio propter nuptias* se fait jour à Montpellier dès 1129, le contrat de mariage où elle se lit[1] ne contient aucune disposition propre à identifier un maître ou une école déterminée. Tout au plus peut-on lier ce vocabulaire nouveau, plaqué sur le *sponsalitium* traditionnel, à la présence dans la ville, et dès la même année, d'un *Dulcianus* tenu plus tard pour *magister;* et lier à son tour ce personnage à un Hélie, avec qui on le rencontrera quelques années plus tard, et en qui on a voulu voir, non sans vraisemblance,[2] un chanoine de cet ordre de Saint-Ruf, alors en plein essor, et dont

[1] Liber instrumentorum memorialium, éd. *Al. Germain,* Montpellier 1884–1886, n° 128, p. 262: union de Guilhem VI et de Sibylle de Mataplane (au n° 136, p. 270 un résumé – probablement un projet – du contrat évoque également la donatio). Le texte semble avoir été signalé en premier par *Ch. Lefebvre,* Cours de doctorat sur l'histoire du droit matrimonial français IV: le droit des gens mariés aux pays de droit écrit et de Normandie, Paris 1912, mais d'après la version publiée dans l'Histoire de Languedoc de *Devic* et *Vaissète, éd. Privat,* t. V, n° 502.

[2] Cf. *J. P. Poly,* Les légistes provençaux et la diffusion du droit romain dans le Midi, in Rec. droit écrit IX, 1974, p. 624 et n. 81, p. 634 et n. 162. – Dans cette note comme dans les suivantes, il a été adopté le système de citations proposé par l'Index adbreviationum, Milan 1960, du Ius romanum medii aevi.

l'entourage, comme en témoigne la *Summa Iustiniani est in hoc opere*, comptait des élèves de Martinus.

Mais ce *Dulcianus*, qui a récemment retenu l'intérêt de L. Mayali[3] et de J. P. Poly,[4] le second lui attribuant volontiers une origine italienne, mérite en effet d'attirer l'attention. Il figure par trois fois dans des listes de témoins d'actes passés au cartulaire de Gellone:[5] placé immédiatement après les clercs dans une pièce de 1122, et, la même année, à la suite du *grammaticus* Seguin, il est donné pour *judex* en 1137, parmi les *laici* et en compagnie d'un certain Raymond Rostaing. Quelles qu'elles fussent, ses activités le faisaient voyager dans la contrée; alors qu'il se trouve dans la région de Ganges et de Saint-Guilhem, d'où proviennent les documents précédents, on le rencontre en 1134 près de Béziers: il *interfuit placito* à l'occasion d'un litige opposant l'abbé de la Chaise-Dieu à celui de Saint-Thibéry, ainsi que le rappelle une sentence du légat Hugues où est invoqué le témoignage de notre *magister* sur ce plaid, tenu à Corbian.[6] Les autres signes de sa présence proviennent de Montpellier, où il avait une maison, selon une précision posthume de l'année 1161; en fait, rien ne prouve qu'il ait vécu au-delà de 1139.[7]

C'est à ce praticien, traité de *jurisperitus Montispessulani*, que s'adresse Pierre le Vénérable dans une lettre que J. P. Poly situe peu après 1132, c'est-à-dire à l'issue de la controverse où l'abbé de Cluny s'était affronté à celui de Saint-Gilles;[8] on pourrait d'ailleurs aussi bien, selon nous, dater la missive de 1134, puisque *Dulcianus* venait de participer au règlement de l'affaire intéressant la Chaise-Dieu, dont l'abbé était le propre frère de Pierre, et bénéficiait de la protection de ce dernier, comme on le sait par une correspondance postérieure. Quoi qu'il en soit, Pierre témoigne dans cette lettre d'une vive reconnaissance pour les services rendus par le Montpelliérain ,,à nous et aux

---

[3] Les magistri dans l'ancienne Septimanie au XIIe siècle, in Rec. droit écrit X, 1979, p. 94 et n. 9.

[4] Les maîtres de Saint Ruf. Pratique et enseignement du droit dans la France méridionale au XIIe siècle, in Université de Bordeaux I. Annales de la Faculté de Droit . . . Centre . . . d'histoire institutionnelle et régionale 2, 1978, p. 187 et n. 15.

[5] Ed. *Alaus, Cassan* et *Meynial*, Montpellier 1898, n° 187, p. 164; n° 364, p. 297; n° 491, p. 401.

[6] Cf. notre étude Les étapes de la pénétration du droit romain au XIIe siècle dans l'ancienne Septimanie, in Ann. Midi 69, 1957, p. 111–112 et n. 72.

[7] Aux textes fournis par les auteurs précités, aj. celui de 1135 qui est publié au Cartulaire de Maguelone I, éd. *J. Rouquette* et *A. Villemagne*, Montpellier 1912, n° 63, p. 128 et au Liber instrumentorum . . . n° 73, p. 135.

[8] Ed. *G. Constable*, The letters of Peter the Venerable I, Harvard historical studies 78, Cambridge, Mass. 1967, n° 19, p. 27; cf. aussi infra, n. 21. – Les deux extraits publiés plus loin sont tirés de la même édition, n° 67, p. 197, et n° 141, p. 348.

nôtres": M. Poly en tire la conclusion que *Dulcianus* était le conseiller ordinaire de l'illustre clunisien, ce qui nous semble d'autant plus probable que ce dernier se plaint ailleurs de ne pas trouver autour de lui de praticiens compétents.

Il convient donc – la précocité des temps y prête au surplus – de tenir notre juriste méridional pour responsable des connaissances juridiques dont témoigne parfois la correspondance de Pierre. Deux extraits de celle-ci en donnent un aperçu. D'abord, une lettre adressée entre 1135 et 1138 à Guillaume, évêque d'Orange, voit notre abbé, tentant sans doute de faire pièce aux allégations de son correspondant, *humanarum legum peritus*, verser au débat cet extrait de la *lex romana:*

> Nihil tam juri naturali conveniens est quam voluntatem domini volentis rem suam in alium transferre, ratam haberi.

On aura reconnu sans peine le texte des Inst. 2.1.40, dans lequel *juri naturali* se trouve substitué à *naturali aequitati.* Or le même traitement sur la source se trouve opéré dans la *Lectura Institutionum* publiée par Palmieri au bas de la *Summa Vindobonensis;*[9] chacun reconnaît aujourd'hui, à la suite de Meijers, le caractère martinien des manuscrits portant cette *Lectura.*

Dans une autre lettre, adressée à Eugène IV en 1149, l'abbé de Cluny, protestant contre la désignation du Nîmois Raymond de Montredon, archevêque d'Arles, comme arbitre dans un litige séparant Jourdain de Montboissier, abbé de la Chaise-Dieu et frère précité de Pierre, et l'évêque de Nimes, expose l'argument suivant:

> Cum non solum de vestro, quod summum est, sed etiam de quolibet rationabili mandato, lex vestra romana et authentica dicat quod mandatarius non debet excedere fines mandati . . .

Si la référence est indubitablement prise à Inst. 3.26.8, le conseiller de notre abbé y a glissé un *rationabile* et un *mandatarius* étrangers au passage. Certes la définition des devoirs du mandataire apparaît très tôt chez les glossateurs, et l'on sait qu'un fameux passage attribué au mystérieux *Geminianus* par la *Glossa Coloniensis* limite la règle au mandat conclu *certis finibus;*[10] mais on retrouve l'écho de cet enseignement dans la très martinienne Somme *Justiniani est in hoc opere,* d'origine rhodanienne.[11] Sur ce point, l'originalité n'est le

---

[9] Bibl. iurid. med. aevi I, 1914, p. 33, c. 1. – Pierre reprendra plus tard le même argument, avec la même citation (éd. *Constable,* n° 149, p. 366).

[10] Voir *Patetta,* Irnerio scuola Roma, p. 85; *Torelli,* Glosse Irnerio, 1959, p. 82.

[11] Ed. *Legendre,* 4.19, p. 114. – Passée à la suite de la continuatio Nec sine causa

fait, ni de la *Summa Vindobonensis*, ni de la *Lectura*, ni d'ailleurs non plus du Livre de Tubingue (*Tub.* 93 = *Exc. Petri* 3.54).

L'emploi de *mandatarius* ne permet guère de préciser la filiation. Le terme figure, sinon dans le passage lui-même, du moins quelques lignes plus loin, tant dans la *Summa* que dans la *Lectura;* encore semble-t-il qu'il appartienne à un état déterminé de la pensée martinienne, puisque, comme Meijers l'a remarqué,[12] il n'apparaît pas dans la glose correspondante du ms. Munich lat. 3509. En tout cas, on le retrouve dans l'*Epitome exactis regibus* 3.24 et 9.33, dans le *Libellus de verbis legalibus* au § 29 et dans la *Summa Codicis* de Rogerius 4.40. Reste le *rationabile* qui donne à notre lettre un parfum, soit d'influence canonique, soit, comme on le verra plus loin, d'apparentement à la *Summa Trecensis,* vraisemblablement contemporaine.

A fort juste titre, J. P. Poly a tenté de retracer le cheminement de pensée par lequel Pierre le Vénérable, de contempteur de la nouvelle science juridique, est passé au rang de ses utilisateurs: aux termes d'une lettre remontant aux envitons de 1130 et adressée à un *Stephanus, jurisperitus* qui conseille l'abbé de Saint-Gilles,[13] il n'avait alors aucune idée de la distance séparant *jus* et rhétorique. Ce n'est qu'ensuite, et sans doute au contact des praticiens méridionaux, qu'il a pris conscience de l'intérêt qu'il avait à s'attacher des conseillers éclairés. Précisément, d'autres textes demandent examen, qui nous rapprochent, non plus seulement de Montpellier, mais des pays bordant la basse vallée du Rhône.

Significative se révèle d'abord une charte relatant l'hommage porté en 1138 par Galburge de Bernis à Alphonse Jourdain de Toulouse pour son fief, situé aux environs de Nîmes: le texte nous en a été conservé dans la collection des layettes du Trésor des Chartes,[14] et comporte en tête l'axiome suivant:

Quod inter contrahentes observari debere, et juris et equitatis ratio suadet.

---

diximus à l'appendice I aux Exc. Petri, ch. 3, la proposition a été publiée déjà par *Fitting*, Jur. Schriften, p. 152.

[12] Sommes Lect. Comm., 1934, p. 437.

[13] Ed. *Constable*, n° 8, p. 14. *J. P. Poly*, Les maîtres . . ., p. 186, voudrait assigner à ces lignes les années 1122–1125, mais une seule des lettres de Pierre est antérieure à 1130 (*Constable*, op. cit., p. 80). Quant à *Stephanus*, il s'identifie sans doute au *grammaticus* présent lors de la conclusion du traité passé en septembre 1143 à Saint-Gilles entre représentants de cette ville, Gênois et Pisans: Hist. Patriae Monum., Liber iurium reipublicae Genuensis I, Turin 1854, n° 80, col. 84.

[14] Arch. Nat., J 627; éd. *Teulet*, Layettes du Trésor des Chartes I, n° 69, p. 49; cf. aussi Histoire de Languedoc V, col. 1027.

Face à un tel énoncé, le lecteur ne peut manquer d'invoquer la célèbre loi *Placuit* et le binôme *ratio aequitatis – ratio stricti juris* dans le commentaire duquel se complaira la doctrine à la fin du siècle.[15] Comme on pouvait s'y attendre, une source intermédiaire a été cependant employée par le rédacteur, et une source à chercher chez les *gosiani:* c'est en effet Martinus qui, dans une glose sur C. 1. 14. 1, a qualifié l'équité de conseillère[16] en utilisant le verbe tiré de C. 2. 4. 14 et repris par notre rédacteur, dont la formulation au demeurant prudente ne permet pas de savoir s'il adopte la théorie bien connue du maître en la matière.

Reste cependant que cette source intermédiaire ne se bornait pas à reproduire la glose précitée. Le scribe a dû en effet y trouver, non seulement la mention du double domaine de la *ratio* – ce qui montre au passage que Martinus ne s'est pas borné à tirer de la loi *consuetudinis* la seule *ratio aequitatis,* mais qu'il faut faire remonter aux premiers temps de son enseignement l'opposition de cette dernière à la *ratio juris* –, mais aussi l'*observari debere,* ce qui amène entre autres à mettre hors de cause les développements de la *Summa Trecensis* 2.3.3. A notre connaissance, le rapprochement entre cette expression et la *ratio aequitatis* a été opéré pour la première fois par Rogerius, dans ses *Enodationes quaestionum super Codice* § 3.[17]

Si notre hypothèse est exacte, deux solutions restent possibles. Ou bien Rogerius et le rédacteur de cette charte ont utilisé une source commune, ou des sources très voisines, d'inspiration martinienne; mais il n'est guère aisé d'admettre que des emprunts analogues soient le fait, et d'un glossateur aussi réputé, et d'un praticien obscur. Ou bien le document de 1138 émane d'un élève de Rogerius qui glisserait à l'occasion telle réminiscence de sa formation juridique, sans que l'on soit par là tenu de supposer que les *Enodationes* elles-mêmes remontent à une date aussi haute.

Contre la supposition d'une influence rogérienne, il n'est pas permis de faire valoir la date du document, si ancien qu'il soit: nous ne savons que bien peu de la vie de ce personnage si mystérieux, que jalonnent seulement une glose mentionnant l'année 1158 et le fameux plaidoyer pour Hugues des Baux à la diète de Turin de 1162. Toutefois sa mort a dû se produire peu après 1162,

---

[15] C. 3.1.8. – Cf. *E. Cortese,* La norma giuridica II, Milan, 1964, p. 350–352.

[16] Cf. *E. Meijers,* Le conflit entre l'équité et la loi chez les premiers glossateurs, in Tijdschr. 17, 1941, p. 117–135, aujourd'hui dans Et. hist. droit IV, p. 142–156, et particulièrement p. 145, d'après le ms. Paris, Bibl. lat. 4523, f° 15 v°.

[17] Ed. *H. Kantorowicz,* Studies Gloss., rééd Aalen, 1969 (avec additions de *P. Weimar*), p. 284.

puisque *Lo Codi* était déjà rédigé à ce moment, et que, comme on le sait, l'auteur de la somme provençale a utilisé celle de Rogerius, restée inachevée. Surtout, nous avons cru pouvoir montrer ailleurs, sur le double fondement de la présence du futur Hadrien IV en Arles dans ses années d'études, et d'une sentence archiépiscopale rendue dans cette ville à l'aide d'un vocabulaire très savant, que l'auteur des *Enodationes* se trouvait en Provence dès les années 1140/1141: notre charte de 1138 viendrait confirmer un tel séjour en en vieillissant seulement le point de départ de deux ou trois ans; par là même se dessinerait une carrière commencée en France suffisamment tôt pour que Rogerius ait été marqué par les habitudes stylistiques en faveur de ce côté des Alpes, ainsi que l'a noté par exemple Kantorowicz, mais sans en tirer les conséquences logiques sur le *curriculum vitae* du personnage.

En faveur d'une influence rogérienne, jouent en revanche et la localisation de la charte, et surtout l'identité de son inspirateur probable. La première, si elle n'est pas indiquée au texte, est à assigner aux environs de Nimes, mais non dans cette ville même, aux mains d'un vassal remuant du Toulousain; on dirait même volontiers de cette prestation d'hommage qu'elle est destinée à contenir les ambitions du vicomte de Nimes.[18] Plus probablement, car l'identité des témoins le suggère, l'acte a été passé à Saint-Gilles, résidence fréquente et centre administratif de la maison toulousaine, dont on sait d'ailleurs qu'elle tirait du lieu sa dénomination au temps de Raymond IV. Le rapprochement ne peut manquer d'être opéré d'avec le plus ancien ms. provençal du Codi, dont les exemples supposent une rédaction à Saint-Gilles plus qu'en Arles, à laquelle conduisent en revanche les mss. latins ou plus exactement ce que le traducteur a laissé passer des références provençales fournies par le ms. qu'il utilisait.

Parmi les témoins présents à la prestation d'hommage, figure d'autre part un *Geraldus jurisperitus* auquel doit être assignée la responsabilité d'avoir inséré l'axiome précité en tête du document. Le titre qu'il se donne est par lui-même, et à sa date, digne d'intérêt; c'est en effet la première fois[19] que, non seulement dans le Midi, mais, à notre connaissance à l'Ouest des Alpes, qu'apparaît ce prédicat, promis à une éclatante fortune. Mais la carrière de son

---

[18] Qui, quelques années plus tard, obtiendra précisément une renonciation du Toulousain à ses droits sur Bernis: cf. *Teulet*, Layettes ... t. I, n° 77, p. 54, et Histoire de Languedoc, t. V, col. 1249.

[19] Au titre des chartes et notices, s'entend. La première des lettres précitées de Pierre le Vénérable porterait en revanche à supposer que le terme apparaît à Saint-Gilles plus tôt qu'ailleurs, et que *Geraldus* l'a emprunté à son prédécesseur *Stephanus*, qu'il a sûrement connu: comparer les textes respectivement cités supra, n. 13 et infra, n. 21.

porteur en l'occurrence, autant que l'on puisse la reconstituer, ne manque pas d'intérêt, et se déroule, semble-t-il, en trois étapes. Au cours de la première, notre *Geraldus,* qu'il convient de ne pas confondre avec un homonyme, rédacteur de diverses pièces aux cartulaires d'Aniane et de Gellone,[20] ne quitte guère les bas pays rhodaniens, d'où il est sans doute originaire. Dès 1132, il figure en qualité de témoin, au bas d'une transaction intervenue à Beaujeu, et en présence d'Innocent II, entre l'abbé de Cluny, Pierre le Vénérable, et celui de Saint-Gilles, à la suite duquel il appartient visiblement;[21] le qualificatif de *grammaticus,* qui lui est alors donné, et que d'autres porteront dans divers documents saint-gillois, nimois et arlésiens,[22] s'applique ici manifestement à un lettré ou à un praticien juriste, selon cette même acception que *Lo Codi* donne aux *gramadis.* En octobre 1155, et donc bien postérieurement à l'hommage relatif à Bernis, nous retrouvons *magister Geraldus,* en compagnie de maître Seguin, présent en Arles lors d'une donation effectuée par Raymond Bérenger de Barcelone.[23] A une date indéterminée, notre juriste est ensuite entré au service de la vicomtesse Ermengarde de Narbonne. C'est vraisemblablement à ce titre qu'il rédige, en mai 1167, le texte relatant l'hommage porté pour Saverdun par Roger Bernard de Foix à Raymond V de Toulouse.[24] En tout cas, il se donne pour *clericus* de celle-ci lorsque, en décembre de la même année, il établit un autre document.[25] Fort tentante

---

[20] Cet autre *Geraldus,* dépouillé cette fois de tout prédicat, apparaît par exemple au Cartulaire de Gellone, n° 492, p. 402 (1137), et au Cartulaire d'Aniane, éd *Cassan et Meynial,* Montpellier 1900, n°s 298, p. 422 (1152), et 170, p. 307 (1175).

[21] Recueil des chartes de l'abbaye de Cluny V, Paris 1894, éd. *A. Bernard* et *A. Bruel,* n° 4029, p. 384–386; si la pièce fournit le millésime, la date exacte (13 février) est tirée par les éditeurs de l'itinéraire d'Innocent II.

[22] Voir diverses références dans notre Science juridique française aux XIe et XIIe siècles . . ., in I. R. M. AE, I. 4. d–e, Milan 1978, p. 28, n. 131. Mais le plus précoce de ces personnages est sans doute *Aldebertus,* qui se donne parfois aussi pour legisperitus, et dans lequel *J. P. Poly* (Les maîtres . . ., p. 194), veut voir un chanoine de Saint-Ruf; en tout cas, il se signale à l'origine dans des sources nimoises.

[23] *Bouche,* Histoire chronologique de Provence II, Aix 1664, p. 121. *M. Poly* (Les légistes . . ., p. 627, n. 121), les suppose de la suite comtale, mais il est, selon nous, plus probable – et le texte s'y prête aussi bien – qu'ils appartiennent à l'entourage de l'archevêque Raymond de Montredon, dont bien des indices montrent le soin qu'il apporte à s'assurer de conseils juridiques, voire à les monopoliser (*Poly,* Les maîtres . . ., p. 189); d'ailleurs, instruit à l'école cathédrale de Nimes, le futur prélat y avait certainement connu son concitoyen Raymond des Arènes, selon nous le canoniste Cardinalis, qu'il appellera plus tard auprès de lui.

[24] *Teulet,* Layettes . . . I, n° 207, p. 93.

[25] Histoire de Languedoc VIII, c. 273–275; *E. G. Léonard,* Catalogue des actes des comtes de Toulouse III: Raymond V, Paris 1932, n° 47, p. 34–35.

serait l'hypothèse attribuant à l'influence de notre juriste la célèbre défense présentée par Ermengarde contre la tentative menée par un de ses vassaux en 1164 pour se soustraire à sa juridiction, en une affaire où les conseillers de Louis VII avaient été confrontés pour la première fois à l'allégation de textes romains; on tiendra cependant compte de la présence d'un autre praticien, maître Brémond, au sein de ce parti narbonnais décidément, et très tôt, fourni en juristes.

Sur la fin de sa vie, notre *magister* a dû s'installer à Montpellier; il y est en tout cas manifestement entouré de considération. La place qui lui est attribuée parmi les témoins de divers actes le suggère: précédant maître Gui, personnage pourtant notable de la vie politique locale, dans une pièce de 1171,[26] il figure six ans plus tard en tête de tous les laïcs lors de la publication du testament laissé par un membre de la famille seigneuriale.[27] Enfin, à l'occasion d'un arbitrage rendu par l'évêque de Lodève, assisté par Pierre de Cardona et par le même maître Gui, entre Guilhem VIII de Montpellier et quatre riches bourgeois, créanciers de ce dernier et détenteurs de *pignora* qu'ils abandonnent (mars 1180, n. s.), il se trouve classé après l'abbé d'Aniane et Geoffroy de Marseille, mais avant une longue série de témoins, tous ordres cette fois confondus.[28] Le texte, de rédaction assez savante pour qu'il y soit glissé un *curator in lite constitutus*, comporte un passage assez remarquable:

> De debitis autem quibus Guillelmus . . . ante prefatam remissionem eis rationabiliter erat astrictus, de bono aequitatis, quamvis ipsi creditores eum absolverint, illa persolvant[29] . . . De debitis vero quibus rationabiliter non tenebatur ante hanc causam, de illis penitus sit absolutus, propter factam remissionem et juris aequitatem.

L'inspirateur de ce fragment est à chercher ailleurs que chez maître Gui, dont les nombreuses pièces qui le mentionnent ne mettent nullement l'accent sur l'*aequitas;* il faut donc se tourner vers Pierre de Cardona[30] ou vers *Geraldus.* Quoi qu'il en soit, la source utilisée ne se laisse pas identifier facilement, d'autant plus qu'à cette date les oeuvres en circulation étaient relativement nombreuses, et que Placentin enseignait dans la ville depuis plusieurs années. Mais, du double recours à l'équité – dont une *aequitas juris* qui n'est pas sans

---

[26] Liber instrumentorum . . ., n° 86, p. 160; cf. aussi p. 172. –Remarquons que Bertrand de Melgueil prend ici le titre de comte, alors qu'il a été déshérité par sa mère Béatrix, elle-même visiblement conseillée par Raymond des Arènes.

[27] Ibid., n° 97, p. 192.

[28] Ibid., n° 166, p. 302.

[29] Ed.: *persolvat.*

[30] Dont la carrière, fort mal connue, passe par un séjour préalable en Provence: voir les pièces, des années 1176 et 1178, que cite *Poly,* Les maîtres . . ., p. 198, n. 54.

rappeler tant les premiers produits martiniens[31] que la *Summa Codicis* de Rogerius,[32] et de la complaisance du rédacteur à user, par deux fois encore, du peu courant *rationabiliter*, il est permis de tirer cette conclusion que l'influence rogérienne était alors encore sensible, ou plus exactement que l'auteur de la *Summa Trecensis*, si porté, on le sait, à employer cet adverbe,[33] relevait d'une filiation intellectuelle voisine, encore que son oeuvre soit sensiblement plus ancienne que notre texte, et que les milieux ecclésiastiques arlésiens aient déjà été gagnés à une ambiance analogue aux environs de 1140.[34]

Geraldus n'a sans doute pas vécu longtemps plus tard: son nom apparaît ici pour la dernière fois. Pour lacunaire qu'il nous ait été transmis, son *curriculum vitae* autorise quelques conjectures. On ne saurait exclure une formation directe au contrat martinien, puisque nous savons par une lettre d'un moine marseillais de Saint-Victor que, dès sa génération, les jeunes *provinciales* se rendaient en Italie pour y apprendre les *leges*. Mais son activité première autour d'Arles et de Saint-Gilles nous pousserait bien plus à voir en notre *jurisperitus*[35] un élève de cette école mal connue qui a produit *Lo Codi* et dont

[31] Cf. la materia Institutionum Juris periti operam dare § 3 (éd. *Fitting*, Jur. Schriften, p. 146), dont on sait que la quasi-totalité est intégrée dans la *materia* de la Somme Justiniani est in hoc opere; cependant cette dernière élimine précisément la référence au jus dans le passage materiam huic operi prestat aequitas (éd. *Legendre*, p. 19).

[32] Opposition entre aequitas pacti et aequitas juris civilis, 4.5.2 (éd. *Palmieri*, p. 102, c. 2); la Trecensis, 4.23.1, préfère mettre en parallèle aequitas pacti et rei. – On observera qu'un rationabiliter figure au même passage de cette dernière, et au § 4 chez *Rogerius*.

[33] Vingt six fois, dont onze pour la partie du Code traitée par *Rogerius*, qui l'utilise lui-même à trois reprises.

[34] Cf. *Rogerius*, Quaestiones de juris subtilitatibus et pratique arlésienne: à propos d'une sentence archiépiscopale (1141, 5 novembre), in Mémoires de la Société pour l'histoire du droit ... des anciens pays bourguignons, comtois et romands 34^1, 1977, p. 35–50.

[35] Il serait du reste utile de rechercher les oeuvres savantes dont, en France du moins, la connaissance a permis la diffusion de ce terme. A titre de repère, signalons en ce sens l'introduction historique au Digeste Facturus legum vetustarum interpretationem § 13, publiée par *Fitting* comme partie du Fragmentum Pragense, (Jur. Schriften, p. 210); si les introductions regroupées ici sont d'origine partiellement inconnue (cf. *Kantorowicz*, Studies Gloss., p. 52–54), le ms. Prague Metr. J LXXIV, où elles se trouvent, pour composite et désordonné que soit son contenu, n'en provient pas moins de la France méridionale, comme l'atteste la présence, et des Exc. Petri (ms. P4, c'est-à-dire le plus proche de l'archétype), et de leurs gloses, et de l'Abbreviatio Quoniam egestas, et peut-être enfin de l'appendice Nec sine causa diximus et du début de l'exorde aux Institutes De jure tractaturus, tous deux martiniens, mais présents à la Somme Justiniani est in hoc opere, et, pour le premier, dans une version plus proche que les autres du texte de cette dernière. Bien entendu, d'autres médiations sont possibles à partir des sources antiques, et notamment C. 1.17.2.9 (liaison entre magister et jurisperitus), 2.7.11.2

Rogerius a sans doute été le chef. Qui sait même si ce *magister* n'a pas été au nombre de ceux qui poussèrent Placentin à compléter à Montpellier la *Summa Codicis* que le premier avait laissé inachevée?

Que cette école arlésienne, si évanescente qu'elle nous paraisse aujourd'hui, ait formé divers praticiens, cela nous semble confirmé par un passage figurant dans un compromis intervenu en 1156 sur un litige opposant Saint Victor de Marseille aux fils du vicomte Raymond Geoffroy, litige porté devant la *curia* de Raymond Bérenger de Barcelone:[36]

> Cum igitur ea que transactionibus finiuntur non minoris auctoritatis habeantur rebus judicatis, et juris et aequitatis ratio persuadent que inter partes conveniunt sine retractatione perpetuo custodiri.

Le rédacteur fait probablement usage ici d'une *Summa Codicis*, ou du moins d'un commentaire sur le titre 2.4. Non seulement il extrait, mal à propos d'ailleurs, son principe de la loi 20 h. t., mais il combine ensuite, comme dans le texte précité de 1138, la loi 14 h. t. au binôme offert par C. 3.1.8, et il sait en outre tirer parti du *retractari* de la loi 42. En outre, la clause confirmative par laquelle le comte, *auctoritate judiciaria*, approuve cette *difinitio et amicabilis pacti compositio ut a lite discedetur*, porte trace à la fois de la loi 6 h. t. et, sans doute, de C. 2.6.7. Observons au passage que le serment est ici prêté *tactis sacrosanctis evangeliis:* on reviendra plus loin sur cette formule.

Aucun des écrits du temps ne fournit, à notre connaissance, de commentaire identique au titre *de transactionibus*. Toutefois la *Trecensis* 2.4.5 fournit tout à la fois une référence à l'autorité de la chose jugée, un *diffinire* et l'expression *a lite discedere;* surtout, on peut y lire un peu plus loin (2.5.1) la construction *suadet custodiri* qui s'apparente à notre texte. Il est donc permis de supposer que l'auteur de ce dernier a eu recours à une source très voisine.

La personnalité de cet auteur doit vraisemblablement être recherchée ailleurs que chez les trois arbitres, encore que ceux-ci soient qualifiés de *viri sapientes et discreti: electi* de la *curia* comtale, Rostaing de Tarascon, le sacriste Hugues et Bérenger Bertrand n'ont laissé aucune trace d'éventuelles connaissances juridiques.[37] Parmi les témoins, et tout de suite après l'évêque de

---

(relation entre doctores et jurisperiti), ainsi que de la pragmatique sanction de 554, chap. 22 (juxtaposition aux grammatici).

[36] Cartulaire de l'abbaye de Saint-Victor de Marseille II, éd. *Guérard*, Paris 1857, n° 702, p. 44–48.

[37] *Rostaing* figure dans la suite du comte au bas d'une donation consentie par ce dernier en septembre 1153: *J. Delaville Le Roulx*, Cartulaire des Hospitaliers de Saint Jean de Jérusalem I, Paris, 1894, n° 194, p. 150.

Fréjus, figure en revanche Pierre de Cabannes, un praticien arlésien que sa carrière, assez bien connue,[38] a fait passer du rôle de juge consulaire, entre 1144 et 1147, à celui de conseiller quasi-permanent de Raymond Bérenger de 1151 à 1157.

Traversons à nouveau le Rhône, tant comptent peu les frontières pour nos praticiens, et à plus forte raison pour les influences savantes. En un étonnant contrat de mariage, Géraud Amic d'abord, son épouse Galburge ensuite, disposent en 1152 de leurs apports réciproques:

> Dono tibi in donatione propter nuptias ut dos que fuerit vel est mihi data, juxta romane legis auctoritatem, ad equalitatem redigatur . . . Do tibi in dotem, ita tamen ut hec dos et donatio propter nuptias, que fuerit vel est mihi data, in quantitate et in pactis equis passibus ambulent.

Le texte, qui est aux layettes du Trésor des Chartes,[39] a déjà été signalé au titre de la mention de cette *donatio propter nuptias*[40] constituée à la femme en usufruit, et en présence comme en l'absence de *proles.* Personne ne semble cependant avoir noté l'étrangeté des clauses d'apport, où manque l'essentiel, à savoir la consistance des biens intégrés, soit à la dot, soit à la *donatio;* ce trait, joint à la science dont fait preuve le rédacteur, suggère l'utilisation d'un formulaire ou d'un écrit théorique contemporain ou antérieur. Malheureusement, le contrat ne comporte aucune indication de lieu, ni de souscription permettant de soupçonner qui en a été l'inspirateur ou le scribe.

Relativement facile à combler, la première de ces lacunes doit être suppléée grâce à l'identité des époux. Géraud Amic appartient à un lignage déjà puissant: fils de Rostaing de Sabran et de Constance, il obtiendra quelques années plus tard de Raymond V de Toulouse tout ou partie des seigneuries de Caumont, du Thor, d'autres encore, et tirera des revenus manifestement élevés de ses droits sur le port du Rhône aux portes d'Avignon, jusqu'à leur vente en 1196. Il mourra entre 1200 et 1202. Quant à Galburge, qui vivra au-delà de 1177, elle est fille de Guilhem Raimon du Cailar, et apporte manifestement en dot la seigneurie de ce nom, où le couple résidera jusqu'en 1171 au moins, et qui sera cédée à Raymond V par ses fils, désormais possessionnés à l'Est du Rhône.[41] C'est là, et donc tout près de Nîmes et de Saint-Gilles, qu'a

---

[38] Cf. *Poly,* Les légistes . . ., p. 621 et n. 60.

[39] Arch. Nat., J 323, n° 21; éd. *Teulet* I, n° 123, p. 69; Histoire de Languedoc V, n° 591, col. 1151.

[40] Ch. *Lefebvre,* op. cit., p. 28, n. 2, qui en donne une édition partielle.

[41] Voir *E. Duprat,* Testament de Géraud Amic, in Annales d'Avignon et du Comtat Venaissin, 1912, p. 3–19, qui corrige à juste titre *Du Roure,* Notice historique sur une

certainement été passé le contrat de 1152, souscrit par divers personnages de la région, dont Guillaume de Sabran, sans doute le connétable bien connu, oncle de Guillaume, comte de Forcalquier.

A priori désespérée, sauf à la limiter arbitrairement à un certain Guiran, le premier des souscripteurs, auquel rien ne permet de supposer une formation savante, la quête d'un nom pour le rédacteur se trouve guidée grâce à un contrat pratiquement identique passé en novembre 1178 entre *Radulfus* et *Adalaiz*, provenant du même fonds du Cailar et parvenu, lui aussi, par l'intermédiaire des archives des comtes de Toulouse, au Trésor des Chartes:[42] même protocole tiré de la Genèse, même absence d'indication de lieu, compensée par la présence de souscripteurs aux patronymes courants dans la région de Saint-Gilles, et surtout, à un mot près,[43] même recours aux sources savantes pour respecter le principe d'égalité des apports. L'oubli relatif à l'assiette de ces derniers subsiste, mais cette fois pour partie seulement: la dot n'est pas précisée, un blanc de la valeur d'une ligne n'ayant pas été rempli, mais la *donatio* s'applique, selon un usage très courant en Languedoc au douzième siècle, à la moitié des biens présents et à venir du mari. On relève enfin, au bas de l'acte, le *signum Radulfi qui hoc sponsalitium scribere fecit et testes firmare rogavit.*

Que ce Raous ait été capable de dicter, non seulement son propre contrat de mariage, mais aussi le précédent, cela ne fait pas de doute. Il s'agit de toute évidence du personnage bien connu[44] qui, apparaissant en qualité de *grammaticus* en 1147, figure, toujours à Nîmes ou à Saint-Gilles, dans divers docu-

---

branche de la famille de Sabran, d'après des documents originaux, Marseille, 1888; on changera cependant en Châteauneuf de Gadagne, au lieu de Castelnau, le Castrum Novum où *Géraud* détenait divers droits et fut enterré. – Le Cailar, comm. Gard, cant. Vauvert, arr. Nîmes.

[42] Arch. Nat., J 307. 2, éd. *Teulet*, Layettes ... I, n° 289, p. 119; signalé par *J. Hilaire*, Les régimes matrimoniaux aux XIe et XIIe siècles dans la région de Montpellier, in Rec. droit écrit III, 1955, p. 24, n. 4.

[43] Le texte met dans la bouche d'Adalaiz l'affirmation de l'égalité entre apports in qualitate et in quantitate (le reste sans changement), ce qui dénote d'ailleurs une meilleure compréhension de l'exigence supplémentaire requise par la Nov. 97. La formule doit être rapprochée de la terminologie hésitante qu'emploient les glossateurs sur ce point, et dont *Jean Bassien* témoigne encore dans sa Summa in librum Novellarum 7.1, du moins dans la version publiée à Venise en 1584, à la suite de la Summa Codicis d'Azon: cf. *M. Bellomo,* Ricerche sui rapporti patrimoniali tra coniugi, Milan, 1961, p. 226, n. 10.

[44] L'ont notamment suivi, *Léonard,* Catalogue ..., p. XLVI et s.; *Poly,* Les légistes ..., p. 623 et n. 75; *Mayali,* Les magistri ..., p. 96, n. 13 à 15; *l'auteur,* La date et le rédacteur des coutumes de Saint-Gilles, in Annales de l'Université des Sciences sociales de Toulouse XXIV, 1976, p. 312 et n. 12.

ments postérieurs au milieu du siècle, et notamment dans une pièce d'octobre 1151,[45] avec l'étonnant qualificatif de *legifferus*, aux côtés de Raymond des Arènes, alors à l'aube d'une brillante carrière. Les deux hommes n'ont pas manqué d'occasions de se retrouver. Raous devient en 1155 chancelier – titre qu'il juxtapose en général à celui de *causidicus* – du comte de Toulouse pour ses possessions saint-gilloises, et conserve ces fonctions jusqu'en 1181, soit peu de temps avant sa mort, intervenue entre 1183 et 1185: la période recouvre les années 1165/70 à 1176/1178, pendant lesquelles Raymond, le canoniste *Cardinalis* selon toute probabilité, s'est retiré dans la même ville. Les deux hommes ont sans doute acquis leurs connaissances juridiques, ou partie de celles-ci, à l'école arlésienne, dans le milieu même où s'est élaboré *Lo Codi*.

Sur la fin de sa vie, Raous a certainement connu maître Gui, ce Montpelliérain à peu près contemporain de Placentin qui a joué un rôle politique non négligeable. Mais les deux hommes représentaient des intérêts bien distincts: lorsqu'ils se rencontrent en décembre 1174, l'un figure dans l'entourage du Toulousain, le second dans celui de Guilhem;[46] d'ailleurs Raous ne semble jamais s'être rendu à Montpellier[47] et a peut-être évité volontairement un séjour de ce genre. En dehors des multiples services qu'il rend à Raymond, il fait bénéficier de sa science les alliés et vassaux de celui-ci; notamment, il compose la donation par laquelle Béatrix, comtesse de Melgueil, cède, le 1er avril 1171[48] le comté à sa fille et à sa petite-fille. Il a été certainement mêlé de très près aux tractations à l'issue desquelles Bertrand, fils de Béatrix, se trouva deshérité, tandis que le fils de Raymond V épousait l'héritière de Béatrix, Ermessende.

---

[45] Ed. Histoire de Languedoc V, col. 1146; *Teulet*, Layettes ... I, n° 115, p. 67, sans mention de *Raous*, qui figure bien dans Arch. Nat. J 317. 9. – Remarquons que le Johannes legiferus du Cartulaire de Trinquetaille, ed. *P. A. Amargier*, Aix-en-Provence, 1972, n° 83, p. 75 (février 1152, n. s.) apparaît dans la même région et presque en même temps.

[46] Ed. *Germain*, Liber instrumentorum ..., n° 81, p. 153 (à Mézouls, entre Montpellier et Mauguio).

[47] La pièce publiée au Cartulaire de Maguelone I, n° 121, p. 237 (1165, mars, n. s.), sans indication de lieu, mais où mention est faite de la présence de Raous, concerne bien Mireval, comme l'ont supposé les éditeurs: la Tiburgette qui met alors en gage la moitié d'un stare avait des intérêts dans cette localité (cf. Liber instrumentorum ..., n°s 340 à 343). Mais le rédacteur de l'acte est Raymond Boudon, qui a toujours instrumenté à Saint-Gilles ou aux environs, et jamais à Montpellier.

[48] Et non l'année suivante: *Léonard*, Catalogue ..., n° 55, p. 37, et Cartulaire de Maguelone I, n° 155, p. 282 (avec le millésime 1172).

Dans une récente étude, M. Poly voudrait en faire, sur la foi d'un plaid tenu en 1150 par le comte de Barcelone, un Raous de Bologne. Mais, outre l'anomalie que constituerait un tel surnom, la forme *Bononiensis* n'est attestée que par une ancienne édition, tandis qu'une autre, plus récente, ainsi qu'une copie conservée aux Arch. Dép. des Bouches-du-Rhône, donnent *Bodoniensis,*[49] ce qui n'est pas sans rappeler le patronyme du seul notaire public saint-gillois de l'époque, Raymond Boudon, dont d'innombrables actes témoignent de l'activité entre 1166 et 1204.[50]

Surtout, le *magister Radulfus Sancti Egidii* figure au bas d'un acte de 1155 publié de longue date:[51] cette mention confirme tout ce que nous savons du personnage par sa carrière, qui est entièrement circonscrite aux pays du bas Rhône. Nous suivrions en revanche volontiers M. Poly lorsqu'il identifie notre chancelier avec ce maître Raous que les partisans du Toulousain envoient en 1173 au roi de France parce qu'il „est nôtre et connaît notre région".[52] Originaire du pays, formé probablement sur place, l'homme a mis sa compétence au service du puissant comte, dont il a visiblement la confiance et qui, tout l'indique, l'a rétribué confortablement.

Notre juriste, dès 1152 s'il a été le rédacteur du premier des contrats précités, et en tout cas en 1178, a su utiliser une source contemporaine dont l'identité est difficile à percer. Cette source combinait le C. 5.3.20.6 et 7, d'où provient le passage *ita tamen – ambulent* et la Nov. 97.1 dans la version formée par Auth. 7.8.1 *in fine*, et non pas dans celle de l'*Epit. Juliani* 90.1, qui ne donne pas l'expression *ad aequalitatem redigere.* Le second de ces éléments est à lui seul remarquable: à notre connaissance, c'est la première fois que, de ce côté des Alpes du moins, un acte de la pratique mentionne un extrait des Novelles.

Les premiers glossateurs, il est vrai, avaient déjà rapproché les deux fragments en question. Le ms. Vat. lat. 11598, f° 100 v°, comporte une glose interlinéaire sur *loquitur* (C. 5.3.20), terminée du sigle M[artinus], et qui renvoie à l'auth. *Aequalitas;* on relève même, dans la marge supérieure de ce f°, un renvoi analogue signé Y. D'autres manuscrits du Code, contenant un

---

[49] Information aimablement transmise par *M. Gérard Giordanengo,* conservateur aux Arch. Dép. Bouches-du-Rhône, que nous remercions vivement.

[50] *Léonard,* Chanceliers, notaires comtaux et notaires publics dans les actes des comtes de Toulouse, in Bibl. Ecole des Chartes CXIII, 1955, p. 50.

[51] Gallia Christiana I, Instr. eccl. Carpentoratensis, n° 3, p. 149; *Teulet,* Layettes ... I, n° 139, p. 75.

[52] Cf. *Poly,* Les légistes ..., p. 622, n. 75.

apparat préaccursien où dominent les gloses de Martinus et de Rogerius, fournissent la même glose, cette fois sans signature.[53]

A se tourner vers les écrits anonymes du temps, les résultats sont incertains. Un point mérite toutefois d'être souligné: l'exigence d'une égalité *in quantitate et in pactis,* dont font état nos contrats, ne trouve son équivalent que dans Tubingue 68 (= *Exc. Petri* I. 43) qui bien entendu ignore la Nov. 97; la *Summa Trecensis* 5.3.4, qui semble connaître cette dernière, s'en tient en revanche aux termes de la législation byzantine imposant l'égalité *in quantitate et in partibus.* Enfin la si remarquable formule du Code *aequis passibus ambulent* ne se retrouve ni dans le livre de Tubingue, ni dans la *Trecensis,* et si elle figure dans la continuation de la somme de Rogerius *(Summa Tubingensis)* 5.3.8, c'est dans la partie de celle-ci qui a été empruntée à Placentin, et donc à une époque postérieure à l'année 1152. Il n'est pas jusqu'au *ita tamen* de notre contrat qui ne soit plus proche du Code que des écrits que l'on vient de mentionner.

La source médiévale utilisée par Raous est probablement perdue; sa rédaction devait être récente, puisqu'elle tenait compte des Novelles. S'agissait-il d'un commentaire écrit en France, et plus particulièrement dans le cercle de l'école d'Arles ou de Saint-Gilles? La prudence s'impose, d'autant plus que nous ne savons pas ce qu'enseignait Rogerius en la matière, extérieure à la partie du Code traitée par celui-ci, et que l'on ne peut rien tirer du vocabulaire employé par l'auteur du *Codi* en provençal, seule version à présenter ici de l'intérêt, compte tenu de la précocité de notre contrat. En outre, à qui disposait d'un manuscrit du Code, l'accès était facile à l'auth. *Aequalitas,* évidemment antérieure au milieu du siècle.[54]

Peut-être est-il permis d'en savoir un peu plus sur les connaissances de

---

[53] Vatic. lat. 1429, f° 129; Florence Laur. Redi 179, f° 64 v°; Londres, Brit. Mus. Royal 9.C. XI. Ces informations nous ont été aimablement fournies par *M. Laurent Mayali,* actuellement Research fellow à l'Institute of Medieval Canon Law de l'Université de Berkeley, que nous remercions d'autant plus vivement qu'il nous a signalé d'autres mss. porteurs de la même glose: Vatic. lat. 11152, f° 89 v°, et 11599, f° 63; Vienne, Ö. N. B., lat. 2267, f° 89 v°; Munich, Clm. 22, f°s 91 v°–92; Oxford, Bodleian libr., Laud. lat. 3, f° 110; Londres, Brit. Mus. Harleian 5117, f° 87. – On observera que le § 22 du De jure dotium (éd. *Kantorowicz,* Studies Gloss., p. 296) ne fait usage que du Code.

[54] A cet égard, notre collègue *G. Dolezalek,* à qui nous exprimons notre vive reconnaissance, a bien voulu vérifier que, non seulement C. 5.3.20 était glosé dans la première moitié du siècle (mss. Leipzig 883 et Prague, Nar. Muz. XVII. A. 10), mais aussi, au vu du ms. Stuttgart Jur. fol. 71, que les auth. Aequalitas et Sed jam necesse est, tirées toutes deux de la Nov. 97, étaient disponibles dès l'époque du premier de nos contrats.

Raous grâce à l'examen d'une donation par laquelle Raymond V de Toulouse octroie aux Hospitaliers de Saint-Gilles, en novembre 1177, divers avantages, dont une exemption de péages, ainsi que le droit de bénéficier des dispositions testamentaires ou entre vifs de ses hommes, en matière de meubles comme d'immeubles.[55] L'exemption est rédigée en ces termes:

Nullum publicanis nostris vel pedagiariis donent usaticum.

Quant au second privilège, il comporte une exception:

Hanc autem donandi vel relinquendi vel alias alienandi libertatem rusticis nostris qui glebae quodammodo videntur ascripti, minime permittimus.

Parmi les témoins de cette donation, on remarque d'une part le connétable Guilhem de Sabran et son frère Géraud Amic, un parent de son homonyme mentionné plus haut, d'autre part un *magister* R. en qui, nous semble-t-il, il n'est possible de voir que notre Raous: la date du document, son lieu probable de rédaction – Saint-Gilles ou les environs –, l'identité des parties concourent en ce sens, tandis que les praticiens méridionaux au prénom précédé d'une telle initiale opéraient, soit dans d'autres régions, soit en des temps différents.[56]

Publicani apparaît pour la première fois, à notre connaissance, dans un acte de la pratique méridionale. Le terme est loin de rester inconnu aux écrits savants qui pouvaient circuler en France à ce moment: en font par exemple emploi le petit traité *De significatione verborum legalium* du manuscrit Turin D. v. 19, provenant incontestablement du Midi – dans le sens, il est vrai, de *bedelli*[57] – et l'*Epitome exactis regibus,* cette fois dans l'acception technique.[58]

Plus remarquable encore, l'attache à la glèbe est également décrite dans ces deux oeuvres, et plus précisément au chap. 3.16 de l'*Epitome,* mais au même folio du manuscrit de Turin, où, en outre, les *ascripticii glebae* sont tenus pour une variéte de *rustici,* terminologie reprise par la donation de 1177, alors que son emploi est rare dans la région à l'époque. En revanche le *videntur* de

---

[55] Ed. *J. Delaville Le Roulx,* op. cit. I, n° 520, p. 354, à partir de divers manuscrits, mais non de Bibl. mun. Arles, GG 89, f° 167 v°, que nous suivons ici.

[56] Parmi les personnages cités par *L. Mayali,* Les magistri . . ., p. 96–97, Raynaud est trop ancien, tandis que Richard est chanoine d'Agde et ne s'aventure pas au-delà de Montpellier; le Robert que signale *G. Giordanengo,* L'attrait . . ., p. 513 et n. 37 – sans parler du Marseillais Roland, lui aussi disparu avant 1177 – est peut-être le même que l'homonyme identifié par *L. Mayali,* mais son activité ne dépasse pas l'année 1166.

[57] Cf. *Patetta,* Nota mss. Istit., p. 34 (= Studi sulle fonte giuridiche medievali, Turin, 1967, p. 70).

[58] Ed. *Conrat,* rééd. Aalen, 1965, 1.41, p. 13.

notre texte ne figure ni dans l'un, ni dans l'autre, alors qu'il peut être trouvé dans les *Quaestiones de juris subtilitatibus,* dont nous croyons pouvoir affirmer que l'utilisation, ou celle d'un écrit apparenté en tout cas, était faite, quelques dizaine d'années auparavant, dans l'entourage de l'archevêque d'Arles.[59] L'indice reste à la vérité insuffisant: bien des gloses ont pu servir ici d'intermédiaires, comme en témoigne le manuscrit Munich Clm 3509.[60]

Au milieu de ces incertitudes, un seul trait nous paraît assuré: maître Raous faisait preuve d'une culture juridique assez diversifiée, et il disposait sans doute de plusieurs manuscrits. Ce que l'on peut deviner de ces derniers, comme la région dont il tirait son origine, et où il a exercé toute sa vie son activité, nous suggèrent une formation acquise sur place, c'est-à-dire à Saint-Gilles ou Arles, plutôt que directement à Bologne.

La petite série de documents qui précède n'a de valeur qu'à titre d'exemple, et sa présentation ne prétend nullement à l'exhaustivité. Il conviendrait sans doute de pousser plus loin l'enquête, et notamment de l'élargir à l'entourage de familles qui ont très tôt misé sur l'appui que pouvaient apporter à leurs prétentions les armes intellectuelles fourbies par un entourage savant.

Ainsi de la famille de Forcalquier, dont il est bien connu que l'un de ses membres a donné à la ville dont il tirait son nom, et dès 1162, une charte portant, en termes clairs, exclusion des filles dotées, règle d'application bien peu évidente dans la pratique contemporaine. C'est à un membre du même lignage, le comte Guigues, que l'on doit, dès juin 1149, selon l'excellente formule de M. Petitjean,[61] un ,,pseudo-testament qui témoigne des progrès accomplis par l'acte à cause de mort"; nous ajouterons seulement que la pièce, déjà publiée,[62] si elle ignore encore l'institution d'héritier, mentionne les *heredes* des donataires et un avantage *jure proprietatis.* En 1168, Bertrand II fera donation aux Hospitaliers, cette fois *jure institutionis,* de tout ce qu'il possède à Manosque:[63] observons que l'acte est passé à Saint-Gilles, et en présence de Raous.

Notre *causidicus* n'était pourtant pas le seul, ni même le premier en date, parmi les praticiens aux services desquels recourait cette puissante maison. La plus remarquable des traces laissées par ce type de collaboration est sans doute constitutée par une autre donation au bénéfice des Hospitaliers, opérée

---

[59] Cf. supra, n. 34.
[60] Cf. *Torelli,* Glosse Irnerio, 1959, p. 64.
[61] Essai sur l'histoire des substitutions, Dijon, 1975, p. 136 et n. 3.
[62] *Delaville Le Roulx,* op. cit. I, n° 186, p. 146.
[63] Ibid., n° 385, p. 262.

le 1er octobre 1152 par Adalais, épouse de Sicard de Lautrec, mais surtout fille de Bertrand I de Forcalquier et nièce de Guigues:[64] le texte[65] porte cession *jusjurandi religione tactis sacrosanctis Dei evangeliis.* La formule, encore que la *Trecensis* 4.1.1. 6 et 8 fasse plusieurs fois emploi de cette acception du terme *religio,* est plus proche, à notre connaissance, de C. 4.1.2 que de n'importe quelle source médiévale qui pût être alors disponible, et ne laisse donc pas deviner quel écrit savant a servi d'intermédiaire.

Mais l'essentiel de l'information tient ici à la personnalité du juriste à qui l'on doit certainement ce vocabulaire alors tout nouveau, puisque le serment *tactis,* qui a pu également être emprunté au C. 2.58.1.1, fait simultanément, ou presque,[66] son apparition en Septimanie, et par exemple à Béziers[67] comme à Saint-Gilles.[68] Parmi les témoins à l'acte, et à côte des hommes de Lautrec et des frères de l'Hôpital, se trouve en effet un Guilhem *de Insula* qui se donnera en 1160 pour *causidicus* dans un acte montpelliérain[69] et en qui l'on doit voir peut-être aussi le personnage résidant à Agde, et sans doute fieffé de l'évêque, dans les années suivantes.[70] Si peu connu que soit l'homme, il apparaît comme le prototype de ces praticiens itinérants dont le savoir, même lacunaire, a frayé les voies de la diffusion des droits savants vers l'Ouest du Languedoc.

Quant aux Forcalquier, leur lignage, par ses évidentes relations avec le

---

[64] Cf. *G. de Tournade,* Histoire du comté de Forcalquier (XIIe siècle), Paris, 1930, p. 14 et s.

[65] Publié par *Delaville Le Roulx,* op. cit., n° 211, p. 162.

[66] L'hommage, non daté, prêté tactis evangeliis par les hommes de Calvisson à Bernard Aton, vicomte de Nîmes et d'Agde, et publié par *Teulet,* Layettes . . . I, n° 62, p. 46, comme remontant aux environs de 1129, concerne en réalité Bernard Aton VI et pourrait être daté du temps de la majorité féodale de ce personnage, donc des environs de 1174, comme l'hommage porté par les chevaliers des Arènes de Nîmes, et publié par le même, Layettes . . . I, n° 253, p. 107. – C'est en raison d'une fâcheuse erreur qu'a été étudiée la seule formule du serment corporaliter – en fait, de diffusion un peu plus précoce – par *Meynial,* Renonciations, in N. R. H. 24, 1900, p. 123, n. 1 et Droit rom. Montpellier, p. 154.

[67] Histoire de Languedoc V, col. 1124; Cartulaire des Trencavel (ms. Société archéologique de Montpellier), n° 292, f° 95 v°: et sic sacrosancta tetigerunt evangelia, 1150.

[68] Arch. Dép. Gard, H 1.5, 1151.

[69] Ed. *Germain,* Liber instrumentorum . . ., n° 534, p. 713.

[70] Cf. *O. Terrin,* Cartulaire du chapitre d'Agde, Nîmes, 1969, n° 189, p. 183, 1164; l'acte publié ibid., n° 98, p. 100, et qui le mentionne également, se trouve daté par l'éditeur entre 1150 et 1159, mais il concerne en réalité Bernard Aton VI et sa mère *Villelma,* et a été écrit entre la naissance du précédent (1159) et l'année 1166, où le *magister* Richard, son rédacteur, devient chanoine. – Cf. aussi Histoire de Languedoc V, col. 1318 (1175, décembre).

monde des juristes, fournit une éclatante démonstration du besoin d'étayer une politique sur des bases savantes, alors ressenti par les laïcs de haut rang, et de l'attrait présenté par les porteurs du nouveau savoir. Restreindre aux clercs l'emploi de ce dernier, comme on l'a fait parfois, serait commettre une grave erreur. Certes, des milieux comme les entourages respectifs de l'archevêque d'Arles, de l'évêque d'Orange, de l'abbé de Saint-Gilles, des Hospitaliers, sans évoquer même les chanoines de Saint-Ruf, ont été très vite gagnés aux *leges,* au point d'abriter sans doute maîtres et cénacles d'élèves, et de jouer donc le rôle essentiel de vecteur de la science juridique. Mais certaines familles ont su très tôt tirer profit de l'activité déployée par les disciples ainsi formés, tout en leur assurant une clientèle fortunée: sans parler du Toulousain ni des comtes de Provence, leur liste va des Forcalquier aux vicomtes de Narbonne en passant par les Guilhem de Montpellier, les Trencavel et les Sabran des différentes branches. Rien d'étonnant, dans ces conditions, à ce que les prétentions du lignage des Baux à la succession au comté de Provence aient été plaidées par Rogerius devant Frédéric Barberousse, face à un adversaire lui aussi bien défendu, les termes du litige étant eux-mêmes empruntés à des sources savantes d'apparition récente;[71] rien d'étonnant non plus à ce que des glossateurs bolonais, en rupture d'école sinon de ban, aient trouvé le meilleur accueil dans la région.

Nos documents autorisent d'autre part un second type de conclusions. Par leur caractère très général, les allusions qu'ils comportent aux compilations, à travers des commentaires plus ou moins identifiables, se présentent comme des justifications théoriques plutôt que comme des recours directs au vocabulaire technique légué par l'antiquité. Tout se passe comme si nous nous trouvions face à une première vague de diffusion, romanisante au second degré seulement, hésitante et plus soucieuse d'argumenter sur les principes que de porter le fer au coeur des pratiques coutumières. De cette première vague, le support n'est bolonais que médiatement: nous soupçonnons la mise en circulation de commentaires rédigés de ce côté des Alpes par d'anciens élèves, soit de glossateurs italiens émigrés, soit de Français directement formés dans la péninsule. Produits d'un savoir transmis en deux temps, les clauses de nos actes méridionaux tirent de leur origine complexe leur imprécision et, pour tout dire, leur maladresse.

---

[71] Malgré *J.-P. Poly,* La Provence et la société féodale, 879–1166, Paris, 1976, p. 353 et n. 231; de la seule présence de deux célèbres glossateurs, et de la mention du crime de lèse-majesté, au témoignage d'Azon, nous paraît en effet ressortir l'emploi du Code de Justinien, dont il est au contraire exclu que Fulbert de Chartres ait eu connaissance.

Le contraste avec les temps postérieurs devient ici saisissant. Ce n'est point par un effet du hasard que disparaît au siècle suivant ce type d'allégations de principe, désormais introuvables en dehors de zones à l'écart des chemins de la pénétration romanisante, et donc attardées: l'avenir est à l'emploi direct d'un vocabulaire conforme à celui des sources, et bientôt à des techniques jusque là inconnues: pour se borner à un exemple, *hypotheca* apparaît avec près d'un demi-siècle de retard sur *aequitas*, mais les sûretés sans dépossession vont bientôt balayer les procédés rudimentaires qui l'avaient précédée. Parallèlement, il ne sera plus question, et pour longtemps, d'acquérir sur place une formation juridique: l'emportent, et Bologne, et la technique, et le recours direct aux manuscrits des compilations.

A la mutation méthodologique se superpose enfin un changement d'école. Malgré les obscurités qui entourent leur formation, les premiers praticiens français subissent, à n'en pas douter, et à travers divers intermédiaires, l'empreinte martinienne. Les plus originales de leurs formules trahissent l'influence d'écrits apparentés à la *Summa Trecensis* ou à l'oeuvre de Rogerius, encore que l'on ne puisse écarter le rôle éventuel que joueraient des manuscrits glosés de parties du *Corpus;* mais les attaches qu'à des titres divers présentent ces personnages avec Arles ou Saint-Gilles suggèrent l'emprise provisoire d'une école, ou d'écoles, réunissant dans ces villes des auditoires, il est vrai restreints. A ce titre, les séjours de Placentin à Montpellier nous apparaissent comme les derniers feux jetés par un milieu intellectuel original, à cheval sur les deux rives du Rhône, et auquel on devait déjà les sources des *Exceptiones Petri*, celles-ci elles-mêmes, la Somme *Justiniani est in hoc opere*, le *Codi*, d'autres oeuvres encore sans doute. Par un phénomène frappant, aucun document montpelliérain, à notre connaissance, ne trahit la marque le l'enseignement placentinien; et ce dernier, selon toute apparence, n'aura pas de suite, faute de successeur. Dès la fin du siècle, l'école provençale n'est plus qu'un souvenir.

XVIII

LÉGISLATEUR ET DROIT PRIVÉ DANS LA FRANCE MÉDIÉVALE

Chacun sait la timidité avec laquelle la monarchie capétienne est intervenue par ses ordonnances en matière de droit privé: il est d'enseignement courant que, sauf rares exceptions, le phénomène est concomitant à la montée de l'absolutisme, et l'on tient l'édit des secondes noces pour premier jalon d'une attitude nouvelle. Plus généralement, le droit privé n'est pas affaire de législation dans la France médiévale.

Il n'est pas question ici de remettre en cause les origines d'une conception qui doit beaucoup à de très anciennes traditions, remontant peut-être au temps des invasions,[1] et étroitement liées en tout cas à la formation des coutumes territoriales: le pouvoir, qu'il soit d'essence monarchique ou qu'il dérive de la dislocation féodale, n'a pas prise sur les usages définissant les rapports entre particuliers, ou même entre familles.

L'attention mérite cependant d'être attirée par les exceptions au principe, et plus précisément par la chronologie dans laquelle elles s'insèrent. La datation des rares textes disponibles ne donne-t-elle pas une certaine cohérence à ceux-ci dans le temps? On va voir que non seulement l'hypothèse se vérifie, mais aussi qu'elle mérite une confrontation avec la période d'émergence de cet autre type de manifestation écrite du droit privé médiéval que constituent les chartes urbaines. La coïncidence, qui ne saurait

---

[1] Pour ne pas reprendre l'ensemble des travaux consacrés à ce thème (Schramm, Mochi Onory, etc.), on se bornera à renvoyer à M. David, *La souveraineté et les limites juridiques du pouvoir monarchique du IXe au XVe siècle*, Paris 1954, p. 247 et s.

être fortuite, ne peut manquer de soulever de délicats problèmes d'interprétation.

Encore faut-il s'entendre au préalable sur la définition de ce qui, dans la société médiévale, relève strictement du droit privé: la démonstration n'aura de valeur que dans la mesure où l'on écartera du champ de ce dernier tout ce qui, de près ou de loin, ressortit, soit à la souveraineté, soit aux prérogatives d'essence féodale, soit encore à l'organisation de la société chrétienne telle qu'elle est alors admise. Seront donc éliminés les textes relatifs au droit pénal, à la procédure, à l'organisation judiciaire et aux preuves; les ordonnances sur le fait des monnaies et leurs applications, y compris aux contrats à exécution instantanée ou successive; les mesures de répression de l'usure et les dispositions prises à l'encontre des Juifs et des Lombards;[2] les dispositions si nombreuses maintenant ou abrogeant les incapacités serviles ou leurs vestiges, et notamment la mainmorte, source d'une législation abondante sur les actes à cause de mort.

Sera retenu au contraire tout ce qui a trait aux obligations – sous la réserve déjà indiquée –, aux rapports pécuniaires entre époux, au droit successoral, et aussi au droit féodal, dans la mesure où – comme le remarquait déjà Viollet en des pages vieillies, mais résumant encore largement l'état des connaissances[3] – celui-ci n'est pas purement institutionnel, c'est-à-dire en fait où il se rapporte aux matières précédentes.

Peu importe en revanche l'autorité dont émane la source. Les dispositions d'origine seigneuriale ont ici autant de valeur que les ordonnances royales; il est d'ailleurs du plus grand intérêt d'isoler les premières des secondes, comme on le verra plus loin. Sans importance, également, restent la technique d'élaboration législative, comme l'application du texte dans l'espace: que le roi se réclame ou non de l'assentiment des barons, qu'il entende disposer pour le royaume ou pour le domaine, ces circonstances, pour essentielles qu'elles soient à d'autres égards, ne

---

[2] On trouvera un examen détaillé de la législation promulguée en ces matières par les Capétiens dans l'ouvrage récent de P.-C. Timbal, *Les obligations contractuelles d'après la jurisprudence du Parlement* (*XIIIe-XIVe siècles*), Paris 1978, p. 237-241 (Juifs, Lombards), 257-263 (usure), 338-340 et 350-366 (clauses monétaires des contrats).

[3] *Histoire des institutions politiques et administratives de la France*, t. II, Paris 1898, p. 198-203.

pèsent de nul poids en l'affaire. Finalement, l'enquête se doit, pour être complète, d'englober tant les initiatives des Capétiens que des sources qui, en d'autres pays, seraient qualifiées de statutaires, dans la mesure où elles résultent d'une concession; à ce titre, les chartes de franchises, en tant qu'elles contiennent des dispositions de droit privé, méritent autant de considération que les ordonnances prises par le monarque avec l'accord de ses vassaux.

* * *

Un peu artificiellement, l'enquête isole cependant trois types de documents. Le premier mérite d'être isolé en raison de sa précocité; au deuxième, fait de pièces issues de la chancellerie royale, s'oppose le dernier, qui regroupe les dispositions émanant des barons.

Trois textes, tous de provenance méridionale, se disputent la première place dans le temps. Un seul est daté: il s'agit du célèbre statut par lequel Guillaume II de Forcalquier exclut en 1162 les filles de la succession de leurs parents.[4] Ce n'est peut-être pas le plus ancien, mais il est quasi-contemporain de deux documents, dont l'un est imité de l'autre, sans que soit évident le sens de la filiation: la première charte d'Arles, concédée par un archevêque Raymond,[5] et l'ordonnance épiscopale d'Avignon intitulée *Carta de las filhas dotadas*, qui mêle en fait des dispositions variées de droit privé à la mise en place d'un régime consulaire.[6] Si l'on adopte les conclusions présentées par M. Poly,[7] la charte arlésienne, mal datée par Ch. Giraud, aurait été concédée peu après les troubles de 1162, et s'inspirerait de l'autre; faute d'une étude approfondie, nous nous rallions à cette hypothèse dans la

---

[4] Cf. N. Didier, *Le texte et la date du statut de Guillaume de Forcalquier sur les filles dotées*, « Annales de la Faculté de Droit d'Aix », n.s., nº 43, 1950, p. 115-132, et *Les dispositions du statut de Guillaume de Forcalquier sur les filles dotées (1162)*, « Le Moyen Age », année 1950, p. 247-278.

[5] Ed. Ch. Giraud, *Essai sur l'histoire du droit français au Moyen âge*, t. II, Paris 1846, p. 1 et s.

[6] Ed. J. H. Albanes et Ul. Chevalier, *Gallia christiana novissima*, t. VII, Avignon, Valence 1920, nº 245, p. 66-68.

[7] *Les légistes provençaux et la diffusion du droit romain dans le Midi*, in *Rec. droit écrit*, t. IX, 1974 (= *Mélanges Roger Aubenas*), p. 631 et n. 141.

mesure où la charte avignonnaise, dont le préambule se réclame du souci de faire régner *pax* et *concordia*, paraît liée au règlement de difficultés survenues en 1158 entre l'évêque et la population de la ville.

Outre la proximité dans le temps, ces trois textes présentent deux traits communs. D'une part, ils témoignent d'une certaine connaissance du vocabulaire des compilations byzantines, et ils émanent de villes ou de familles où la science des glossateurs a tôt pénétré. L'observation est notamment exacte pour la charte d'Avignon – peu-être, on l'a vu, la plus ancienne –, où le rédacteur a réussi à glisser un suggestif *cunctos* et des termes recherchés (*insolescere*, *diuturnitas*), mais aussi pour celle d'Arles, cité sur laquelle planent, comme il est bien connu, les ombres de Rogerius et de l'auteur du *Codi*, du moins selon la version représentée par le ms. Sorbonne 632, et où, en tout cas, l'entourage archiépiscopal savait dès 1141, selon nous en utilisant une oeuvre proche des *Quaestiones de juris substilitatibus*, rédiger un jugement en termes savants. Quant à la famille de Forcalquier, on a pu remarquer [8] combien tôt elle avait su manier la technique de l'acte à cause de mort.

D'autre part ces mêmes sources, malgré leur minceur relative – quelques articles seulement y relèvent du droit privé –, sont toutes destinées à consacrer ou à introduire des normes étrangères au droit romain; dans les trois cas, on trouve notamment cette exclusion des filles dotées qui, pour être proclamée d'ancienne coutume, nous paraît constituer une règle nouvelle, ignorée jusqu'alors des usages méridionaux, et dont la diffusion n'a pu être assurée que depuis l'Italie du Nord, par un cheminement comparable à celui que suivaient à la même époque, et la science juridique, et le système consulaire, et l'expansion du notariat public.

Qu'il nous soit permis de rattacher à ce groupe méridional l'établissement sur la confiscation des fiefs dû, comme l'a montré J. Prawer,[9] à Baudouin III de Jérusalem; après tout, le droit des principautés de Terre Sainte dépend largement de sources fran-

---

[8] M. PETITJEAN, *Essai sur l'histoire des substitutions*, th. Droit, Dijon 1975, p. 135-137.

[9] *Etude sur le droit des Assises de Jérusalem: droit de confiscation et droit d'exhérédation*, « Rev. hist. de Droit », 4e s., t. XL, 1962, p. 40-42.

çaises. Précisément, ce document, nécessairement antérieur à 1162, s'inspire, par un trait identique au précédent, de l'école des glossateurs, du *Codi* ou d'une oeuvre très voisine, ce qui n'autorise pas une datation bien antérieure et ramène la composition de cet établissement à un temps tout à fait voisin de la période où ont été promulguées les ordonnances précitées.

Un deuxième groupe de textes se trouve formé par plusieurs ordonnances adoptées par les Capétiens. Il n'est pas question de remonter aux plus anciens témoignages du genre, puisque par exemple l'ordonnance promulguée par Louis le Gros en 1134 sur le privilège parisien de saisie-arrêt sur les biens des débiteurs forains,[10] ou la beaucoup plus célèbre ordonnance proclamant en 1155 une trêve de dix ans,[11] n'entrent pas dans le cadre défini plus haut. Sauf à faire appel aux créations ou aux confirmations de communes, dont le cas sera examiné plus loin, les interventions monarchiques dans le domaine du droit privé sont contemporaines du règne de Philippe-Auguste, qu'elles ne dépassent d'ailleurs guère. Le premier texte relevant de notre domaine est sans doute formé par le privilège accordé en 1197 par ce prince aux habitants de Bourges, grâce auquel ces derniers se voient accorder la faculté de désigner un baillistre par testament en présence d'enfants mineurs, tout en laissant place, dans l'hypothèse de la mort de ce tuteur, à la consultation de quatre hommes dignes de foi pour nouvelle désignation; [12] la disposition est certainement une nouveauté, puisqu'une concession du même, des années 1181 ou 82, relative aux coutumes de Bourges et de Dun-le-Roi, n'y faisait aucunement allusion.[13]

Beaucoup plus connues, les principales ordonnances royales se trouvent groupées dans les premières décennies du siècle

---

[10] *Ord.*, t. I, p. 6; cf. aussi la confirmation publiée *ibid.*, t. II, p. 438. Isambert, t. I, n° 35, p. 143-145; voir OLIVIER MARTIN, *Histoire de la coutume de la prévoté et vicomté de Paris*, t. I, Paris 1922, p. 130.

[11] Ce texte est traditionnellement tenu pour le premier exemple d'accord donné par les grands barons: cf. par exemple Ach. LUCHAIRE, *Manuel des institutions françaises*, Paris 1892, p. 489.

[12] La pièce, qui paraît avoir échappé à beaucoup, se trouve cependant éditée aux *Ord.*, t. I, p. 22 et dans Isambert, t. I, n° 93, p. 186, et elle a été mentionnée par CHÉNON, *Les prud'hommes de Bourges au Moyen âge*, « Rev. hist. de Droit », 4e s., t. III, 1924, p. 583.

[13] Ed. A. GIRY, *Documents sur les relations de la royauté avec les villes en France de 1180 à 1314*, Paris 1885, p. 1-5, avec l'indication des éd. antérieures.

suivant. La série s'ouvre par l'ordonnance de Villeneuve-le-Roi, du 1er mai 1209, sur la division des fiefs, dont un remarquable commentaire a été donné par P. Petot.[14] Elle continue par deux textes perdus, l'un relatif au douaire coutumier, et dont on admet généralement qu'il a été promulgué en 1214,[15] l'autre, moins certain mais auquel paraît faire allusion le Très Ancien Coutumier de Normandie dans sa deuxième partie, qui daterait de 1218 et reviendrait sur le problème de l'indivisibilité des fiefs.[16] Immédiatement après s'insère l'ordonnance de Pont de l'Arche de juillet 1219, sur l'attribution des conquêts au mari en cas de prédécès de la femme sans enfants, ordonnance dont l'application territoriale – générale ou limitée à la Normandie – reste très discutée.[17]

Très vite pourtant, cet essor législatif va se briser. Le demi-siècle qui va du règne de Louis VIII à la mort de Louis IX reste à cet égard d'une grande pauvreté: si l'on écarte en effet l'ordonnance de 1235 qui n'a rien à voir avec la chancellerie royale, n'y prend place que l'ordonnance rendue en 1246 à la demande des barons d'Anjou et du Maine, où faute de coutume suffisamment affirmée, se trouve fixée à quinze ans révolus la majorité de la femme noble;[18] il est permis de se demander si ce texte ne s'identifie pas avec l'établissement de Saint Louis, relatif à la fin du bail de la fille, qu'allègue le *Livre de Jostice et de Plet* et en lequel Fr. Olivier-Martin voyait un texte perdu et rendu pour le domaine royal.[19]

Comme on peut le constater, la moisson est bien mince: tout se passe comme si le Capétien renonçait, après quelques tentatives, surtout consacrées à des règles d'essence féodale, à fixer ou à

[14] *L'ordonnance du 1er mai 1209*, in *Recueil de travaux offerts à M. Clovis Brunel ...*, t. II, Paris 1955, p. 371-380.

[15] Cf. Isambert, t. I, nº 119, p. 211; voir Chénon, *Histoire du droit français public et privé*, t. II, Paris 1929, p. 104 et n. 8.

[16] Voir J. Yver, *Les caractères originaux du groupe de coutumes de l'Ouest de la France*, « Rev. hist. de Droit », 4e s., t. XXX, 1952, p. 46, n. 2 et P. Petot, *op. cit.*, p. 379, n. 5.

[17] Ed. *Ord.*, t. I, p. 38; Isambert, t. nº 126, p. 217; cf. aussi Delisle, *Actes de Philippe-Auguste*, nº 1917. – Sur ce texte, outre les opinions classiques – et contraires – exprimées par Viollet et par Génestal, voir Yver, *op. cit.*, p. 70, n. 2.

[18] *Ord.*, t. I, p. 58; Isambert, t. I, nº 161, p. 249-251; Teulet, *Layettes*, t. II, nº 3521, p. 617.

[19] *Op. cit.*, t. I, p. 172.

confirmer par voie législative les principes relevant du droit privé. Ce mutisme des sources, évident pout les pays coutumiers, se vérifie *a fortiori* en pays de droit écrit: les ordonnances de 1250 et de 1254, si souvent citées pour définir l'attitude de la monarchie face au droit romain, se présentent comme des textes purement administratifs, où l'on chercherait en vain des dispositions de type « privatiste ». Serait-on en présence d'une attitude propre au Capétien? La réponse exige un examen comparatif de la législation émanant des barons français.

Précisément, le troisième groupe de documents se trouve formé par des textes de prime abord disparates, car applicables à des fiefs très divers par leur situation – cette fois tant méridionale que septentrionale – et leur étendue, mais qu'unit une commune origine seigneuriale et surtout, on va le voir, une chronologie analogue. La première place dans cette série doit sans doute être réservée à la célèbre *Assise au comte Geffroy* (1185), encore que ce texte diffère nettement des autres par les conditions de sa promulgation;[20] exceptionnel dans l'histoire du droit breton, il fait d'ailleurs figure d'anomalie dans un territoire dont les ducs ne chercheront que rarement à modifier la coutume.

Par un frappant parallélisme avec l'évolution constatée dans l'activité législative des Capétiens, les ordonnances des barons semblent se multiplier avec les premières années du treizième siècle. C'est en 1206 que Jean Sans Terre fixe la quotité du douaire à Bordeaux,[21] en 1212 que, par les fameux statuts de Pamiers, Simon de Montfort, tout en organisant l'administration des pays conquis par les Croisés, impose, en deux articles glissés *in fine*, et l'application de la coutume de Paris au règlement des successions, et la réserve des *maritagia mulierum* à leurs héritiers.[22] Les seigneuries ecclésiastiques ne sont pas en reste: citons en ce sens l'intervention de l'abbé de Saint-Gilles promulgant en 1215 de nouvelles coutumes[23] et l'ordonnance rendue en 1217 par l'évê-

---

[20] Ed. Teulet, *Layettes*, t. I, nº 337, p. 144-145, parmi d'autres: cf. M. Planiol, *La Très ancienne Coutume de Bretagne*, Rennes 1896, p. 319-325.

[21] Ed. Barckhausen, *Livre des Coutumes*, Bordeaux 1890, p. 156.

[22] L'éd. la plus récente est donnée par P. Timbal, *Un conflit d'annexion au Moyen âge: l'application de la coutume de Paris en pays d'Albigeois*, Toulouse-Paris 1950, p. 177-184.

[23] Devic et Vaissète, *Histoire générale de Languedoc*, éd. Privat, t. V, col. 1721.

que de Cahors en matière de retrait lignager.[24] En Champagne, la comtesse Blanche de Navarre en 1212[25] puis son fils Thibaut IV en 1224,[26] réglementent les successions féodales.

Il n'est pas jusqu'aux autorités municipales qui n'entrent alors dans le jeu, du moins dans les rares villes où elles ont réussi à arracher le monopole ou le partage de la *potestas statuendi*. Leur intervention, il est vrai, s'analyse alors en une élaboration du droit statutaire sur laquelle on reviendra. Peut-être doit-on mentionner cependant certains des établissements des capitouls toulousains, encore qu'ils soient fort peu prolixes sur les fondements de leur pouvoir, largement fondé sur des usurpations successives, et que, peut-être par voie de conséquence, leur timidité à statuer en matière de droit privé soit manifeste; ainsi leurs établissements de novembre 1197 sur la condition des débiteurs insolvables, de mars 1208 portant prohibition aux *sponderii* d'acheter les biens des personnes garanties, et de mars 1211 sur l'interdiction des prêts aux mineurs[27] restent à la limite de la définition précédemment fournie, et n'ont apparemment pas – et sauf textes perdus – d'équivalents en matière successorale ou matrimoniale. Par un fort contraste, l'oeuvre statutaires des consuls de Montpellier témoigne d'une grande hardiesse; l'intérêt majeur qu'elle présente pour l'apogée et le déclin du phénomène étudié ici nous amène cependant à en renvoyer plus loin l'examen, quitte à souligner son essor à partir de 1205, et à rappeler que la grande charte concédée l'année précédente par Pierre d'Aragon et Marie de Montpellier, charte riche en dispositions affectant les obligations, les régimes matrimoniaux et les successions testamentaires et *ab intestat*, s'insère parfaitement par sa date et son contenu dans le mouvement législatif ici dépeint.

Il semble bien pourtant que ce mouvement n'ait été que feu de paille, et qu'il ne dépasse guère le premier tiers du siècle. L'élan s'épuise pratiquement avec l'établissement pris en 1235

---

[24] Voir P. Ourliac, *Le retrait lignager dans le Sud-Ouest de la France*, « Rev. hist. de Droit », 4e s., t. XXX, 1952, p. 335-336.

[25] Teulet, *Layettes*, t. I, nº 1031, p. 385.

[26] Ed. Brussel, *Usage général des fiefs ...*, Paris 1750, p. 879; cf. aussi Bourdot de Richebourg, *Coutumier général*, t. III, p. 209.

[27] Textes publiés par R. Limouzin-Lamothe, *La commune de Toulouse et les sources de son histoire* (*1120-1249*), Toulouse-Paris 1932, respectivement p. 293, 428, 308.

par les seigneurs du Vexin français, et selon lequel les fiefs de ce pays se rachètent de toutes mains: la date et l'origine de ce texte ne sont plus contestées aujourd'hui.[28]

On le voit, l'oeuvre des barons se trouve circonscrite dans le temps à l'intérieur des mêmes limites, à quelques années près, que celles à l'intérieur desquelles se trouvent enserrées les ordonnances royales. Pour être tout à fait précis, l'on doit noter une timide résurgence de l'une et des autres aux environs de la mort de Louis IX. Il ne s'agit guère cependant que de quatre textes: un règlement sur les rachats à merci dans le comté de Poitiers, promulgué par Alphonse en mai 1269,[29] l'*Assise des rachats* bretonne de 1276, portant suppression de la garde seigneuriale au profit d'une garde de type familial,[30] une ordonnance, celle-là royale, du 29 septembre 1278, sur le retrait lignager en Normandie,[31] enfin une ordonnance anglaise de la même année convoquant les nobles de Gascogne pour qu'ils se prononcent sur l'instauration de l'aînesse, mais apparemment sans succès.[32]

Le silence tombe ensuite. On ne saurait en effet tenir pour des mesures relevant du droit privé les ordonnances de 1288 et de 1303[33] instituant une procédure rapide au bénéfice des bourgeois de Paris créanciers de cens ou de rentes grevant les maisons de la ville, ni la série de textes qui, à partir de 1393, permettent à Amiens, Tournai, Paris (ordonnances anglaises de 1424 et 1428, ordonnance de Charles VII de 1441), Langres, la mise en criées des maisons laissées à l'abandon par leurs propriétaires:[34] ce sont en effet des dispositions adoptées dans l'intérêt des cités, et non dans l'objectif de modifier les coutumes.

---

[28] Aux *Ord.*, t. I, 55-56 (Isambert, t. I, nº 153, p. 244-246), on ne trouve qu'une édition lacunaire; le texte intégral a été donné par Teulet, *Layettes*, t. II, nº 2382, et par Delaborde, *ibid.*, t. V, nº 391, qui lui ont en même temps restitué sa portée géographique.

[29] Ed. Edg. Boutaric, *Saint Louis et Alfonse de Poitiers*, Paris 1870, p. 490-493; El. Berger, *Layettes*, t. IV, n. 5527, p. 352-354.

[30] Cf. Olivier-Martin, *op. cit.*, t. I, p. 162, n. 2.

[31] *Ord.*, t. I, p. 309.

[32] Ed. Barckhausen, *op. cit.*, p. 572. Voir sur ce texte J. Poumarede, *Géographie coutumière et mutations sociales: les successions dans le Sud-Ouest de la France au Moyen-âge*, th. Droit, Toulouse 1972, p. 196.

[33] *Ord.*, t. I, p. 387 et XII, p. 327; Isambert, t. II, nºs 284, p. 679 et 394, p. 806.

[34] Voir ce qu'en écrit Olivier-Martin, *op. cit.*, t. I, p. 481-482.

* * *

Des séries de textes qui viennent d'être décrites, et du laps de temps si limité dans lequel elles s'insèrent, une observation mérite d'être tirée. Le temps des ordonnances recouvre presque exactement le temps des coutumes écrites, et les lieux de leur premier essor se superposent; plus précisément, les premières rédactions du droit statutaire, en ce qu'elles touchent à des matières de droit privé, apparaissent à la fin du douzième siècle, voire au début du suivant, et les villes du Midi s'y taillent une large part. Bien entendu, leur élaboration les apparente souvent de manière étroite aux ordonnances des barons, et telle charte de franchises où sont insérées des dispositions de droit successoral ou matrimonial s'identifie pratiquement à l'autre type de textes; on a cité en ce sens la charte montpelliéraine de 1204, et d'autres exemples pourraient en être aisément donnés. Mais ce n'est pas toujours le cas; les coutumes de Saint-Gilles, écrites peu avant 1215, constituent l'exercice pratique d'un juriste savant beaucoup plus qu'elles ne s'analysent en une concession.

Or le droit privé brille par son absence dans les plus anciens de ces documents. A l'extrême rigueur, on peut admettre sa timide apparition dans la charte de Béziers de 1185 [35] ou dans celle de Montferrand, un peu postérieure.[36] Ce n'est en général qu'après 1200 qu'il se fait place avec netteté: énumérer les textes provençaux, dauphinois, languedociens, gascons, auvergnats qui lui octroient une part – souvent fort réduite – de leur contenu serait ici d'un faible intérêt. L'essentiel tient au caractère strictement contemporain de ces deux manifestations écrites du droit privé que sont, d'une part les sources de type législatif, d'autre part les sources coutumières.

Plus remarquable encore, bien qu'à peu près négligée par les auteurs modernes, la simultanéité des déclins se trouve pres-

---

[35] On renvoie ici à l'étude que lui consacre notre collègue H. Vidal in *Rec. droit écrit*, sous presse au moment où sont écrites ces lignes.

[36] Où l'on rencontre l'une des premières manifestations de ce droit de participation des tiers à la vente, si bien étudié par Fr. Garrisson, *Meubles ne chéent en retrait*, « Rev. hist. de Droit », 4e s., t. XXXV, 1957, p. 93-98, et *Les hôtes et l'hébergement des étrangers au Moyen-âge. Quelques solutions de droit comparé*, in *Études d'histoire du droit privé ... Pierre Petot*, Paris 1959, p. 199-222.

que aussi bien marquée. L'ère des grandes rédactions est close avec le milieu du treizième siècle: les coutumes de Riom (projet), de Bordeaux et de Marseille en jalonnent la fin. A cela, une notable exception: les coutumes de Toulouse, octroyées seulement en 1283. On sait toutefois fort bien comment les circonstances politiques en ont retardé la rédaction; et, à bien de ses caractères, le texte toulousain se présente comme un document de type archaïsant, et nullement, ainsi qu'on l'a autrefois écrit,[37] comme une rédaction annonciatrice des temps futurs.

Certes, les concessions de franchises et les rédactions coutumières ne disparaissent pas après 1250; et nombreux seront les textes postérieurs à accorder quelques articles, par exemple aux testaments ou aux contrats de mariage. Mais l'élan d'émergence coutumière est brisé: les temps sont désormais aux copies plus ou moins fidèles, aux coutumes « filles », ce qui n'exclut pas des adaptations plus ou moins artificielles, dont un exemple bien connu est donné par les divers types entre lesquels ont été classées les coutumes du Sud-Ouest gascon et pyrénéen, toutes cependant dérivées du modèle riomois.

Les choses se sont-elles passées très différemment dans l'aire d'expansion du système communal, et notamment dans le Nord du royaume? Aux circonstances politiques près, nous ne le croyons pas. Si l'on s'essaie à isoler, dans la masse des chartes créant ou confirmant les communes, les textes munis de dispositions de droit privé, un phénomène saute aux yeux: les plus anciennes de ces chartes se trouvent écartées de la sélection, et il faut attendre la fin du douzième siècle pour réunir les premiers témoignages positifs.

Sans doute une objection apparemment de poids vient à l'esprit: la fameuse charte de Laon (1128) traite dans son art. 13 du retour de la dot à la mort de la femme.[38] D'une analyse plus précise, ressort cependant le souci manifeste du rédacteur d'éviter le jeu des règles applicables aux successions vacantes, ce qui nous ramène à ce problème de droit public féodal qui a tant préoccupé les populations urbaines; confirmation en est fournie

---

[37] Viollet, *op. cit.*, t. II, p. 203.

[38] Cette charte est notamment publiée dans *Ord.*, t. XI, p. 186 et par Isambert, t. I, n° 34, p. 138; cf. la n. suivante.

par le passage qui affecte, en l'absence de *propinqui*, le tiers des biens en cause à l'entretien des remparts. Il est ainsi tout à fait logique que cet article fasse suite à l'art. 12, portant exclusion de la mainmorte. Ceci nous éloigne donc des dispositions de « pur » droit privé. Ajoutons du reste que les sources laonnoises postérieures restent muettes à l'égard de ce dernier: la confirmation de la charte de 1128, octroyée en 1189 ou 1190 [39] reprend, à une incidente près, le passage en question, et, tout comme divers documents du treizième siècle,[40] garde le silence sur tout ce qui n'est pas de nature fiscale, pénale ou institutionnelle.

Bien des chartes postérieures n'offrent pas mieux: tel est le cas à Lorris (1155), comme on l'a relevé de longue date,[41] à Meaux (1179),[42] à Soissons (1181),[43] à Péronne (1209),[44] à Poitiers (1199 et 1222),[45] ou, pour prendre l'exemple d'un texte récemment mis en lumière, à Montmorency.[46] Dans l'immense majorité des cas, les populations urbaines, préoccupées avant tout par la fixation d'amendes, de redevances et d'usages, et plus généralement par leurs rapports avec les détenteurs de prérogatives de type féodal, se soucient fort peu, dans un premier temps, de donner forme écrite à des traditions coutumières dont on voit d'ailleurs mal, faute de techniciens et faute de vocabulaire, qui aurait pu se charger de la définition.

---

[39] Teulet, *Layettes*, t. I, nº 358, p. 152-154; l'éd. Giry, *op. cit.*, p. 14-21, a l'avantage, grâce à sa disposition typographique, de faire apparaître les variantes de la confirmation vis-à-vis de la concession primitive.

[40] Publiés par L. Broche, *Documents relatifs aux rapports de l'évêque et de la commune de Laon au Moyen-âge*, « Nouv. Rev. hist. de Droit », t. XXV, 1901, p. 729-743.

[41] Cf. Prou, *Les coutumes de Lorris et leur propagation aux XII*e *et XIII*e *siècles*, « Nouv. Rev. hist. de Droit », t. VIII, 1884, p. 267 et s.

[42] Teulet, *Layettes*, t. I, nº 299, p. 124-126.

[43] Ed. G. Bourgin, *La commune de Soissons et le groupe communal soissonnais*, Paris 1908 (*Bibl. de L'Ecole des Hautes Études*, fasc. 167), p. 424-428 (avec indication des éditions antérieures).

[44] Teulet, *Layettes*, t. I, nº 897, p. 337.

[45] Sur le premier de ces textes, voir M. Garaud, *La charte de franchise accordée aux Poitevins par Aliénor d'Aquitaine en 1199*, in *Études ... Petot* précitées, p. 191-198; éd. de la seconde dans Teulet, *Layettes*, t. I, nº 1553, p. 552-553, et Boissonnade, *Recueil de documents concernant la commune et la ville de Poitiers*, « Archives historiques du Poitou », t. XLIV, 1923, p. 72 et s.

[46] Voir Br. Bedos, *Innovation ou adaptation, conflit ou conjoncture d'intérêts? La charte de franchises de Montmorency*, « Bibliothèque de l'Ecole des Chartes », t. CXXXVII, 1979, p. 5-17.

L'irruption du droit privé n'est contemporaine, ici aussi, que de la fin du siècle, et sa première manifestation présente une si faible ampleur qu'elle pose, aujourd'hui encore, un problème d'interprétation. La plupart des auteurs la trouve dans la charte de Beauvais de 1182,[47] où l'art. 17 – absent, observons-le, de la rédaction antérieure des années 1144-1145 – permet à l'acheteur d'une *hereditas* sur laquelle il a construit et qu'il a tenue par an et jour, de ne pas répondre à une *calumnia per emptum*, en suivant la leçon généralement admise; de Laurière à nos jours,[48] on s'est demandé si le passage visait le retrait lignager, ce qui, en tout cas à notre avis, était déjà admis au début du quatorzième siècle, comme le prouve l'introduction du terme *parens* dans une traduction française de ce temps.

Il ne saurait être bien entendu question de refaire ici l'étude des origines, encore si mal connues, de ce retrait, ni de se lancer dans l'entreprise souvent désespérée, compte tenu du caractère confirmatif que présentent de nombreuses chartes octroyées à partir d'un texte primitif perdu et point forcément identique, visant à un classement chronologique des privilèges obtenus par les communes. On peut toutefois tenir pour assuré que le type constitué par les textes exclusifs de dispositions de droit privé, sauf un article fixant à un – parfois sept – an et un jour la prescription extinctive des droits des tiers, lignagers ou non, n'est pas né à Beauvais. Peut-être le modèle en a-t-il été donné par une première charte de Saint-Quentin, élaborée autour de 1175 et perdue: la charte de Ham, promulguée en 1178 ou 1179 et donnée pour établie, sinon sur la précédente, du moins aux usages de cette ville,[49] comporte un passage de ce genre. L'observation est identique à Noyon (1181)[50] et, l'année même de la charte de Beau-

---

[47] Parmi les éd., les plus accessibles sont les suivantes: *Ord.*, t. VII, p. 621; TEULET, *Layettes*, t. I, nº 312, p. 131-133; GIRY, *op. cit.*, p. 6-13, où l'on trouve au surplus le texte de la première charte et celui de la traduction française.

[48] Cf. déjà SECOUSSE, in *Ord.*, t. I, p. 624, n. (r); L. FALLETTI, *Le retrait lignager en droit coutumier français*, th. Droit, Paris 1923, p. 63, reste dubitatif en observant qu'aucun retrait n'est signalé dans la ville avant 1251.

[49] Voir R. FOSSIER, *Chartes de coutume en Picardie* (*XIe-XIIIe siècle*), Paris 1974 (*Collection de documents inédits sur l'histoire de France, sect. de philologie et d'histoire ...*, sér. in-8º, t. 10), p. 172, n. 2 (Saint-Quentin) et p. 174 (Ham).

[50] *Ord.*, t. XI, p. 224; TEULET, *Layettes*, t. I, nº 307, p. 130.

vais, à Reims[51] et surtout à Beaumont;[52] donner une liste complète des dérivations ultérieures serait fastidieux, et l'on se bornera à mentionner les exemples d'Abbeville (1184),[53] de Rue (1210),[54] de Dijon,[55] d'Auxerre.[56]

Beaucoup plus intéressante pour notre enquête, la première charte amiénoise qui nous ait été conservée fait figure de pendant aux coutumes méridionales les plus précoces, par la série de dispositions de droit privé qu'elle renferme (art. 21 à 25, art. 35) et de pendant contemporain: c'est en effet à l'année 1185 qu'il faut la faire remonter, comme l'a observé Giry en des pages oubliées, semble-t-il, depuis.[57] Ces dispositions ne figuraient certainement pas dans la charte antérieure: à Ham, où l'on transcrivait l'année précédente divers articles d'origine amiénoise, le travail des rédacteurs n'a porté que sur des mesures de caractère institutionnel.[58]

Après Amiens, d'autre villes feront glisser dans leur charte de commune des dispositions coutumières d'origine plus ou moins ancienne; il en ira notamment ainsi à Saint-Quentin, lors de la rédaction du texte, cette fois conservé, de 1195.[59] Là encore, aligner les témoignages ne présenterait aucun intérêt. L'essentiel, pour la démonstration, tient à une chronologie qui place l'émergence du droit privé dans les sources écrites de la vie communale autour de 1185, et peut-être un peu plus tôt pour le retrait lignager, mais en tant que disposition isolée, ainsi qu'il s'est passé parfois aussi dans le Midi, comme à Saint Bertrand de Comminges en 1207.[60]

---

[51] Teulet, *Layettes*, t. I, n° 313, p. 133-134.

[52] Ed. Bonvalot, *Le Tiers Etat d'après la charte de Beaumont et ses filiales*, Paris 1884, p. 103 (art. 26).

[53] Teulet, *Layettes*, t. I, n° 326, p. 139-141; cf. aussi *infra*, n° 57.

[54] R. Fossier, *op. cit.*, p. 295.

[55] Etablissement promulgué par le duc Hugues IV, éd. J. Garnier, *Chartes de communes et d'affranchissement en Bourgogne* ..., t. I, Dijon 1867, p. 29-30.

[56] Teulet, *Layettes*, t. II, n° 1592, p. 1-4.

[57] *Op. cit.*, p. 180 (le texte lui-même est publié aux p. 20-35, en même temps que ceux de la confirmation de 1209 et de la charte d'Abbeville).

[58] R. Fossier, *op. cit.*, p. 182-189.

[59] *Ord.*, t. XI, p. 270-274.

[60] Ed. F. Pasquier, *Inventaire des archives de Saint-Bertrand* ..., Toulouse 1913, p. 4 et s.

* * *

De la collecte de ces deux séries de données, une double réflexion paraît s'imposer. D'une part, les manifestations premières d'un droit privé écrit, qu'il s'exprime au moyen d'actes de type législatif ou dans le cadre de chartes coutumières, sont trop voisines dans le temps pour ne pas dériver d'une origine commune; observons du reste que, dans les deux cas, ces manifestations surgissent comme par mégarde, au travers de types diplomatiques déjà connus, noyées qu'elles sont au surplus parmi des dispositions beaucoup plus traditionnelles d'ordre fiscal, pénal ou procédural. D'autre part, et même si la rédaction des droits statutaires, tant au Midi qu'au Nord du pays, ne s'en est pas trouvée interrompue, l'effort créateur de ces normes a très vite perdu de sa vigueur: au silence des ordonnances, royales ou non, passé le milieu du treizième siècle, fait écho, presque en même temps, la stabilisation des archétypes du droit urbain et le pullulement des chartes « filles », indicateur, même avec l'introduction de variantes, d'une certaine stérilité.

Sur le premier point, nous ne croyons pas utile de nous étendre longuement, tant les causes de cet essor paraissent claires, et tant on a tenté ailleurs [61] de les présenter. Le facteur essentiel tient ici à l'arsenal d'expressions techniques que les droits savants ont, par l'intermédiaire des premier glossateurs, et sans même qu'ait été nécessaire la connaissance des solutions de fond, mis à la disposition des praticiens souvent obscurs dont la contribution a été requise par les princes, les prélats et les bourgeoisies à l'initiative de qui a été élaborée la double documentation décrite plus haut. Sans ce guide quasi-lexical, les rédacteurs de ces pièces auraient été sans doute bien incapables de donner une forme adéquate à ce mélange de traditions floues et d'innovations implicites qui caractérise le plus souvent le droit privé médiéval.

N'oublions pas d'ailleurs que le *Corpus iuris civilis*, relayé par l'enseignement des canonistes, et notamment pour la France par celui d'Etienne de Tournai, offrait, sinon unc théorie de la coutume, difficilement accessible à ces praticiens, du moins des justifications certaines à l'équipolence entre *consuetudo* et usages

---

[61] Dans les *Mélanges Jacques Ellul*.

locaux. On en voudra pour preuve, sans insister autrement sur un problème qui sera repris ailleurs, l'apparition, rigoureusement contemporaine, des renvois à la coutume dans les actes privés.[62]

Mais les compilations du Bas-Empire offraient en même temps tout autre chose à qui en avait une connaissance moins superficielle, comme c'était parfois le cas de membres de l'entourage royal ou baronnial. Elles donnaient d'innombrables exemples d'interventions de la puissance publique, non seulement au niveau fiscal ou judiciaire – ce que les traditions de l'Europe féodale rendaient, sauf analyse plus précise, modérément intéressant – mais aussi dans le domaine du droit privé. Pour peu que l'on ne se montrât pas trop pointilleux sur l'origine et les caractères de cette puissance, et que l'on passât rapidement sur le fossé séparant l'autorité impériale des pouvoirs d'essence féodale, il y avait là matière à imitation, et donc justification pour les esprits de l'époque. Ainsi s'explique que, partout, la définition autoritaire de normes régissant les rapports entre individus soit concomitante ou postérieure à l'irruption de personnels de formation savante dans les milieux d'élaboration des textes porteurs de ces normes; la corrélation est par exemple évidente pour l'entourage du Capétien, où les techniciens du savoir juridique font leur apparition autour de 1164/1166.[63] Et la genèse de la maxime *rex est imperator in suo regno*, que tant de travaux récents nous font connaître, montre précisément que l'assimilation aux prérogatives impériales, pour hardie qu'elle nous paraisse, était si tentante qu'on n'y a pas regardé de trop près pour l'adopter. Tenons au contraire pour longtemps dépourvues de portée pratique – nous sommes en France et avant la décrétale *Super specula* – les prétentions au monopole d'un Frédéric Barberousse, dont l'effet, à supposer que les événements de Roncaglia et les textes afférents aient été connus, serait incitatif bien plus que dissuasif, au moins à l'Ouest du Rhône.

Ainsi comprend-on que tant d'autorités, et de nature si diverse, n'aient aucunement hésité, en un premier temps, à user de la brutalité propre aux pionniers pour confirmer, amender,

---

[62] Olivier-Martin, *op. cit.*, t. I, p. 26, notait celle-ci à Paris dès 1196 et donnait quelques éléments provisoires de comparaison tirés d'actes normands et champenois.

[63] Cf. Fr. Bournazel, *Le gouvernement capétien au XII*[e] *siècle, 1108-1180. Structures sociales et mutations institutionnelles*, th. Droit, Paris 1975, p. 171 et n. 17.

voire introduire telle règle dont la formulation écrite paraissait nécessaire, soit à tel lettré inséré dans un milieu proche des lieux de décision, soit à un conseiller des vassaux ou des bourgeois demandeurs de normes. Qu'ordonnances et chartes coutumières fassent presque toujours état de principes contraires, ou plutôt étrangers – songeons à la part qu'y prend le droit féodal – aux solutions offertes par les compilations, la chose est bien naturelle. N'y voyons pas cette « résistance » au droit savant que, par romantisme inconscient, tant d'historiens français ont cru déceler; l'opération est toute pratique, qui met en quelque sorte l'usage des lieux au même niveau que ce droit en lui donnant un support écrit, grâce auquel les doutes d'un passé jusque là abandonné aux traditions orales [64] laissent place aux certitudes à venir.

Beaucoup plus délicate à interpréter, la rupture constatée au treizième siècle en son milieu ne peut manquer de frapper par la divergence qui en naît entre histoire politique et histoire juridique. A s'en tenir aux actes législatifs, elle serait même incompréhensible chez le Capétien en un temps où se répand précisément la règle *princeps legibus solutus*, dont on sait les conséquences sur les conceptions médiévales du pouvoir.

Aussi bien les causes du phénomène ne sont-elles certainement pas à chercher dans le seul cadre du pouvoir monarchique, ni non plus dans l'évolution d'un type particulier de sources: non seulement ordonnances royales et règlements des barons, une fois écartées les fausses attributions,[65] évitent désormais les unes comme les autres les thèmes successoral et matrimonial, mais aussi la vague des rédactions coutumières perd en même temps l'essentiel de sa force. Que ce déclin n'épargne aucune forme d'autorité, et qu'en même temps il soit extérieur à l'action administrative menée dans les principautés territoriales, on en trouve une preuve dans l'histoire de la seule ville du royaume, à notre connaissance du moins, et à une tentative mort-née d'imitation

---

[64] Voir les réflexions qu'inspire ce point à R. VAN CAENEGEM, *Coutumes et législation en Flandre aux XIe et XIIe siècle*, in *Les libertés urbaines du XIe au XIVe siècle, Colloque international... Spa*, Bruxelles 1968 (*Pro Civitate, collection Histoire*, t. 19), p. 265-266.

[65] Comme la pseudo-ordonnance fixant au tiers en propriété la quote-part successorale des puînés en Bretagne, et dont la nature exacte a été déterminée par P. VIOLLET; cf. l'état de la question dans J. DE LAPLANCHE, *La « soutenance » ou « pourvéance » dans le droit coutumier français aux XIIIe et XIVe siècles*, Paris 1952, p. 80 et n. 4.

près, où la bourgeoisie soit parvenue à arracher de façon tout à fait officielle la *potestas statuendi*: tel a été en effet le cas à Montpellier, où l'autorité consulaire, profitant de l'impécuniosité du roi d'Aragon, emprunteur de sommes énormes, exerce avec éclat ce pouvoir à partir de 1205. Or, après une trentaine d'années au cours desquelles la municipalité entasse statut sur statut, tranche avec hardiesse en matière d'obligations, de successions et de testaments, de régimes matrimoniaux, et s'enivre finalement d'une oeuvre qu'elle compare en toute simplicité à l'édit prétorien, le silence se fait brusquement: non que cette *potestas* disparaisse, ni que cesse une élaboration statutaire encore abondante et toujours munie de fiers préambules rappelant la concession initiale, mais les dispositions arrêtées après 1236 ne sont plus que des mesures de police ou de fiscalité locales, et leur portée, guère différente de ce que l'on rencontre dans tant de droits urbains, leur enlève pratiquement toute originalité.[66]

De ce recul général, les facteurs ne résident donc pas dans une conjoncture locale. Il faut les trouver, à notre avis, à l'intersection de deux phénomènes, d'ailleurs intimement liés. Le premier est constitué par le prodigieux succès que rencontre une procédure romano-canonique jusque là réservée aux plus savants des entourages laïques ou ecclésiastiques, et donc à de rares juridictions. Chacun sait comment la technicité de cette procédure a amené le recrutement d'un personnel spécialisé et, partant, une dissociation rapide entre instances politiques et instances judiciaires: des officiaux au Parlement, les exemples abondent. Mais, dès lors que le monde des tribunaux n'était plus le même que le monde des conseils, au sens proprement politique du terme, la coutume, et plus généralement le droit privé, devenait l'affaire du premier, tout en présentant assez peu d'intérêt pour le second. Parallèlement, l'attitude des juges ne pouvait que différer de celle des barons et des politiques; pour les premiers, la coutume se prouve, elle ne se promulgue pas. La justice royale fournit ici un remarquable exemple: au moment même où disparaît des ordonnances tout accent de droit privé, turbes et enquêtes se multiplient au Parlement. On a tôt fait d'ailleurs d'écrire qu'il y a

---

[66] Nous nous permettons de renvoyer sur ces points à notre étude sur *La* potestas statuendi *dans le droit coutumier montpelliérain au XIIIe siècle*, à paraître dans *Diritto comune e diritti locali nella storia dell'Europa*, Milan 1980.

seulement là procédures visant à définir d'anciens usages; il serait étonnant que le miroir judiciaire n'ait pas déformé ceux-ci, et que, sous couleur de preuve, les juristes du temps n'aient pas glissé parfois des règles d'origine bien récente. Il y aurait ici thème à une étude propre, du reste aussi difficile que passionnante.

Tout à fait contemporain, un autre élément de causalité procède de la diffusion de plus en plus large dont bénéficie la science juridique. A mieux connaître le *Corpus*, et avant tout le Code, on pouvait hésiter, prince, baron ou consul, à légiférer en matière coutumière, et l'économie des moyens conduisait à se satisfaire de l'action jurisprudentielle; il n'est pas indifférent de constater que les plus anciennes compilations privées, Normandie mise à part, sont contemporaines, elles aussi, du milieu du treizième siècle. C'est moins encore qu'auparavant, toutefois, qu'il faut attribuer d'importance aux ambitions des empereurs souabes, du reste fort amoindries par leurs mésaventures italiennes; à moins, mais à l'inverse, qu'attention ait été portée à la « fermeture » – selon la forte expression de Savigny – [67] du *Corpus* à leurs constitutions dès l'époque d'Hugolinus, fermeture étrangement concomitante à la disparition des législations privatistes.

Le danger était naturellement considérable pour le droit coutumier: livré désormais à un personnel judiciaire nourri cette fois, non plus seulement d'un vocabulaire, mais d'une science du droit dont l'efficacité se trouvait décuplée par la mise en circulation de la glose accursienne, aux prises en même temps avec les *Libri feudorum* et les collections canoniques classiques, il ne pouvait que céder du terrain là où ses solutions étaient, soit imprécises, soit inadaptées au renouveau économique, en matière d'obligations par exemple. La ruine des droits urbains méridionaux d'une part, la chute dans l'oubli des vieux formalismes en pays de coutume d'autre part, comptent au nombre des conséquences les mieux connues d'une perte de substance ininterrompue. Le processus ne parvint pas pour autant à une élimination totale: ce que le fracas des promulgations n'autorisait plus, la sérénité des audiences le maintint, en matière de succession et de rapport pécuniaires entre époux notamment. Mais, avant que ne s'impose une conception radicalement différente des

[67] *Storia del diritto romano nel medio evo*, trad. Emm. Bollati, 2e éd., t. I, Torino 1854, § 196, p. 724-725.

rapports entre Etats et individus, les plus originales des sources du droit privé médiéval étaient bien mortes. Curieusement, alors qu'en un premier temps la connaissance superficielle et le maniement maladroit des sources savantes avaient conféré aux barons, voire aux bourgeois en corps, des prérogatives d'expression juridique fort étendues, une analyse plus affinée des mêmes textes et l'apparition d'un personnel formé à interpréter ceux-ci vinrent leur ôter les fondements et jusqu'au désir d'une telle initiative.

XIX

La crise des Universités françaises à la fin du XIVe siècle

Si de brillantes études — et notamment celles de J. Monfrin, J. Le Goff, J. Verger —, ont été dédiées au phénomène universitaire en France au XVe siècle, à ses aspects les plus dynamiques mais aussi à ses échecs, l'attention s'est moins souvent portée sur la prériode immédiatement antérieure, et plus précisément sur les deux décennies qui ont suivi la mort de sainte Catherine de Sienne. C'est à cette période que l'on consacre les pages qui suivent: période restreinte, mais qui nous paraît donner son cadre à une crise dont les effets se feront sentir bien au-delà, dans un avenir de déclin dont certaines au moins des Universités subiront pour plusieurs siècles la marque.

Plus précisément, pendant les années 1380-1400, se produit un retournement de tendance aux contours assez précis. D'une part, la fortune des Universités méridionales s'en trouve changée, et à travers elle, la composition du monde des juristes. D'autre part, si ce changement de cap est lié aux soustractions d'obédience et au départ de la papauté d'Avignon, il ne saurait être limité à une simple conjoncture défavorable: ses conséquences sont déterminantes pour l'histoire de ces mêmes Universités et, par-delà celles-ci, pour le recrutement géographique des gradués, dont le centre de gravité se trouve désormais, et quasi-définitivement, déplacé vers des provinces jusque là mal représentées.

Encore convint-il de s'entrendre au préalable sur le sens des mots. Trop souvent, en effet, projetons-nous sur les Universités médiévales le regard des modernes. Nous parlons volontiers, par exemple, de crise des méthodes, d'abaissement de la qualité de l'enseignement, d'absence de renouvellement des techniques héritées de la scolastique[1]. Il n'est pour autant nullement assuré que ces faiblesses — certes réelles chez les postglossateurs, pour ne citer que la science juridique — aient été ressenties comme telles par les contemporains; le lien entre la célébrité des maîtres et l'afflux des élèves n'est nulle part prouvé, à la fin du quatorzième siècle comme plus tard. Allons plus loin: le recrutement universitaire n'a rien à voir, que ce soit par ses effectifs ou que ce soit par leur

1. De bons exemples en sont réunis par J. Verger, *Remarques sur l'enseignement des arts dans les universités du Midi à la fin du Moyen âge*, in « Annales du Midi » 91 (1979), 355-381.

étalement dans l'espace, avec les vertus pédagogiques ou scientifiques, et l'essor ou le déclin universitaires sont beaucoup plus affaire de débouchés probables, de succès des suppliques, ou de parentèle et d'entregent. A notre surprise, tels civilistes connus enseignent dans des *studia* que fréquentent surtout des canonistes, et l'inverse est également vrai, quoique moins fréquent.

On oublie d'autre part trop souvent combient les institutions universitaires ont été fragiles, et à quel point elles ont été affectées, avant comme après la période que nous étudions, par des facteurs externes. Aux alentours de 1350, par exemple, à ceux de 1360 encore, une chute brutale des effectifs se manifeste un peu partout dans le Midi: l'épidémie en est sans doute une cause majeure, comme semble le prouver un redressement rapide.

En bref, la mesure de ces mêmes effectifs est le seul moyen dont nous disposions pour mesurer de façon objective les temps forts comme les moments de faiblesse des institutions universitaires. Les plaintes émanant des représentants de ces dernières, comme les tentatives de réforme, ne peuvent, en raison des stéréotypes du temps, et aussi de la médiocrité des solutions adoptées, qu'apporter à l'enquête un supplément d'information: ne perdons pas de vue, ni l'abondance de ces sources même en des lieux ou en des temps où nos *studia* atteignent leur apogée [2], ni l'attachement que gardèrent les hommes du temps, même conscients de leur vétusté, pour les cadres traditionnels de l'enseignement [3].

Reste une sérieuse objection: notre connaissance des effectifs d'étudiants n'est satisfaisante qu'au long de la période relativement brève où les *rotuli* universitaires ont été, et envoyés, et conservés. N'y a-t-il pas quelque danger à surestimer l'effet des fluctuations que l'on enregistre en un tel laps de temps, et à confondre donc une tendance à court terme avec un *trend*? Si la prudence reste de rigueur, il ne nous semble pas que l'obstacle soit insurmontable. D'abord parce que l'ordre de grandeur et les origines des gradués, des juristes surtout, commencent à être bien connus, de la fin du treizième siècle à la Renaissance, à travers un nombre élevé, quoique encore insuffisant, d'études récentes; ensuite et surtout parce que l'évolution que nous croyons pouvoir relever est tout à fait différente d'une Université à l'autre, et surtout d'une région à l'autre, et que cette distorsion se trouve confirmée, tant par ce que l'on sait des Universités non-françaises — d'Europe centrale et septentrionale, de la péninsule ibérique notamment — que par l'examen de sources différentes étalées au long du quinzième siècle, par exemple à Orléans et à Avignon.

2. Par exemple à Toulouse: cf. C. E. Smith, *The University of Toulouse in the Middle Ages*, Milwaukee 1958, 157 et s., où l'auteur tend à prendre au mot les récriminations universitaires de la fin du quatorzième siècle, pourtant tournées, ici comme ailleurs, vers des réformes statutaires plutôt qu'attachées à résoudre les problèmes de fond.

3. Cf. J. Verger, *Les Universités françaises au XVe siècle: crises et tentatives de réforme*, in « Cahiers d'histoire » XXI (1976), 43-66.

On cherchera ici à analyser d'abord un déclin qui frappe l'ensemble des Universités méridionales, à travers l'examen des effectifs formés par leurs étudiants en droit. On tentera ensuite de déterminer si, à l'intérieur de ces mêmes effectifs, la répartition entre civilistes et canonistes s'est trouvée modifiée à la suite de cette crise; à la vérité, faute de séries statistiques comme de dépouillements systématiques des sources, ce second thème, on va le voir, n'appelle pas pour l'instant, de conclusions aussi précises que dans le cas précédent.

* * *

Si notre attention est attirée avant tout par les juristes, ce n'est point en vertu d'une option arbitraire. Toutes les Universités françaises, sauf une, comptent à la fin du quatorzième siècle une majorité d'étudiants se consacrant au droit civil, au droit canonique ou aux deux à la fois, ou plus exactement à la suite. L'exception, il est vrai, est notable: il s'agit de Paris, où la masse des artistes et des théologiens l'emporte de toute évidence sur les effectifs des juristes adonnés, comme on le sait, au seul droit canonique, officiellement du moins. Partout ailleurs, les *rotuli* décrivent une population formée à plus de cinquante pour cent, parfois en quasi-totalité, d'étudiants en droit. Il en va ainsi même à Montpellier, où les médecins constituent pourtant en fait, on le sait, une Université à part: si les *rotuli* des médecins omettent peut-être un pourcentage élevé de laïcs, on ne saurait en tirer une prédominance quantitative sur les juristes du type de celle qui, cette fois indubitablement, se manifestera au seizième siècle. Et si ces médecins viennent souvent de loin — un cinquième seulement des étudiants inscrits à la supplique de 1379 tire son origine de diocèses situés au sud d'une ligne Tulle - Clermont - Lyon —, cela est dû tout simplement à la rareté des *studia* européens où se trouve dispensé, à cette époque, un enseignement médical. Le fait majeur n'est pas là: il tient à l'extraordinaire capacité d'absorption de juristes dont témoigne la société contemporaine qui, et d'ailleurs pour de bonnes raisons, n'accorde qu'une place beaucoup moindre aux gradués formés au contact hippocratique.

Partons de quelques données brutes. Où placer les temps de l'apogée universitaire? La réponse n'est pas facile: les données chiffrées manquent souvent, et surtout pour la période antérieure au milieu du quatorzième siècle. Précisément, les historiens des Universités françaises, quelle que soit la période qu'ils privilégient, succombent volontiers au mythe de l'âge d'or, en ce qu'ils accordent aux temps antérieurs, quels qu'ils soient, le bénéfice d'une prospérité supposée. C'est, nous semble-t-il, confondre essor et apogée; c'est aussi, pour les juristes du moins, confondre célébrité des maîtres et attraction sur le public. Certes, les années 1280-1330 ont laissé, dans l'histoire de la science du droit, plus de noms célèbres de ce côté des Alpes, que la tranche chronologique d'un siècle postérieure; et le fait se vérifie par exemple aussi bien à Orléans qu'à Toulouse. Mais, de ces grands juristes, combien avaient été formés à Bologne? Plus généralement, n'a-t-on pas conclu un peu vite à un développement massif d'une clientèle qui, jusqu'aux dernières années du treizième siècle encore, se tournait volontiers vers l'illustre cité italienne? Après tout, et pour se limiter aux deux Universités citées plus haut, E. M. Meijers et R. Feenstra pour la première, Meijers encore et H. Gilles pour la seconde, plus récemment D. Maffei, nous ont montré ce que les maîtres y devaient aux Bolonais, même quand ils en modifiaient les méthodes.

Bien des indices amènent à penser qu'un premier sommet quantitatif a été atteint par les Universités méridionales aux alentours de 1340: c'est alors que se retrouvent à Avignon et à Montpellier de nombreux étudiants originaires des Pays-Bas, de Tournai [4], des contrées de langue allemande, des autres pays d'Europe Centrale [5], et c'est au même moment qu'affluent à Toulouse et à Montpellier de forts contingents ibériques [6]. Les données sont toutefois trop disparates pour que l'on en tire des chiffres comparables à ceux qui vont suivre.

Pour la période couverte par les suppliques, les résultats sont en revanche éloquents. A Toulouse et à Montpellier, les courbes trouvent leur apogée en 1379; pour Avignon, le sommet n'est atteint qu'en 1394, encore que le *rotulus* de 1379 y témoigne déjà d'une enviable clientèle. On ne reviendra pas sur les nombres qui nous sont fournis par les suppliques, échelonnées de 1379 à 1403, qui émanent tant de ces Universités que de Cahors ou de leurs homologues septentrionales (Paris, Orléans, Angers); ces données ont déjà été présentées et commentées, à la fois par M. Verger et par nous-même [7]. En revanche, il n'est pas inutile de rappeler la répartition en pourcentage des étudiants en droit entre les deux groupes d'Universités:

	1379	1393-1394	1403
Universités méridionales	52	61	32
Universités septentrionales . . .	48	39	68

4. Voir les relevés présentés par J. Pycke, *Les chanoines de Tournai aux études, 1330-1340*, in *Les Universités à la fin du Moyen âge, actes du Congrès international de Louvain, 26-30 mai 1975*, Louvain 1978, 598-613 [l'ouvrage en question étant par la suite cité sous la forme *Actes Louvain*].

5. Cf. par exemple G. Bonis, *La pénétration du droit romain dans les pays slaves et hongrois*, in « Recueil ... droit écrit » VI (1967), 76-77.

6. Comme le souligne J. M. Font-Rius, *La recepcion del derecho romano en la peninsula iberica durante la Edad Media*, ibid., 89-90.

7. On nous permettra de renvoyer à notre étude sur *Le recrutement des juristes dans les Universités méridionales à la fin du XIVe siècle: pays de canonistes et pays de civilistes?*, in *Actes Louvain*, 524-548, pour ce qui a trait aux problèmes de mesure et aux solutions apportées à ceux-ci par notre excellent collègue.

Laissons de côté les données propres aux années 1393-1394, moins significatives que les autres, dans la mesure où la clientèle parisienne s'y trouve sous-estimée, ce qui a pour résultat d'abaisser exagérément la représentation des Universités septentrionales. Il n'en reste pas moins que les *studia* du Midi regroupaient un peu plus de la moitié des effectifs en 1379 — et tout nous paraît indiquer qu'il en allait de même auparavant —, et qu'ils ne comptent qu'un petit tiers de ces mêmes étudiants en 1403, proportion qui ne s'est certainement pas améliorée jusqu'à la fin du siècle au moins.

Evident au niveau des pourcentages, ce déclin brutal n'est pas moins sensible au niveau des aires de recrutement. Comme l'a excellement montré M. Verger, le rayonnement des Universités méridionales, d'international qu'il était jusque là, se restreint au point d'apparaître, sauf exceptions, comme à peu près purement régional dès le début du XVe siècle. De 1379 à 1403, les étudiants ibériques tombent de 11 à moins 5% des effectifs des juristes toulousains; la chute est bien plus nette à Montpellier, où, de 25%, cette clientèle ne forme plus de 3%, et à Avignon, où ces mêmes pourcentages, de 1394 à 1403, passent de 21 à 5,5. Et tout ceci n'a rien d'éphémère: ces trois Universités, dont l'aire de recrutement était fort large dès le milieu du XIVe siècle, sinon même avant, n'attireront plus guère à l'avenir de juristes que dans un rayon de 150 à 200 kilomètres, Pyrénées et Alpes formant au surplus des barrières désormais rarement franchies.

Face à cet appauvrissement généralisé, les Universités de la moitié Nord du pays offrent un brillant contraste: de Bruges par exemple, on continue à aller étudier à Paris, même si la concurrence de Louvain se fait sentir dès les temps de la fondation[8]. Et la nation allemande d'Orléans connaîtra un essor remarquable au XVe et surtout au XVIe siècle[9]. Encore ne s'agit-il que des juristes: à faire entrer en compte les Universités à dominantes « rares », en tout cas d'enseignement moins répandu que les deux droits, les théologiens de Paris accroîtraient encore le contraste. N'est-il du reste pas significatif que l'essor médical montpelliérain, aux temps de l'humanisme, ne rencontre qu'un lointain écho chez les voisins juristes?

En fait, le déclin méridional n'est pas un phénomène purement universitaire, ou plutôt ce dernier n'est que le reflet d'une tendance plus profonde. Le temps des soustractions d'obédience et de la fin du Grand Schisme est aussi celui de l'avènement des juristes de l'Ouest, du Nord, de l'Est. Aux cohortes traditionnellement fournies des diocèses du Massif Central, des diocèses pyré-

8. R. de Keyser, *Chanoines réguliers et Universités: le cas de Saint Donatien de Bruges (1350-1450)*, in *Actes Louvain*, 589.

9. Voir M. De Ridder-Symoens, *Les origines géographique et sociale des étudiants de la nation germanique de l'ancienne Université d'Orléans (1444-1546). Aperçu général*, in *Actes Louvain*, 459.

néens et languedociens — et l'on sait, grâce aux travaux de M. Guillemain, le rôle joué en la matière par les cardinaux originaires de ces régions —, font place les Normands, les Bretons, les Picards et les Lorrains. Peu importe finalement où ces jeunes gens vont se former; l'essentiel tient à la réduction massive de la part, jusque là prédominante, prise dans le monde juridique par les hommes du Midi. Après une courte période d'exaspération, si l'on peut dire, facilitée sans nul doute par le voisinage de l'administration pontificale, l'influence des clientèles de langue d'oc s'écroule, et retombe à des niveaux très inférieurs à tout ce que l'on avait connu précédemment.

* * *

Traiter globalement, comme on l'a souvent fait, l'enseignement juridique, c'est oublier la dualité des droits, et négliger par là même les liens entre la vie universitaire et le monde de la pratique en un temps où précisément, comme il est bien connu, la laïcisation des institutions se manifeste à travers une multiplicité de signes. Bien des auteurs, et notamment Mgr. Ch. Lefebvre et M. Guenée, ont pourtant suggéré une diminution sensible des gradués en droit canon au profit des civilistes, et cela dès le quinzième siècle. Il est donc tentant de chercher une corrélation entre cette diminution et la crise évoquée plus haut. Cela supposerait toutefois que nous disposions, après 1403, de documents équivalents aux *rotuli*; les sources disponibles sont malheureusement loin de permettre des conclusions précises.

Deux points restent assurés. En 1379 comme en 1403, toutes les Universités méridionales sont fréquentées par une majorité de canonistes. Au contraire, le poids des civilistes reste prédominant à Orléans comme à Angers; bien évidemment, la proximité de Paris leur enlève une bonne partie de leur clientèle virtuelle de décrétalistes. Malheureusement, les incertitudes qui planent sur les effectifs parisiens n'autorisent pas de comparaison sérieuse entre les pourcentages représentatifs de chacun des deux droits dans le Midi d'une part, dans les trois Universités septentrionales d'autre part.

Par une autre évidence statistique, le choix des étudiants est largement déterminé par leur origine géographique. A des diocèses de canonistes (Massif Central, Pyrénées, Gascogne, Languedoc, pays ibériques surtout) s'opposent des diocèses de romanistes (Bourgogne, Suisse actuelle, vallée du Rhône). Moins certainement, l'origine sociale joue aussi un rôle: il semble cependant que les classes aisées poussent leurs rejetons vers le droit romain, tandis que les étudiants d'origine plus humble, à la recherche de quelque bénéfice, se replient plutôt sur le droit canonique. En tout cas les chances d'accès aux grades sont toujours beaucoup plus fortes chez les civilistes, et, corrélativement, les abandons en cours d'études moins fréquents. En tout cas, le choix d'une Université déterminée ne pèse guère sur l'adoption du profil d'études, sauf bien entendu dans le cas parisien.

D'une discipline à l'autre, la comparaison des effectifs fait-elle ressortir un déséquilibre plus net après 1400 qu'avant? Sur la période 1379-1403, ce n'est nullement évident. Pour posséder quelque valeur, le calcul doit assurément être opéré sur un laps de temps plus large. Faute de mieux, on livrera ici deux exemples, tirés d'Universités et de sources bien différentes. A Montpellier, un recensement, aussi minutieux que possible, des docteurs, régents ou gradués sur place, nous amène à conclure à une grande stabilité: tout au long des quatorzième et quinzième siècles, six docteurs sur dix sont civilistes, quatre canonistes. Ce résultat, il est vrai, ne saurait rendre compte des flux d'entrée à l'Université, tant est élevée la fréquence des échecs et des abandons chez les canonistes.

Notre second exemple concerne Orléans. Nous avons tenté de tirer parti des recherches, d'ampleur considérable, menées par Mme Jullien de Pommerol pour reconstituer les sources de l'histoire de la célèbre Université[10]. Plus précisément, on a isolé les noms des gradués et étudiants chaque fois que leur discipline était précisée, en éliminant naturellement les mentions *in utroque jure* mais en retenant, compte tenu de l'objectif poursuivi, l'ensemble des suppôts nominativement désignés, quelle que fût l'Université d'accueil, et en intégrant les étudiants dont la discipline n'était pas portée, mais dont les manuscrits qu'ils achetaient ou vendaient permettaient la détermination de celle-ci. Sur un total de 204 universitaires, on obtient alors, en utilisant d'une part les sources pontificales, d'autre part la documentation «laïque» (série JJ, X^1 a̤, X^1 c̤, X^2 a̤ des Arch. Nat., archives locales, minutiers, fonds divers), les résultats suivants en pourcentage de canonistes au total des effectifs, et à partir d'un découpage chronologique, il est vrai, différent du précédent, mais imposé par la faible taille de l'échantillon:

	Sources pontificales	Autres sources	Total pondéré
Période 1306-1351	31	18	26
Période 1353-1421	12,5	12,5	12,5

Quelle que soit la source, on le voit, la part prise par les canonistes se réduit sensiblement après le milieu du siècle; au passage, notons que les sources pontificales, tout en créant une certaine distorsion, ne donnent pas un reflet trop inexact de la réalité. Bien entendu, l'effectif est fort réduit; il n'y a ce-

10. *Sources de l'histoire des Universités françaises au Moyen âge, Université d'Orléans,* Paris 1978.

pendant aucune raison de supposer qu'il avantage telle des disciplines au cours de l'une seulement des deux périodes définies.

Certes, ce type de recherche devrait être généralisé, et étendu à d'autres Universités, voire à des régions entières, pour que l'on puisse en tirer de sûres conclusions. On se bornera ici à deux observations. D'abord, la réduction, au moins relative, des effectifs de canonistes dans les Universités n'a pu que contribuer à l'embourgeoisement que l'on constate presque partout dans leur clientèle au quinzième siècle, dans la mesure, hélas aujourd'hui encore hypothétique, où elle a signifié un recrutement de plus en plus limité aux catégories aisées de la population. Ensuite, cette même réduction, si elle se vérifie, n'est pas nécessairement une conséquence pure et simple du progrès contemporain des compétences du juge laïque: elle est sans doute causée pour une bonne part par les modifications géographiques du recrutement universitaire, où les diocèses « à civilistes » — entendons à dominante de romanistes — de l'Ouest, du Nord, de l'Est, l'emportent désormais sur la clientèle déclinante provenant de ces diocèses « à canonistes » que l'on trouvait surtout dans le Massif Central, au long des Pyrénées, et plus encore dans les pays d'origine de ces étudiants ibériques, si nombreux auparavant, mais en voie de disparition rapide à Avignon, de raréfaction sensible à Toulouse et à Montpellier.

* * *

Restent à définir les causes d'un déclin propre aux Universités méridionales. Causes de deux ordres, mais quasi concomitantes, nous semble-t-il. La première, et dans l'instant l'essentielle, tient à la perte d'influence, puis au départ de Benoît XIII. Désastreuses pour l'économie de la France méditerranéenne — ce point mériterait une enquête approfondie — les soustractions d'obédience ont été fatales pour les Universités du Midi. Evanouies les chances de trouver un bénéfice, les étudiants se sont envolés vers des lieux moins éloignés de leur domicile. Or, et c'est là le second facteur, ces lieux se multipliaient au même moment. Au fond, le phénomène universitaire avait été jusqu'alors marqué par un monopole franco-italien, au moins pour les continentaux. Faute d'exercer outre-Manche un pouvoir attractif, les Universités anglaises n'avaient pratiquement pas compté pour eux; et les plus anciens des *studia generalia* ibériques, de croissance très lente, ne retinrent guère, dans les trois premiers quarts du quatorzième siècle, la clientèle locale. Quant aux Universités d'Europe centrale, si les créations s'y sont succédées à un rythme répété — huit au quatorzième siècle — elles ont d'abord végété; l'essor réel de Prague ne date que de la fondation du *Carolinum* en 1366, et celui de ses voisines a été largement dû à l'émigration de professeurs parisiens après 1378[11].

11. Cf. A. Vetulani, *Les origines et le sort des Universités de l'Europe centrale et orientale fondées au cours du XIVe siècle*, in *Actes Louvain*, 150-151 et 162.

Tout ceci est désormais bien connu. On souligne moins souvent l'impact qu'ont eu, notamment sur les jeunes gens du Sud-Est français, de nouvelles Universités italiennes dont les bulles d'érection, sinon les premiers privilèges, sont contemporaines: nous songeons notamment à Pavie (1389) et à Ferrare (1391), qui formeront au siècle suivant des pôles d'attraction de première grandeur pour les juristes venus de l'Ouest des Alpes[12]. C'est en gros au même moment que les Universités portugaises, castillanes, catalanes, connaissent un brillant développement. Tout cela va priver d'une grande part de leur clientèle traditionnelle les vieux centres intellectuels du Midi français, devenus en même temps incapables de retenir les civilistes et canonistes du Nord et de l'Ouest du pays. Quelques noms célèbres — des noms toulousains surtout — ne sauraient cacher la chute brutale des effectifs.

Les conséquences de cette véritable perte de matière n'ont peut-être pas été exactement mesurées. D'une part, les milieux administratifs et judiciaires, voire politiques, ceux de l'entourage royal notamment, s'en sont trouvés profondément modifiés dans leur recrutement géographique: juges et officiers ne sont plus qu'en minorité issus des pays de langue d'oc; là encore, toutefois, l'installation d'un Parlement à Toulouse n'a pas manqué de créer une remarquable exception. D'autre part, l'Université parisienne, trouvant le champ libre, a pu se considérer désormais comme le principal représentant d'une force politique jusqu'alors assez largement partagée, comme le prouvaient, par exemple, les correspondances échangées au temps du schisme. Il n'est sans doute pas indifférent que ce soient par conséquent des théologiens et des « artistes » qui se tiennent désormais pour les porte-drapeaux de l'opinion universitaire: la figure d'un Gerson symbolise alors cette opinion[13]. Les juristes n'ont certes pas disparu de l'arène, et peut-être même envahissent-ils de façon inégalée, au quinzième siècle, les assemblées d'Etats, les corps municipaux, voire, comme M. Gazzaniga l'a montré pour le Languedoc, les sièges épiscopaux. Mais ce sont là carrières individuelles, et non comportements proprement universitaires. Pour tenter de cerner les attitudes politiques de juristes pris en collèges ou en groupes, il faut se tourner, non plus vers des maîtres et des élèves de plus en plus timides, mais vers les corps d'officiers royaux, et avant tout de parlementaires. Mais il n'y a là plus rien de spécifiquement méridional, et l'on sait la part prépondérante que prendront les magistrats parisiens à la querelle dite du greffe et de la couronne.

12. Voir H. Coing, *Die juristische Fakultät und ihr Lehrprogramm*, in *Handbuch der Quellen und Literatur der neueren Privatrechtsgeschichte*, I, Munich 1973, 41-48.

13. Cf., après les études de J. Monfrin, H. Paquet, *Aspects de l'Université médiévale*, in *Actes Louvain*, 23.

XX

Aux origines de l' « émergence » du droit : glossateurs et coutumes méridionales

*(XII*e *- milieu du XIII*e *siècle)*

L'opposition, si fortement marquée dans la tradition historique française, entre pays de coutume et pays de droit écrit, reste, malgré nombre de critiques, sous-jacente à bien des analyses parmi les plus récentes. Appliquée à l'Europe des glossateurs, elle est cependant privée de toute valeur ; après tout, c'est à Pise et à Barcelone et non dans les villes flamandes ou rhénanes que l'on trouve, dès le milieu du XIIe siècle, les expressions les plus remarquables de droits urbains dignes de la qualification de coutumes, y compris dans l'acception seconde et technique qu'accorde au terme notre langue juridique. Sur le sol de la France actuelle, la même observation s'impose : Avignon et Montpellier, Arles et Saint-Gilles, Narbonne et Carcassonne disposent de sources statutaires dont on chercherait vainement, vers 1250, l'équivalent à Paris ou en Bretagne.

A définir une problématique, il convient donc d'éviter la quête illusoire d'une genèse à ce pseudo-contraste qui ne se vérifie que plus tard, et encore partiellement, et de s'interroger au contraire sur l'évidente superposition des régions où se situent ces villes, soit la basse vallée du Rhône et la Septimanie, avec la zone de première diffusion de l'œuvre des glossateurs. N'y aurait-il pas là comme un double reflet du rôle que la société accorde désormais au droit, quelles que soient les origines et les sources de celui-ci, et ne peut-on voir, dans ces premières rédactions, l'aspect concret d'un essor, d'une « émergence » de ce type de raisonnement juridique dont, comme le remarque Jacques Ellul dans deux études récentes[1], des générations de lettrés vont désormais s'imprégner ?

Rôle du droit, écrivons-nous, et non pas du droit romain en particulier. C'est ici le lieu de lever l'une des équivoques majeures qui plane sur notre vision de ce phénomène trop facilement qualifié de « renaissance » juridique. Naissance, en effet, beaucoup plus que renaissance : pour les glossa-

1. Le problème de l'émergence du droit, *in* Université de Bordeaux I, *Annales de la Faculté de Droit..., Centre d'Etudes et de Recherches d'histoire institutionnelle et régionale,* t. I (1976), pp. 5-15 ; Deux problèmes préalables, in *eod.,* t. II (1978), pp. 61-70.

teurs, il n'est pas question d'opposer deux systèmes juridiques issus, l'un des institutions de l'Europe féodale, l'autre des sources justiniennes. Le problème ne se pose pas en termes de choix, mais sous la forme de la mise en place d'un complexe normatif là où régnaient désordre, imprécision et illogisme. L'objectif ne vise pas tant à éliminer un ensemble de règles coutumières qu'à substituer la justice à l'injustice, le permanent à l'instable ou, comme on l'écrit alors, la vérité au mensonge ; en termes actuels, nous dirions que ces juristes sont avant tout motivés par la prééminence du droit sur la force. Dès lors, la dimension reconnue à la norme s'accroît considérablement : le discours juridique bénéficie d'une légitimité jusque-là douteuse et sa place ne peut plus être désormais que la première. Romanisation et « majoration » du droit — pour reprendre encore un terme de Jacques Ellul — iront désormais de pair. La liaison entre ces deux phénomènes éclaire mieux peut-être que tout autre facteur, procédure mise à part, l'influence que les glossateurs ont exercée sur leur temps. Romanisation à l'écart de la coutume, plus que contre celle-ci ; mais majoration qui englobe, au moins pour un temps, cette même coutume.

Que la coutume — et donc, ne l'oublions pas, la condition des personnes dans toute la mesure où elle avait échappé au moule antique — ne pèse que d'un poids bien léger, face aux droits savants, c'est l'évidence. Encore n'en est-elle point méconnue ; et si elle souffre d'une inévitable comparaison, ne bénéficie-t-elle pas plus ou moins largement de l'effort général de clarification juridique ?

Sous doute, chacun a-t-il présente à l'esprit la violente critique à laquelle se livre l'auteur du *Livre de Tubingue* au chap. 123 : *consuetudo juris nescia, errore nata... consuetudo multotiens veritati repugnat.* L'on oublie cependant trop souvent que le passage s'ouvre par l'écho, en termes également vigoureux, d'une dissension en la matière : *cum de justitia et consuetudine contenditur inter idiotas legisque peritos...* Dès l'époque, il y a donc désaccord, si l'on comprend bien, sur les fondements de la coutume, et la position de l'auteur anonyme — de l'école *gosiana* à ses débuts, selon toute apparence —, apparaît de son propre aveu comme polémique. On peut se demander si l'adversaire fustigé n'est pas Bulgarus lui-même : nous savons en effet, par la collection de dissensions d'Hugolinus[2], comme par le manuscrit de Naples Brancacciana IV, D. 4[3] que le glossateur admet qu'il soit dérogé à la *lex*, non seulement par *consuetudo generalis*, mais aussi, dans le cadre de la cité, par la coutume particulière *inducta ex certa scientia*, même si le Bolonais utilise le détour *obtinet sed legem non abrogat, sed preferetur sicut superior.* Dès Jean Bassien, cette tendance l'emportera, éliminant en grande partie la doctrine de l'aliénation intégrale de la puissance législative du peuple à l'empereur, telle que l'avaient soutenue la *Summa Trecensis*, Rogerius et Placentin.

Au demeurant, la *consuetudo (scilicet lex municipalis)* que visait

2. Ed. Haenel, *Dissentiones dominorum...*, Leipzig, 1834, n° 148, p. 585.

3. Cf. Meijers, Sommes, lectures et commentaires (1100 à 1250), in *Atti del congresso internazionale di diritto romano Bologna*, t. I, Pavie, 1934, p. 485 = *Etudes d'histoire de droit*, t. III, Leyde, 1959, p. 254.

Bulgarus n'avait alors aucune portée, en tant que droit urbain rédigé, dans les pays situés à l'ouest des Alpes. La coutume qu'attaque le *Livre de Tubingue* ne peut s'entendre que d'usages non écrits. Ne s'y tromperont, ni les premiers glossateurs, ni les canonistes contemporains. Les uns, combinant les définitions des Institutes et du Digeste, et les autres, utilisant un extrait des *Etymologies* d'Isidore de Séville passé au Décret de Gratien *(mos est vetustate probata consuetudo, sive lex non scripta)*, parviennent à une identification de fait entre *mos* et *consuetudo*, à travers diverses nuances dont M. Craveri a su rendre un compte exact[4]. Il est donc logique que Placentin, selon la dissension citée plus haut, se réfère encore à un droit non écrit *(lex scripta nunquam abrogatur per legem non scriptam, id est per consuetudinem)* — ce qui d'ailleurs donne un caractère assez artificiel à la divergence que l'on a cru relever vis-à-vis de la *distinctio* bulgarienne —, et qu'Azon affirme encore, dans sa *Summa Codicis*, à la suite des sources romaines remaniées, *consuetudo est jus non scriptum moribus populi diuturnis inductum.*

Sur ce point, tout risque d'anachronisme doit être soigneusement écarté : au temps des premières générations de glossateurs, aucun droit privé statutaire, ou presque, ne connaît en France de forme écrite. Là où il y a texte, et c'est le cas de chartes municipales précoces, on ne trouve que franchises pénales, procédurales, commerciales et bien entendu fiscales[5]. Seules exceptions : les statuts d'Arles et d'Avignon, d'ailleurs empruntés l'un à l'autre, et fortement romanisés[6]. On verra d'ailleurs plus loin que le principe même d'une mise par écrit de règles proprement civilistiques nous paraît étroitement lié à la diffusion du droit savant, même quand ces règles s'en éloignent. En tout cas, cette mise par écrit n'est pas antérieure aux dernières années du siècle.

De sorte que le problème posé aux glossateurs par l'écart entre ces mêmes usages et les normes justiniennes ne s'exprime nullement, à cette époque, et, je le répète, pour la France, en termes de *potestas statuendi*, encore moins de pouvoir d'interprétation ; tout au plus le juriste peut-il s'interroger sur la valeur et la force contraignante de traditions orales évidemment bien différentes des normes romaines, mais différentes au moins autant par leur imprécision et leur rusticité que par les solutions qu'elles offrent. A ce compte, le mieux sera d'oublier — mais non pas de discuter, voire d'abroger — tout ce qui apporte contradiction : *quicquid enim justitie veritati repugnat, non est consuetudo, sed desuetudo*, affirme

4. *Ricerche sulla formazione del diritto consuetudinario in Francia (sec. XIII-XVI)*, Milan 1969 (Ius Nostrum, Studi et testi pubbl. Istituto di storia del diritto italiano dell'Univ. di Roma 12), pp. 111 et s.

5. Y compris, bien entendu, les dispositions visant à écarter plus ou moins explicitement la mainmorte, et dont on trouvera de bons exemples dans les plus anciens des documents regroupés par J. Bart, *Recherches sur l'histoire des successions ab intestat dans le droit du duché de Bourgogne du XIIIe à la fin du XVIe siècle (coutume et pratique)*, Paris, 1966 (Publications de l'Université de Dijon, XXXVI), et notamment p. 36, n. 60 (Cluny, 1161-1172) et p. 37, n. 64 (Perpignan, datation très controversée).

6. Ed. Giraud, *Essai sur l'histoire du droit français au Moyen Age*, t. II, Paris, 1846, pp. 1 et s. pour les premiers ; éd. Albanes, *Gallia Christiana novissima*, t. VII Valence, 1920, n° 245, pour les seconds.

le chapitre déjà cité du *Livre de Tubingue*. Même si un tel principe participait plus de l'image que de l'application immédiate, la menace n'en planait pas moins dès ce moment sur l'acquis coutumier. Menace d'ailleurs doublée par la théorie irnérienne de l'inefficacité de la *desuetudo populi* à l'égard, cette fois, de la coutume abrogatrice de la loi[7].

Effacement des contradictions, certes, mais des contradictions à quelles normes ? Il faut bien observer que le critère d'irrecevabilité des usages n'est pas leur incompatibilité au *jus scriptum*, mais réside dans l'atteinte qu'ils portent à la *justitia* et à la *veritas*. Il n'y a pas mise en parallèle de deux sources du droit, encore moins tentative de hiérarchisation, mais soumission de l'ensemble à des concepts par où se manifeste la vision unitaire qu'ont les glossateurs de l'ordonnancement juridique[8]. Il n'est pas question de faire ici l'exégèse de notions qui ont été examinées de très près par de nombreux auteurs, et notamment par Meijers et par E. Cortese[9]. On se bornera à souligner que toutes les œuvres du premier temps, et notamment les écrits des émules français des premiers maîtres, subordonnent leurs tentatives d'interprétation, et donc, au moins au niveau des principes, les usages comme le droit écrit, à ces quelques principes généraux, étroitement liés les uns aux autres, que sont la justice, la vérité, et bien sûr la raison et l'équité. Sans parler du fameux prologue des *Exceptiones Petri*, que nous tenons pour originaire *(si quid inutile, ruptum equitative contrarium in legibus reperitur, nostris pedibus subcalcamus)*[10], citons le *Brachylogus*, dont l'origine est également extra-italienne, quoique différente du milieu de *Petrus* : *sin vero aequitas juri scripto contraria videatur, secundum ipsam judicandum est*[11]. Ces textes, comme bien d'autres qui illustrent la même tendance, ont fait l'objet d'abondants développements[12] ; ils marquent tous la prééminence de ces principes généraux, parmi lesquels l'équité se trouve bien entendu privilégiée dans l'école martinienne, à laquelle peut être aujourd'hui rattachée sans hésitation l'équation *nihil aliud est aequitas quam Deus* depuis qu'on l'a retrouvée dans la Somme aux Institutes *Justiniani est in hoc opere*.

A cette discipline de la *ratio*, de l'*aequitas*, de la *justicia*, tout raisonnement juridique, quelle que soit la source à laquelle il se rapporte, se trouve astreint[13]. La *Summa Trecensis* n'autorise par exemple aucune exception lorsqu'elle proclame, au chap. 1.14.7, *omnis enim interpretatio ita facienda*

7. Cf. Fr. Calasso, *I glossatori e la teoria della sovranità. Studi di diritto comune pubblico*, 3e éd., Milan, 1957, p. 90.

8. Voir sur ce point Calasso, *Introduzione al diritto comune*, Milan, 1952, pp. 33 et s.

9. Cf. du premier, Le conflit entre l'équité et la loi chez les premiers glossateurs, in *Tijdschrift voor Rechtsgeschiedenis*, t. XVII (1941), pp. 117-135 = *Etudes d'histoire du droit*, t. IV, Leyde, 1966, pp. 142-156 ; du second, *La norma giuridica. Spunti teorici nel diritto comune classico*, t. II, Milan, 1964 (Ius Nostrum 6), pp. 278 et s., 328 s., 350 s.

10. Ed. Mor, *Scritti giuridici preirneriani*, t. II, Milan, 1938, p. 47.

11. Ed. Böcking, Berlin, 1829, IV, 17, 3.

12. Cf. l'excellent résumé qu'en donne E. Cortese dans *Enciclopedia del diritto*, t. XXI, Milan, 1978, vº *Norma giuridica (storia)*, pp. 393-411.

13. Cf. U. Nicolini, *Il principio di legalità nelle democrazia italiane. Legislazione e dottrina politico-giuridica dell'età comunale*, 2e éd., Padoue, 1955, p. 230.

est, ne ab aequitate discrepet. En théorie donc, c'est donc un traitement uniforme et cohérent qui attend le commentaire, qu'il se rapporte aux compilations comme à une règle coutumière. Il n'y a là pourtant qu'une apparence : pour plusieurs raisons, le sort des unes ne pouvait être identique à celui de l'autre.

D'abord l'interprétation ne se conçoit pas, selon les méthodes mises en œuvre par la scholastique, sans un minimum de support écrit. Or ce minimum n'existait pas au temps des premières générations de glossateurs, sauf pour le droit lombard, qui a précisément, en raison de la possibilité d'emploi de la *ratio* comme critère, bénéficié d'une attention intellectuelle remarquable, comme l'a souligné la regrettée G. d'Amelio, plus par la méthode casuistique que par la pénétration du droit romain[14].

Ensuite, et on l'oublie trop souvent, les techniques d'analyse juridique doivent s'apprendre avant que d'être pratiquées. Où donc apprendre sur la base de la coutume ? Nulle part en Europe. Aux maîtres de la glose et à leurs émules, si portés, comme on le sait de mieux en mieux de nos jours, à développer leur science, non seulement à Bologne, mais partout où ils trouvent, ou attirent, un public, il n'y a pas d'équivalent au titre de l'enseignement du droit coutumier, dont on sait combien tardive sera l'apparition ; et, quant à la littérature qui eût pu en former la base, un siècle et demi sépare Irnerius de Beaumanoir et du commentateur de la coutume de Toulouse. En définitive, le fossé qui se creusera entre le *clericus* et l'*illiteratus* sera fait de la connaissance, par le premier et par lui seul, et des textes savants, et des données fondamentales ; la coutume n'y aura aucune part.

Enfin et surtout, les éléments de ce filtre éthique à travers lequel passent les sources du droit sont eux-mêmes partie intégrante du legs antique : qu'elles aient été transmises par le *corpus* byzantin ou par les collections canoniques, des notions comme l'*aequitas*, la *ratio* ou la *justitia* s'associent beaucoup mieux, et de toute évidence, aux développements des Institutes ou du Code, qui baignent dans la même atmosphère intellectuelle, qu'aux traditions féodales ou nées des invasions, mais de toute façon privées de justification théorique. En d'autres termes, la balance entre les deux ordres juridiques, à supposer qu'elle ait été tenue, se serait trouvée faussée par le poids inégal de ses deux plateaux ; l'accommodement entre de telles notions et le droit savant était infiniment plus facile qu'entre celles-ci et la *consuetudo*. Les glossateurs en rendront compte à bien des reprises, et notamment chaque fois qu'ils écarteront des usages tenus par eux pour *irrationabiles*[15] et donc, bien souvent, entachés d'*error*[16]. Passé le XIIᵉ siècle, la tendance ira très vite en s'aggravant ; l'échec final de l'école martinienne n'y est d'ailleurs pas entièrement étranger, dans la mesure où il élimine les acceptions les plus larges de l'équité, qui auraient pu donner plus de malléabilité à l'interprétation et,

14. Una falsa continuità : il tardo diritto lombardo nel mezzogiorno, in *Per Francesco Calasso. Studi degli allievi*, Rome, 1978, pp. 368-411.
15. Cf. W. TRUSEN, Zur Rezeption des römischen Rechts in Deutschland, in *Acta iuridica*, t. XVII (1970), pp. 127-139.
16. BRIE, *Die Lehre vom Gewohnheitsrecht*, Breslau, 1899, pp. 115 et s.

partant, une faculté plus grande d'assimilation des normes inconnues de la Rome ancienne[17].

S'agirait-il, dès lors, d'une condamnation, immédiate et sans appel, de ce droit coutumier, oral, variable et incertain, au profit d'un corps de textes soigneusement rangés, étiquetés, identifié, et lui seul, à la science du juridique ? Le féodal, le non-romain — observons la difficulté que nous éprouvons aujourd'hui encore à qualifier ce que d'autres générations ont, faute de mieux, tenu pour « germanique » — sont-ils à placer au rang des phénomènes occultés, un peu comme la médecine par les plantes en face d'Hippocrate et de Galien ? Ce serait prendre à la lettre ce terme de « réception » qui a tant nui — et l'on rejoint ici les remarques de Coing, de Feenstra, de J. Gaudemet, de J.-Ph. Lévy et de bien d'autres observateurs du phénomène — aux historiens du début de notre siècle ; rien n'est en fait aussi éloigné de l'esprit des glossateurs qu'une idéologie de compétition, ou plus précisément qu'un objectif de substitution d'un ordonnancement juridique à l'autre. A elle seule, l'élaboration des *Libri feudorum* en apporterait la preuve.

Pour un juriste du XXe siècle, le bouleversement inhérent à l'apparition du droit savant n'est guère compréhensible. Législation et jurisprudence lui apparaissent comme des instruments de changement, éventuellement de clarification, mais non de création *ex nihilo* ; la norme nouvelle se substitue à une autre norme, non pas au néant. Toute différente est la situation dans laquelle se trouvent les premières générations de glossateurs : à l'arbitraire doit succéder la règle, au fluctuant le fixe, au variable le constant, à l'anormal — car c'est bien de cela qu'il est question —, le rationnel. Mais le fixe, le constant, le rationnel n'émergent que du raisonnement juridique, redécouvert à la lecture des Institutes. Autrement dit le *jus*, l'*ars boni et aequi*, le critère du juste et de l'injuste, du *rationabilis* et de l'*irrationabilis* : la clef d'un monde meilleur, en bref, auraient écrit nos auteurs si l'utopie avait été de mode.

La vague du juridique déferle donc, et avec elle, non seulement des techniques, somme toute très tôt assimilées et sur le perfectionnement ultérieur desquelles on a peut-être trop insisté[18], mais surtout un type de raisonnement tenu pour apte en lui-même à résoudre l'ensemble des contradictions du monde politico-social. Tout trahit désormais cette invasion, cette appropriation du complexe institutionnel du moment par une science qui se veut armée pour résoudre tous les conflits temporels. Quoi d'étonnant dès lors à une « intronisation » — le terme convient mieux aux pionniers que celui de « majoration », exact en revanche par la suite — du rôle exercé par le droit, étant bien entendu qu'il s'agit ici

17. Pour une opinion assez voisine, voir Br. PARADISI, Le droit romain et sa réception en Europe, in *Actes du Colloque... de l'Université de Varsovie (8-13 octobre 1979)*, éd. H. KUPISZEWSKI et W. WOLODKIEWICZ, Varsovie, 1978, pp. 137-160.

18. Compte tenu de ce que, dès le temps de Martinus, bien des éléments de ce processus paraissent déjà en place ; nous faisons ici allusion à l'édition par P. LEGENDRE de la *Summa institutionum Justiniani est in hoc opere*, et plus encore à l'étude de G. DOLEZALEK, Der Glossenapparat des Martinus Gosia zum Digestum Novum, in *Zeitschrift der Savigny Stiftung, Rom. Abt.*, t. 84 (1967), pp. 245-349.

de *tout* droit et pas seulement de l'ensemble des solutions offertes par les compilations byzantines ?

On pourrait multiplier à plaisir les exemples de cette invasion du raisonnement juridique : administration, diplomatie, assemblées urbaines en sont autant de cadres tous connus. Récemment, M. Edwin Hall a même montré comment la maxime *quod omnes tangit*, si bien étudiée par G. Post et Y. M. J. Congar, avait servi à canaliser autour de 1225, probablement sous l'influence d'Etienne Langton, les aspirations communautaires dans le royaume anglais[19]. Plus intéressante pour notre étude est l'attitude que révèlent les premiers appels de la pratique au droit savant : il s'agit comme d'une attente, d'une espérance exprimée par les milieux les plus divers ; et l'on s'explique ainsi comment s'ouvre la brèche par laquelle s'engouffre une technique juridique propre à satisfaire ces besoins.

Prenons trois des plus anciens documents, ni italiens, ni scientifiques, d'origine et de rédaction pourtant bien différentes, à travers lesquels se fait jour la connaissance, ou le désir de connaissance des compilations byzantines. Premier texte : il s'agit de l'assez célèbre lettre qu'un moine de Saint-Victor de Marseille, à une date voisine de 1127 selon une étude menée en collaboration avec deux paléographes[20], envoie à son abbé pour le prier de l'aider à étudier les *leges* : l'auteur affirme vouloir se consacrer à la défense des *justae possessiones* de l'abbaye, travailler à la *sola justitia nostri monasterii*. Cette *justitia*, qui sera désormais un *leitmotiv* de l'écriture savante, ne saurait être accomplie par le seul jeu des traditions coutumières ; il y faut de la science, cette *aliquantula scientia* des lois que le moine réclame d'acquérir. De même le prince juste s'entoure de juristes : le principe est vite bien établi, et il apparaît notamment dans la *Vita Mathildis* de Donizo, qui, faisant allusion aux préoccupations juridiques de son héroïne, la traite de *justa* par deux fois dans le même vers[21].

Deux autres pièces nous montrent à quel point la recherche de la *ratio* était pressante dans la société du temps. Une charte catalane de l'année 1128, dont M. Iglesia Ferreiros a montré récemment qu'un passage *(quia vim vi repellere leges et jura concedunt)* témoignait de la connaissance, sinon directement des compilations justiniennes, du moins d'une source intermédiaire du type d'un appendice probable au *Livre de Tubingue*[22], contient une sorte d'aveu de ses torts envers son suzerain, présenté par le comte d'Ampurias Pons Hugues. Ce personnage reconnaît avoir violé la foi promise à Raymond-Bérenger III de Barcelone, dans les termes suivants : *inverecunda fronte irracionabiliter fregi ac violavi.* C'est là le

19. King Henry III and the english reception of the roman law maxim *quod omnes tangit*, in *Studia Gratiana*, t. XV (1972), pp. 125-145.

20. J. Dufour, G. Giordanengo, A. Gouron, L'attrait des *leges*. Note sur la lettre d'un moine victorin (vers 1124-1127), in *Studia et documenta historiae et iuris*, t. XLV (1979), pp. 127-146.

21. Cf. J. Fried, *Die Entstehung des Juristenstandes im 12. Jahrhundert*, Cologne-Vienne, 1974 (*Forschungen zur neueren Privatrechtsgeschichte*, éd. H. Coing et H. Thieme, t. 21), p. 254.

22. El primer testimonio de la recepción del derecho romano en Cataluña ? in *Revista juridica de Cataluña*, t. II (1978), pp. 277-311.

si fréquent appel à la *ratio* que l'on trouve dans les sources italiennes du temps, et notamment dans un très remarquable plaid véronais étudié tout récemment par M. Padoa Schioppa[23], mais cette fois en des lieux et à une date si précoce qu'il faut y voir l'expression véritable d'un point d'appui logique, en contrepoint à la déraison, et non pas simplement cette reprise mécanique d'un terme désormais couramment employé que l'on observera plus tard. Ceci nous semble d'autant plus assuré que, cette fois en Provence, la plus ancienne sentence inspirée, à notre connaissance, par l'un des écrits des glossateurs, à savoir un jugement rendu par l'archevêque d'Arles en novembre 1141, écarte, comme non fondées *rationabiliter*, les prétentions des moines de Saint-Victor de Marseille à conserver divers biens sur le fondement d'une possession de soixante-dix ans : l'atteinte à la *ratio* est ici tirée des fréquentes interruptions qui ont haché cette possession[24]. Dans ce document comme dans le précédent, le critère tiré de l'absence de *ratio* se situe quelque part entre l'illogique et l'illégitime. Précisément, le recours aux *leges*, encore qu'inavoué là comme ici, permet visiblement d'étayer enfin la construction du raisonnement sur des fondations sûres, tandis que les traditions coutumières n'autorisaient, ni à bâtir une argumentation conforme au moule de la scholastique, ni à tracer une frontière précise entre le fondé et l'infondé.

Non que ces mêmes traditions aient nécessairement souffert de lacunes telles que l'on ne pût y trouver de solutions : au fond, dans nos deux exemples, le litige aurait pu être tranché sans la moindre connaissance des sources savantes. En ce cas, toutefois, eût été exclu le recours à toute *virtus* au sens du temps, voire toute intégration de la démarche décisoire à l'une des *partes philosophiae*. Pour des esprits nourris de Cicéron, de Boèce et de Papias, il y avait là comme un vide à combler, alors même que leur formation les amenait constamment à relever la définition antique de la *justitia*.

Tout à fait symptomatique de cette tendance, la correspondance de Pierre le Vénérable, publiée avec soin[25], et étudiée récemment avec brio par M. Poly[26], nous montre un changement d'attitude contemporain de ce moment clef de l'histoire intellectuelle. L'illustre abbé de Cluny, dans une lettre écrite entre 1122 et 1125, traite avec le plus grand mépris un *jurisperitus* méridional en lui reprochant de ne pas respecter, malgré le titre que se donne celui-ci, les règles de la rhétorique : la méprise est évidente, mais témoigne du lien que supposait un non-juriste entre le *jus* et l'ensemble du legs antique. Bien entendu, en rester là eût été intenable à un ordre nécessairement amené à affronter des adversaires déjà

23. Sur le rôle du droit savant dans quelques actes judiciaires des XIe et XIIe siècles, in *Confluence des droits savants et des pratiques juridiques*, Actes du Colloque de Montpellier (1977), Milan, 1979, p. 364.

24. Rogerius, « Quaestiones de juris subtilitatibus » et pratique arlésienne : à propos d'une sentence archiépiscopale (1141, 5 novembre), in *Mémoires de la Société pour l'histoire du droit et des institutions des anciens pays bourguignons, comtois et romands*, fasc. 34 (1977), t. I, pp. 35-50.

25. Par G. Constable, *The letters of Peter the Venerable*, Cambridge (Mass.), 1967.

26. Les maîtres de Saint-Ruf. Pratique et enseignement du droit dans la France méridionale au XIIe siècle, *in* Université de Bordeaux I, *Annales* précitées, t. II (1978), pp. 186-188.

rompus au maniement des *leges* ; et, dans une autre lettre des années 1135-1138, Pierre s'essaie déjà, quoique avec une insigne maladresse, au maniement des Institutes.

Dans un tel contexte, il n'y avait aucun motif d'écarter la coutume par principe : J. Ellul l'a bien vu, qui souligne combien « ce n'est pas tellement en tant que romain que le droit est considéré, mais en tant que le droit par lui-même est... médiateur et symbolisateur ». Mais le phénomène de « majoration » ne joue pas au bénéfice de tout le droit coutumier ; plus ou moins explicitement, diverses conditions y sont mises. La soumission à la *ratio* d'abord : *ratio* et coutume peuvent et doivent aller de pair. Nous ne reprendrons pas les exposés, ni les dissensions, des glossateurs sur la question, qui est aujourd'hui parfaitement connue ; on se bornera à souligner combien le binôme *ratio-consuetudo* apparaît précocement dans les témoignages de la pratique, comme dans le traité passé en 1143 entre Gênes et Saint-Gilles — l'une des pièces les plus anciennes du droit international public —, où il forme le double critère de répression de l'homicide, de l'adultère ou du *furtum* commis à Saint-Gilles par des Génois ou des Pisans[27].

Surtout, ce droit coutumier resterait « aléatoire » faute de rédaction. Aléatoire d'abord parce que issu de temps d'ignorance : l'argument figure déjà dans la *Summa Vindobonensis*, qui, pour écarter la *mala consuetudo* donnant pour serf le fils d'un serf et d'une mère libre, tient la règle pour apparue à l'époque où les *legalia volumina perierant* et où les *reges transalpini... scientiam legum nullo modo habuerunt*[28]. Aléatoire ensuite parce qu'incertain : faute d'écrits — et n'oublions pas qu'au temps des premiers glossateurs, on ne dispose d'aucun recueil de précédents sur la totalité du territoire français actuel —, ni *justitia* ni *aequitas* ne sont garanties.

Voici pourquoi *toutes* les rédactions coutumières françaises qui se sont étendues au droit privé, ou plutôt à tel ou tel aspect de celui-ci, sont contemporaines ou postérieures à la diffusion du droit romain, et en tout cas marquées par celle-ci. Que les solutions conformes aux dispositions des compilations byzantines y voisinent avec les expressions de pratiques familiales très anciennes, ceci n'a rien de surprenant. Là où ces traditions étaient assez fermement établies pour que l'on pût écarter les *leges*, les rédacteurs ne voyaient pas de mal à les coucher sur la charte locale ; ils n'hésitaient d'ailleurs nullement à leur accoler des règles d'origine étrangère, mais parfaitement adaptées à leurs préoccupations, telle l'exclusion des filles dotées, quitte à prêter à ces règles un passé suspect. Là où ce n'était pas le cas — et l'hypothèse reste la plus fréquente, tant le « vide coutumier » dénoncé par P. Ourliac[29] est d'exacte observation —, on renvoyait, avec plus ou moins de détails, à quelque solution romaine, d'ailleurs plus ou moins comprise et souvent simplifiée, sinon altérée.

27. Ed. *Historiae patriae monumenta, Liber iurium reipublicae Genuensis*, t. I, Turin, 1854, n° LXXX, col. 84-85.

28. Le parallèle avec les *Quaestiones de juris subtilitatibus* a été relevé par PATETTA, *Delle opere recemente attribuite ad Irnerio e della scuola di Roma*, aujourd'hui in *Studi sulle fonte giuridiche medievali*, Turin, 1967, p. 433.

29. A diverses reprises, et tout récemment dans La première coutume d'Auvillar, *in* Université de Bordeaux I, *Annales* précitées, t. II (1978), p. 177.

De toute manière, il faut absolument renoncer à l'hypothèse d'une « réaction populaire » contre la diffusion du droit savant, comme Meynial croyait l'avoir rencontrée : pas plus que les clauses de renonciation, les chartes coutumières n'en portent la trace. Ne perdons pas de vue, en outre, la géographie des premières et des plus remarquables rédactions : Arles, Montpellier, Saint-Gilles, Toulouse disposent de coutumes savantes et étendues, mais ce sont aussi les jalons topographiques d'une démarche intellectuelle qui va de Rogerius au *Codi*, à Placentin et aux *doctores tholosani*.

Nos exemples ont été français. L'évolution ne paraît pas différente ailleurs. Pour ne citer qu'un exemple italien, le *Constitutum usus* de Pise témoigne magnifiquement, par l'amalgame qu'il crée entre droit romain, traditions coutumières et vestiges du droit lombard, de l'émergence du droit dans la vie de la cité à partir de sources variées. Et, pour les pays autrichiens, M. Stelzer notait récemment combien la rédaction des *Landrechte* est dépendante de la diffusion de l'enseignement bolonais[30].

Finalement, la meilleure façon de protéger la coutume n'était-elle pas de la rédiger, quitte à faire une place plus ou moins large à des solutions nouvelles ? Là où la tradition reste orale, elle est plus menacée. C'est sous la plume d'un Anglais qu'apparaît la première critique des tendances anticoutumières : dès les années soixante-dix du XIIe siècle, Ralph Niger dénonce certains des émules de Vacarius qui discutent la validité des coutumes locales et la sainteté des *communis status arbitria*[31].

C'est à propos des pays dits de droit coutumier que nous divergeons des observations de M. Ellul. Le caractère aléatoire du droit, et la « mentalité de l'immédiateté politique » ne nous paraissent pas y avoir été plus sensibles que dans le Midi, disons au début du XIIe siècle. La différence est ailleurs, et tient au rythme, et, en quelque sorte, à la « densité » de la diffusion romanisante. Celle-ci y est plus tardive d'un bon demi-siècle, et sa vigueur est moins évidente, pour diverses raisons dont la moindre n'est pas le succès concomitant des canonistes, qui renvoient le droit romain à un rôle de type pédagogique, quitte à l'utiliser pour donner plus de netteté, ici encore, aux normes définies par leurs sources[32]. Pour rédiger ce droit coutumier, il fallait d'abord des rédacteurs, c'est-à-dire des milieux de juristes suffisamment formés, et formés nécessairement à l'école des glossateurs. Ce n'est pas par hasard que le droit normand a pris une telle avance sur ses voisins dans l'expression écrite : les conditions d'une ambiance de science juridique y avaient été réunies plus tôt qu'ailleurs. Or la coutume n'a bénéficié du phénomène d'émergence

30. Gelehrtes Recht im spätbabenbergischen Österreich, in *Babenberger Forschungen, Jahrbuch für Landeskunde von Niederösterreich*, t. 42 (1976), p. 274.

31. Cf. H. Kantorowicz, *An english theologian's view of roman law : Pepo, Irnerius, Ralph Niger*, aujourd'hui in *Rechtshistorische Schriften*, Karlsruhe, 1970, pp. 231-244.

32. Voir en ce sens W. Litewski, Les textes procéduraux du droit de Justinien dans le Décret de Gratien, in *Studia Gratiana*, t. IX (1966), p. 106. Sans prendre position sur le problème si discuté de la date à laquelle ces textes ont été insérés, on ne peut qu'être frappé par la résonance qu'offre le droit coutumier méridional aux objectifs poursuivis, à savoir « mettre fin au chaos qui existait alors en de nombreux domaines » et « mettre au premier plan certaines normes... qui n'apparaissaient pas avec la netteté désirable ».

que pour une assez courte période : toutes les grandes coutumes méridionales sont antérieures à la fin du XIIIe siècle, et même à son milieu, si l'on met à part Toulouse. C'est alors précisément que le personnel savant déferle sur le centre, le nord, l'est de la France, sur la Bourgogne et sur les Pays-Bas, grâce notamment à l'école orléanaise, comme l'ont si bien démontré nos collègues néerlandais. Mais alors les préoccupations du monde savant, comme les objectifs des *principes*, sont orientés dans des directions tout autres que la rédaction des droits coutumiers.

En définitive, nous dirions volontiers, en schématisant quelque peu, que l'émergence du droit, au XIIe siècle, même si les sources justiniennes en constituaient un incomparable support, doit être analysée globalement, et que les coutumes n'en ont pas été exclues par leur nature. Pas plus d'ailleurs qu'elles n'ont pu se développer de façon séparée, ce qui aurait supposé à la fois un certain isolement et la présence d'un pouvoir assez fort pour imposer un système logique concurrentiel. Par exception, ces données se trouvaient sans doute réunies lors de la création, à partir de 1164, des actions de la *Common law* par Henri II Plantagenêt : la seule procédure européenne à ne pas avoir été influencée par le droit romano-canonique était apparue assez tôt pour bénéficier de la « majoration » générale du raisonnement juridique. Il n'est pas indifférent pour l'analyse, tant de l'émergence proprement dite que de ses conséquences à long terme, qui reste d'ailleurs à faire, que cette procédure ait évolué par la suite, comme l'a démontré R. Van Caenegem[33], selon une périodisation présentant de frappantes analogies avec celle qu'ont connue les procédures continentales.

Sur le continent, et plus particulièrement dans les pays français de droit écrit, les facteurs déterminants du processus de rédaction coutumière au sens étroit, c'est-à-dire de mise par écrit de dispositions de droit privé, sont, on le sait, très difficiles à discerner. Voici déjà longtemps que les historiens s'interrogent sur la carte de ces rédactions : sans parler des filiations de charte à charte, qui compliquent encore le problème, pourquoi Arles, Montpellier, Saint-Gilles s'inscrivent-elles ici, et non pas Nîmes, ni, sauf en un texte bien rudimentaire et bien peu « privatisé », Béziers[34], ni même, avant la fin du XIIIe siècle, Toulouse ? Et la Provence n'apparaît-elle pas bien démunie en la matière ?

A cette émergence, en quelque sorte ponctuelle, de solutions coutumières plus ou moins étendues, on avancera ici une ébauche d'explication. La rédaction d'un droit local, affaire politique bien plus qu'œuvre savante, suppose une conjoncture telle qu'un parti, un pouvoir ou une autorité trouve avantage à la concéder ou à l'obtenir, autrement dit une situation conflictuelle ou en passe de le devenir ; que la bourgeoisie urbaine, ou telle de ses composantes, tant est profonde notre ignorance des milieux

33. En dernier lieu dans Procédure civile et continentale. Problèmes de périodisation, in *La formazione storica del diritto moderno in Europa. Atti del terzo congresso internazionale della Soc. italiana di storia del diritto*, t. I, Florence, 1977, pp. 149-156.

34. Ed. *Gallia Christiana*, t. VI, *Instr.*, pp. 142-143, et AZAIS, in *Bull. Soc. archéol. Béziers*, t. I (1836), pp. 58-65 ; notre collègue et ami H. VIDAL publiera sous peu une étude sur ce document dans les *Actes du Colloque d'Histoire des anciens pays de droit écrit (Nice, octobre 1979)*.

en cause, en recherche l'octroi, rien de plus naturel, dans la mesure où la fixation de règles la garantit contre un arbitraire qu'elle craint pour l'avenir ou qu'elle a subi dans le passé. Bien entendu, le complexe féodal tout entier peut s'en trouver affecté : ainsi s'éclaire le désordre apparent où se trouvent mêlées le plus souvent franchises fiscales ou militaires et normes successorales, contractuelles ou matrimoniales. Peu importe ici que le document charrie d'anciens usages ou reflète un acquis savant de fraîche date.

L'examen des circonstances au milieu desquelles ont été mis par écrit les droits coutumiers les plus anciens vient, semble-t-il, confirmer cette hypothèse. Encore qu'elle ne puisse être datée avec précision, la charte d'Arles, dont le préambule affirme *hic consulatus erit pacis et restaurationis*[35], a été manifestement concédée par l'archevêque pour mettre fin à l'une de ces périodes agitées que traverse, dans la deuxième moitié du XIIe siècle, une ville confrontée au turbulent voisinage de la famille des Baux. A Saint-Gilles, si la coutume a bien été promulguée, comme nous le croyons, en 1214[36], elle trouve place à l'apogée du conflit opposant l'abbé au Toulousain ; et si les textes alésiens parvenus jusqu'à nous ont été réaménagés au point de rendre malaisée la distinction entre les divers éléments dont ils sont composés, ils tirent presque tous leur origine des dissensions entre les deux lignages qui s'y disputent la suprématie. Les chartes de Béziers, de Marmande, plus tard de Marseille, se ressentent d'événements politiques récents. Pour Saint Antonin et Ambialet, on sait que leurs coutumes sont en totalité ou en partie postétieures aux datations autrefois admises. Mais c'est à Montpellier, ainsi que dans plusieurs villes gagnées par le droit montpelliérain, qu'apparaît le plus nettement cette liaison entre rédactions et luttes, disons plutôt tensions, urbaines. Nous avons tenté de montrer ailleurs[37] que si les consuls de Montpellier ont obtenu en 1205, de Jacques Ier d'Aragon et de son épouse Marie, une *potestas statuendi* dont ils firent par la suite l'usage le plus large, ce fut en tirant parti à la fois de l'impécuniosité du monarque et de l'appui qu'ils lui avaient apporté lors de l'éviction du lignage des Guilhem ; et que, pendant un demi-siècle environ, le corps municipal ait su élaborer et promulguer une riche législation statutaire, ceci paraît dû, non seulement à la présence de conseillers savants, mais aussi et surtout à une politique d'équilibre plaçant la ville en position d'arbitrer entre les prétentions de l'Aragonais et les revendications de l'évêque de Maguelone, suzerain du précédent. Mais dès que la partie épiscopale renonça à jouer un rôle primordial dans les élections consulaires, les autorités urbaines se heurtèrent à la concurrence, bientôt victorieuse, des statuts royaux ; et, encore qu'elle n'ait pas été abrogée,

35. Cf. les conclusions qu'en tire, pour dater la pièce, J.-P. Poly, Les légistes provençaux et la diffusion du droit romain dans le Midi, in *Rec. droit écrit*, t. IX (1974) *(= Mélanges Roger Aubenas)*, p. 631 et n. 141.

36. La date et le rédacteur des coutumes de Saint-Gilles, in *Annales de l'Univ. des Sciences sociales de Toulouse*, t. XXIV (1976), pp. 309-315.

37. La « potestas statuendi » dans le droit coutumier montpelliérain du XIIIe siècle, in *Actes du Colloque de Milan-Varenna (1979)*, Milan, 1980, sous presse.

la *potestas statuendi* des consuls se réduisit rapidement à de simples pouvoirs de police.

Les « filles » de Montpellier ne contredisent nullement ce schéma. Une seule d'entre elles s'enhardit du reste à retenir des chartes mères leurs dispositions relatives à la capacité législative : le cas ne se présente en effet qu'à Nîmes. Il n'est indifférent à notre thèse, ni que le consulat de cette ville se trouve alors en état de rébellion caractérisée à l'égard du Toulousain, ni que, dès la reprise effective du pouvoir par ce dernier dans la cité, cette *potestas* ait été probablement déniée, et l'épisode tu, puis oublié[38]. A Carcassonne, la reprise des dispositions montpelliéraines, à une date imprécise, s'accompagne de retouches visiblement dictées par la proximité, dans le temps comme dans l'espace, de la guerre albigeoise. Il n'est pas jusqu'aux coutumes de Narbonne, d'élaboration plus tardive, et dans une conjoncture apparemment plus pacifique, qui ne portent trace des concessions que se font réciproquement l'archevêque, le vicomte et le consulat, comme en portent témoignage les mentions apposées à la fin de chaque article, du type *hec fuit petita* et *sic obtinuit*[39].

D'une comparaison, non encore menée, à notre connaissance, entre la carte des premières concessions de coutumes et celle des domaines des princes méridionaux, d'utiles informations pourraient être tirées et elles permettraient, à notre sens, des conclusions analogues. Rares sont en effet les villes qui, relevant par exemple directement de Raymond VII, ont vu tout ou partie de leur droit privé faire l'objet d'une rédaction ou d'une concession ; et l'on sait combien leurs voisines provençales ont été maltraitées, pour leurs consulats comme pour leurs privilèges locaux, par un pouvoir comtal qui réussit même à tarir pratiquement les sources et aussi l'interprétation[40], d'un droit coutumier marseillais qui promettait jusque-là beaucoup. Quant à l'attitude des officiers du Capétien, elle sera plus hostile encore : la charte d'Aigues-Mortes ne réserve pratiquement aucune place au droit privé. Au contraire, les plus beaux fruits de la dynamique statutaire ont poussé, si l'on peut ainsi s'exprimer, sur des terres convoitées, voire contestées, ou bien à l'intérieur de coseigneuries, ou bien encore dans les domaines de vassaux de moindre envergure : en somme, aux points faibles de la chaîne féodale, et aux temps forts de l'émancipation urbaine. Pour fondé sur la coutume qu'il soit, le droit urbain reste un privilège municipal, et suppose un rapport de forces favorable. A Lyon, point de coutumes ; mais la bourgeoisie, après une tentative malheureuse, y a été très tôt, et formellement, privée de toute possibilité de former consulat.

38. Raymond VI, en mars 1209 (n.s.), puis Simon de Montfort en 1216, confirmeront en effet, en même temps que le consulat, les seuls *statuta ad consulatum illum pertinentia* (Menard, *Histoire... de Nismes*, t. I, Paris, 1750, Pr. XXV, p. 46, et XLII, p. 54), en une restriction qui cache sans doute le rejet de la *potestas* précitée, dont il ne sera en tout cas plus question par la suite.

39. H. de Tarde, La rédaction des coutumes de Narbonne, in *Annales du Midi*, t. LXXXV (1973), pp. 371-402.

40. On a pu noter que Jean Blanc, écrivant vers le milieu du siècle une *Summa feudorum*, néglige complètement le droit local ; G. Giordanengo, Jean Blanc, feudiste de Marseille (xiiie siècle), *in* Université de Bordeaux I, *Annales* précitées, t. II (1978), pp. 70-93.

On le voit, l'émergence d'un droit privé statutaire suppose, dans le Midi du début du XIIIe siècle, la rencontre d'un certain nombre de facteurs, de poids à vrai dire fort inégal. Il y faut d'abord un milieu juridique apte à donner forme écrite à des usages jusque-là transmis oralement, ce milieu même qui véhicule le contenu des droits savants, ou plutôt ce qu'il en sait ; mais cette exigence tombe à peu de chose lorsque l'on s'en remet à un modèle coutumier plus ou moins fidèlement suivi. Il y faut ensuite, et c'est là l'essentiel, une autorité suffisamment érodée, ou impécunieuse, ou inquiète pour prendre ou suivre une initiative dictée par la turbulence ou la fortune d'un voisin, d'un rival ou d'une bourgeoisie.

Sans doute y faut-il aussi et surtout, dira-t-on, un corps d'usages, de pratiques, de traditions locales, bref de quoi donner son contenu à la rédaction. Voire. Qu'y avait-il à tirer de l'acquis antérieur, oral, imprécis, souvent rudimentaire ? Que faire également d'une symbolique que tout, dans la formation des nouveaux lettrés, réprouvait ou ignorait ? Et comment se contenter du mince faisceau contractuel légué par des siècles de vie rurale, face aux trésors conceptuels que livraient les compilations ? On pouvait à la rigueur retenir quelques pratiques maintenant, à travers mariages et successions, l'unité du patrimoine familial, et on l'a fait. On pourrait aussi marquer la distance séparant le consensualisme partiel propre aux sources savantes, des solutions issues de temps où l'accord supposait, pour être parfait, paiement, livraison ou solennité. On ne pouvait pas, en revanche — et l'idée, du reste, n'en a effleuré personne — dresser une liste exhaustive de ces mêmes traditions, soit qu'elles fussent entourées d'obscurité, soit qu'il n'apparût pas clairement qu'elles dérogeaient à des normes romaines encore mal dégagées par des praticiens bien éloignés de Bologne et de ses maîtres.

Du reste, ces usages non écrits, il faut bien le dire, manquaient bien souvent d'originalité ; les clivages que nous constatons aujourd'hui d'une région à l'autre, pour manifestes qu'ils se présentent à travers les textes disponibles, ne font pas preuve pour les temps antérieurs aux rédactions. Les rapporter aux siècles préirnériens expose à de sérieux risques, et l'on sait combien des tentatives célèbres, menées naguère en ce sens, ont fourni de résultats aujourd'hui sujets à caution. Le danger réside ici dans la mise au compte ancien, soit de pratiques d'apparition récente[41], soit de facteurs inhérents à la pénétration de principes, sinon savants, du moins d'importation. Rappelons l'exemple tiré de l'exclusion des filles dotées, dont J. Yver, au terme d'une savante étude, renonce à déterminer l'origine, qui n'a peut-être rien à voir avec les traditions juridiques de la France méridionale[42] ; citons encore le si frappant partage entre pays d'augment à quotité coutumière et pays d'augment libre,

41. Observons, pour prendre un exemple tiré d'une documentation abondante et soigneusement identifiée, que les dispositions de la coutume de Toulouse tirent leur origine de pratiques dont aucune n'apparaît avant la fin du XIIe siècle : cf. H. GILLES, Les coutumes de Toulouse (1286) et leur premier commentaire (1296), in *Recueil de l'Académie de Législation*, t. V, 117e année (1969), pp. 8-10.

42. *Egalité entre héritiers et exclusion des enfants dotés. Essai de géographie coutumière*, Paris, 1966, pp. 290-293.

alors que la notion même d'augment ne remonte pas avant le milieu du XIIe siècle, et encore dans le meilleur des cas. Plus généralement, les lignes de démarcation entre zones coutumières traduisent surtout le contraste entre pays à contamination savante plus ou moins poussée.

C'est cette absence d'originalité, jointe à la vacuité des sources disponibles, qui explique selon nous le phénomène, apparemment anormal, par lequel villes et villages adoptent si facilement un droit local élaboré à l'extérieur, et parfois à bonne distance. Lorsqu'à Narbonne, à Carcassonne ou à Cahors, le droit montpelliérain se trouve réutilisé, et cela à travers des aménagements qui supposent l'intelligence des textes et non point leur reprise mécanique, il est évident que le fait n'est point dû, ni à leur admiration aveugle pour un ensemble statutaire parfait, ni à la réflexion d'un groupe de *jurisperiti* aussi savant que celui qui se trouve à l'origine de la coutume mère. En revanche, les ressources intellectuelles locales n'auraient sans doute pas permis la mise en œuvre d'une législation complexe à partir de vagues précédents. Faute de bien les connaître, ou de pouvoir en rendre compte en termes abstraits, autant valait se servir de ce que l'on avait sous la main. N'oublions pas d'ailleurs que la consultation populaire fait souvent défaut : la coutume, concédée d'en haut, se confond alors avec une charte de franchises, et le caractère artificiel de son contenu peut s'en trouver renforcé. Quel que soit leur type, les chartes dites dérivées de l'Alphonsine en apporteront de multiples témoignages, échelonnés de Riom au pied des Pyrénées.

On le voit, l'émergence du droit n'a finalement profité à la coutume que de manière partielle et lacunaire. Non point par une préférence délibérément accordée aux droits savants. C'est au contraire dans la mesure où ceux-ci se diffusaient que les pratiques en usage, d'ailleurs déjà en cours de transformation sous l'action des glossateurs[43], ont bénéficié, et de l'expression écrite désormais indispensable à leur survie, et du gain en précision que leur assurait un vocabulaire technique : à un effet tonique s'ajoutait un effet incitatif, comme on l'a récemment écrit[44]. Mais trop de conditions devaient être simultanément remplies pour que les éléments fondés sur la tradition aient bénéficié d'une « majoration » de grande ampleur. Un rapport de forces favorable, un milieu savant ou supposé tel, une connaissance de la *confusa multitudo*[45] des usages locaux ou d'un modèle à reproduire, souvent aussi la disposition chez les habitants de liquidités propres à faciliter l'octroi d'un document mêlant coutumes et franchises : tout ceci n'a pu être rassemblé que dans d'assez rares hypothèses. Pour faire mieux et plus, il eût fallu, et une assise territoriale plus large, et une politique systématique de rédactions conduite à l'initiative d'une autorité sûre de ses prérogatives, notamment

43. Cf. les réflexions qu'inspire cet aspect de la question à G. VISMARA, Prospettive della storiografia del diritto comune in Italia, in *Atti del convegno « I Glossatori », Milan-Varenna*, Milan, 1973, pp. 7-17.

44. Dans les pages concises mais si denses du manuel de Fr. GARRISSON, *Histoire du droit et des institutions*, t. I : *Le pouvoir, des temps féodaux à la Révolution*, Paris, 1977, pp. 78-79.

45. Pour reprendre l'expression à Glanville : cf. J. BARTON, Roman law in England, in *Ius Romanum Medii Aevi, pars* V. 13.a, Milan, 1973, p. 8.

de son pouvoir d'interprétation[46], et enfin peut-être, surtout, un laps de temps suffisant pour permettre la maturation de la coutume à travers des précédents vérifiables. Ces préalables, on le sait, furent levés en France à partir de la fin du xve siècle ; mais sauf dans le ressort du Parlement de Bordeaux et dans quelques autres détroits, les pays de droit écrit ne participèrent pas au mouvement.

46. Voir les textes suggestifs qui ont été rassemblés par J. Gilissen, A propos de la réception du droit romain dans les provinces méridionales des Pays de par-deça aux xvie et xviie siècles, in *Revue du Nord*, t. XL (1958), pp. 262 et s., et par Ph. Godding, L'interprétation de la « loi » dans le droit savant médiéval et dans le droit des Pays-Bas méridionaux, in *L'interprétation en droit*, Bruxelles, 1978 (Publications des Facultés universitaires Saint-Louis, t. 13), pp. 473 et s.

Addenda

SUR I

p. 31, n. 3 : Sur les consuls de Fribourg, cf. aujourd'hui W. Schlesinger, *Das älteste Freiburger Stadtrecht,* in *Zeitschr. der Savigny Stiftung, Germ. Abt.* 83 (1966), p. 63-116. — Pour la Franconie, on peut signaler la charte bien connue par laquelle l'évêque de Bamberg mentionne, dès 1187, des *consules* fort théoriques.

p. 37, n. 6 (cf. aussi p. 49) : Le consulat de Seyne-les-Alpes apparaît en 1209 ou peu avant, celui de Brignoles en septembre 1220 : F. Benoît, *Recueil des actes des comtes de Provence...* II, Monaco-Paris, 1925, n° 69, p. 83 ; n° 43, p. 125.

p. 38 : Cette zone est à étendre vers l'Est jusqu'à Cucuron (Vaucluse) où, selon Ul. Chevalier, *Regeste Dauphinois* I, Valence, 1913, n° 5183, le consulat remonte aux années 1190/93.

p. 39 : En ce qui concerne la Catalogne, il faut noter que, dès les environs de 1180, les bourgeois de Vich tentaient d'établir un consulat auquel les fit renoncer l'évêque : cf. P.-H. Freedman, *An unsuccessful attempt at urban organization in twelth-century Catalonia,* in Speculum LIV (1979), p. 479-491.

p. 45 : Ajouter une mention - d'ailleurs isolée - de consuls d'Agde en 1207, n.s. : cf. A. Castaldo, *Seigneurs, villes et pouvoir royal en Languedoc : le consulat médiéval d'Agde (XIIIe-XIVe siècles),* Paris, 1974.

p. 46 : Pour le consulat de la cité épiscopale de Rodez, P. Flandin-Bléty, *Essai sur le rôle politique du Tiers-Etat dans les pays de Quercy et de Rouergue,* th. Droit, Paris, 1979 (dact.), t. I, p. 95-96, avance, non sans précaution, l'année 1208.

p. 48 : Ajouter le consulat de Die, concédé par l'évêque dans les coutumes de 1218 (art. 7), renouvelé dans celles de 1240 (art. 18), éd. Ul. Chevalier, *Chartularium civitatis Diensis,* Grenoble, 1868, p. 87 et 109.

p. 49 : Les consuls du *castrum* de Fos (Bouches-du-Rhône) sont signalés en novembre 1206 par P.-A. Amargier, *Cartulaire de Trinquetaille,* Aix, 1972, n° 252, p. 267.

p. 52 : Carte à compléter en fonction des indications qui précèdent, sans modification des limites circonscrivant la zone atteinte en 1150.

p. 53 : Carte à modifier, d'une part en faisant apparaître un «îlot» autour de Valence et de Die, en ce qui concerne la zone atteinte en 1150, d'autre part en tenant compte de l'observation suivante, enfin en corrigeant ou en ajoutant diverses datations, notamment en Provence et en Comtat (ex. Aix, 1155 ; Pernes, 1160, etc.).

p. 55 : Le qualificatif de *magister* est trop ambigü pour être systématiquement retenu comme critère en ce domaine : les personnages dotés de ce prédicat à Avignon dès 1101, à Valence en 1129, à Romans en 1130, etc., ne sont probablement pas des juristes pourvus d'une formation savante. Quant aux *grammatici, jurisperiti,* etc., leur activité itinérante interdit une localisation trop précise des progrès de la romanisation. Maître Géraud, l'auteur de la *Summa Trecensis,* est par exemple intervenu, à des titres divers, dans des affaires intéressant aussi bien Arles ou la région de Nîmes que Narbonne et a rédigé des chartes jusqu'à Auterive (Haute-Garonne) : cf. notre étude, *L'auteur et la patrie* de la Summa Trecensis, sous presse in *Ius Commune,* 1983.

p. 57 : L'histoire des renonciations, malgré les essais de Meynial, reste encore à écrire. Les actes biterrois des années soixante n'en sont pas, en tout cas, les témoignages les plus anciens : cf. par exemple, en matière de *laesio,* un acte de 1155 passé par l'archevêque d'Aix, éd. Albanès, *Gallia christiana novissima* I, *Aix,* Montbéliard, 1899, n° IX, c. 11.

p. 58 et s. : L'étude de ces critères de diffusion du droit savant, dont nombre de témoignages manque ici, sera reprise prochainement. La matière a été notamment traitée, outre les problèmes proprement féodaux, objet de diverses études de M. G. Giordanengo, d'abord pour la Provence, par M.-L. Carlin, *La pénétration du droit romain dans les actes de la pratique provençale, XIe-XIIIe siècles,* Paris, 1967 ; pour le Toulousain, par M. Castaing-Sicard, *Les contrats dans le très ancien droit toulousain,* Toulouse, 1959 ; pour la Gascogne, par J. Poumarède, *Les successions dans le Sud-Ouest de la France au Moyen âge,* Toulouse, 1972, p. 74-80 ; pour le cas original des actes passés par la famille de Forcalquier, cf. M. Petitjean, *Essai sur l'histoire des substitutions,* Dijon, 1975, p. 135-140.

SUR II

p. 364 : G. Giordanengo, *Consultations juridiques de la région dauphinoise (XIIIe-XIVe siècles),* in *Bibliothèque de l'Ecole des Chartes* CXXIV (1971), p. 70-81, a publié une consultation, de peu postérieure à 1310, donnée aux habitants de Die par trois Avignonnais, Jean Cabassole, *miles et juris civilis professor,* Droet de Riquelmes, *legum professor* et Bernard Rascas de Saint Quentin, jurispérit, en fournissant diverses précisions sur ces personnages.

SUR III

p. 55 : Une étude des clientèles notariales de Rodez a été publiée par A. Landès-Mallet, *A propos des notaires ruthénois médiévaux, 1277-1345,* in *Recueil... de droit écrit* XI (1980), p. 81-98.

p. 56-57 : Sur les consultations données par les juristes méridionaux, voir G. Giordanengo *op. cit.* (*addendum* sur II), p. 49-81.

p. 57, n. 16 : La carrière de Jacques de Belviso, et notamment les rapports entre ce dernier et Charles II, ont été entièrement réexaminés par D. Maffei, *Giuristi medievali e falsificazioni editoriali del primo Cinquecento,* Francfort/Main, 1979 (*Ius Commune,* Sonderheft 10), p. 10 et s., 62 et s. Cf. aussi la recension qui en a été donnée, avec établissement d'une liste de *quaestiones,* par E. Cortese in *Studi medievali,* 3e s. XXII (1981), p. 246-259.

p. 58 : Sur les carrières de ces juristes dans l'administration royale, cf. J. Strayer, *Les gens de justice du Languedoc sous Philippe le Bel,* Toulouse, 1970 ; quant aux carrières ecclésiastiques au XVe siècle, voir J.-L. Gazzaniga, *L'Eglise du Midi à la fin du règne de Charles VII (1444-1461),* Paris, 1976.

p. 61, n. 49 : Aj. A. Perez Martin, *Büchergeschäfte in Bologneser Regesten aus den Jahren 1265-1390,* in *Ius Commune* VII (1978), p. 7-49.

p. 61, n. 50 : Aj. F. Autrand, *Culture et mentalité. Les librairies des gens du Parlement au temps de Charles VI,* in *Annales E.S.C.* XXVIII (1983), p. 1219-1244.

p. 62-63 : Quant aux gradués d'Avignon, voir J. Verger, *Le rôle social de l'Université d'Avignon au XVe siècle* in *Bibliothèque d'Humanisme et Renaissance, Travaux et documents* 33 (1971), p. 489-504.

p. 63-64 : L'activité politique des hommes de loi de Saint-Flour a été étudiée en détail par A. Rigaudière, *Saint-Flour ville d'Auvergne au Bas Moyen Age* I, Paris, 1982, p. 390 et s.

p. 65 : En matière de participation des gradués aux impositions, voir aujourd'hui J. Rogozinski, *Power, Caste and Law. Social Conflict in Fourteenth Century Montpellier,* Cambridge/Mass., 1982.

SUR IV

p. 219 : La zone où a pu enseigner Rogerius doit s'entendre de la basse vallée du Rhône (Arles, ou peut-être Saint-Gilles), mais ne comprend par Montpellier, selon toute vraisemblance.

p. 220-221 : Quant à l'attrait exercé par Bologne sur les étudiants étrangers, voir l'essai de M. Bellomo, *Saggio sull' Università nell'età del diritto comune,* Catane, 1979.

p. 221-222 : Pour plus de détails sur les débuts de l'Université de Montpellier, nous nous permettons de renvoyer à notre étude, *Les juristes de l'école de Montpellier, in Ius Romanum Medii Aevi* IV. 3.a, Milan, 1970.

p. 225-226 : Sur les effets produits par les créations universitaires de la fin du XIVe et du XVe siècle, cf. P. Classen, *Die ältesten Universitätsreformen und Universitätsgründungen des Mittelalters,* in *Heidelberger Jahrbuch* 12 (1968), p. 72 et s., et surtout H. Coing, *Die juristische Fakultät und ihr Lehrprogramm,* in *Handbuch der Quellen und Literatur der neueren europäischen Privatrechtsgeschichte* I, *Mittelalter,* Munich, 1973, p. 39 et s.

p. 226 : La clientèle de Cahors est bien plus restreinte que celle de Toulouse, Montpellier et Avignon.

p. 227 *in fine* : Sur le lien entre conception unitaire de la Chrétienté et internationalisme universitaire, voir en dernier lieu A. Cavanna, *Storia del diritto moderno in Europa* I, *Le fonti e il pensiero giuridico,* Milan, 1979, p. 125 et s.

SUR V

p. 112 et n. 21 : Sur divers membres du groupe partisan du roi, et sur leur ascension sociale, cf. J. Rogozinski, *Ennoblement by the Crown and Social Stratification in France 1285-1322 : a prosopographical survey,* in *Order and Innovation in the Middle Ages. Essays in honor of Joseph R. Strayer,* Princeton, 1976, p. 273-291, 500-515.

SUR VI

p. 526, n. 13 : Au bas d'un arbitrage rendu le 18 mars 1262 (n.s.) par Gui Fouquois, alors archevêque de Narbonne, entre l'évêque et les habitants de Lodève (éd. E. Martin, *Cartulaire de la ville de Lodève,* Montpellier, 1900, n° LVIII, p. 66) apparaissent comme témoins Bernard de Languissel, *juris civilis professor,* les *domini legum* Raymond Marc et Jean de Saint-Michel, enfin le jurispérit Ermengaud *de Podio.* Le second, professeur à Montpellier au moins de 1258 à 1264, devint juge mage de la sénéchaussée de Carcassonne et enfin clerc du roi au Parlement ; le troisième avait été en 1259 ambassadeur de la ville de Montpellier auprès des Gênois.

p. 526, n. 15 : Par une lettre du 20 janvier 1977, Mlle D. Neirinck, alors directeur des services d'archives de l'Aude, a bien voulu nous signaler que la référence fournie par Meijers pour une consultation donnée en 1325 par Arnal Escarbot (Arch. Mun. Narbonne, AA 99, f° 80) était fausse, mais que le personnage apparaissait à plusieurs reprises dans les documents copiés dans cette série. Nous l'en remercions vivement.

p. 528 : Un autre témoignage du séjour de *magister Guillelmus Duranti,* chanoine de Narbonne, dans la région, est constitué par un arbitrage demandé le 4 juin 1276 par Bérenger Frédol, évêque de Maguelone, et Pierre Pelet, seigneur d'Alès, et rendu le lendemain par l'archevêque de Narbonne, à la suite duquel appartient visiblement Guillaume : Rouquette et Villemagne, *Cartulaire de Maguelone* III, n°s 745 et 746,

p. 223 et 228. Il y voisine avec Maître Jean de Penne, un personnage donné dès l'année précédente pour jurispérit à Montpellier, doctorisé à Bologne au plus tard en 1279, et qui professa le droit civil à nouveau à Montpellier de 1286 à 1309 au moins.

p. 532, n. 47 : Contrairement à l'hypothèse présentée au texte, Guillaume Arnaud de Clarensac est sans doute le même que le professeur signalé par le Spéculateur. Le premier, qui est bien chanoine de Maguelone, voisine avec le dernier dans le document du 4 juin 1276 cité *supra.*

p. 533 : Ce Raymond Fabre - ou Faure - est le professeur dont Pierre Antiboul adopte parfois les positions : cf. l'article publié dans ce volume au n° X, p. 314.

SUR VII

p. 342 et n. 19 : Gui figure parmi les témoins du traité passé le 3 août 1201 entre Gênes et Montpellier (Al. Germain, *Histoire de la commune de Montpellier* II, Montpellier, 1851, p. 422).

p. 342, n. 20 : Le second document cité est à rapporter, avec les mêmes indications, au *Cart. Maguelone.* Ajouter *Bull. Maguelone* I, p. 214 (1192, novembre).

p. 343, lig. 8 : On connaît le patronyme de Gui grâce à un acte passé à Maguelone en avril 1184 ou 1185 (D'Achery, *Spicilegium* III, p. 548, c. 1 et Teulet, *Layettes du Trésor des Chartes* I, n° 330, p. 143) : *magister Guido Francees.* Ce patronyme, à corriger en Francesc, se trouvant porté, au moins une autre fois, à Marseille, l'origine méridionale de Gui devient probable. Cf. le *G. Francesc* que l'on voit témoigner en 1178/79 à l'occasion d'un arbitrage rendu par l'archevêque d'Aix Bertrand de Roquevaire entre Saint-Victor et le chapitre de Marseille (éd. J.-H. Albanès, *Gallia Christiana novissima, Marseille,* Valence, 1899, n°s 1104 et 1105, c. 696-697).

p. 343 *in fine* : La lecture *magister Guido canonici* du *Cart. Maguelone* I, n° CLXXIX, p. 329 (1182, n.s., 18 février) résulte d'une erreur, en raison non seulement de son impossibilité grammaticale, mais aussi du fait que *canonici* réapparaît à la suite des six témoins suivants.

p. 344, n. 31 : Gui avait un frère, prénommé *Columbus,* qui apparaît en 1196 (*Liber instrumentorum...,* p. 646). Notre collègue et ami le prof. Henri Vidal nous suggère l'identification possible de ce frère avec un personnage qui se donne, de 1196 à 1213, pour notaire ou procureur du roi d'Aragon (*Bull. Maguelone* I, p. 226, 256, 338 ; *Hist. Languedoc* VIII, c. 518).

p. 344 et n. 32 : Il en va sans doute de même pour le Gui qualifié de *causidicus* en 1206 (A. Villemagne, *Bullaire du bienheureux Pierre de Castelnau,* Montpellier, 1917, n° XXXVII, p. 141) et de *jurisperitus* en 1209 (Arch. Dép. Gard, *Cart. Psalmody,* inédit, f° 65) (communiqué par M. H. Vidal).

p. 345, lig. 4 : lire : 1184 ou 1185.

p. 345 et n. 33 : Sur la date probable de ce brouillon, cf. «Libertas hominum Montispessulani» : *rédaction et diffusion des coutumes de Montpellier,* in *Annales du Midi* 90 (1978), p. 289 et s.

p. 346 : Si Gui est Montpelliérain, il ne peut se confondre avec l'auteur des notes du manuscrit de Londres qui, Kantorowicz l'a montré, est sans doute originaire du diocèse de Cahors. - P. Legendre, *Miscellanea Britannica,* in *Traditio* XV (1959), p. 493 et n. 6, a d'autre part formulé l'hypothèse selon laquelle le maître G., auteur de ces notes, serait le *magister Galt.* d'une glose sur C.5 q.2 au ms. Londres, Brit. Mus. Additional 34391, f°s 39-40.

p. 347 : R. Weigand, *Die Dekrethandschrift B 3515 des Spitalarchivs Biberach an der Riss,* in *Bulletin of Medieval Canon Law,* n.s. 2 (1972), p. 80, relève, dans une glose au début de C.27 q.2, une définition du mariage attribuée à un *magister Guido* ; l'identification avec le Montpelliérain se heurte toutefois à l'absence de toute indication prêtant à ce dernier des connaissances en droit canonique.

p. 348-349 : J.-P. Poly (cf. la référence aux *addenda et corrigenda* sur XII) relève la présence de Pierre dans deux documents provençaux de 1176 et 1178 (p. 198, n. 54) ; nous ne partageons pas les hypothèses exprimées *ibid.* par notre collègue et ami sur l'identification du *Petrus* des *Exceptiones.*

p. 349, n. 53 : H. Müller, *op. cit.,* p. 5 et 18, laisse subsister une lacune au titre de Saint Laurent *in Damaso* du 14 septembre 1174 au 17 décembre 1182.

p. 350, n. 55 : Aujourd'hui dans *Rechtshistorische Schriften,* Karlsruhe, 1970, p. 187-196.

p. 350-351 : On trouvera d'autres arguments en faveur d'une datation du Livre de Tubingue dans la première moitié du siècle, et même vers 1130, dans notre contribution au *Ius Romanum Medii Aevi* I. 4.d-e, p. 73 et s.

p. 351-352 : Les mentions relatives aux chanoines réguliers visent l'ordre de Saint-Ruf et n'autorisent aucune filiation, mais seulement un voisinage d'ambiance, entre le Livre de Tubingue et *lo Codi.*

p. 352 : Sur l'âge de la collection contenue au ms. Prague, Univ. VIII.M.7, voir notre étude *Sur la collection en 294 chapitres,* réimprimée dans ce volume.

p. 352-353 : Dans l'état de nos connaissances, il n'y a aucune raison d'écarter, pour dater cette version de la *Caesaraugustana,* l'année 1144 que fournit le ms. de Paris lui-même.

p. 353-354 : Des arguments supplémentaires en faveur de l'indépendance de Tub. 8 vis-à-vis de la traduction en latin de C.3.10.1 et 2 que le ms. Harleian attribue à Pierre de Cardona (*Cordona* pour Hach, corr. Krüger), sont à tirer d'une part de la confusion entre les domaines respectifs du délai d'attente sans perception d'intérêts et de la restitution en triple, d'autre part de l'oubli du cas des tuteurs et des curateurs, soit deux erreurs commises par l'auteur de Tub. mais non par le traducteur.

SUR VIII

p. 272 : Sur les mss., les traductions et la diffusion du *Codi,* nous nous permettons de renvoyer à notre contribution au *Ius Romanum Medii Aevi, cit. infra, addendum* sur IX (p. 138 et s.), p. 89 et s.

p. 273 : La datation du *Codi* ne peut être tirée de la vie de Rogerius, dont les données sont trop fragiles. S'il est certain que la Somme provençale est antérieure à 1162, elle a pu être rédigée à la suite du premier siège de Fraga, et non obligatoirement du second. Le *Codi* dépend en effet d'une première rédaction de la *Summa Trecensis* par le Provençal Géraud, qui apparaît dans diverses pièces dès 1132 (cf. *L'auteur et la patrie de la Summa Trecensis,* sous presse in *Ius Commune*) ; ni la mention de consuls d'une ville, ni celle de l'*incendi en ciptat* par le comte n'offrent de critères plus sûrs. L'état des connaissances impose donc une extrême prudence et la rédaction de la version provençale ne peut être située qu'entre les environs de 1135 et 1162. Quant à sa localisation, elle n'est pas facilitée par la carrière de Géraud, qui a pratiqué dans la région de Saint-Gilles, fréquenté le milieu arlésien et connu les chanoines de Saint-Ruf.

p. 274 : Le *Geraldus* d'un exemple donné par *Ricardus Pisanus* nous semble également provenir de la version provençale.

SUR IX

p. 138 : Nos premières observations ont été présentées en mai 1973 lors d'une conférence prononcée à Paris devant la Société d'histoire du droit. Quant à l'article mentionné n. 2, il convient d'y rétablir l'ordre des p. 381-382, inversées à l'impression.

p. 141 et s. : Sur la place de la Somme aux Institutes dans la littérature juridique française du XIIe siècle, nous nous permettons de renvoyer à notre étude sur *La science juridique française aux XIe et XIIe siècles : diffusion du droit de Justinien et influences canoniques jusqu'à Gratien,* Milan, 1978 (*Ius Romanum medii aevi, pars* I.4.d-e).

p. 144 : Sur la *Trecensis,* cf. l'article signalé à l'*addendum infra,* sur VIII, p. 273.

p. 152 : Dans un article plus récent (*Les maîtres de Saint-Ruf, cit. infra, addenda* sur XII, p. 192), p. 197-198, M. Poly tenant Pierre de Maisières pour médecin, lui préfère le chapelain de l'évêque de Valence, Pierre de Tournon, donné pour *jurisperitus* à partir de 1178, et pour chanoine de Saint-Ruf en 1192 dans la notice d'un plaid où se trouve cité un passage de Pomponius. Cette hypothèse de notre collègue et ami, comme la précédente, nous semble se heurter au fait que le Livre de Tubingue est nécessairement antérieur à l'année 1144. - Quant à *Petrus,* on pourrait d'ailleurs aussi bien penser au *Petrus grammaticus* qui témoigne, entre 1116 et 1122, dans un acte passé à quelque distance de Valence, dans le diocèse de Gap (P. Guillaume, *Chartes de Durbon,* Montreuil-sur-Mer, 1893, n° 5, p. 6, et à la table, où *Petrus* est tenu sans justification textuelle pour chanoine de Gap ; Ul. Chevalier, *Regeste Dauphinois* I, Valence, 1913, n° 3150).

p. 154 : I. Soffietti, *Testi giuridici e formule notarili e giudiziarie nel Codice 176 dell'Archivio Capitolare di Vercelli,* in *Riv. di storia del diritto italiano* LI (1978), p. 1-38, a montré la présence de dix-huit chapitres du Livre de Tubingue au sein d'un petit recueil de formules notariales et procédurales écrit dans les premières années du XIIIe siècle et inséré dans un ms. qui mentionne les chanoines de Turin et appartenait, dans ces mêmes années, au prévôt de Testona.

p. 156, n. 95 : Ajoutons, en nous limitant à la région de Valence, que l'on trouve l'expression *canonici regulares* utilisée pour désigner les chanoines de Romans dès 1078 et 1090 (Ul. Chevalier, *Cartulaire de l'abbaye de Saint-Barnard de Romans* I, Romans, 1898, n° 178, p. 198 et n° 202, p. 217).

p. 157 : J. Chevalier, *Essai historique sur l'église et la ville de Die* I, Montélimar, 1888, p. 462, estime du reste que l'évêque Etienne, donateur mentionné par la charte du 24 avril 1127, «paraît avoir été chanoine régulier de Saint-Ruf» (le même auteur, p. 195, traduit *Ugo Avinionensis* par Hugues d'Avignonet, comme nous le proposons p. 138, n. 3). Il semble bien, en effet, que l'on puisse tirer cette conclusion d'une lettre adressée, vers 1145, par Hugues, devenu archevêque de Vienne et déposé, au cardinal Albéric, lettre qui manifeste une culture certaine, mais fort peu juridique (éd. Martène et Durand, *Thesaurus novus anecdotorum* I, Paris, 1717, c. 397-398).

SUR X

p. 311, n. 14 : Sur Bertrand de Deaux et sa doctrine en matière de droit féodal, cf. G. Giordanengo, *op. cit. infra,* et M. Bellomo, *«Notarius in suo officio delinquens»,* in *Siculorum Gymnasium* n.s. XXXI (1978), p. 213-223.

p. 312, lig. 11 : Lire : Léopard de Foligno.

p. 312, n. 28 : Le *tractatus de muneribus* se trouve aussi au ms. Paris Bibl. Nat. lat. 4591 (cf. G. Giordanengo, *Droit féodal et droit romain dans les Universités du Midi : l'exemple de Bertrand de Deaux*, in *Rec. droit écrit* IX (1974) (= *Mélanges Roger* Aubenas), p. 347, n. 19) et au ms. Turin Bibl. Naz. G.I.15, f°s 213-289. Notre collègue et ami Henri Gilles (Toulouse) a bien voulu nous signaler que ce dernier ms. ne présentait qu'assez peu de variantes par rapport à l'édition donnée dans le *Tract. tract.*

SUR XI

p. 532-533 : A. Rigaudière (*loc. cit., addenda* sur III, p. 63-64) calcule que, tant en 1378 qu'en 1403, une nette majorité des étudiants de Saint-Flour se dirige vers Toulouse ; parmi les juristes, les canonistes dominent.

SUR XII

p. 181, n. 6 : La pièce a été également éditée par P. Meyer, *Recueil d'anciens textes*, Paris, 1874, n° 46, p. 165, et par Cl. Brunel, *Les plus anciennes chartes en langue provençale* I, Paris, 1926 (rééd. Genève, 1973), n° 40, p. 47, qui reprend la datation proposée par Vaissète et par Teulet.

p. 181, n. 9 : Ce Géraud est l'auteur de la *Summa Trecensis*, et Raymond des Arènes, dont les origines et l'activité première sont tout à fait proches géographiquement, l'a sûrement connu,le fait relie mieux encore Raymond à l'école arlésienne, et par voie de conséquence à Rogerius, si ce dernier, comme il est probable, y a enseigné avant 1158.

p. 182, n. 13 : Raymond des Arènes, manifestement compris dans l'entourage de l'archevêque d'Arles, témoigne encore aux côtés du *gramaticus Helisiarius*, dans un acte marseillais daté du 23 mai 1157 : J.-H. Albanès - Ul. Chevalier, *Gallia christiana novissima* II, *Marseille*, Valence, 1899, n° 158, c. 74 et s.

p. 186 : Notre éminent collègue St. Kuttner, par lettre du 18 janvier 1979, a eu l'amabilité de nous adresser le texte d'une *solutio Reimundi de Arena* présente dans la partie inédite de la *Summa Elegantius in iure divino*, selon la version du ms. Vienne 2125, f° 9 v° (table des chapitres) ; le texte lui-même se trouve au f° 147 v° (pars 13, après la citation de C.30 q.4 c.3) et a été précédé par le rubricateur de la mention *solutio Re.* Sur le même passage, la glose *compatres* de *C(ardinalis)*, publiée par Schulte (Glosse, p. 49) donne un texte bien différent, ce qui ne permet, comme veut bien nous l'écrire le maître de Berkeley, ni n'autorise aucune conclusion péremptoire.

p. 187, n. 56 : D'un examen portant sur les microfilms de la plupart de ces mss., qui nous avaient été adressés par le regretté Ch. Mac Curry (Berkeley), il nous semble que les plus anciennes de ces gloses, quant à l'écriture du moins, se trouvent dans le ms. Biberach Spitalarchiv B 3515.

p. 189, lig. 3 et s. : W. Ullmann, *The Paleae in Cambridge Manuscripts of the Decretum*, in *Studia Gratiana* I (1953), auj. in *Jurisprudence in the Middle ages*, Londres, 1980, n. IV, p. 180, n. 4, s'insère dans la tradition de Maasen en supposant que le personnage visé par la glose marginale sur Gratien C.3 q.8 c.1 et sur l'extrait du Code 7.45.14 que fournit ce passage, au ms. Cambridge, Gonville and Caius College 676, glose selon laquelle *lex ista inserta fuit a gr. impertinenter vel vitio scriptoris... S.*, peut être identifié avec *Cardinalis.*

- L'hypothèse se heurte à notre avis à la présence du sigle de ce dernier à la fin de diverses gloses au même ms. : cf. *infra.*

p. 189, lig. 16 et s. : R. Weigand, *Magister Rolandus und Papst Alexander III,* in *Archiv. für Katholisches Kirchenrecht* 149 (1980), p. 5, n. 14, tend à préférer l'identification de *Cardinalis* avec *(H)armannus,* hypothèse qui nous paraît présenter d'aussi grandes difficultés que la précédente.

p. 191 : Sur la diffusion de ces gloses, il faut remarquer le parallélisme de transmission, dans la Summa *Elegantius in jure divino,* entre la *solutio* précitée de Raymond et cet autre produit provençal qu'est la *Summa Trecensis.*

p. 192, lig. 16-18 : Le document tiré du *Cart. Saint-Victor* est au t. II de l'édition Guérard et date du mois de mars de l'année 1159. - La consultation pour Valmagne a été publiée par J.-P. Poly, *Les maîtres de Saint-Ruf. Pratique et enseignement du droit dans la France méridionale au XIIe siècle,* in *Université de Bordeaux I... Centre d'études et de recherches d'histoire institutionnelle et régionale* 2 (1978), p. 203.

p. 192, lig. 19 et s. : Le texte de cette consultation n'est nullement contradictoire, même si manque une équivalence *verbatim,* avec la glose du ms. Cambridge, Gonville and Caius College 676, f° 134, selon laquelle *Arg. contra Cardinalem et papam Gregorium, antequam esset papa, qui dicebant omnes decimas dari intuitu personarum* (St. Kuttner - E. Rathbone, *Anglo-Norman Canonists of the Twelth Century,* in *Traditio* VII (1951), p. 318, n. 13). - Sur la présence d'autres gloses de *Cardinalis* dans ce ms., cf. Ch. Duggan, *The reception of Canon Law in England in the later - twelth century* in *Proceedings of the Second International Congress of Medieval Canon Law (Monumenta Iuris Canonici,* ser. C, *subsidia* I), Cité du Vatican, 1965, auj. dans *Canon Law in Medieval England,* Londres, 1982, p. 375, n. 79.

SUR XIII

p. 95, n. 4 : Les *Scritti giuridici preirneriani* de C.G. Mor ont fait l'objet d'une nouvelle édition (Turin, 1980).

p. 103-104 : On ne saurait écarter totalement l'identification de ce *castrum Ripaltum* avec Auterive (Haute-Garonne). En mai 1167, Roger Bernard de Foix portait hommage au comte de Toulouse *in castro Alteripe* en présence d'Ermengarde, cette vicomtesse de Narbonne dont les conseillers étaient de bons juristes, et l'acte fut rédigé par Géraud, l'auteur même, selon nous, de la *Summa Trecensis* (Teulet, *Layettes du Trésor des Chartes* I, n° 207, p. 94).

p. 106 et n. 47 : Le projet mentionné au texte a été écarté, compte tenu des recherches menées en la matière par notre collègue et ami Winfried Stelzer. Celui-ci vient d'en publier les résultats sous le titre *Gelehrtes Recht in Österreich. Von den Anfängen bis zum frühen 14. Jahrhundert,* Vienne - Cologne - Gratz, 1982 (*Mitteilungen des Instituts für österreichische Geschichtsforschung,* Ergänzungsbd. XXVI). On y trouvera notamment, p. 25-44, une description systématique de la *collectio Admontensis,* dont la troisième partie est faite de chapitres tirés d'une source parfois plus proche de la collection en 294 chapitres, parfois voisine du livre de Gratz, d'extraits du livre de Tubingue dans une version semblable à celle du manuscrit T_1, et enfin de passages de l'*edictum Theoderici.* Plus généralement, l'exposé de M. Stelzer sur les relations entre les produits du Midi, puis du Nord de la France avec les milieux, notamment monastiques des pays de l'Autriche actuelle, fait désormais de son livre l'ouvrage de référence en la matière (noter également la correction que suggère l'auteur, p. 34, n. 63, sur l'hypothèse par nous présentée p. 101 à l'égard de la source du chapitre 251, en laquelle il préfère voir la *Tripartita* III.29.235 plutôt que le Décret d'Yves XVI.312).

SUR XIV

p. 36 : L'évêque Bernard d'Orange est considéré par Pierre le Vénérable comme un personnage *tam divinarum quam humanarum legum peritus* : cf. G. Constable, *The letters of Peter the Venerable* I, Cambridge/Mass. 1967, n° 67, p. 197.

p. 38 : La formule *auditis utriusque partis allegationibus* se répand en Provence après le milieu du siècle, comme en témoigne notamment un plaid tenu en 1157 près d'Estoublon, au diocèse de Riez, devant Raymond Bérenger II, assisté de divers *judices,* dont ces juristes que sont Bohémond, archidiacre d'Aix, et Pierre de Cabannes : éd. Albanès, *Gallia christiana novissima* I, *Aix,* Montbéliard, 1899, *instr. eccl. Forojuliensis* XI, col. 202 et, sur l'original (Arch. Dép. Bouches-du-Rhône B 284), G. Giordanengo, *Documents sur l'hommage en Dauphiné et en Provence* (1157-1270), in *Mélanges de l'Ecole française de Rome* 92 (1980), p. 187-188.

p. 39 : L'usage direct des *Tres libri* dans l'*Epitome exactis regibus* reste douteux ; l'origine de cet écrit est cependant fort éloignée du Midi, comme en témoigne l'emploi de *namium* pour désigner le gage, et son influence sur le milieu arlésien n'est pas admissible.

p. 40, n. 1 : On trouve également *indesinenter* à la dernière ligne de la *Summa Iustiniani est in hoc opere* IV.20, éd. Legendre, Francfort, 1973, p. 137.

p. 44 : U. Nicolini, *Leggendo le «Quaestiones de iuris subtilitatibus»,* in *Jus* XXVIII (1981), p. 27-119, tient les *Quaestiones* pour une œuvre écrite entre la fin de la querelle des investitures et l'avènement de Frédéric Barberousse, donc entre 1122 et 1152 ; pour cet auteur, les *reges transalpini* supposent une rédaction en Italie, mais hors de Rome, par un glossateur qui n'est ni Irnerius, ni Placentin, ni probablement Rogerius mais qui, en raison de son style, de ses procédés de citation des sources et de son attrait pour les concepts philosophiques, a sans doute vécu longuement dans le Midi de la France.

p. 45 : Sur l'origine provençale de la *Trecensis,* et sur son rédacteur Géraud, nous nous permettons de renvoyer à notre étude *L'auteur et la patrie de la Summa Trecensis,* sous presse in *Ius Commune.*

p. 48 : Quant à l'origine des mss. de la *Summa Codicis* de Rogerius complétée par la *Trecensis,* cf. *L'élaboration de la Summa Trecensis,* in *Studi in onore di Antonio Guarino* (sous presse).

p. 49 : Cet *Henricus* est pour nous le futur évêque de Riez et archevêque d'Aix, mort en 1186 : cf. «Dilectus Henricus», *archevêque d'Aix et juriste,* à paraître in *Provence Historique.*

SUR XV

p. 361 : Observer toutefois la présence de W. Béranger et de W. Arnaud *decretistae,* lors de la promulgation de statuts municipaux en 1223 (éd. *Petit Thalamus de Montpellier,* Montpellier, 1840, p. 92).

p. 365 : Pierre Bertrand, le futur cardinal d'Autun, a étudié et probablement enseigné à Montpellier dès les dernières années du treizième siècle. Il fut en effet pourvu d'un canonicat en 1296 et devient docteur *in utroque* pendant l'année 1301. Or il déclare dans la préface de son *Scrinium juris* : «... et ante et post doctoratum lecturae studio tam in Avinione quam in Montepessulano, Aureliani in jure civili et Parisius in jure canonico diutius vacassemus...» (éd. Fr. Duchesne, *Histoire de tous les cardinaux françois...* II, Paris, 1669, p. 325 et s.). - Voir sa biographie dans Fr. Olivier-Martin, *Note sur le «De origine jurisdictionum» attribué à Pierre Bertrand,* in *Mélanges Fitting* II, Montpellier, 1908, p. 107, et *L'assemblée de Vincennes de 1329 et ses conséquences. Etude sur les conflits entre la juridiction laïque et la juridiction ecclésiastique au XIVe siècle,* Paris, 1909, p. 94-96, ainsi que les critiques et corrections présentées par G. Mollat dans son édition de Baluze, *Vitae paparum Avenionensium* II, Paris, 1928, p. 284 et s.

SUR XVI

p. 44 : Le manuscrit berlinois cité au texte provient de la bibliothèque de Pierre Pithon et se trouve aujourd'hui à la Staatsbibl. West, lat. 274.

p. 45 : Sur la datation des *Quaestiones* que propose U. Nicolini, voir *supra, addenda* sur XIV, p. 44.

SUR XVII

p. 95, l. 19 : Lire *: tam divinarum quam humanarum legum peritus.*

p. 96 : Cet hommage de 1138 - relatif à un fief de reprise - met en outre dans la bouche de Galburge de Bernis un *inquam* surprenant au milieu d'un texte conforme aux formules féodales du temps.

p. 97 : Rogerius et même Martinus - le binôme signalé au texte pouvant être aussi bien tenu pour irnérien - peuvent être laissés à l'écart de la discussion. *Ratio aequitatis et ratio juris* figurent bien en revanche dans la *Trecensis* I.14 § 6 et II.3 § 3. Si le premier de ces passages n'a pas été traduit au *Codi* - signe éventuel, selon nous, de son insertion lors d'une reprise de son texte initial par l'auteur de la *Trecensis* -, le second s'y trouve résumé, mais oppose (II.3 § 7) *rados del faig* et *rados del dreg.*

p. 97-98 : La carrière de Rogerius est trop évanescente, dans l'état actuel des connaissances, pour déterminer si le glossateur est arrivé assez tôt en Provence pour avoir exercé quelque influence sur le rédacteur de l'acte d'hommage. Il n'est pas nécessaire, de toute manière, de faire appel à cette influence : l'auteur de la *Summa Trecensis* n'est autre, selon nous, que maître Géraud, et cet acte peut être considéré comme contemporain de la première version de la Somme, encore dépourvue à ce stade d'emprunts aux écrits de Martinus et de Bulgarus (cf. *L'auteur et la patrie de la Summa Trecensis,* sous presse in *Ius Commune*).

p. 100-101 : Le double recours à l'adverbe *rationabiliter,* dans l'acte de 1180 s'explique par les raisons invoquées *supra.*

p. 103 : Il est raisonnable de supposer que Géraud a connu Pierre de Cabannes au sein du milieu intellectuel formé autour de l'archevêque d'Arles Raymond de Montredon.

p. 105 : Lire : Raymond V de Toulouse.

p. 108, n. 56 : Lire : G. Giordanengo, dans J. Dufour, G. Giordanengo, A. Gouron, *L'attrait des leges : note sur la lettre d'un moine victorin (vers 1124-1127),* in *Studia et documenta historiae et iuris XLV* (1979), p. 513 et n. 37.

p. 112 : *Hypotheca* apparaît parfois au XIIe siècle, et particulièrement dès 1162 au *Cart. Maguelone,* lors d'un hommage du seigneur de Ganges à Béatrix, comtesse de Melgueil, dont on peut penser que les conseillers n'ont pas été étrangers à la rédaction de la pièce.

SUR XVIII

p. 216 et s. : P. Ourliac, *1210-1220 : la naissance du droit français,* in *Studi in onore di Arnaldo Biscardi* III, Milan, 1982, p. 489-510, aboutit à des conclusions tout à fait convergentes quant au rôle de Philippe-Auguste et de son entourage, dont il met en valeur «l'action habile et discrète». M. Boulet-Sautel, *Le droit romain et Philippe Auguste,* in *La France de Philippe Auguste. Le temps des mutations,* Paris, 1981, p. 489-501, a bien montré combien l'affaire de la régale de Châlons (1202) révèle de progrès dans la science juridique que possèdent les *sapientes* proches du roi.

p. 220 : Sur le rôle des ordonnances royales comme élément de fixation des coutumes en Ile de France et en Champagne, cf. Y. Bongert, *Vers la formation d'un pouvoir législatif royal (fin XIe - début XIIIe siècle),* in *Etudes offertes à Jean Macqueron,* Aix, 1970, p. 127-140.

SUR XX

p. 263 : Ajoutons que les glossateurs diffusent une théorie des *acta publica* dont le contenu pousse à ce type de rédactions. Sur cette théorie, qui a suscité une littérature abondante, cf. par exemple W. Trusen, *Zur Urkundenlehre der mittelalterlichen Jurisprudenz,* in *Recht und Schrift im Mittelalter,* Sigmaringen, 1977, p. 197-219.

p. 264 *in fine* : Ce sont d'ailleurs ces mêmes milieux qui se lancent très tôt dans la composition d'écrits de procédure ; cf., sur cette tendance, commune aux milieux anglo-normands et aux écoles non-bolonaises d'Italie, E. Cortese, *Scienza di giudici e scienza di professori tra XII e XIII secolo,* in *Legge, giudici, giuristi. Atti del Convegno... Cagliari... 1981, Milan,* 1982, p. 93-148.

Index général

Index Manuscrits